图书在版编目(CIP)数据

儿童青少年心理治疗 /（澳）彼得·布莱克（Peter Blake）著；严艺家主译. 一北京：化学工业出版社，2024.1（2025.1重印）
书名原文：Child and Adolescent Psychotherapy: Making the Conscious Unconscious
ISBN 978-7-122-44313-7

Ⅰ.①儿… Ⅱ.①彼… ②严… Ⅲ.①青少年–心理健康–健康教育 Ⅳ.①G444

中国国家版本馆CIP数据核字（2023）第193461号

责任编辑：赵玉欣　王　越　　　　　　　装帧设计：尹琳琳
责任校对：边　涛

出版发行：化学工业出版社（北京市东城区青年湖南街13号　邮政编码100011）
印　　装：三河市航远印刷有限公司
787mm×1092mm　1/16　印张25¼　字数408千字　2025年1月北京第1版第6次印刷

购书咨询：010-64518888　　　　　　　　售后服务：010-64518899
网　　址：http://www.cip.com.cn
凡购买本书，如有缺损质量问题，本社销售中心负责调换。

定　　价：198.00元　　　　　　　　　　版权所有　违者必究

译者名单

主　　译　严艺家

其他译者（排名不分先后）

　　　　高侠丽　谢秋媛　张颖殊　杜净译　梁　静

　　　　陶　璇　瞿小栗　李　航　刘翠莎　丁月清

　　　　袁嘉珩　章扬清　胡　彬　周洁文　陈小燕

推荐序

我认识严艺家多年，她是一位非常优秀的同传翻译与心理咨询师，长期为我们的儿童青少年精神卫生新理论新技术培训班担任翻译。当她找到我，非常诚恳地介绍给我这本伦敦大学学院（UCL）儿童青少年精神分析心理治疗博士专业指定阅读教材，问我能否为此书作序时，我无法拒绝，我相信她的选择，鉴于国内比较少有这方面的教材，也希望能为她的执着理想做点什么。

当我开始翻看这本书时，很快就被书中内容吸引，感觉就如同跟一位非常有临床经验的长者学习，聆听他娓娓道来，穿梭于众多经典儿童青少年精神分析理论与技术，时而道出自己的批评见解，时而分享与讨论临床上我们也会经常遇到的一些案例。Peter Blake围绕临床案例，以中立的态度阐述了与儿童青少年心理治疗相关的理论技术发展沿革、争议及未来展望，搭建起儿童青少年精神分析心理治疗理论的"骨架"，难得的是与同类教材相比，这本书读来生动而不晦涩，非常有助于读者完整了解儿童青少年精神分析众多理论与技术，以及在临床的应用与局限。此外，Peter Blake用相当深入浅出的语言详细解析了儿童青少年心理治疗究竟是如何开展的，在阅读中可以不断重新看待自己的日常工作方式，获得新的启示与学习。作者临床经验非常丰富，实操性非常强，这点特别让我印象深刻。

对于精神分析流派取向的儿童青少年心理治疗师而言，Peter Blake独特的发展背景意味着本书有着跨越流派局限的视角：他最早于塔维斯托克（Tavistock）完成儿童青少年心理治疗受训，为正统克莱因派。但在随后持续实践的几十年工作中，他开始重新审视包括克莱因派在内的各个精分理论流派的局限性，在此基础上提出了"摒弃诠释"这个具有开创性的技术革新方式。正如书名所述，Peter Blake关注的是如何在无意识层面上开展工作，而非传统的"使无意识意识化"，这更贴近儿童青少年心理发育需要，本书具体、形象地描述了如何与儿童青少年在无意识层面开展工作，也阐述了如何与家庭进行工作，这也是超越任何流派，与儿童青少年进行心理工作的原则。

临床工作中，无论理论与治疗流派有多少，真相只有一个，即儿童青少年及他们的家庭所面临的困境，往往需要临床工作者不断在诊疗工作中实践、观察、探索与反思。与所有临床工作者一样，Peter Blake在本书中也记录了不少他在实践中走过的"弯路"以及犯过的"错误"，无论是初学者还是具有临床经验的治疗师都会在阅读本书过程中有所共鸣，并从中汲取有益经验。

英译本常给人"中国人吃西餐"的感觉，但这本译作难得地既保持了"原汁原味"，又充分本土化，适应国人的阅读口味。译文通顺、丝滑、接地气，这离不开十几位译者的精心雕琢，他们在几轮磨稿中，对数百个细节逐一斟酌，让译本尽可能接近原作，我非常喜欢这个团队的翻译工作。

程文红

主任医师

心理治疗与督导师

博士研究生导师

上海市精神卫生中心儿童青少年精神科主任

上海市第一人民医院医学心理科主任

译者序

与《儿童青少年心理治疗》一书结缘是2019年，当时我在伦敦大学学院（UCL）攻读精神分析发展心理学硕士，阅读了不少业界前辈的著作，对Peter Blake这个之前并未怎么了解过的作者特别印象深刻：相比那些天花乱坠、术语迷人眼的各路精神分析文献，他的写作十分朴实接地气，并且有种让人一旦开读就欲罢不能的神奇力量。因为喜欢，所以把他的著作小范围地推荐给了一些同行好友，每一个读过这本书的人都问我："这本书的中文版何时能够问世呀？能帮到很多人呢！"当时的确经常起心动念要把这本书翻译出版，但因为在不同阶段做着优先级更高的事情而停留在了"愿望"而已。

2022年，因缘际会我又回到了伦敦继续攻读儿童青少年精神分析心理治疗博士。开学第一堂儿童心理治疗技术课上，老师就强烈推荐了Peter Blake这本著作的第三版作为必读书目。我惊讶地发现尽管之前已经津津有味阅读过一遍，再次阅读的体验并不亚于第一次，甚至还多了不少新的心得体会。与此同时，国内儿童青少年心理治疗专业人才的匮乏，不同年龄段未成年来访者们求助无门，以及心理咨询同行们对这个领域的求知若渴，这些因素叠加在一起让我孩童般的"自恋全能感"又旺盛起来：一定要把这本书翻译出版，支持更多同行及专业人士在儿童青少年心理健康领域做出富有成效的工作来。

"自恋全能感"并不总是一件坏事，靠着这份"迷之自信"，我不仅获得了出版社编辑老师的支持，得以将这本宝贝翻译出版，更是获得了15位熟识信赖的资深心理治疗师同行的共同助阵，得以在半年里就翻译完成了这本30多万字的著作。为了确保本书的阅读体验，我与每章节的译者以及编辑团队前后共校对修改译稿5轮，相信大家会在阅读过程中体验到足量的专业与诚意。

如果你对儿童青少年心理治疗毫无经验，本书是极好的启蒙入门教材，几乎能手把手教你如何从零起步与0～25岁的来访群体开展工作。

如果你已经从事多年儿童青少年心理治疗工作，本书会唤起大量与临床实践经验有关的共鸣，更能时不时让你有恍然大悟或豁然开朗的体验："哇，原来这种困难情形是可以这样去理解与干预的！"

如果你不是精神分析流派的心理咨询师，这本书会让你见证精神分析流派的工作思路可以如何被借鉴并应用于更为短程且结构化的儿童青少年心理治疗工作。

如果你是精神分析流派的忠实粉丝，这本书会向你清晰呈现不同精神分析理论流派之间的演化与融合，仿佛在你心里描绘出儿童精神分析的理论发展地图，在工作中不仅"知其然"更能"知其所以然"。

如果你纯粹是一个对儿童青少年心理治疗感到好奇的读者，这本书会让你窥见谈话及游戏治疗究竟是如何"起效"的，为什么那些看似"无用"的技术能让孩子的身心阻碍消解，重新实现"发展"？

真诚地向所有从事及关心儿童青少年心理健康事业的同路人们推荐此书。也想借着这本译著的出版感谢上海市精神卫生中心儿童青少年精神科主任程文红老师，她多年来不遗余力搭建着智识的桥梁，让我和许多同行们能有机会为中国儿童青少年心理治疗事业出一分力。

严艺家

伦敦大学学院（UCL）儿童青少年精神分析心理治疗博士在读

精神分析发展心理学硕士

上海市精神卫生中心中美婴幼儿及青少年心理评估、诊断及干预培训项目首届毕业生

2023 年 9 月 26 日于伦敦

目录

Child and Adolescent Psychotherapy

儿 童 青 少 年 心 理 治 疗

引言

为游戏请愿：
使意识转化为
无意识

本书第三版让我有机会重新回顾和更新这部 15 年前写的作品。在第一版中我的主要目的是带领读者们进入儿童心理治疗的实践与理论世界。在实践的层面上，我当时提及的大部分内容都并未做出调整，其中包括与父母会面、对儿童和青少年的评估、与不同的年龄群体工作、确定是否需要治疗、建立治疗以及如何进行和结束治疗，上述细节基本上都是相同的。这为正在或者希望同儿童、青少年开展工作的临床工作者们提供了一些框架。鉴于不少培训项目都使用了本书，我为每一章添加了章节概要、思考问题和拓展阅读。我相信这些补充将使它成为一本更有用的教科书。

在第一版中，但愿我的思考方式已经被清晰地呈现：尽管源自 Klein 学派，但正朝着更为关系取向的方向发展。在实践中这意味着更少的诠释以及更多的游戏。在这条路上，我并不孤单。事实上从一开始，就"洞察力与治疗关系哪个更重要"的话题，精神分析学派内部长期存在争议，"治疗关系"即"与关系的体验待在一起"（Ferenczi, 1933）。Ogden（2020）在最新发表的作品中精彩地阐述了这个问题。他澄清了 Bion 从 K（认知：一种认识论的方法）到 O（经历：一种本体论方法）的转变。这一转变给予了我概念上的支持，让我更为自信地在游戏中"经验"与孩子们的关系，而不仅仅是迫切了解其中的含义并去诠释它。除了 Bion 从 K（认知）到 O（经历）的转变外，其他治疗师同样也朝着关系取向这一方向迈进：Alvarez（2012）探讨了她的描述性工作，Hinshelwood（2018）探讨了"同在"（being with），Wilson（2020）探讨了"相遇"（meeting with），Grossmark（2018）探讨了"相伴"（companioning），Mawson（2019）探讨了"相知"（becoming informed）。自第一版出版以来，这些反对诠释和提倡游戏的思想已经在精神分析理论的一些新发展中得以强化和巩固，其中包括对 Bion 工作的理论澄清与扩展，对 Winnicott 著作与日俱增的赞赏，对不同关系模型更为平等的关注，神经科学研究的最新进展，以及新的思维框架（即：非线性精神分析）的引入。

所有这些影响都导致了精神分析的根本变化。我在 1971 年所了解的精神分析与我在 2020 年所知的精神分析是如此不同。这种对无意识、梦的工作、诠释、洞察、见诸行动、反移情甚至精神分析工作的基本目标的新的思考方式，极具生命力。然而时至今日，全然接受"游戏"的想法仍在面对阻力。Winnicott（1971）在50多年前就在推广这种工作方式，但向孩子做出诠释仍然具有吸引力（Paniagua，2001）。这就是为什么我把这篇前言命名为"为游戏请愿"。

在这篇前言中我将介绍这些最新的理论发展如何影响了我的思考，尤其是在与儿童、青少年工作的方面。要充分探索这些要素需要写一本新书，而不是一个新的版本。然而我仍希望能够简单地描述这些理论发展以及它们之间的相互关系。我将呈现一个把"游戏"置于优先级别的案例，也就是说，在这个案例中，治疗师更多地通过无意识与直觉来工作。

Bion 的影响

尽管 Bion 的主要作品出版于20世纪60年代至80年代初，但他思想的深远重要性直到现在才被发掘。造成这种延迟的一个因素是他的著作实在是晦涩难懂！借助Ogden、Ferro、Vermote、Civitarese 和 Grotstein 等精神分析师的智慧、勇气、创造力和清晰思路，Bion 的作品才变得更易理解。他们强调了遵循"Bion 式的思考方式"将带来的根本转变。

Bion：无意识与做梦

遵循 Bion 和 Winnicott 的观点，我认为儿童和青少年治疗师需要多游戏、少诠释——非常少！我借鉴了 Winnicott（1971）的观点——心理治疗是两个人的"游戏"；结合 Bion（1970）的观点——根本的治疗性的变化是通过"清醒梦"（wakeful dreaming）在无意识层面发生的。通过将"清醒梦"与游戏联系起来，我认为儿童和青少年是可以且必然会通过游戏在无意识层面上修通他们的情绪问题的。Ogden（2009, p.104）阐述得非常清晰：

> 对 Bion 来说，无意识是人格中精神分析功能的落脚点，因此，为了进行精神分析性工作，必须将个体的意识无意识化，也就是说，使意识层面上的鲜活经验可以被用于无意识领域如梦似幻的工作中。

游戏是"清醒梦"

和Ogden一样，Bion学派的思想对我而言十分重要。在儿童和青少年的工作中，这种"梦"的过程就是他们的游戏，这就是游戏如此重要的原因，也是为什么我在整本书中都在强调游戏的重要性——要沉浸其中或随着游戏去工作，要让各种素材待在儿童或青少年的隐喻中，要在"置换"（displacement）中工作。儿童或青少年脆弱且发展中的自我意识不应去直面那些使无意识意识化的诠释。

为了开始了解Bion的思想，以及为什么我们应该把意识无意识化，去理解他对于无意识和梦的重新概念化是很重要的。他对梦的全新视角与儿童心理治疗工作尤其相关。在我与儿童工作过的40多年里，很少有孩子告诉我他们的梦。即使是青少年，这种情况也相对罕见。然而，当你读到有关成人治疗的著作时，似乎一定会出现对梦的诠释。所以对我来说，Bion的重构是一种极大的解脱。

Bion修正了无意识的概念，把Freud将无意识视作一种包含压抑冲动的心理结构的思想带入更为深远的方向（Ogden & Lombardi, 2018）。对Bion来说，无意识并不像Freud的理论那样是独立的存在。他把无意识和意识看作连续统一体，两者可以夜以继日地沿着这个连续体滑动，他也由此提出了"清醒梦"的概念。在他的理论中，所有精神事件都有无意识的因素。从某种意义上说，这并不新鲜，因为Klein认为所有的行为都是由内部和外部因素（意识和无意识的影响）决定的。正是无意识因素使一个人的思想和行为真正个体化。我们比认知层面所能意识到的自我更为深邃、复杂。我们将无意识看作持续具有动力性的因素，影响着我们所做的一切。这是通过我们的梦来实现的——尽管在Bion的理论中，梦被重新定义为无意识对我们所有情感体验的处理过程。他认为这种无意识处理过程是心理治疗中最重要的方面，是导致变化真正能够发生的因素。如果孩子可以处理他们的梦（也就是说，处于游戏的状态中），那就表明他们正在加工处理他们无意识中的情绪反应。在梦/游戏中，孩子通过参与对个人有意义的思考和活动来丰富他们的存在。

"无意识处理过程"（unconscious processing）这一观点对我来说是全新的。在过去很多年，我的研究一直以这样一种信念为基础，即无意识是一座仓库，用来容纳无法被接受的感受。这些感受要么被阻隔（Freud学派称之为"压抑"），要么被分裂

[Klein学派称之为"投射性认同"（projective identification）]。我一度认为这些阻隔或分裂是导致问题的原因。事实上，我曾经向小来访者的父母解释这点，将之比喻为"把一个人的情感体验锁在柜子里"。我会告诉父母：

> 这就像是孩子被他的愤怒情绪所淹没，而他应对的方式是将它们锁在柜子里。这样做的问题是，当你的孩子在长大时，柜子里的那些情感体验并没有发生变化——它们始终留在那里，而孩子却没能有机会去练习如何应对它们。

所以我认为无意识是这样一个地方：里面的东西既被封锁却又呼之欲出。阅读像《育婴室的幽灵》（Ghosts in the Nursery）（Fraiberg et al., 1975）这样的文献，再次强化了这一观点。曾经我并不认为无意识是"思考"的地方——怎么会有无意识思维呢？这说不通，因为思考是一种有意识的活动。但如果你承认无意识有能力处理事物，而不仅仅是储存讨厌的记忆，那么这就意味着"谈话与有意识的思考是心理治疗的本质"这个信念开始遭遇挑战。如果无意识处理过程发生在游戏中，那为什么要用诠释来干扰它呢？有关无意识中的处理过程的更为详细的讨论，请参阅Matt-Blanco（1988）、Ogden和Lombardi（2018）以及Lombardi（2018a, 2019）的文献。

Bion认为，如果你能帮助一个人做梦，也就是说，在无意识层面来处理他们的情绪，那么那些原始的或具有淹没性的反应就会被涵容、安抚和软化，那些令人不安的存在就不再那么具有威胁性。也因它们不再那么具有威胁性，人们就能更好地处于体验自己全方位情感的状态中。当Bion谈到人格的精神分析功能时，我的理解是精神分析关注的是这些塑造行为的无意识处理过程。

这种做梦或无意识的处理过程并不意味着孩子对自己的思想、行为或情绪反应有很好的洞察力，而是指这个孩子可以以一种放松、愉悦的方式创造性地游戏。在这个游戏中，孩子创造了他/她独有的符号。在这些时刻，能够体验到自己意识和无意识的方方面面，令人感到享受和深深的满足。在青少年时期，这一过程有时体现在被一首歌所打动。对于成年人来说，这一过程可能表现为工作带来的成就感，或者能够从闲暇时光中获得极大的满足。

Ogden（2007, p.575）在讨论"像做梦般谈话"（talking-as-dreaming）时，扩展了Bion关于梦的思想。他将"像做梦般谈话"描述为：

以初级过程思维和明显的不合理推论为特征，"像做梦般谈话"似乎是不可分析的，因为它似乎"仅仅"包括谈论以下话题：书籍、电影、词源、棒球、巧克力的味道、光的结构等等。

因此，这一思想在理论层面上给了儿童和青少年心理治疗师一种许可：不管病人处在何种年龄，只要和他去聊天就够了！

Ogden的观点对我来说极具意义。多年来，当我只是和儿童、青少年来访者聊天时，常常会感到内疚，尽管我知道在某种程度上这种感觉是对的。事实上，经历了几年不做诠释而只是聊天的过程，且伴随着儿童和青少年的进步，我开始更为舒服地谈论电影和各类电脑游戏，了解自行车的齿轮是如何工作的，听Jeff Buckley和红辣椒乐队的歌曲，了解寄居蟹的生命周期，谈论电视节目，等等。通常在这些谈话的早期阶段，对于其意义我并不会进行任何概念化或分析性的假设。我真的对这些内容很感兴趣，当然也能从那些吸引我的孩子或青少年身上感受到一种能量。我感到很放松，并不会陷入揣摩"言外之意"的分析性担心。我认为这就是Daniel Stern（2004）在谈到"当下"——无意识和谐和凝聚的时刻——时所传递的意义。而Allan Schore（2012）则会将之描述为"边缘系统之间的对话"。我想，我意识层面中的分析性部分是关闭着的，我并未处在一种观察式的距离和思考中。只有在会面结束后，在写笔记的时候，我才开始看到其中的联系。

Marcus

举一个临床的例子，Marcus是一个16岁的年轻人，来自悉尼的一个海滨郊区。他所处的地域文化与冲浪密切相关。从他很小的时候起，他的家庭中就有着非常紧张的氛围，并一直持续至今。他当然不想跟我说这些。他喜欢谈论的是他的冲浪。他说他喜欢在岸边，跳上他的冲浪板，划出去。他觉得当他离开海岸时，他所有的烦恼都被抛在身后。正如他所说，他在海里是自由的。他会描述他的不同冲浪板——一种冲浪板有一个巨大的后鳍，可以深入海浪，让他在浪花中突然转身；而另一种冲浪板的速度很快，可以让他赶上海浪，并处于完美的位置——这是他感觉与海浪融为一体的时刻。我并没有诠释它们或是把这些丰富的比喻和他的精神动力因素联系起来。这是一种令人愉悦的感觉，类似于知道他在告诉我他的故事，并且不用承接那部分来自我内在的、必须"做些什么"的压力。我有时会强调谈话中的特定元素。例如，我会用这样的话来评论这个美好时刻："哇，你和海浪一起，这可真是个令人愉悦的场景呀。"

但我不确定这样的评论对他是否有显著的帮助。这些评论的确让我感觉好多了，他们让我觉得我仍然是在进行精神分析性的工作：我在间接地开展工作，通过这些（但愿）充满了和谐的评论，我试图为他的游戏提供更大的空间。但它们真的有必要吗？如果Marcus和一个只是听他说话的人在一起，他会得到帮助吗？还是因为我的倾听是不同的？我的倾听确实包含了一种持续而温和的好奇，我认为这种好奇或心理层面上的游戏确实指导了我如何及何时发表评论，尽管这一切都不是有意识计划好的。

我认为这些谈话或聊天的质量很重要，因为它意味着清醒梦可能正在发生。这就是我所说的帮助儿童或青少年将他们的意识无意识化。不过我还是要提醒大家，我曾经有过很多聚焦于类似话题的交谈，而那些交谈都很无聊。即使内容看起来很有趣，也可能有一些部分，让人感觉被拒之门外，或所描述的事实中充斥着强迫性。我相信在这种如梦般的交谈中，最重要的是能量感和凝聚感，这部分来自孩子的内心世界与这些外部活动或兴趣间的关联（Molinari, 2017）。

Ferro 对 Bion 关于做梦的概念的延伸

Bion 关于梦的思考的另一个发展可以在意大利儿童和成人分析师 Antonino Ferro 的工作中看到（Ferro, 2008, 2011, 2013, 2015; Ferro & Civitarese, 2016; Ferro & Nicoli, 2017; Ferro & Molinari, 2018）。和 Ogden 一样，Ferro 认为心理治疗是治疗师和病人间主体间性的创造性的调和。他描述过，治疗是在治疗师和病人之间的心灵领域中展开的。在这个领域中，双方都在进行无意识的相互交流，Ferro 相信他们梦中的不同元素会聚合起来构成一类故事。基于那些无意识的元素，一些叙事会被讲述（Molinari, 2017）。

我发现 Ferro 作品的迷人之处在于他将一切都视为梦境的有趣技巧。也就是说，不管这个人告诉 Ferro 什么，Ferro 在他自己的脑海中都会以此作为开端："这个人做了一个关于x的梦。"例如，如果一个孩子走进来，描述他的游泳嘉年华，以及学校的游泳冠军是如何因为在哨子响起前跳水而被取消资格的，Ferro会把这些素材当作孩子在告诉他：他做了一个关于游泳嘉年华的梦。这是一种极为有力的方法，让人可以真正地聚焦于交流中的无意识部分。

Ferro并不是否认嘉年华真的发生过。事实上，他指出治疗师在处理临床材料时必须考虑多个思考视角：把陈述视为真实的事件进行思考——游泳事件的确发生过；或者在移情层面进行思考——孩子是否在表达一种担忧，即如果他太急于求成（吹哨子），治疗师可能会不想见他（取消他的资格）？或者在幻想的层面上进行思考——孩子因自己的贪婪而担心；或者从被称为"叙事性衍生"的角度进行思考——这是一个基于当下在房间里的孩子和心理治疗师无意识中对彼此的感觉而拼凑起来的故事，即孩子谈论游泳冠军因为过早跳入水中而被取消资格可能是种无意识的交流，也许孩子因为Ferro太早谈论孩子的感受而想摆脱他（取消他的资格），或者换个角度想，也许孩子担心Ferro会把他赶走，因为孩子太急切地想要一些新的方案。正如Ferro所指出的，治疗师的技能是去感知哪些视角或顶点（vertex）对于理解这些材料是最有效的。但是这种思考方式真的打开了"玩素材"的大门，并包容了各类陈述背后的复杂性。

这种"场域思维"（field thinking）的临床范例来自我对一位治疗师的督导，她多年来一直同一名10岁的孤独症男孩工作。有一段时间，她描述了这个男孩是如何按她诊室的门铃的。有一天，她说那个孩子"乒"了一下门铃。我被这个词的拟声特征所打动。我的想法是，这是一个如此短暂的接触；然后我想到了乒乓球——它的来回，这是一个多么滑稽的乒乓球术语。我还考虑了"乒"的爆发特性。后来我们注意到，在这篇心理治疗逐字稿中，治疗师描述这个孩子用一种洪亮的声音说话。这两种听觉特征让我们好奇这个孩子的人际关系中的"音乐性"（musicality）——在这个孩子与另一个人之间并没有真正的音乐性，他没有领会关系中的微妙差别。这让我思考，如果向这个孩子提议把他的乐器带来（他是一个有天赋的演奏者），然后看看这是否会导致孩子和治疗师之间更人性化的交流（换作五年前的我，连做梦都不会想到要这么做）。此处我是在表达或思考治疗师是否正在和我一起做梦：我们在思想中游戏，而不是在寻找答案。

神经学的进展

近年来Bion关于无意识交流的观点，以及Ogden和Ferro对这一观点的延伸都得到了神经学和认知科学研究的支持。这在Allan Schore（2012，2017，2019）的工作中尤其明显。Schore令人信服的论点是：人与人之间的无意识交流是从一个人的右脑传导到另一个人的右脑的。事实上，他把右脑称为人类无意识的神经生物学基础（Schore，2002）。他指出，右脑用于接收和处理我们的情绪状态。右脑比左脑成熟得早，信息通过皮质下通路迅速被传递至杏仁核，产生化学反应和电反应。这发生在左脑处理更多的认知和理性反应之前。有趣的是，神经图像研究表明，儿童的右脑对面部刺激特别敏锐，尤其是对眼睛的区域，这再次强调了治疗师和儿童之间目光交流质量的重要性。他的理论是：早期不安全或不充分的依恋使右脑几乎没有能力去调节大脑对令人不安的关系的心理生物学反应。那些在他们的关系中没有体验过"安全"的孩子更容易变得失调、尖叫、打人、咬人或情绪崩溃。

Schore（2019）认为心理治疗是一种右脑对右脑的活动。这与Bion（1970）的观点相呼应，即心灵的根本转变是在无意识层面发生的。从依恋取向出发，Schore提出共情是治疗的关键因素。他指出，共情不是主要由左脑的语言认知建立的，而是由右脑非言语的、心理生物学层面的协同性建立的。他认为，正是治疗关系配对中的情感调谐交互作用所产生和放大的积极影响，使孩子对治疗师产生依恋。

Schore的研究表明，作为儿童和青少年治疗师，相较于当下的做法，我们应当更多地使用右脑，这意味着我们应该尝试让我们的身体反应或回应与孩子同频。这是我过往的职业生涯中很少做的事情。我一直专注于试图理解游戏的象征意义，以至于我的身体和它的反应并没有真正存在过！这会导致你失去重要的右脑信息，同时也会增加躯体化问题的风险。

Schore（2003, p. 280）将这种右脑对右脑的方法描述为：

这种方法可以觉察临床心理治疗师右脑半球的反移情性内脏-躯体反应，这些反应主要针对的是病人移情性的、自动的、面部的、韵律的和通过躯体化表达的情感，以及关注病人内部状态的强度、持久性、频率和不稳定性。

简而言之，这种方法强调我们需要更多地关注孩子的身体反应，以及我们自己的反应，留心交流中的"音乐基调"，而不仅仅是它的内容。

从场域的角度来看，Molinari（2017, p. 20）提出了类似的观点：

> 语言必须尽可能地被隐藏起来，真正的交流工具是游戏的生命力和其通过移动的身体形成的具体形态。

Gopnik（2010）对婴幼儿思维的神经学和发展性研究引人入胜，她强调了婴幼儿在这个年幼阶段的不同认知能力。我发现与儿童心理治疗特别相关的是剥削性思维（被对需求和生存问题的强烈关注所驱使的集中式思维）和探索性思维之间的区别。小孩子的思维更具有探索性，甚至其神经和化学构造也支持这种形式的认知。她用了一个比喻：小孩子的思想就像灯笼，而大一点的孩子或成年人的思想就像火把。这种更大的注意广度（以及更好的记忆外围预期的能力）更加支持了游戏性的和非言语的工作方法，而非诠释中更言语化的或集中式的部分。

除了留心你说话的语气和节奏，我认为你能允许自己用身体说话也是很重要的。允许出现面部表情，甚至可能是愈加夸张的表情；用你的手或身体动作来传达信息——假装颤巍巍的样子。孩子的右脑更容易接受这些信息。上述都是 Frances Tustin 鼓励我做的事，根据 Bion 的观点（Bion 是她的分析师），她提醒我，躯体化反应先于感受状态（β元素要先于α元素）。因此，对于患有严重障碍的儿童，人们必须更多地进行身体上的交流，而不是认知上的交流。

▍捕捉梦境

如果 Schore 和最近的神经学领域的发现都是正确的，如果重要的交流是右脑对右脑的，那么我们能做些什么呢？用 Bion 和 Ogden 的话说，我们如何倾听我们的梦？一种方法是清空你试图想要理解孩子的想法，不去刻意地、主动地记住任何背景细节。我认为 Schore 的工作以及 Bion、Ogden 和 Ferro 的观念能给你更多的许可去做这件事——事实上 Bion 甚至建议治疗师应接近几乎要睡着的状态！希望这种更放松的状态能让你更具有自发性和直觉性。这种"更少寻求"的态度，这种不触及、不深思、不试图概念化的状态，会让你更有机会瞥见房间里正在发生的梦境。当一个治疗师报告说，"我发现自己突然说或做 x 或 y"时，你可能会见证这一过程。我在第 11章中举了一个例子，那一刻我突然开始像一粒尘埃般说话。在这种情况下，我并没有试图去理解这个孩子，我已经放弃了，我实在太不喜欢他了以至于根本不在意他。我甚至不愿把这种捕梦过程视作是源自某种积极的角度。在尘埃的例子中，那种姿态来自我放弃治疗的努力，以及充斥着"不喜欢"和厌倦的状态。

我认为另一种捕捉梦境或在无意识层面工作的方法是留心那些不寻常的事。显然，如果你是一个具有强迫人格特质的治疗师，这可能会很困难。因为不寻常的事情可能不会经常发生。我和孩子之间有一长串并不寻常的事——拿错了孩子的游戏盒、忘记一个即将到来或正在经历的长假、因为在某节咨询中搞错了时间而大大提早或延迟结束、叫错孩子的名字、与一些孩子重复预约了两次时间、完全忘记一个人的名字、突然咳嗽发作、和一个青少年在一起控制不住地傻笑、在一个治疗中详细谈论我玩过的某种网球游戏等等。

也许我最难忘的"不寻常"的经历是我在治疗中睡着了。我只经历过这么一次。这件事发生在几年前，当时我同一个 7 岁的孤独症男孩在一起。一年多来，我每周都能见到他。在这件事发生之前的几个月里，我发现自己越来越难以保持清醒。他的游戏非常重复和无聊（那段时间我试图阻止自己这种不走心的状态）。他通常是把一棵小塑料树放在木块上，然后把橡皮泥压在木块上，把树的底部固定住。他只是有条不紊地把橡皮泥往下推。我太困了，已经放弃了思考，或者至少无法思考。然后我就睡着了。我不知道这持续了多久。当时我正坐着看他"玩"，然后突然惊醒。当我醒来时，我问："为什么那个人从马上掉下来了？"但其实他从来没有玩过人或马的游戏。我被自己这句话惊住了，它们真的是突然冒出来的。它们完全没经过思考的过程。这到底是一个狂野想法的范例，还是一个缺乏思考的想法？男孩从他的橡皮泥中抬起头来，我们的目光交汇了一秒钟——他的眼睛里有一丝困惑——然后他又回到了橡皮泥上。我再也没提过这件事。多年来，我都不好意思把这个故事告诉任何人。我确实反复思考这个问题，但不知道它意味着什么。直到读了 Ogden 和 Ferro 的书，我才开始怀疑自己是不是在做梦，是不是在代表自己和那个男孩做梦。我发现有趣的是，只有在了解到无意识交流的可能性后，我才能真正思考我的梦和男孩的游戏。我现在思考的是，这种将树固定在木块上的依恋活动是否与移情有关。在我们的关系中，男人从马上摔下来的形象是否代表了我或他不断地从我们的关系中"摔下来"？现在看来，这有着非常显著的关联，但我花了几年时间才弄清楚。

这个男孩的事件让我对 Bion 的提议产生了怀疑，他提到接近睡眠的状态就可以进行无意识的交流。有些孩子会使我们想要睡觉，这样我们就能替他们做梦了吗（Ogden, 2017）？最近我对这些活现（enactments）更感兴趣了。我更倾向于从关系学派的角度来看待它们，而不是把它们视为一种令人尴尬的见诸行动。也就是说，这样的活现并不是一种障碍，而是一种必要的事件，以允许无意识的交流被获知（Mitchell, 2003）。

Ringstrom（2019）是许多支持这种观点的关系学派分析师之一，他们认为治疗师不再是一个客观的观察者，而要让他/她的主体性及其与病人主体性之间的关系有发展空间。他将其与即兴戏剧相比较，即兴戏剧中充满了自发性和趣味性。他还将这一点与 Bion 的"无忆无欲"（opacity of memory and desire）的观点联系起来，即清除你脑海中的事物，看看什么会跳出来。事实上，他甚至提出一些即兴戏剧的训练可能对心理治疗师的训练有帮助。

Donnel Stern（2017）是另一位杰出的关系学派分析师，在讨论思想"不请自来"的观念时，他对这种捕梦现象进行了更深入的理解。他认为这些思想是一种无意识交流的形式，只有当治疗的二元关系中的双方都感到足够安全时才会出现，并且出现在这些未经表述的、不请自来的想法可以被表述成某种形式的思想、行为或躯体化表征之前。

▌直觉与非线性思维的重要性

直觉

这类自发性意味着以一种无意识和直觉的方式工作，但这种立场显然是对许多将"理解"作为信念的精神分析学派的威胁。这或许也是为什么在 Bion 呼吁了很久要用直觉工作后，它才慢慢得以渗透到临床实践中。直觉性的工作方式会让人体验到"狂野"和具有危险的主观性感受，因为你可以编造任何东西！就像我之前谈论一个人从马上摔下来一样。我明白这一点，一部分的我也仍然坚持保有对直觉中"野性"的担忧。要摆脱"科学的、客观的、线性的"思维是极其困难的，相信或信任基于最小感官证据的思维需要无畏和勇气（Stitzman, 2004）。但如果我们不这样做，我们就无法扩展我们对人类思想复杂性的体验。

在过去的几十年里，探索直觉这一领域的文献越来越多（Eaton, 2018; Erickson, 2020 ; Hinshelwood, 2018; Lombardi, 2018b; Marks-Tarlow, 2012,2014; Ringstrom, 2019; Schore, 2019; Stickle & Arnd-caddigan, 2019; Stitzman, 2004; Williams,2006）。显然，无意识之间的交流越来越重要，这就引出一个问题，即这种交流是如何发生的。

Marks-Tarlow 引用了 Schore 关于右脑对右脑无意识交流的研究，为直觉提供了神经学基础。她对直觉的定义是：

> 在右脑全面的、情绪的和唤醒调节倾向的引导下，对复杂而微妙的人际模式做出反应的能力。临床直觉代表了心理治疗中关于自我组织的、突现的、非线性的维度，对应于每时每刻的干预和反应。（Marks-Tarlow, 2015, p. 1）

她从人际神经生物学角度将直觉描述为自下而上式、对于内隐关系的认知，其中利用了感知觉、情感和意象的皮质下基础。Erickson（2020）从 Jung 学派的角度也整合了有关神经生物学和想象力的研究。虽然没有直接提及直觉，但这项研究强调了"追逐"想象力的重要性，以及在试图理解人类思维的复杂性时必须如何考虑到这一点。Erickson 引用了 Einstein（2009/1931, p.97）的名言："想象力比知识更重要。因为知识是有限的，而想象力则包含了整个世界，它刺激进步，催生进化。"

其他治疗师也就与"直觉"有关的沉浸式体验做了相关思考。正如 Eaton（2019）所说，直觉必须来自某个地方，他认为直觉来自沉浸式的体验。Hinshelwood（2018）举了一个与焦虑的人在一起的例子。对他来说，直觉意味着真正进入焦虑的心智状态，身处其中，而不是观察或了解它的感官特点，如出汗、颤抖等等。这种真正深入内心，或者直觉性地了解对方的方式最早可以清楚地追溯到母婴交流之中。Reid（1990, p.49）指出，直觉在婴儿期的起源可以在这样的过程中被发现：

母亲有能力吸收婴儿的感官印象，并且在她的脑海中创造出一个活跃空间，不断对婴儿反复变化的自我做出反应。通过这种方式，母亲可以比其他人更了解她的孩子。

我认为在婴儿观察中也能体验到上述描绘出来的景象：观察者不受任何指定角色的约束，在密切观察中将自己沉浸于婴儿的心智发育过程之中。这也是为什么婴儿观察在心理治疗训练中如此重要。关于"沉浸"，Molinari（2017）提出了一个有趣的观察：与青少年或成人工作相反，在儿童工作中，与儿童互动的不同之处在于它的流动性。她指出，与孩子在一起有很多沉浸式体验，因为有更多的时间一起游戏，而没有像与成人工作时那般有那么多时间去做即刻的反思。

在我的经验中，Klein学派深入研究每一节治疗细节的做法也是一种"沉浸"的形式：注意每一个细节，无论其在多大程度上相关，都让人有一种全神贯注的体验。我一直认为这是一件积极的事情，因为它为临床治疗师概念化他们的想法提供了更多的依据。然而，最近我开始考虑这种观察方式可能带来的负面结果。毫无疑问的是，我的确用这种方式观察、寻找相关细节以说明素材中的各种重要关联。这让我更加坚信，我真的了解孩子或青少年——因为我有证据！在过去，某些Klein学派的学者对这种形式的沉浸深感不安，这导致了一种强行而教条主义的诠释方法。但在听非Klein学派的人分享时，我总是被他们非常"泛化"的思维所震惊：他们似乎并不担心细节问题，他们似乎从更广泛的角度看待一节治疗，极力寻找一节治疗中大致的主题或感觉。在某种程度上，这种方法比纠结于细节的方式更为谦逊从容，但仍让人感觉它有点"弱"或缺乏"确凿的证据"。但后来我又有了其他想法，认为这种工作方式似乎更为开放——一节治疗中的所有细节不必全都拼凑在一起。素材之间的相互关联可能是非线性的。

这些不同的观察方式或不同程度的沉浸感孰优孰劣？这依旧令我感到纠结。一个人可能只见树木不见森林，而另一个人可能只见到一望无际的森林！对非线性"观察"背后潜在丰富性的日益肯定，使我意识到那些与沉浸有关的徘徊和思考有多么重要。

非线性思维

有关自发性和直觉的议题与心理治疗非线性研究的最新进展有关。这种心理治疗模式提倡一种更开放、自发和直觉性的工作方式——事情可以也应该以突然的形式发生！这种思考对儿童和青少年治疗也极具启发。

非线性理论挑战了线性看待世界的方式。Klein 和 Bion 的工作都提出了一个非线性的框架。对于每一个人来说，人类行为中无意识因素的普遍性和未知性的特质总是使其无法预测。这一观点将支持这种理念——微小的变化可以导致结果的巨大改变，而这并不是线性关系。一个显而易见的启示是我们不知道为什么治疗中的一个微小事件会导致孩子的巨大变化。非线性视角可以让我们更坦然地接受这样一个事实：我们通常不能精确地了解孩子的状况为什么改善了。

Marks-Tarlow（2015）在她的神经学著作中强调，右脑并非以线性、理性的方式运作。她将临床思考和临床直觉做了重要的区分。她认为这两个方面对于临床工作都是必要的。左脑帮助我们思考和概念化，它有助于我们运用研究成果、理论和教诲式的教学方法；但临床直觉是我们在治疗室中实际做和说的，它来自直接的、关系性的体验和与病人的临床沉浸。她将临床直觉与非线性科学的特征联系起来，这些特征包括自下而上的处理、整体视角、不断变化的动力、独特的轨迹、上下文的相互依存、涌现的新颖性和分形模式（fractal pattern）。

我特别喜欢"分形模式"这一概念。它能让我们慢下来，而不是急于马上看到一个模式。这有助于我们有一个不同的时间框架。如果从迭代的视角来看待精神分析动力学心理治疗，那么就像天气一样，复杂的模式会随着时间的推移而重复。尽管我们可能不知道这段时间有多长，但这种观点帮助我们面对不确定性——等待，不被时钟一样的线性时间所吓倒。这允许更多"只是存在"的状态出现，并与 Bion 关于展望未来和回顾过去的风险警告相关联。这种分形时间框架也与情感上活跃的、创造性的、有意义的游戏有关，因为这样的游戏可以让人感觉不受时间影响——既不会匆匆忙忙，也不会放慢拖沓。

非线性疗法的另一个含义涉及混沌理论（chaos theory）。这一理论能涵容大量复杂性，并使我们不再强迫性地相信我们能够真正理解他人的心理。非线性治疗师（Galatzer-Levy, 2016; Marks-Tarlow, 2012; Rose & Shulman, 2016; Safran-Gerard, 2018）谈到在混乱的边缘工作时提出，新的发展更有可能来自混乱，而不是可预测的稳定。他们并不主张治疗师主动制造混乱，但他们确实表示，太多的可预测性可能会扼杀新的成长。这与 Winnicott 和 Bion 的呼吁一致，他们呼吁让我们的思想更开放、更自由、更自主地流动。虽然这有可能令人恐惧，但这也是一个可以让自发性产生的位置——允许右脑活动穿行其中。

新冠疫情大流行期间，用传统精神分析动力学方法与儿童、青少年开展工作的方式受到了严峻挑战。治疗师被迫进行远程工作，这对过往理论和技术都提出了质疑。在第十二章中，在谈到关于游戏的挑战时，我提出了这一前所未有的事件所引发的问题：我们是否可以远程开展游戏？

在这篇引言中，我试图传达过去 15 年来影响过我的研究进展。近年来，精神分析界发生了一场革命，这是精神分析发展历史上最为激动人心的时期之一。在本书（第三版）中，我一直试图将自己对这些新发展的理解与之前在第一版、第二版中所表述的内容结合起来。我希望这些新的想法或对旧观念的延伸能令读者们耳目一新，就像它们曾经令我无比兴奋一样。

我也很高兴地告诉大家，在过去的 15 年里，又有两本关于儿童和青少年心理治疗的优秀书籍（Dowling, 2019; Gaunbaum & Mortensen, 2018）出版面市。虽然这些书与本书有重叠之处，但也有不同之处。这强调了一个现实：没有所谓的开展儿童治疗的"标准方法"。正如 Ogden（2009）提到的，每组治疗配对都经历着独特的体验。

（高侠丽　译）

第1章
精神分析的遗产

为什么要回顾历史?

Rosa，一个17岁的女孩，刚刚把一块砖头扔进了教堂的窗户——这紧挨着她每周接受心理治疗的诊所。

Anne是Rosa的心理治疗师，听到玻璃被砸碎的声音后她冲出诊所，看到Rosa和一群女孩正在逃开。在这个场景中，很难看出Anne对儿童精神分析工作发展历史的了解可以如何帮助她与Rosa工作。然而，两者是有关联的。Anne要从对这一事件的震惊中平复下来，并开始思考为什么Rosa要这样做。这种思考对决定她之后要做什么是至关重要的。而在这个过程中，她并不孤单。那些伟大的头脑100多年来的思想和临床经验，可以帮助她了解Rosa可能正在经历什么。当今儿童治疗师使用的概念化和技术工具是前几代治疗师的遗产，前辈们在出版物和督导中分享了他们的思考。为了理解这些代代相传的智慧，以及更重要的是，为了挑战它们，儿童治疗师必须了解它们是如何演变的，以及它们是在什么背景下形成的。

了解Anna Freud和Melanie Klein的生平似乎无关紧要。这些知识可能会被认为是对先前精神分析大师的"神化"而不值一提。但Anne知道Anna Freud曾当过老师，而且她早期的临床工作的对象是流离失所和残疾的儿童，这样的背景知识让她明白为什么Anna Freud可能会认为Rosa的行为是由环境力量决定的，而不是某种内心世界的爆发的结果。当然，Anne必须自己判断Rosa的行为意味着什么，她应该对此做些什么。但知道以前的治疗师是怎么想的，以及他们为什么会有这样的想法，可以将她的工作置于集体智慧之中，从而达成更深层次的理解。

Freud 的遗产

与精神分析界的大部分事情一样，儿童相关的精神分析工作也始于Freud。尽管他从来没有与儿童开展过临床工作，但他对行为背后意义的思考让他相信儿童有丰富而强大的幻想生活。这些幻想不仅影响他们的童年，也影响后来的生活。这种想法源于他在19世纪晚期在维也纳作为神经学家的工作。他意识到，如果他允许他的病人自由言说，他们讲述的故事经常会涉及一些非常痛苦的事件，在此基础上他的假设就产生了。他发现这些故事往往涉及一些与性有关的事件，要么是性侵犯，要么至少是让他们感到不安的、与性有关的事件（Freud & Breuer，1895）。这促使他提出了"诱惑"理论：Freud认为癔症是由年轻女性被引诱引起的。他推测，这一事件造成的痛苦是如此强大，因此必须从有意识的觉知中被移除。这样一来，情绪的混乱被困在体内，癔症的症状由此产生。

然而在1897年，当Freud越发难以接受所有这些女性都经历了性侵的事实时，诱惑理论崩溃了。他开始相信这些故事并不是对真实事件的叙述，而是关于性渴望或性挫折的幻想。他想知道他所见过的所有病人，无论男女，是否都有这些性幻想，这些幻想是否可以追溯到童年早期。这促使他开始探索儿童与性有关的感觉的本质及其发展。

当Freud从他的病人那里听到这些关于早期性欲的叙述时，他认为性幻想本身并不是问题所在，对这些感觉的压抑才导致了神经症症状。这种思想意味着所有人在童年时期都有性感受。为了探索这一观点，Freud观察了他自己的孩子，也让同事和朋友们去观察他们自己家的孩子。他想看看是否能观察到任何童年性欲的迹象。这些观察，连同他的临床工作素材，最终促成了《性学三论》（《The Three Essays on the Theory of Sexuality》Freud, 1905a）的出版。Freud在其中提出了他关于儿童性欲本质的观点，并提出了这些本能冲动的不同阶段和变化。

为了佐证这篇理论论文，并支持他关于儿童性欲的主张，Freud发表了另一篇论文，讲述了一个5岁男孩"Little Hans"的故事，以及他是如何应对自身发展中的性欲的（Freud, 1909b）。虽然Hans从来都不是Freud的病人（Freud只见过他一次），但这是将分析思维应用于儿童行为的第一个案例。Hans的父亲是Freud的朋友，他告诉Freud自己家的儿子害怕马。Freud请这位父亲观察他儿子的行为，并向他报告这些观察结果。随后Freud指导这位父亲应该对男孩做什么、说什么。在这个案例中，重要的是儿童的行为被认真对待，而不是被认为是"顽皮或愚蠢"的。对Freud来说这是有意义的：他关于儿童发展和性欲的理论得以证实。Hans挣扎于对母亲的性冲动和对父亲的敌对情绪，这种感情必须被压抑，因为他害怕父亲的报复性阉割。这个案例也突出了Freud对密切细致观察的必要性的认识。虽然现在有人可能并不同意Freud的解释，但在这个案例中，我们见证了现在被视为"精神分析态度"的开端——行为

（即使是孩子的行为）是有意义的，它可以受无意识因素的支配。

Little Hans并不能算是儿童心理治疗的一个案例，Hans也不是Freud的病人。事实上，在这个阶段，Freud认为分析疗法并不适用于儿童。他觉得Hans的感受和行为只有在安全亲密的家庭氛围中才能被探索。然而，几年后，Freud报告了他和一个名叫Dora的18岁青少年的临床工作（Freud，1905b）。Freud直接把他早期的分析技术应用到这个女孩身上。虽然这是一场治疗灾难，女孩突然终止了治疗，但这提醒了Freud注意移情的力量，以及如何小心地处理它。

尽管Dora是一个青少年，Freud却把她当作成年人来治疗。她要躺在躺椅上，不受束缚地说出自己的想法。在精神分析治疗的这个发展阶段，儿童因为年龄太小而无法自由表达内心想法的问题仍然没有被解决。然而，Freud从和成年人以及年龄稍大的青少年的工作中越来越清楚地发现，童年经历是一个人日后行为的重要决定因素。这就意味着，精神分析知识可以帮助我们重新思考儿童养育。

早期的先驱

儿童精神分析工作的逐渐发展也相应影响了儿童家庭教育和学校教育。这一领域的早期先驱包括Hermine Hug-Hellmuth、Siegfried Bernfeld、Alice Balint以及August Aichhorn。Siegfried Bernfeld创办了维也纳的鲍姆加滕托儿所（Baumgarten Nursery），这是一所基于精神分析教育原则的犹太社区学校；Alice Balint将精神分析思维应用到教育心理学；August Aichhorn（1925）则把精神分析性理解应用到有精神障碍的青少年临床工作中；而Berta Bornstein是一名社会工作者，她用精神分析的视角与儿童工作。

第一位儿童精神分析师

最早将精神分析理念应用于儿童教育的工作者是Hermine Hug-Hellmuth（1921）。她是否称得上是第一位儿童分析师还存在一些争论。Holder（2005）整理了不同学者的观点：一些人认为Hermine Hug-Hellmuth是第一个在分析性临床情境中使用游戏的人，而另一些人则认为她顶多是一位将分析性理解应用于满足儿童教育需求的教育家。

Hermine Hug-Hellmuth 最重要的论文是《论儿童分析技术》(On the Technique of Child Analysis)(1921)。这篇论文一度因为被认为是对 Anna Freud 和 Melanie Klein 已有著作的"苍白无力的补充"而被忽略。批评者称 Hermine Hug-Hellmuth 并没有发展出为儿童做诠释的技术,她只谈了年龄较大(七到八岁或再大点儿)的孩子的问题,并且把重心放在"教育性的"分析(即如何把对儿童的理解运用到家庭和学校的管理策略中)。这些批评者没有留意到她论文的原创性和开拓性。在这篇论文中,她讨论了一些非常重要的问题,包括与父母工作、理解消极和积极的移情、来自儿童和父母的可能的阻力(Geissmann & Geissmann, 1998)。她讨论的这些问题,正是 Anna Freud 和 Melanie Klein 在接下来的 60 年里用她们自己的方式继续思考和拓展的问题。

Anna Freud 和 Melanie Klein

任何儿童和青少年的精神分析心理治疗史都必须包括这两位女性。她们被公认是这一领域最重要的两位人物。她们都留下了大量的著作,形成了儿童精神分析的两大思想流派。她们都发展出了关于儿童精神分析发展的综合理论,以及和儿童青少年工作时使用的不同治疗技术。

在 20 世纪 20 年代,她们开始对精神分析知识在儿童中的应用感兴趣。两人在理论和技术上的较量从她们的精神分析职业生涯的开端就已经开始了,并且这种较量延续到了她们之后的追随者。这些理论与技术的差异不单单有历史价值;直至今日,它们仍然影响着儿童治疗师的工作方式。为了理解这些差异以及它们怎样影响今天的儿童治疗师的临床实践,我们有必要了解 Anna Freud 和 Melanie Klein 是如何发展出她们对儿童内心世界的看法的。

Anna Freud

Anna Freud 出生于 1895 年的维也纳。她是 Freud 六个孩子中最小的一个。她是一个瘦小害羞的孩子,对功课很认真。她受训成为一名教师,并且当了 5 年小学老师。这是个很重要的时期,因为虽然她没有自己的孩子,但在这段时期她接触到了许多正常的学龄儿童。教师培训也让她逐渐学习到科学方法的重要性:对事物的研究需要小心、严谨地进行。

Melanie Klein

Melanie Klein 出生于1882年的维也纳，比 Anna Freud 大13岁。和 Anna Freud 一样，她也是最小的女儿。她的父亲 Moriz Reizes 是一名医生。Klein 尤其关注婴儿的抑郁状态，这可能和她的生命里充满了悲剧性的死亡有关。她的姐姐在8岁时去世，她的哥哥在25岁时去世，她的儿子在27岁时去世。她早年有过一段不幸的婚姻，最后以离婚告终；她与强势的母亲关系不佳，与叛逆的女儿（也是一名分析师）在公众面前争吵不休。鉴于这一连串的事情，她"发现""抑郁位"（depressive position）这一概念也就不足为奇了。正如 Grosskurth（1986）所指出的那样，她有一种支配性的人格，这可能源于她是一个不被父母喜欢的孩子。和她的兄弟姐妹相比，她在父母面前没什么优势。这种掌控或果断的性格充分体现在了她的诠释风格里。

Klein 曾经想像她父亲一样从医，但她21岁那年的婚姻打乱了她的计划。她的一生都没有接受过任何正式的学术训练。与 Anna Freud 不同，她是一个魅力四射的女人，非常注重自己的外表。她一生都在和抑郁症作斗争。

Klein 发现，Freud 所找到的通往成人内心的道路——梦，并不适用于儿童。通往儿童内心世界的道路不是梦，而是游戏。她对发展早期阶段的兴趣使得她把观察重心放到非常年幼的孩子身上。这些孩子还只会说一点点话，甚至还不会说话。她把 Hug-Hellmuth 的理念作为基础，Hug-Hellmuth 认为游戏可以象征性地反映儿童的想法和感受。Klein 还记录了自己的儿子在讲述他的暴力幻想时玩的游戏。从这些经验中，她开始发展出一种技术，彻底改变了人们对儿童游戏的理解。这使得她成为第一个对儿童内心世界有持续不断的观察的人。

仔细研究 Anna Freud 和 Melanie Klein 之间的主要理论和技术差异是很重要的，因为这些差异影响了当下的分析工作。这些差异可以分为四个主要方面：儿童参与度、对移情的不同看法、与父母的关系，以及诠释和游戏。

吸引儿童参与

在 Klein 和 Anna Freud 的早期作品中，两人在提供治疗时如何吸引孩子参与其中这一问题上存在很大分歧。Anna Freud 最初认为，和孩子在一起有一段预备期或引导期很重要。她知道孩子们不愿意接受治疗。他们不想了解那些让自己痛苦不安的感受和行为，而他们的父母通常是能够感受到这种不安的。Anna Freud 认为孩子缺乏动力，他们不会像成年病人那样积极寻求帮助。

为了克服这个问题，她觉得有必要让孩子对治疗师产生舒服和正面的感受。只有产生这种信任，令人不安的分析工作才能进行下去。要让孩子们能够看到关于自己的负面情绪，他们必须先对分析师和自己有正面的感受。遗憾的是，这一引导阶段有时是以某种充满诱惑的形式呈现出来的。Anna Freud 会用小恩小惠或虚假的赞美来讨孩子喜欢。她试图与孩子建立融洽的关系，而这正是 Hug-Hellmuth 强烈推荐的做法。但正如 Edgecombe 所指出的，她采用的方法和现代儿童治疗师的方法并没有多大分别（Edgecombe, 2000, pp.58-62）。无论孩子说什么，她都会表现出极大的兴趣。她会与孩子感同身受，让孩子知道她可以从他们的角度看待事情。她很擅长用投射（projection）或置换这样的技术，她会给孩子的"坏"起个名字，把它拟人化。如果孩子一开始是很防御的，她觉得治疗师有必要建立起一定的治疗联盟。这和近几年 Alvarez 强调的对诠释或评论的"听见"（Alvarez, 1992; Blake, 2001）是非常一致的。

Anna Freud 不认为这段引导期是正式分析工作的一部分，它只是为接下来的诠释工作做准备。她将这种方法描述为是"迂回的"（devious）（Freud, 1927, pp.11-13），这恰好呼应了 Hug-Hellmuth 主张的"计策"（ruse）。有意思的是，目前许多开展一周一次工作的儿童心理治疗师们都在使用这些"计策"或"迂回的"技术。去聆听、去思考《指环王》（The Lord of the Rings）、《星球大战》（Star Wars）、《辛普森一家》（The Simpsons）等等这些作品不再被视为仅仅是在破冰，相反，这些被认为是了解孩子心灵世界的重要交流内容。而且，越来越多精神分析取向的儿童治疗师，包括我自己在内，现在开始质疑对这些材料进行诠释的必要性。

Anna Freud 认为这种吸引孩子参与的技术是对那些用于成人治疗的经典技术的必要改进。她不相信治疗师能立即对一个孩子开展诠释，那太令人不安了。孩子无法处理他/她"袒露的"感受，也无法从道德上约束它们（超我的力量尚属微弱），这将损害孩子的自我意识。而 Klein 认为，你不仅可以立即进行诠释，而且如果你想让孩子在分析工作中和你合作并且保持兴趣，那么这样做是绝对必要的。从这个意义上说，Klein 认为 Anna Freud 偏离了她父亲的工作，而她却忠实地实践了精神分析之父所制定的分析原则。这简直是一场争夺 Freud 女儿身份的战争！

Klein认为只能通过立即关注孩子的焦虑并为其命名来吸引孩子。在她早期的论文中，这意味着与孩子谈论他/她被压抑的性感觉以及围绕着这种感觉而产生的焦虑。这种地形学模型的方法——使无意识意识化——能把孩子从压抑中释放出来，从而缓解焦虑。她列举了一些案例，展示了在初期向幼儿直接诠释他们无意识的感受可以让他们不那么焦虑。随着Klein发展出她关于攻击性的重要性的理论，她的诠释中对性的关注减少了，取而代之的是关注儿童那些源自更为施虐的感受的焦虑。

Klein从未真正改变她通过诠释来吸引孩子的想法，但Anna Freud确实放弃了她引导阶段的技术，转而支持对孩子在治疗中的初始防御做出诠释。所以，她的确是用诠释来吸引孩子，但这种诠释是针对孩子的意识层面的。她会谈论孩子的如下需求，比如需要自吹自擂，需要表现得高高在上、傲慢自大，以此来防御那些可能不好或不被需要的感觉。这种诠释停留在"表面"，指向的是孩子容易理解的情感。Klein却认为有必要去到"根基"，需要驱除那些深刻而未知的"感觉"，让焦虑的根源显现，这将会让孩子从原始的焦虑和内疚中解放出来，从而得到发展。

如今，当一个儿童治疗师决定何时、以何种方式进行诠释的时候，我们仍能从中听到当年那些辩论的"余音"。当治疗师可以更好地理解孩子脆弱的自我意识，看到防御在帮助孩子处理痛苦情绪方面的重要价值时，他们也需要面临一个拷问——是否仍然有必要进行诠释？如果确有必要的话，又能如何以不威胁孩子自尊的方式进行诠释？

对移情的不同看法

Klein在与儿童会谈的初期进行诠释的原因之一是她相信儿童可以立即对她产生移情反应。Anna Freud却认为这是不可能的，因为儿童无法将过去的思想和感受转移到治疗师身上，因为并没有"过去"可以转移。换句话说，这个孩子没有"过去"指的是他们和父母没有"过去"的关系。这些关系还有待形成。

Klein并不是用这种方式来阐述移情的概念的。与Anna Freud不同的是，她认为婴儿从一开始就有能力与外部世界建立联系——这被称为早期的客体关系。这意味着一个非常早期的自我意识，一个早期的自我，已经存在。Klein提出，婴儿与生俱来就有与人联结的社会属性。她留意到这种联结是非常短暂和原始的。尽管如此，

Klein还是觉得婴儿有能力分辨快乐和痛苦，有时这种状态与外部世界有关，或者与"非我"的体验有关。Klein进一步认为，这种原始的联结形式被婴儿自身的感觉严重扭曲了。因此，感到疼痛的婴儿可能会想要撕咬疼痛的源头，但又可能担心这个"痛"的客体会反咬自己。Klein认为，通过这种方式，婴儿建立了一个早期的关系蓝图。这些早期的预期将是理解其他关系的基础。这种预期，或者是她所谓的"内在客体"，会不断地塑造婴儿对世界的体验。Sigmund Freud提出了精神动力学的无意识驱力这一概念，Klein则将这种动力概念化，即这一早期蓝图将如何影响婴儿对世界的感知。最初，这个世界就是婴儿的母亲，这也是蓝图形成的地方。但所有后来的关系，无论是和人类还是和非人类的，都将受到这些原始格式塔的影响。从这个角度来说，所有的关系对Klein来说都是一种移情。这一蓝图能够应用或转移到生活中的所有其他情况，这让Klein的移情概念比Anna Freud对术语的定义得到了更广泛、更普遍的使用。

当Klein谈到移情时，她说的是"此时此地"（here and now），而不是对真实父母的过往记忆。内心世界不断地转移到外部世界，或者说塑造外部世界。从这个角度理解移情的话，Klein立即向孩子诠释移情是有道理的。Klein认为，孩子的内心世界，也就是她所说的孩子的"内在客体"，不断地以"可被理解的方式"转移到孩子的实际环境，也就是孩子的"外在客体"中，所以孩子对现实的体验总是在主观上受到这个内心世界的影响。Klein学派的领军人物Betty Joseph将之称为移情的"整体情境"（the total situation）（Joseph, 1985）。一个孩子紧紧地抓着铅笔可以被理解为一种证据，证明这个蓝图如何影响孩子与铅笔的关系。这一动作象征性地反映了孩子转移了一种心理预期——当你建立联结时必须紧紧抓住对方，因为你害怕失去。这种对失去的预期，以及紧紧抓牢的需求，会被转移到与治疗师的关系上。

另一种看待这一问题的方法是留意Klein如何更多强调儿童的内心世界，以及这个世界在很大程度上（即使不是100%）受儿童自身性格的影响。Anna Freud更关心儿童的真实父母，以及外部因素如何影响儿童。与Klein不同，她不相信婴儿有能力建立这些早期的、复杂的、原始的关系，她认为那样的说法似乎不太可信。但是，她没有进一步探究Klein的思想，到底是因为她"谨慎而科学"，还是因为她无法深入到一个无言的、原始的、触及人类心灵基石的世界？

在Anna Freud后来的作品中，她对儿童分析工作中移情是否存在的看法变得温和了。然而，她从未觉得儿童能够在和治疗师的关系中产生完全的移情神经症（即儿童与父母的所有问题都会转移到分析师身上）。她的确觉得，在与孩子打交道的过程中可以看到习惯性的联结方式（和Klein的蓝图类似吗？）。

Anna Freud不相信儿童对治疗师的所有反应都在说明移情存在。有些反应是对治疗师当下现实的反应。当儿童还在发展他们的内心世界时，她认为治疗师的现实（他/她的界限设定、一致性、非评判性的态度等等）为儿童提供了一个新的"发展客体"。她认为这是取得任何治疗成果的一个重要因素。认可治疗师的人格会对孩子产生影响——这一观点依旧在发扬光大，体现在如今对治疗师和孩子之间的主体间性的强调，这也是关系学派思想中的一个显著要素。

和父母的关系

Klein和Anna Freud对外部世界影响的看法产生了对父母在儿童分析中的角色的不同观点。这两位女性在职业生涯初期都认为教育和父母养育风格对孩子的情感发展至关重要。然而，随着Klein对孩子幻想世界的影响越来越感兴趣，她弱化了之前认为有必要改变现实父母的行为或态度的这一观点。事实上，在她的一些作品中，有一种父母应该"置身事外"的感觉，好让她继续做重要的分析工作。父母在支付账单和定期准时带孩子去接受治疗方面很重要，但仅此而已。这种傲慢和居高临下的态度并不是当前Klein学派儿童治疗师工作方式的一部分（Rustin, 2000）。

当下的儿童心理治疗实践，尤其是在早期，深受几个方面的影响——包括对家庭内部系统力量的日益加深的理解，家庭治疗的发展，以及对"养育"重要性的强烈认可。从1960年开始，Hampstead诊所和Tavistock诊所都将"父母工作"模块作为他们培训的重要组成部分。

虽然这两位女士很少讨论她们关于父母工作的实际技术见地，但在20世纪70年代和80年代初，当我在Tavistock培训时，儿童治疗师见孩子，外加一位同事见父母，这是很常见的做法。通常儿童治疗师每学期（约3个月）见家长一次，做一轮回顾。相比之下，在Hampstead诊所，儿童治疗师密集地（每周5次）见孩子，每周也见父母一次，这也是稀松平常的。虽然在这两家诊所都没有与父母工作的标准方式，但在过去，Anna Freud 诊所似乎更强调父母的参与，这与 Anna Freud 更加强调外部环境的理念是一致的。

诠释与游戏

从技术的角度来看，Anna Freud 和 Klein 之间最大的差异之一在于她们对儿童游戏的角色和意义的看法。这些是重要的差异，深刻地影响了她们与儿童相处的方式。Klein 认为，在自由玩耍的情况下，孩子的游戏等同于成年人的自由联想——如果你遵循游戏的顺序，你就会明白它的意思。Klein 认为，这种经过密切观察的游戏是通往孩子无意识的道路。仅这一信念就对她理解和使用游戏产生了巨大的影响。当然，允许这一过程自由流动意味着放弃任何带有"教育"或管理性质的干预。这个信念本身彻底改变了精神分析的世界。Klein 觉得她找到了一种工具，可以让她看到人类心灵的最深处，就像 Sigmund Freud 的"工具"——自由联想和梦——能够让他在每个成年人身上看到孩童一样。

Klein 深信 Freud 的发现，即无意识是动态的无意识，无意识的想法和感觉不断地渴望被释放。这种释放对孩子来说是以游戏的形式发生的。基于这种信念，就能理解为什么 Klein 会去诠释孩子的所有游戏了。我们很容易理解为什么她在整个职业生涯中都保留了这种技术。而且，这也是她的天赋所在。她的直觉和创造性的头脑在这个无言的、奇异的、原始的幻想世界中开花结果。这种信念也解释了她为什么会做出如此多的诠释。她觉得向儿童揭示他们的游戏意味着什么很重要。这将释放性欲和攻击性如恶犬般的狂吠，并将儿童从对这种暴力幻想的无意识焦虑中释放出来。

更为保守有序的 Anna Freud 并没有被这种兴奋所吸引。她不相信可以把儿童的自由玩耍等同于自由联想。她认为，尽管一些游戏无疑具有象征意义，但认为它们都是由无意识的幻想所驱动是不正确的。她觉得游戏可能只是在重复孩子最近看到的一些东西，或者是试图掌握一些技能。想要接球的孩子可能想要提高这项技能，这样他/她就可以更轻松地和朋友一起玩。接住球并不一定象征着某种被抱持然后被扔掉的经历。

在这两种理解游戏的方式中，两位女性的个性影响了她们的看法。Klein 对游戏的看法符合她更有创造力、直觉和掌控性的一面（她可毫不羞怯！）。正如 Ernest

Jones的女儿（她曾接受Klein的分析）所指出的那样，"当孩子们玩耍时，女人们在聊天"（Young-Breuhl, 1988, p.168）。Anna Freud更有条理和谨慎的个性让她对基于游戏做早期深层诠释持怀疑态度。此外，尤其是在早年，Freud曾把新的理论重点落脚于自我在控制强烈本能驱力的重要性上，而Anna Freud曾深受这些理论的影响。更重要的是处理驱力，而不仅仅是释放它们。她后来关于自我防御的决定性理论影响了她如何对儿童的游戏开展工作。她觉得尊重和理解这些防御是很重要的，即使一个人知道它们背后是什么。初始诠释一定是会照顾到这些防御的，只有这些防御被分析和被理解了之后，才能开始探索那些可怕的冲动。

诠释

尽管Anna Freud和Klein对儿童游戏的作用的看法存在根本的差异，她们都相信诠释的治疗价值。她们都没有采取日后兴起的Winnicott式的方法——该方法认为游戏本身就具有治疗作用。两人都认为，诠释给了儿童理解事物所必需的洞察力，并最终使他们有能力处理那些难以处理的情绪。在对情绪的这部分处理中，包含了儿童用语言表达出"理解"的能力。两人都觉得，如果没有语言，对感受的二次加工是不可能完成的。最终，事物必须以言语化的方式被意识到。只有那样，治疗效果才能得到保证。

Klein将儿童的心灵理解为一个"充满相互关联的幻想客体"的地方。Anna Freud坚守她父亲的观点，认为儿童的心灵充满了强大的冲动，必须由他们的现实感（自我）和道德感（超我）来控制。这些差异导致他们在洞察力对儿童意味着什么的问题上有不同的看法。对Klein来说，洞察力意味着儿童能够意识到他/她的原始幻想，并能够将这些想法和感觉整合到心灵的其余部分。对Anna Freud来说，洞察力意味着儿童对他/她自己的心灵如何运作有更深刻的理解，儿童会更清楚地意识到他/她用来控制自己本能力量的策略。

▌青春期

虽然Anna Freud和Klein都研究过不同年龄段的儿童，但Klein以研究幼童而闻名，而Anna Freud的研究通常与学龄儿童有关。两人对青春期的描写都比较少，尤其是与技术有关的描写。1958年，Anna Freud对这种疏漏感到遗憾，她感慨对青少年的分析性理解被如此忽视，就好像它被当作儿童精神分析的"继子女"似的。

正如Anna Freud在她的论文《青春期》（Adolescence）（1958）中所指出的，Freud在《性学三论》（Freud，1905a）中首次探索了对青春期的分析性理解。通过对Dora这一案例的描写，Freud首次发表了对青少年的分析治疗文献。然而在那个时期，尽管Dora只有18岁，治疗却没有考虑到任何与"发展"有关的因素。Freud使用的方法和他治疗成年人的方法是一样的。在早期，这一著名但不成功的治疗可能吓坏了一些精神分析从业者，因为这个个案突出了在分析中要吸引和抱持青少年有多难。

又过了17年，Ernest Jones在他的论文《青春期的一些问题》（Some Problems of Adolescence）（Jones，1922）中研究了青春期和童年早期之间的联系。他提出，青春期出现的问题是早年（2～6岁）所经历过的困难的"再加工"。时至今日，这仍是精神分析界坚信的一个理念。

Anna Freud对青少年工作的看法表明她了解与这个年龄段的人一起工作的困难。她觉得青少年分析工作的开头、中间和结尾都很困难（1958）！在1980年，她谈到了改进技术的必要性，尤其是和青少年的工作。看起来她使用的是那些不挑战青少年脆弱防御机制的技术。同时她留意到，当青少年反抗诠释时，在移情中进行诠释是危险的。

Anna Freud培养的儿童治疗师Peter Wilson（1987）强调了这些观点。他指出对于一些青少年来说，过于频繁地进行治疗是危险的，在移情中做出诠释也是危险的。他并不确信可言语化的洞察力对青少年的重要性。

Klein在《青春期的分析技巧》（The Technique of Analysis in Puberty）（Klein，1932b）中讨论了和青少年工作的技术困难问题。和Anna Freud一样，她也理解这一时期性欲和攻击性倾向的剧变。她描述了一些青少年如何试图通过增强防御来应付这些变化，并变得非常抑制；而另一些青少年可能无法应付这些青春期变化，因此把性欲和攻击性见诸行动。虽然她说治疗师应该采用"一种非常灵活的技巧"，但她接着说，她在幼儿工作中发展出来的早期和深入的诠释技巧，也应该被用于青少年工作。Klein留意到青少年的高度焦虑，并认为这种焦虑需要尽早处理，这样它才会减轻。这将确保分析的可行性。与Anna Freud相反，她认为要缓解那些焦虑，只有通过命名它们、对它们追根溯源（至童年早期），并且在移情中提及它们。她还认为，在和学龄儿童的工作中，游戏和谈话是混合的，而和青少年的工作主要涉及语言联想，所以应该采用一种接近成人工作的技术。事实上，她认为，和青少年工作的分析师首先应该接受与成人工作的训练。

第二次世界大战后，美国的分析家们立即恢复了对青少年精神分析的兴趣。1951年，Spiegel 回顾了越来越多关于青少年精神分析理论和实践的论文（Spiegel，1951）。他呼吁在技术上有更大的灵活性，特别是在处理移情以及与青少年的初次接触方面。他提出了青少年有一个"导入期"（introductory period）的可能性，这与 Anna Freud 的早期工作类似。他告诫不要过早做出移情诠释（transference interpretations）。他指出，让青少年离治疗师"太近"可能会增加他们对自主和独立的需求，导致他们过早退出治疗。

到20世纪70年代，青少年心理治疗已经摆脱了"继子女"的形象，开始作为一门独立的学科被认可。Tavistock 诊所成立了一个独立的青少年部门，并在之后出版了许多关于青少年临床和应用工作的出版物。同时，也开展了独立的青年咨询服务，以满足尚属年轻而年龄偏大的青少年的需求。该服务项目充分考虑到吸引青少年参与心理治疗的困难，因此在设计项目的时候以短期结构为主，同时在对移情的使用上采取谨慎小心的做法。

在过去40年里，专门的青少年心理治疗中心越来越得到认可。许多这样的治疗中心坐落于青少年文化的中心地带，步行即可轻松到达开展分析性工作的地方。伦敦的 Brent 心理治疗中心和 Portman 诊所，以及悉尼的 Come In 中心，就是一些青少年精神分析中心的例子。这些中心展示了 Spiegel 在1951年所呼吁的干预的灵活性。

战后的发展

二战后，精神分析的一个主要影响来自 Donald Winnicott 的工作，他是一名儿科医生和儿童精神分析师。尽管 Winnicott 受到 Anna Freud 和 Klein 的影响，但他不太重视诠释，而更重视游戏本身的治疗价值。对于 Winnicott 来说，游戏不仅仅是一种诊断工具，它毫无疑问揭示了儿童的无意识，但本身也有治疗作用。这些观念深刻地影响了儿童心理治疗师的工作方式（Lanyado, 2004; Lanyado & Horne, 2006; Dowling, 2019）。

Winnicott的工作，连同其他人的工作，比如Fairbairn、Guntrip、Sullivan、Bowlby、Kohut和Bion，使治疗师们意识到儿童所处实际环境的重要性。而在这之前，更受关注的是儿童对其所处环境的解释。这改变了Freud（他认为行为由驱力决定）和Klein（她认为行为由无意识的婴儿式幻想决定）提出的行为决定论观点，而更加强调实际的现实（以母亲或最早的照顾者的形态呈现）对儿童的影响。这一重点的变化使人们更加重视治疗师作为一个真实人物的影响，而不仅仅是一个移情的对象（Grotstein, 1999）。

20世纪70年代见证了家庭治疗运动的发展。随着家庭对儿童产生的系统性力量日益得到重视，治疗模式也开始由单独与儿童工作转变为与整个家庭工作。这种更广阔的视角也影响了儿童治疗的实践。对投射性认同的理解不断加深，特别是受Bion的理论影响，Klein学派的儿童治疗师能够对家庭中无意识过程的动力进行工作（Box et al., 1981）。Bion的涵容（containment）概念将无意识的概念从个人层面进行了拓展，进一步延伸到无意识力量如何在人际关系中相互作用（见第二章）。

当前的发展

儿童治疗的最新发展中呈现出越来越多对婴儿心理健康的关注。Klein对生命最初几个月的思考和对婴儿观察的实践已经很顺畅地与这个领域结合。对母婴关系的更高水平的研究，以及这种早期关系对神经系统的影响，都对儿童精神分析治疗师提出了新挑战，要把这些研究结果纳入实践中（Emanuel, 2004）。Klein关于情感功能中最原始水平的相关理论也支持了儿童治疗师尝试与最复杂的儿童个案开展工作。与这些更具挑战性的来访者工作时所做出的技术改良，同样也影响了对复杂程度相对较低的儿童个案的治疗实践。

Klein 学派的发展

对Klein学说的批评指出，它过于关注儿童的内心世界，而没有考虑到外部或环境因素的影响。Bion 关于投射性认同和涵容的工作纠正了这种偏差，并让人们看到婴儿与其最早的照顾者之间复杂的相互作用和主体间性。这种发展深刻地影响了儿童治疗实践，它不再被定义为是治疗师观察儿童的游戏并随后做出诠释。我们现在知道，儿童可以影响治疗师，治疗师也在影响儿童。移情和反移情不能独立存在，它们都被嵌入关系之中。

关系学派儿童治疗

这是 Klein 学派更近期的发展，其重点是最早期的相互关系——这与美国学界当前的发展有某种密切关系。在 Harry Stack Sullivan 的研究基础上，美国儿童治疗师也同样关注早期关系的重要性，以及如何把儿童与治疗师之间的关系作为治疗工作的重点。关系学派的精神分析不认同 Klein 学派关于诠释可以减轻焦虑的观点。继 Sullivan 对精神分裂症的研究之后，这一学派认为儿童的个人安全不应该受到威胁。如果有什么事情让儿童更加焦虑，就不应该去面质它。儿童的防御在这里受到尊重。虽然 Klein 学派和关系学派儿童治疗师都聚焦儿童和治疗师之间的关系，但他们对儿童焦虑的不同处理意味着两者在技术上存在巨大差异（Spiegel, 1989; Altman, 2002）。

Anna Freud 学派的发展

早期对 Anna Freud 学派的批评是，它过于相信环境因素，并且强调"教育性"。就像 Klein 学派扩大了他们的关注范围，考虑到真实的母亲或照料者的角色带来的影响一样，Anna Freud 学派对于在治疗中教育儿童的角色的看法也变得温和了些。采用 Anna Freud 的导入阶段不再是一种常见的做法。如今，这一学派的治疗师承认母亲和婴儿之间存在早期的复杂关系。他们认为婴儿时期的联结模式可以转移到治疗环境中。

Anna Freud 早期关于儿童内在发展力量重要性的观点也正得到发展。她意识到，某些孩子在情感发展方面遇到困难，不是因为他们的内心冲突，而是因为他们所处的环境有缺陷。她认为，那些无法处理自己情绪的孩子之所以如此，可能不是因为他们太焦虑所以无法正视自己的痛苦感受，而是因为在他们的生活中从来没有任何人教他们怎么做。缺陷和防御之间的重要区别现在更容易被认识到，这同时也改变了与儿童工作的技术（Killingmo, 1989）。"发展性缺陷"（developmental deficit）这一概念现在已经被 Anne Hurry 等人发展成一种被称为"发展性治疗"（developmental therapy）的干预形式（Hurry, 1998）。

心智化和依恋的重要性

Fonagy 继承了 Anna Freud 的传统，强调发展和思考。他专注于研究儿童的心智化能力，也就是能够思考自己感受的能力。Fonagy（1991, 2001）的著作关注的是关于心智发展的理论：幼儿是何时以及如何认识到自己有心智的？又是如何认识到他人可能有心智，而且他人的心智可能和自己的不一样？ Anna Freud 的理论中关于认知发展的部分强调了婴幼儿在生活中需要有人帮助他们在一段关系中思考或心智化他们的情感反应（Fonagy & Target, 1997b）。Fonagy 还借鉴了 Bowlby 的依恋研究来巩固这一想法——安全的依恋关系需要高水平的心智化能力。

这样的理念与 Bion 的涵容理论（母亲能够考虑婴儿的感受）密切相关，并使现代 Klein 学派和 Anna Freud 学派的思维方式靠得更近。Hoffman 等人（2015）进一步扩展了 Fonagy 的工作，利用心智化理论开发了一个名为"聚焦于调节机制的针对有外化行为儿童的心理治疗"项目。这是一个相对短期的项目，应用心智化技术来发展和支持儿童的心智化能力或支持他们思考自己的情绪，而不是以一些失调的行为将它们表现出来［关于该项目的精彩评论，请参考 Music（2016）的文献］。

近年来 Fonagy 等（2019）强调了发展"认知信任"（epistemic trust）的重要性。"认知信任"即你对于从他人处获取的知识的信任，用心智化的术语来说，即"你能信任或依赖你的照料者的思想吗？"目前的研究还表明，心智化状态是儿童心理治疗中的一个潜在因素（Carvalho et al., 2019）。

后 Bion 时代的发展

Bion 对 Klein 理论的延伸和修正，深刻地改变了儿童和青少年心理治疗的理论和技术发展。然而，只有 Thomas Ogden 和 Antonino Ferro 等后 Bion 时代作者的作品才能对这些发展提供清晰易懂的解释。在过去的二十年里，这些作者和其他人都清晰化并扩展了 Bion 的思想。他们作品的含义，特别是把游戏等同于做梦，都已在这本书的引言部分进行了讨论。

神经科学的发展

过去20年见证了神经科学知识的爆炸式增长。认知心理学的发现和神经科学研究的技术进步，使人们对行为和情绪的神经科学基础有了更清晰的理解。在儿童和青少年心理治疗方面，Alan Schore专注于"右脑与右脑之间的交流"（right brain to right brain communication），他的工作提醒了儿童治疗师在临床工作中考虑非语言和无意识线索的重要性。我相信Schore的工作也肯定了后来Bion的思考，即直觉在影响深层治疗改变方面居于中心地位，同时也帮助我们理解Grossmark关于"低调陪伴"（Unobtrusive Companioning）的工作。这些发展在本书的引言中都有详细介绍。

非线性精神分析

非线性精神分析（Non-Linear psychoanalysis）是精神分析理论的最新发展。它是从混沌理论的思想演变而来的。混沌理论包含复杂和非线性的关系。因此，这与心理治疗有天然的亲缘关系。试图理解甚至更野心勃勃地试图改变一个儿童和青少年的心灵，从许多方面而言都是一个不可能完成的任务。它包括承认这样一个现实：一个人永远不可能知道另一个人的心灵有多么复杂和无条理。本书的引言探讨了这些最新发展的含义。

要点

- Melanie Klein 和 Anna Freud 是儿童心理治疗领域最重要的两位人物。
- Melanie Klein 引入了一种特殊的游戏技术。
- Melanie Klein 非常关注婴儿期的经历和儿童的内心世界。
- Melanie Klein 与年纪小的儿童一起工作，通常是 2 ~ 6 岁的孩子。
- Anna Freud 主要和 5 ~ 12 岁、处于小学阶段的儿童工作。
- Anna Freud 比 Klein 更重视外部因素。
- Melanie Klein 和 Anna Freud 在移情、诠释、儿童的游戏、与儿童的互动以及治疗师与父母的关系等方面的观点存在重大差异。

问题

- 描述 Klein 在儿童工作方面的理论发展。
- 讨论 Klein 和 Anna Freud 工作方式的差异。

推荐阅读

Aguoyo, J. (1997). Historicising the Origins of Kleinian Psychoanalysis: Klein's Analytic and Patronal Relationship with Ferenczi, Abraham, and Jones. *International Journal of Psychoanalysis*, 78, 1165–1182. PMID: 9513016

Carvalho, C., Goodman, G., & Rohnelt Ramires, V. (2019). Mentalization in Child Psychodynamic Psychotherapy. *British Journal of Psychotherapy*, 35(3), 468–483.

Edgecombe, R. (2000). *Anna Freud*. London: Routledge.

Geissmann, C., & Geissmann, P. (1998). *A History of Child Psychoanalysis*. New York: Routledge.

Grosskurth, P. (1986). *Melanie Klein: Her Life and Her Work*. London: Hodder and Stoughton.

Holder, A. (2005). *Anna Freud, Melanie Klein, and the Psychoanalysis of Children and Adolescents*. London: Karnac.

Likierman, M. (1995). The Debate between Anna Freud and Melanie Klein: A Historical Survey. *Journal of Child Psychotherapy*, *21*, 313–325.

Likierman, M. (2001). *Melanie Klein: Her Work in Context*. London: Contimuum.

Markman Reubins, B. (2014). *Pioneers of Child Psychoanalysis*. London: Karnac Books.

Phillips, J., & Stonebridge, L. (1998). *Reading Meleanie Klein*. Oxon: Routledge.

Rustin, R., & Rustin, R. (2017). *Reading Klein*. Oxon: Routledge.

Salomonsson, B., & Winberg-Salomonsson, M. (2016). *Dialogues with Children and Adolescent: A Psychoanalytic Guide*. Oxon: Routledge.

Vermote, R. (2019). *Reading Bion*. Oxon: Routledge.

（谢秋媛　译）

第2章
概念化框架

观察、思考,并在某个阶段进行干预——这三个活动是临床工作的基本组成部分。虽然它们彼此紧密相连,但本章将单独列出并着重讨论"思考"这个部分。

思考的重要性

理解源于近距离的观察,直觉也是如此。我们有意识和无意识的观察都属于原始数据,被概念化框架支撑并塑造着。我们的视觉、听觉和感受都是基本的感知工具。在看、听、感受和直觉中,我们收集信息并进行加工。如果没有这种加工,我们可能会被大量杂乱的感知信息所淹没。为了理解我们的观察结果,我们需要思考它们:收集、组织和关联不同的数据集,使它们开始呈现出一种模式。只有这样,我们才能开始理解这些数据。这也使我们能够利用这些信息"做"一些事情。临床干预则是观察与思考相互作用的结果。

概念知识很重要,因为我们在做事情之前需要知道为什么要那么做。但是单凭理论行动也会有危险——太多的理论会将感知带偏。理想情况下,临床工作者首先进行观察,然后寻找到符合这些观察的理论,而不是反过来。

虽然这种没有理论框架的观察工作很有吸引力,但它不可能最终在临床上发挥作用,并一直处在理论空白的状态里。人们对特定理论结构的信奉或遵循程度各不相同。尽管每个分析思想流派都有其真正的信徒,但完全固守某一派理论是令人担忧的。同样令人不安的是那些总是不拘一格的临床工作者,根据情况从一个理论立场转换到另一个理论立场。虽然灵活性很重要,但缺乏坚定的概念化锚点会导致治疗师对人类思维的复杂性感到不知所措。鉴于这项工作的不确定性和复杂性,临床工作者需要广泛的理论基础。各种各样的观察也需要某种连贯性——这也是理论能够提供的。每个治疗师都是不同的个体,会在不同的情境下看到每个人的不同面向,理论则必须能够适应这些差异。

本书的理论大方向是Klein学派的。这是我接受培训的学派,也是我被教导的临床思考方式。但距离我结束在伦敦的受训已经过去了三十七年。我所在的澳大利亚与

Klein学派理论大本营相距一万两千英里*，这让我有足够的空间来发展自己的工作方式——也许从Klein学派的正统观念来看，它可能是"散漫的"；或者如我研究哲学的朋友所说，它的内部有些不一致甚至自相矛盾，但这是"我的"工作方式。如果我们试图帮助人们感知到"真实可靠"，那么我们自己能感受到这一点是至关重要的。

这一章的标题叫"概念化框架"而不是"理论化框架"，是因为我们将要讨论的概念并不针对某一特定流派的理论。这里所有的概念在Klein学派思想中都很重要，其中有一些也贯穿于其他学派的理论中。

最后，需要强调的是，虽然这些概念都以Klein的理论为焦点，但我并不总是根据Klein学派的技术原则来应用它们。事实上，自从本书的第一版以来，我已经逐渐远离了较为正统的技术。古典Klein式技术非常强调诠释，并且会在移情中进行大量的工作。这两件事我都很少做。因此，从技术角度来看，我在Klein框架内的工作并不那么纯正。

▌概念

我将要讨论的这个概念清单是非常个人化的，而且绝对不是详尽无遗或确定不变的，其中任何一个概念都能对应到大量相关书籍或者文章。这里我也不会详细介绍每个概念的发展过程，而是会描述我是如何在临床实践中使用它们的。

许多年前当被问及我在以精神分析视角工作的时候使用怎样的概念，我立刻会回答："我不知道。"这个回答对于一个在Tavistock受训了多年的人来说是很让人担心的。这也促使我开始思考在日常工作中到底会使用怎样的"概念"。当在脑海里形成了以下这些概念时，我也开始对"不知道"这个回答感到不那么尴尬了。概念化框架是个大背景，它是作为一个背景来帮助我们思考和组织我们已经形成或经历的观察结果。当我和一个人见面进行评估或者治疗时，这些概念从来不会出现在我的意识里。我说"我说的话"，正如Meltzer（2003）所说："我希望听到它的人对我所说的话感到好奇和有兴趣。"我并不认为这是投射性认同或者反移情，或其他诸如此类的。如果这种情况发生了，我会担心我的"观察性距离"是否太远了。

---

* 1英里≈1.6公里。——译者注。

Bion（1967）的著作有力地提醒了临床工作者被理论化或概念化思维牵着鼻子走的危险。他呼吁放弃理解——乍一听这很疯狂，但强调了过度分析性和理性所导致的问题。理论需要远离心理治疗室，否则你身为个体的独特性将无法在场去体验眼前的儿童或青少年。

这些概念引导我了解了临床互动的复杂性。它们都是大背景，交相呼应于那些我对儿童和青少年所经历的焦虑水平和类型所做出的更有意识的思考。Klein的焦虑理论对这方面的工作很有帮助，本章末尾将对此进行描述。

这些年我的核心概念基本没有改变过，其中包括：

· 无意识
· 投射性认同
· 涵容
· 移情和反移情
· 无忆无欲

无意识

我所说的"无意识"，指的是行为受到无意识因素影响的信念。这是一个得到所有精神分析学派普遍认同的观点。

这个概念最早来源于Freud关于人类心灵的思考。Freud通过与患有癔症（如瘫痪和解离状态）的年轻女性工作，逐渐将心灵运作划分为三个层面：无意识、前意识和意识。Freud称之为心灵的地形模型。他发现所有这些女人都经历过创伤。Freud还指出，她们通过压抑来处理这些令人痛苦的事件；也就是说，她们把心灵分裂成两半，这样就不会产生令人不安的想法。

在我的工作中，我经常会使用分裂（splitting）这个概念。当我与人会谈时，我总是在想他们是否有一部分的自己是他们不了解的。他们的感受和态度从他们的意识中被分裂出去了。

Freud提出的这个概念并不是指某种未经使用的思想的储存场所。正如Frosh（2002）所指出的，无意识被认为是一个动态的活跃空间（因此被称为"精神动力"）。想法可能已经被隐藏在意识之外，但它们仍然在积极不断地突破着，想要被释放出来。从这个意义上说，它们永远不会消失。无论如何，这个模型反映了 Freud 的力比多理论，它就像一个堵塞不通的、满溢的管道系统。

这种压抑或分裂很可能发生在生命的最初几年。被遗忘、被忽视或被情感虐待的幼儿无法表达他/她的愤怒、绝望和屈辱。孩子在学会说话之前，几乎没有什么能力处理这种情绪。即使孩子能够说话，可能也很少有照顾者为他/她提供一个处理这些创伤经历的榜样。

最近，关于无意识的想法已经开始改变。Freud 关于无意识的想法是很实在的，即无意识是被压抑的，同时又是非常具有活力的想法和感受的储存器。然而最近的研究者已经开始思考未被压抑的无意识（Craparo & Mucci, 2017; Lombardi, 2018b）。也就是说，有些非常早期的经历可能是创伤性的，但它们是在前语言阶段，甚至是前象征阶段发生的。因此，它们没有被确切地描述过，也没有经历压抑的过程（Stern, 2017）。但这些早期的创伤不会简单地消失。它们以一种未知的方式留在心灵之中。因此，在治疗中回忆起它们是不可能的，因为它们从来没有进入过意识。那么这些经历会发生什么？神经心理治疗师 Allan Schore（2019）认为，它们不是作为记忆出现的，而是在治疗关系中的见诸行动中"被看到"的。Mancia（2006）认为这些未知的、未被压抑的经历可能会作为梦的元素出现，而 Lombardi（2018b）提出这些无意识事件可能表现为某种形式的躯体痛苦。

与无意识概念有关的另一个变化是，Bion 将无意识重新表述为人格的功能（Bion, 1965）。他认为心灵具有一系列复杂交互的功能，而不是 Freud 所说的地形概念。这意味着无意识不被视为一个地方或一个实体，而是影响我们思想和行为的恒定因素。它不断地影响着我们是谁——我们人格中蕴含着的那个人。我们所有的思想、行为和交互都受无意识元素的影响。我们的走路方式、感知方式和思维方式都有一部分取决于我们的无意识。意识和无意识不断地混合在一起。这让 Bion 提出了"清醒梦"这个概念，他认为无意识所做的工作像是梦的一种形式（Bion, 1962）。在"清醒梦"中，意识和无意识并没有那么明显的区别。这种对无意识的重新表述对儿童心理治疗，特别是对通过直觉工作的部分具有重要意义。这部分内容在本书引言部分进行了更全面的探讨。

Belinda

Belinda 9个月大时，她不小心把一杯咖啡打翻到腿上。她的爸爸疯了似地脱掉她的衣服，结果撕破了她的皮肤，因为裤子粘在了她的腿上。她被严重烫伤并住院四个月。在此期间，她的母亲不被允许和她待在一起。

这个创伤没有能够被处理。Belinda也无法通过话语来描述被烫伤和接下来"被遗弃"似的经历：当时她没有妈妈可以提供安慰，也无法在身体上和心理上获得抱持。

Belinda长大后在人际关系中变得小心翼翼。她发现自己和某人进入一段关系后，如果关系一旦破裂，她就几乎会被摧毁：她会病得很厉害，并出现腹泻、胃痉挛、头晕、头痛和恶心等症状。Belinda似乎并未有意识地记得烫伤、撕裂皮肤和随后的被遗弃的创伤，但当她感到孤独的时候，与之相关的那种原始感觉一下子就闯入了她的生活。

无论是在评估还是治疗中，我总是去寻找未知的想法、尚未感觉到的感觉，或者未知的期待。我总在想，如果它们在人们的心智层面没有被感觉到或者认识到，那么它们到底去了哪里呢？

落脚于恐惧

如果这些感觉不在人们的心智中，它们是否被转移到某种恐惧的对象或情境中去了？

Colin

15岁的Colin对隧道、桥梁和大型建筑感到恐惧，他觉得这些东西会塌下来砸在他身上。幽闭恐惧的焦虑，被转移到这些外在的物体上，代表了他对父母的强烈情感。最初，他把父母描述成能够给予非常多支持和帮助的样子，随着治疗的进展，他越发明显地觉得他们的控制让人感到窒息，就像那些建筑物一样。

落脚于强迫

分裂情感的另一个去处可能是人的思维。

Jun

13岁的男孩Jun否认他对父母分居有任何感觉。当父母要分开时，他很惊讶，并表示他不知道他们的关系出现了问题。他认为这个家庭没有任何分崩离析的可能性，但就在这个时候，他出现了强迫症状——他无法确定自己是否关了灯或锁了门。这种无法确定父母关系的感觉在他的思维中找到了"收容所"。

落脚于躯体

也许分裂最明显的例子是身心障碍。某些身体上的不适能够代言或者让人们体验其在精神上无法承受的痛苦。比如在英文中我们会用"He's a pain in the neck."（他让我脖子痛）来表示"他是个讨厌鬼"，或"She's a pain in the bum."（她让我屁股痛）来表示"她真可恶"，这类修辞手法反映了这种从精神到身体的转换。

Clare

这种躯体转换在Clare的案例中可以被清楚地看到。Clare是一名17岁的女孩，她患有偏头痛和原因不明的左腿疼痛。Clare是独生女，父母带她来咨询。几个月前，父母告诉Clare他们将要分居的消息。Clare发现这是因为她的母亲有了外遇。然而最近父母寻求心理咨询后决定继续这段婚姻，这让Clare松了一口气。

当我第一次见到Clare时，她跟我抱怨她的偏头痛，并说头痛可能会持续几天。她说她过去一直都在遭受这个痛苦，但在过去的一年里，头痛的强度和频率都有所增加。当我们谈到她的父母时，她说他们都是很棒的父母。他们允许她出去参加聚会，他们三个一直相处得很好。当父母宣布分居时，她说她很震惊，但后来当她听说妈妈有外遇时就理解了。她说她能体会爸爸的感受，虽然她觉得妈妈不应该这样做，但她是一个了不起的母亲，一个温暖而敏感的人，总是为别人考虑。随着咨询的进展，我暗示她可能会因为这件事而对她妈妈生气。她说不会，她理解婚姻里是会有这种事情发生的。她说："我可能不同意我妈妈的所作所为，但我能够理解。"

几个月后，她开始提到妈妈不让她在周六早上睡懒觉，这让她很恼火。渐渐地，她对妈妈愈发感到生气。而且妈妈开始了一份新工作，不能再接她放学了。随着她对母亲抱怨的增加，她的偏头痛和腿痛有所缓解。最终，尽管 Clare 和她母亲之间的关系依然动荡不安，但她的疼痛消失了。

需要注意的是，如果躯体转换真的有效，那么跟他/她解释身体疼痛与愤怒的感觉有关是没有用的，病人无法理解你在说什么。某种程度上来说，无意识的概念在临床上可以被认为是一个有"感觉"的人感受不到这个感觉。

Clare 的案例提出了一个问题，即她对母亲的愤怒情绪在多大程度上是无意识的。也许可以从意识的逐层递进来思考这个问题（Mollon，2000）。我早期的温和暗示，也可能是我对她防御的尊重，以及没有过快地催促她"觉醒"（像是那个总是太早叫醒她的母亲），所有这些都表明，这些感觉在进入觉知之前，需要的仅仅是一个安全和可信赖的空间。

所有这些对技术都有影响。引用 Mollon（2000, p.6）的话，"一个精神分析式的诠释如果过度超越了病人的潜在觉知，就只可能被当作一个信念去接受，那将是毫无用处的"。并非所有的儿童治疗师都会同意这一点（尤其是经典 Klein 学派的治疗师们）。我将在后面关于治疗的章节中讨论这个问题。

Freud 提出，被压抑的观念涉及性欲和攻击性情感，而这些感觉是由本能驱力推动的。在当代，一些精神分析流派已经摆脱了这种对生物学角度的强调，而是更多地从关系角度看待压抑；也就是说，某些感觉或态度被压抑，是因为感受到它们可能会使关系受到威胁。

分裂的感觉会进入心智，或外化为恐惧对象，或躯体化，同时也有可能会落脚于他人身上。

落脚于他人

让其他人感觉到自己感觉不到的感受——这种应对方式会在青春期孩子身上看到。青少年可能会对自己的未来感到不确定，却通过在外待到很晚或者不告诉父母他的去处来应对这种情况，父母继而会感到不确定和担心。青少年通过行动将担忧转移到了他们父母身上。

另一个例子是，年幼的孩子害怕表现出软弱和脆弱，但不允许自己感受到这一点。这些孩子会试图通过欺负他人并让对方感受到害怕的方式来应对这些感觉。

这种将情绪困扰转移到他人身上的应对方式，揭示出精神痛苦的整体性质和面貌。它也提出了关系层面的问题，无论个体与自己，还是个体与他人。这种"让别人感受到你的感受"的机制带我们来到了投射性认同的概念。

投射性认同

投射性认同是 Klein 在她的论文《精神分裂机制笔记》（Notes on Some Schizoid Mechanisms）（1946）中使用的一个术语。它是 Klein 理论中最有影响力也是最难以理解的概念。这个术语与"投射"防御机制密切相关，即：将一些不想要的感觉投射到某人或其他事物上。然而，Klein 和她的追随者，尤其是 Bion，"拓展和加深"了（Stephen Frosh，2002）这个概念。它不再被视为一种简单的防御机制，而是与发展理论紧密相关的东西。它被视为心智发展的关键组成部分之一。Klein 学派将这一过程与正常发育、"普遍的"无意识交流以及精神病功能联系起来。投射性认同已经成为 Klein 心智理论的核心。

对 Klein 来说，投射的不仅仅是情感，自体的一部分也被分裂出来并被放置到外部对象中。随后，这个外部对象认同了自体被分裂出来的那个部分。这样，一个人的自我意识就被削弱了，人们会无法认识到自己的这些方面。在极端情况下，这可能导致人格解体和精神错乱。在下面的情况下会很明显看到这样的情形：我在一个孩子面前打了个喷嚏，他立即把手放在鼻子上，好像是他打了个喷嚏；或者一个孩子抓伤了我的脸，却立即让我在他的脸上贴创可贴。

关于投射性认同定义的争论之一是，它对外部对象产生的影响到底是不是重要的。一些美国分析师（Sandler，1993；Ogden，1979，2009）认为，投射性认同只发生在那些客体对象（人）实际感受到投射效果的互动关系中。然而，英国分析师（Brittion，1998；Rosenfeld，1987；Bell，1999）更倾向于将投射性认同定义为无意识幻想，认为其存在与否并不基于这种投射是否影响了对方。

这种将投射性认同视为单人事件（一切都发生在个人心灵内部）的观点已经受到Bion（1962）的挑战并由其做出了重大修正。他提出，投射性认同是母婴沟通的主要机制。此外，影响力日益扩大的关系学派精神分析显然也认为投射性认同发生于两人之间的心理互动中。

Bion（1957）区分了正常和异常的投射性认同。他指出，在质量和数量上过度的投射性认同都是不正常的；也就是说，在人际关系中它被过于频繁地使用，而且这些使用背后有巨大的全知全能感。在这种情况下，个体是完全根据投射来感知另一方的。从这个意义上说，过度而异常的投射性认同不允许任何"非我性"。我发现在思考诠释时，这种"非我性"的概念特别重要。诠释是对儿童或青少年的"非我"陈述，因此它很容易威胁到那个对"我"感到摇摇欲坠的儿童或青少年，这会让他们感到被侵入与无所适从。

我自己对这个问题的想法受到我临床经验的影响。我倾向于使用美国版本——只有对接收者产生影响时，才叫作投射性认同。因此，我区分了"投射到"（projecting onto）和"投射进"（projecting into）。

Rupert

Rupert，一个8岁的男孩，第一次走进我的房间就抓起一个靠垫，走到角落，蹲下来，躲在靠垫后面惊恐地说："不要用你的小便杀死我。"我很震惊，但我绝对没有想要伤害他。如果他觉得我很可怕，我当然不会感觉到。感觉好像是他把这个"投射到"我身上，我把这样的过程称为投射。

Marion

Marion是一个7岁的女孩。看到她的时候，我开始对她笨手笨脚的样子感到有些恼怒。她会在房间里走动，还时不时把东西打翻。这真的让我很恼火。她玩的时候，会流鼻涕，还会吸鼻涕。看到她那个样子，我只想对她大喊："天呐，你就擤擤鼻涕吧。"我感到被这些情绪侵扰了。对我来说这更像是投射性认同。

Paul

13 岁的 Paul 被匮乏感所折磨着。他担心一旦有什么东西出现，他就一定要疯狂地将之抓住不放，因为害怕它会被拿走。

有一些材料可以让我们清楚地看到这一点。他会把农场的动物们排在桌子上，然后装满一卡车橡皮泥小球。这是动物们的食物。橡皮泥小球被倒在桌子上，动物们冲过去，互相冲撞并踩踏食物。几个月后，我觉得这被投射进了我身上。他开始迟到，有时候甚至完全缺席。我发现我自己看着窗外，期盼着他的到来，但同时感到我们的时间所剩无几了。当他真的来了，我就会迫不及待地问他："你在想什么？"我知道这会破坏我们之间的联结，并使他更退缩，但我需要"抓住不放"。我也知道这样做会扰乱我们的关系，但我停不下来。事实上，我会在会谈前自言自语，告诉自己不要催促，不要不停地问他的想法或感受。然而，在会谈开始后几分钟，我就又这样做了。我感到像是被他"附体"了（有关此案例的完整讨论，请参阅第 14 章）。

后面两个例子突显了投射性认同的另一个方面，即投射背后的心理状态——投射的目标或目的是什么？ Rosenfeld（1987）认为投射性认同可能用来撤离自我不需要的那些部分，比如它被用作对他人的攻击；而在另外一些时候，投射可能用来交流，以一种感觉的方式让对方知道什么是无法忍受的，从而寻求到一些涵容。我觉得我和 Marion 的互动是带有攻击性的，这与我情感中的暴力及激烈强度有关。与 Paul 互动的感觉很痛苦，但更值得思考。从这个意义上说，这样的互动好像是在寻求理解。

在当代，投射性认同的积极方面显现了出来。例如，同理心/共情是一种投射性认同的形式，即感受到处在另一个人的情境下是什么感觉。我们会说"站在别人的立场上"。投射性认同不应被视为是病理性的。

下面是我自己的一个例子。那时候我刚从伦敦回来，和一位老朋友见了面，很开心。可开车回家时，我感觉非常无趣。这样的感觉持续了几个小时，然后消失了。几个月后，我的朋友跟我说，我们见面时他正在与妻子分居，没什么精神，很沮丧，但他试图隐藏这一点，以免让我感到不安，但我不知不觉地吸收了这种感觉。

对心理健康来说重要的是投射性认同的程度。如果整个自我迷失在另一个角色中，这可能会导致错乱。在大多数情况下，大部分自我都会被感知为待在正确的躯壳之中，也就是说，"我能够感觉到他，但我仍然是我"。

Bion发展了投射性认同的概念，特别是关于它在沟通中的作用以及关于涵容的想法。涵容的重要性怎么强调都不为过。它是我所有分析性思维的基础，也是我在每一次治疗尝试中会尽可能使用的概念。

涵容

Bion（1962）认为投射性认同是早期母婴关系中重要的认同和交流方式。这在婴儿观察中可以看到：母亲能"感觉到"婴儿的焦虑。它是一种原始的认同形式。Bion认为，婴儿早期的"情绪"状态，无论是愉悦的还是痛苦的，都是非常实在、具体的体验，和情绪本身不能相提并论。正因为如此，这些体验无法用于心智发展。

这些体验在被转化为某种形式的抽象经验之前，是无法被思考、想象或记忆的。Bion提出，婴儿不成熟的系统中充满了强烈的感觉，只能通过撤离或投射来应对它们。这些投射被母亲承接并抱持——这就像一个溢出系统，其中排山倒海的溢出物被母亲吸收并承载。这是一个涵容者和一个被涵容者的概念。我倾向于认为涵容就像一张有弹性的网，母亲需要感受到婴儿感觉的全面冲击——全部、百分之百！网就像是她能够抱持这种强烈存在的能力；但同时又不能抱持得太紧，以至于压制了痛苦的强度——这可能会变成对于痛苦的否认。婴儿会感觉到母亲无法接受其所有情绪，但确实需要一张网。另外，情感剧烈爆炸的强度可能会以某种指数级或核反应级的速度增长，并分裂到无穷大（Matte-Blanco，1988）。另一种用Winnicott式的术语来描述这种状态的方式是，母亲必须接受婴儿完全的"我性"（me-ness），并包裹这种"我性"，而不是过多地将她自己的状态和"非我性"放入体验中。难怪做母亲这么累！

接收痛苦

涵容与思维的发展和心智的构建密切相关。当一个人的内心世界与涵容者的外部世界相遇时，心智就产生了。与Freud的本能驱动理论不同，决定心理功能状态的不仅仅是投射的力量，还有涵容的强度。Klein理论的这一延伸使其与Fairbairn

（1952）、Guntrip（1971）以及美国关系分析师 Aron（1990）、Grossmark（2018）和 Ringstrom（2019）的工作更为接近。婴儿与照料者之间的关系被置于心智发展的中心。真实的外部世界现在被视为是至关重要的。

我们可以通过以下的图来描述：

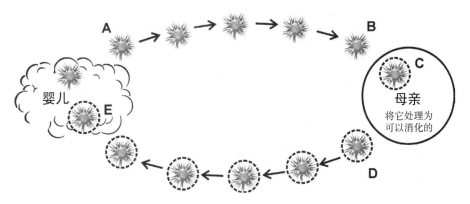

在位置 A，婴儿无法承受强烈的感觉——作为成年人，我们可以将这种感觉称为饥饿引起的痛苦。婴儿系统拒绝并撤离这种感觉，例如，灼热的喉咙或蠕动的肠道（Bion 称这些感觉为"β 元素"）。在位置 B，这些感觉，我们称之为痛苦，到了母亲这里。现在的关键是，母亲是否能够识别并接受这种痛苦。这不是一个智力的过程，因为要真正接受这种令人痛苦的存在状态，母亲必须真正感受到这种痛苦。在某种程度上，她必须体验到其崩溃和可怕的本来面目。这些痛苦一定会让她的系统动荡片刻，这样才能让她真正感受到它是什么样子。Bion 将这种婴儿无法思考的体验称为"无名的恐惧"（nameless dread）。

处理痛苦

接下来必须有一个恢复的过程，在这个过程中，母亲更为成熟的心理系统或结构能够重组并开始处理这种痛苦。由此她像是解毒一样将压倒性的感觉缓解了。母亲能够给这个"东西"——这种实在的感官体验赋予一种心灵上的存在。Bion 故意使用了一个没有具体含义的术语"α 功能"来命名这个过程。之后 β 元素转化为 α 元素。他使用这些没有意义的术语，这样它们就不会被特定的含义所定义。α 和 β 的真正含义将由母亲和婴儿来塑造。

我想强调位置 B 在这一过程中的重要性。如果这种痛苦只是以某种理智的方式被接受，而没有被涵容者真正感受到，那么这相当于没有被接受。我想到了那种永远不会崩溃的经验老到的母亲——在她们面前，婴儿没有机会去体验到一个真正了解这种可怕和崩溃感觉的人。这也适用于心理治疗——我想到那些有经验的治疗师，他们可能有正确的理解或诠释，但多年来并没有让自己真正感受到痛苦。能够感受到这种痛苦，而不被它淹没，可能是治疗师需要拥有的最重要的能力。这拯救了很多像我们这种不是特别聪明，智商也不是特别高的人。这种感受和涵容的能力不是一种认知练习，尽管也会涉及一些认知。这是一个经由母亲的外表、声音和动作来实现的无意识过程。"遐思"（reverie）发生在内隐的程序层面上。Bion曾用军事化的比喻来描述："这个过程往往不得不冒着战火进行。"这并不容易。问问那些整晚都在哄着哭闹婴儿的父母，或者问问那些无论和小婴儿相处过多久的人。在这些情况下，你正处于原始情绪的激烈火线上。在心理治疗中，看到一个严重扰动的孩子或青少年会让你在情感上受到冲击，这是做这项工作的"工伤"之一，这也强调了治疗师在工作内外拥有良好支持系统的重要性。

阻挡痛苦

这种阻挡痛苦并感觉不到痛苦的过程，可以用下面的图说明：

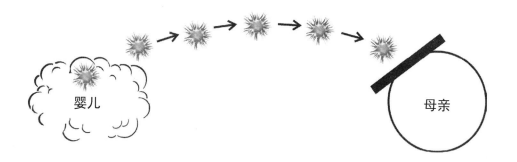

痛苦不能被涵容

涵容的另一个阻碍是母亲可能会接受这种压倒性的感觉，但她的系统不够强大，承受不了这些额外的痛苦。她的系统因此支离破碎，婴儿则依然处于崩溃之中。这可以用下页的图来说明。

这时候母亲或照料者崩溃了。这可能会导致他们大叫着跑出房间，完全被情绪淹没了；或者心理治疗师有时候也会出现某种程度的崩溃。

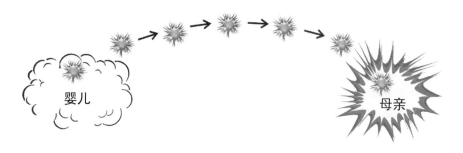

对于婴儿来说，痛苦不仅没有得到涵容，而且是非常强烈和无法被思考的，它摧毁了思维系统。举个例子来说，婴儿或年龄较小的孩子可能感到焦虑或悲伤，这时母亲也同样处在焦虑和/或抑郁中。在这种情况下，这些感觉对于母亲来说可能负担太大了，以至于无法在情感上认识到婴儿痛苦的本质或意义。当然，所有父母都有可能会经历类似的情形。但如果这是一个持续和寻常的反应，那么传递给婴儿的信息就是："这太多了！"持续暴露在这种缺乏涵容的环境里，使婴儿失去了管理情绪的精神装置。当这个婴儿长大以后，他将很少或根本没有空间去思考他的悲伤或焦虑。这些感情一直没有能够被表达出来，以至于会转换为多动、恐惧、强迫等混乱的状态来寻求表达。

将痛苦丢回

位置B的另一个可能是投射会被丢回给婴儿。

Richard

Richard是一个饱受困扰的14岁男孩。他在家里三个男孩中排行第二。父母报告说他们的婚姻是和谐的，Richard的成长过程中也没有任何创伤。他被转介是因为他对家人们大发雷霆，在学校既孤僻又退缩，也没有朋友。此外，家里人早上醒来的时候时不时发现墙壁上有很大的洞，那是Richard用刀挖的。

第一次见Richard时，我给了他一张投射测试的卡片。我请他根据卡片编一个故事。我说我会把它写下来，但突然闻到有什么东西烧起来了：Richard带来了火柴，并要把卡片烧掉。从诊断上讲，这比任何故事都更有力量！那时我相当愚蠢和天真地为Richard提供了治疗（换作是今天的话，我想我会建议他和他的家人进行住院评估）。

他的治疗过程中总是不断出现攻击和反击的主题。他非常谨慎地和我打交道。他确实给我讲了一些男孩子们在学校里的故事，以及他们是怎么搞同性恋的。他跟我描述的其中一个困扰是，要换新校服时，他无法忍受裁缝接触他的身体以及给他量尺寸。一天，我没有更换玩具盒里的纸，他很生气。他开始大喊大叫，带着恐惧和愤怒说："你这个该死的男同志Blake，我要杀了你，我要杀了你！"我回应说理解他对同性恋感情的恐惧，结果这让事情变得更糟了，他被这句话激怒了，开始攻击我。他已经不是一个小男孩了，我被打翻在地，且很难摆脱他的控制，也没法把他弄出房间。这可不是做诠释的时候！有好几次会面都是这样爆发冲突的，最后总是以我挣扎着把他推出门外，赶紧锁上门而告终，并要做好心理准备，迎接门那边传来的激烈而愤怒的撞击声。

那时我不明白我做了什么。事后我才能够看到我的诠释在他看来像是某种暴力攻击。他拼命地想摆脱这些感觉，并且需要在我身上"看到"它们。但与此同时，我没有接受它们并将它们丢回给他。我认为如果你在治疗中受到身体攻击，通常情况下是因为你不仅没有接受投射，而且还把它推回到患者身上。在这种情况下，患者唯一要做的就是试图消灭他们认为正在攻击他们的人。

Richard的情况可以用下面的图来表示：

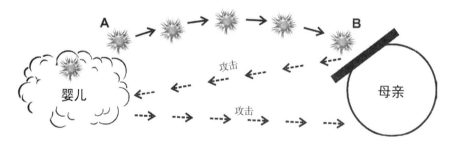

如果能通过命名Richard对我的看法和恐惧来涵容他的焦虑，也许会更好些，比如，"当你觉得我要像个同性恋那样攻击你时，你真的感到非常生气和害怕"。或者，对于像Richard这样的情况，最好听从Anne Alvarez的建议，描述"需求"而不是焦虑。比如"你需要感觉到安全"之类的话也许更能涵容他。也许最好不要谈论我和他之间的关系；也就是说，不要说任何关于"我和你"的想法，因为在这种状态下，去和Richard产生联结，会让他感觉好像彻底被侵犯了。

抱持痛苦

抱持投射可以用下面的图来表示：

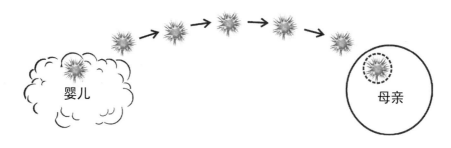

反馈痛苦

在 Richard 的案例中，时机至关重要。过早反馈投射可能是灾难性的。临床工作的一个重要部分是要判断何时反馈投射、反馈多少投射以及以何种形式反馈投射。从母亲/治疗师感受到崩溃的感觉到婴儿/病人能感受到这样的感觉之间可能会需要一点时间。这个时间需要足够长，这样他/她才能够觉得再次开始体验这些感觉是安全的。在前面的第一幅图（以下简称"前图"）中，我将这种抱持和成形的过程标记为C，这个过程可能需要几秒钟或几年。在这个过程中，母亲/治疗师将可怕的、耸人听闻的状态转化为可以思考的东西。婴儿可以开始建立一种认识，即"在某个地方，无法处理的变得可以处理，无法忍受的变得可以忍受，不可思考的变得可以思考"（Isaacs-Elmhirst, 1980, p.87）。这种涵容不仅是一种被动的接收活动，也是一个主动的过程，它涉及感觉、思考、组织和行动。（关于何时以及如何反馈的进一步讨论可以在第 14 章中找到。）

母亲仅仅了解和体验婴儿对饥饿的恐慌是不够的，她还必须喂宝宝！涵容的这一行动在前图中被标记为D。为了完成涵容过程，婴儿必须愿意接受反馈回来的已经被涵容的、曾使他崩溃的那些部分。我在前图中将其标记为E。有些婴儿似乎非常嫉恨母亲的涵容能力，以至于他们拒绝被安抚。和那些有这种嫉恨反应的孩子一起工作会非常困难。

评估中的涵容

涵容的概念不仅在治疗中至关重要，在评估中也同样重要。我们试图了解这个人的身体和精神在早年间是如何被抱持的。通过听孩子的故事，我们试图评估这个人可能经历过的涵容方面的紊乱。我们仔细倾听诸如创伤性分离或其他可能损害父母理解情感能力的事件。然而，我们不仅在历史中看到了这些方面，在移情中，在患者对我们作为"照料者"的态度中也会看到这些。他们是否期望被理解、被批评、被忽视甚至被贬低？从这些问题中，我们引出了精神分析的中心概念，即移情。

移情

移情是精神分析式工作的基石，它将其与所有其他形式的治疗干预区分开来。我所说的移情是指从过去的关系转移到当下与治疗师的即时关系中。

Freud甚至在我们所知道的精神分析开始之前就意识到了这个过程。在Freud的同事Josef Breuer治疗Anna O的案例中，Freud意识到这位年轻女子爱上了Breuer，这些感觉是从她对父亲的爱和激情中转移过来的（Breuer & Freud, 1893）。最初，Freud觉得这种移情过程干扰了治疗，因为它扭曲了对治疗师的看法。在治疗十八岁的女孩Dora时，他第一次亲身经历了这种情况，当时Dora突然与他断绝了联系。事后，他意识到Dora对父亲混乱而情欲的感受已经上演或转移到他身上了。

Freud开始意识到，这种将感受传递给治疗师的过程不是要去避免的，而是要被鼓励的。他开始明白这些对治疗师的感受打开了一扇通往过去的窗口，已经被埋藏的创伤事件会在与治疗师的关系中重新浮出水面。

这种意识深刻地影响了他对治疗过程的思考。实际上，鼓励并理解病人对治疗师的感受将心理治疗从某种历史探索转变为当下活生生的情感体验，它涉及治疗师和患者之间的亲密关系，这种关系需要被仔细观察和理解。

这种对过去的强调一直是针对精神分析工作的批评之一。过去的就是过去了。然而，移情改变了这一切。专注于移情的分析工作不是关于过去，而是关于过去如何活现在当下，没有什么比和治疗师之间的关系更能呈现其存在了。

移情的中心地位

James Strachey（1934）在他的经典论文《精神分析治疗行动的特征》（The Nature of the Therapeutic Action of Psychoanalysis）中强调了移情的重要性。Strachey指出只有几种特定形式的诠释能够带来改变。他把它们叫作突变诠释（mutative interpretations），并且认为这些诠释总是涉及移情。

Strachey 做了一个水果蛋糕的比喻。他把突变诠释比作水果蛋糕里的水果。他承认其他配料（比如询问和阐述）的作用，但是移情诠释才是蛋糕里起根本作用的水果。分析性治疗在相当大的程度上受此影响。如果移情诠释真的是带来改变的因素，那么这是治疗师所必须追求的吗？

不同的分析学派对这个问题有不同的看法。关于移情诠释的重要性和中心地位也有不同意见。还有一些不同是关于什么时候（即在治疗过程中多早的时候）给出诠释的。你是"允许"（allow，Freud 的术语）它自然发展，还是去追逐它，收集哪怕是最轻微的证据（Meltzer，1967）？此外，关于究竟是什么被转移了也存在争议。移情是重演了前语言期的联结方式还是转移了来自之后时期的感觉？患者所有的行动都要被看作移情吗？有没有其他非移情的内容，即治疗师和患者之间"真实的"和当下的互动，影响了治疗行动？还有，给出完整的移情诠释起源有多重要？也就是说，是否也应该讨论这些感觉的起源（移情来自哪里？父亲还是母亲？）？

大量的分析文献致力于讨论这些差异。虽然这些讨论可能以理论形式出现，但它们会对你实际的临床工作有重要的启示作用。你如何看待移情，这将会影响你对孩子说的话：是否说，何时说，怎么说，以及说什么。

多年来，我对移情的看法逐渐发生了变化。这倒不是因为我研究了所有关于这个话题的文章和书，很多书和文章我都不太明白。更准确地说，我的变化是从这四十多年来观察孩子和青少年的过程中演变而来的，我知道哪些有助于我的工作，哪些则不行。同时我研究了很多一周一次的个案，这也影响了我对使用移情的看法。我将在第 13 章中讨论这些工作方式的变化（请特别注意"对移情工作"与"在移情中工作"的不同）。

移情的临床应用

当我见孩子的时候，不论是评估还是治疗，我总是用一种发展的角度去思考。我想知道：这个孩子的过去出了什么问题？这些事情和他现在的困难有什么关系？我从关系的角度来考虑这些问题。孩子的早期关系是怎样导致他的发展受到干扰？至于移情，如果这些困难造成了现在生活中的问题，无论在学校还是在家里，这些关系性的困难是如何在我身上体现出来的？

Graham

Graham 两岁的时候，弟弟出生了，他的妈妈在医院里住了三个月。在这期间，他的爸爸还要工作。家里没有其他更多成员的支持，因为他们一年前才刚从南非移民过来。Graham 一个星期有五天都要被送到日间托儿所照顾。在这之前，他没有去过那里。他很不适应，爸爸离开时他总是哭闹，一天结束后爸爸来接他时他又总是背过身去。

五年后，Graham 七岁，他因为在学校打架被送到了我这里。这些冲突无一例外地都发生在午餐时间。在教室里，他是一个行为举止很好的孩子。在治疗游戏中，他花了很多时间给动物们圈出一个个小地盘，经过深思熟虑后才会决定哪个动物应该放在哪个地盘。他并不总是把牛和牛放在一起，或者把马和马放在一起；有可能是把羊和猪放在一起，把犀牛和猩猩放在一起。然后他告诉我说，知道哪些动物们能够在一起相处是很重要的。他说如果你给动物们选错了，那就会引起战争。他花了大量的时间去琢磨要把哪一个动物放在哪一个地盘。有可能有的动物一直没有被选到，这个动物最后就被留在地盘之外。

我对这个游戏感到疑惑。这说明他很关注是不是被选中吗？还是有什么事不对劲儿？他是否仍然在为失去妈妈而苦苦挣扎，只是现在通过这种对被冷落的担忧表现出来？这是学校里发生的事情吗？这些冲突是否与他感到被冷落并不受欢迎有关？

在游戏的过程中，我在想我的假设有可能是对的，但这是怎么在移情中表现出来的呢？如果这种习惯于被冷落的精神动力是 Graham 的一个困扰，那它是怎么和我一起出现在房间里的呢？他觉得被我冷落了？或者反过来，我感到被他冷落了？但这两种感觉我都没有。很明显，他很喜欢我们之间一对一的关注。

几个月过去了，他开始在咨询快要结束的时候想尽办法拖延时间。他是因为咨询结束意味着他不再"被选中"而感到不安吗？就是在那个时候，有一次他妈妈在咨询开始前跟我商量要调整下一次的咨询时间。当时我有些误解了他妈妈的意思，所以花了点时间跟她澄清。然后我走进房间关上门，这时我看到了一个完全不同的 Graham。整个咨询他都很安静。他用动物们做游戏，但是什么也不说。我还注意到他移到了一个我没法看到他在做什么的位置。正是这时我感受到了移情。在他妈妈和我说话的时候，很明显，他被冷落了。而且在房间里，透过他冷漠地背对着我的肩膀，我明确地感受到了他的愤怒。这让我想起他爸爸到托儿所接他时他背对爸爸的情景。

这个例子提示我们，移情需要等待。在我和孩子工作的经验里，很少有在开始的几次咨询里就感到移情的情况。这并不是说我们不应该去寻找它，即使是在刚刚开始的时候。当孩子游戏或说话时，我试图得到一种他是用怎样的方法和我产生联系的感觉。他是觉得我会很无聊或对他不感兴趣吗？所以他觉得这很好玩儿？他是害怕我会对他生气吗，所以他看起来是那么紧张或羞怯？他是觉得我会歧视或贬低他吗，所以他如此控制？他会觉得我把他看成傻子，所以他才想用知识来给我留下深刻的印象？

在咨询早期我们得到孩子们带到咨询室的移情线索是有可能的，但这只是线索，对我来说在早期几次咨询中很难有信心读懂移情。部分的原因在于我们一周只见一次面。这也和孩子们是通过游戏而不是通过话语工作有关。孩子们是通过游戏来移置他们的感受。从这个角度来说，孩子们是移情给游戏而不是直接移情给关系。就像 Graham 的例子，我是通过游戏来理解他是被什么困扰着的。

移情的概念看起来很简单，但实际上理解它，或真正弄懂什么是移情、什么不是移情可能是很难的。移情的强度和适当性也各不相同。我会预见到一个孩子来见治疗师的时候用的是他在过去和大人们交往的方式。但如果这个孩子只能用这一种方式与治疗师互动，而不能从这段与治疗师相处的新体验中学习，我会感到担心。这种情形说明移情阻碍了关系中的发展和成长。我会预见到一个失望了很多次的孩子会带着同样的期待开始和一个咨询师的关系。但是，就算经历了相反的体验，如果他/她一直坚持旧的想法，我也会觉得孩子被困在了移情中，无法重新学习。

在 Graham 的例子里，我认为他对被冷落的担心移情到了他和我的关系中。然而，还有一种可能，那就是通过投射性认同的方式，他让我觉得我是那个被冷落的人。

事实上，当Graham保持沉默并且挡着不让我看到发生了什么的时候，就是这种情况。此刻，这种身临其境的感觉让我想到了反移情的概念。

反移情

Freud是在1909年提出反移情这个概念的（Freud，1909a）。他用反移情来描述治疗师的一种感觉，治疗师将这种感觉从他/她的过去转移而来并应用于病人。它被看作分析工作的一个阻碍，是治疗师的盲点。如果治疗师对攻击性感到非常焦虑，这可能会妨碍他们看到或者体验到来自病人的任何攻击。如果病人开始对治疗师感到愤怒，治疗师可能会巧妙地转换话题以避免愤怒。这是真正的反移情，因为治疗师不知道他们自己在这么做。从这个角度看，反移情对于治疗师来说从来都不是个问题——治疗师根本意识不到！这就是为什么精神分析取向的治疗师要接受个人分析。在分析性目光的审视下，一些盲点能够被揭示出来并得到解决。但是任何精神分析都不是彻底的，总有一些盲点会持续存在（Renik，1993）。

在临床工作中，事情从来都不是黑白分明的，反移情也有不同的程度，对于盲区的了解程度也是不同的。有一个我个人的例子：父亲去世后，我很快意识到，一旦在治疗谈话中提起"父亲"这个话题，我就会变得很不安。我担心我会回避任何涉及"父亲"的话题。我花了太多的时间来对抗它。我的反移情妨碍了我的工作，那时我曾坚信，我绝不会受它影响！

Paula Heimann在1950年写了一篇论文《关于反移情》（On Countertransference），从那时开始，反移情的概念被扩大了（Heimann，1950）。

在Klein强调内摄和投射的重要性之后，她提出反移情可能是接受病人投射的结果。治疗师感受到的可能不是来自他们自己的动力，而是感受到被病人植入在内部的某种感觉。通过成为投射的容器，治疗师用这种体验的方式来理解病人的精神痛苦。

反移情的使用

在现如今的定义中，治疗师们谈论的是"反移情的使用"，这是指利用在他们内心激起的感觉来指导他们更好地理解病人。[有趣的是，Klein本人从来都不是使用这个概念的积极倡导者（Likierman，2001，p.132）。]

当然这是一个单向的视角。关系学派精神分析师和那些强调主体间经验的分析师会说，治疗师也会对病人进行投射，他们是互相影响的。这种互相依存的立场挑战了"治疗师是客观独立的观察者"这一观点。Renik（1993）指出治疗师的主观性是不可减少的。反移情总是会在那里，而治疗师干预措施中的主观偏见是要被承认的。

与许多分析概念一样，关于反移情的真正含义以及如何处理它存在很大的争议。是否应该向病人披露反移情？反移情是应该定义为治疗师内在被唤起的所有感受，还是应该仅限定在被病人投射到治疗师身上的感觉？

Brandell（1992）对这些不同的问题进行了全面的概述。Brandell的书还指出了有关儿童的反移情分析文献相对缺乏。他引用了Kohrman等人（1991）和Palombo（1985）的文章，指出反移情在与儿童的工作中可能更为凸显。他们认为，儿童的交流更加原始，更为行动化。与这种原始情绪工作可能会使儿童治疗师感到更加难以处理反移情，因为孩子们在行动中退后一步反思自己感受的空间更小。Molinari（2017）在最近出版的论文中也强调了这个方面。

尽管存在这些困难，Bion的涵容和投射性认同的思想为这种反移情的进一步使用提供了坚实的理论基础。这些概念的应用彻底改变了现代儿童心理治疗师的工作方式。特别是对于Klein学派的治疗师来说，使用反移情几乎是强制性的。它被大量地用于指导治疗师思考孩子以及随后采取的干预措施。现在它被视为儿童治疗师可用的最重要的诊断和治疗工具之一。

在工作中使用反移情的问题

从这个概念刚开始发展时起，临床工作者们就担心如此轻易地概念化治疗师和病人之间的互动，这可能会被滥用。这很容易将心理治疗师的问题归因于是病人让治疗师产生了这种感觉，而不是归因于治疗师自身的病理——一切都有可能是来自病人的病理。

尽管有这些困难，我每天都在使用这个概念。当我和一个孩子在一起时，我总是问自己，我有什么感觉。我试图超越文字或游戏本身并监察我的感受——我不想假装这样做会产生什么关于孩子的理解或洞见，大多数时候，我很难表达我感受到了什么。但是当我发现自己对孩子有强烈的反应时，这个问题便很有帮助。大多数情况下，这些强有力的反应是负面的，诸如我非常不喜欢这个孩子，或者我感到非常厌倦，或者感觉在智力或情感上受到了打击，或者感到疲惫不堪。

正向反移情

对儿童或青少年产生强烈的积极情绪也是有可能的，通常这会出现在对青少年情欲性反移情情境的讨论中。对青少年感到一些性唤起会让治疗师感到非常恐惧：它会唤起对恋童癖的恐惧。虽然这种感觉需要被认真考虑并在督导中讨论，但这并不能帮助青少年忽视或否认这种感觉。显然，这种感觉是不能被见诸行动的，但识别这种感觉可能很重要，因为它们可能正在传达一个信息，这个青少年可能正在通过性欲化的方式来应对在关系中产生的焦虑：青少年可能担心对方对他/她不感兴趣，就试图唤起对方性的感觉以使对方参与到关系中来。

当这些强烈的感觉被唤起时，我会想到投射性认同以及我是否可能接收了孩子的投射。正如在关于投射性认同的内容中所讨论的，这些反移情感觉不仅强烈，而且具有占领性：它们通常被体验为我被突然且强有力地操控了，它们不是缓慢发展的，这就是它们令人感到陌生的原因。

Lucy

Lucy是一个患有孤独症的五岁女孩，我一周见她四次。她不仅在家里有暴力行为，而且在集市上会故意压碎所有展出的蛋糕和馅饼。她能说一些话，并且能够游戏。她会画画，有时会涂鸦。在大多数情况下，我无法破译她画了什么。她还花了很多时间用家具搭娃娃屋。第一次见到她时，我认为她是一个早期遭受了很多剥夺体验的、混乱的小女孩。一对充满爱心、没有孩子的夫妇在她三岁时临时收养了她。他们正在办理她的收养手续。

开始的时候，我非常喜欢见她。虽然她的画和游戏都是乱七八糟的，但她有一些眼神交流，看起来也是有活力的，我还是能够从她的游戏中产生一些思考。然而，几个月后，我开始对她有一种非常强烈的生气和愤怒的感觉。那是从她在黑板上画画开始的。画完画后，她会把粉笔掉在地板上，然后走开去做其他的事。然后，她会再返回来，"假装不小心"踩到粉笔并把粉笔踩碎。这让我很生气，我无法思考它的含义。在咨询以外的时候，我能想到这可能与她压碎蛋糕的行为有关联。然而在咨询时我会想："你这个小混蛋！"当她用力按黑板并把粉笔弄断时，我的生气变成了愤怒。她还猛地把铅笔往纸里戳。我注意到了她是如何走路的。她会趿拉着鞋子走路，并在地板上留下印子。鞋子摩擦地板的声音让我很恼火。我还意识到她讲话时也很刺耳难听。当她用刺耳的口吻问候我"你好，Blake 先生"时，我会想："哦，天呐，怎么又是你！"

慢慢地，我开始对这些行为的意义以及我的反应有了一些想法。我开始意识到 Lucy 是怎样攻击任何有形状或有结构的东西的，把粉笔碾成粉末、把铅笔弄钝、把纸刺穿或撕碎；但更为强烈的是，我是多么不喜欢甚至讨厌这个小女孩。我开始产生一种幻想，我把她水平抱在我的膝盖上，让她面朝上，我会把她按在我的膝盖上，折断她的脊柱！我很震惊，我竟然能有这么暴力又如此具体的幻想。我以前从未对一个孩子有过如此强烈的感觉。

我在这种负性反移情中挣扎了几个星期。慢慢地，它开始缓解。Lucy 仍然在做同样的事情，但似乎不会像以前那样激怒我。我没有根据我的反移情给出什么很棒的解释，但咨询结束后我能够思考我的反应，并思考我是否正在重拾 Lucy 那些导致她早期关系解体的剥夺体验以及由此带来的愤怒。

和反移情相关的有趣之处在于，我的凶残杀意被唤起几个星期之后，Lucy 告诉我她非常讨厌吃剔骨鱼片。她一直想吃带骨头的鱼！她的父母也提到了这一点，还告诉她吃骨头是有危险的。我现在在想，这个奇怪的行为与我的暴力幻想是否有什么关系呢？我认为 Lucy 想吃那些没有剔骨的鱼片，是想很实在地把骨头吃进去从而让自己拥有一个骨架。因为每当 Lucy 情绪激动时，无论是生气还是兴奋，她都会转来转去，然后扑倒在地上。她觉得被这些涌出的感觉淹没了，而她自己体内没有骨头来支撑她。任何结构坚固的东西，一个烤蛋糕、一个馅饼，或者一根粉笔，都会激起她对自己缺乏骨架的强烈感觉。这些唤起她感觉的物体需要被压碎并化为灰烬。她说的关于骨头的那些话与我要折断她脊柱的这个具体幻想太接近了，这两者不可能没有关系。这是怎么发生的？是 Lucy 的愤怒侵入了我的内心吗？这些弄断骨头的想法是我的还是她的？这是两个无意识心灵相通的例子吗（Schore，2019）？

回顾这些材料，我能够看到这些具体的幻想是怎样被激起的。我意识到粉笔被压碎和因此被激起的我的愤怒其实是不相称的。我在想是不是白色的粉笔让我想起了骨头。在那时我是没有意识到这点的。而且我也不知道Lucy对骨头是怎样的感觉。我想也有可能是"我"弄断骨头的想法在无意识层面被传递出去了。

虽然关于哪一方真正拥有反移情以及应该如何处理它有很多争议，但毫无疑问，觉察你对孩子的感受是很重要的。心理治疗师按照医学模式对孩子进行单向治疗的日子早已一去不复返了。现在人们认识到，精神分析性治疗涉及两个人之间的相互影响。作为治疗师，我们有责任在这种主体间的体验中将双方都考虑进来。

在过去十五年左右的时间里，精神分析关系学派的影响力不断扩大，也日益突出了这种主体间的观点，这对理解我们的治疗活动来说是一个有益的补充。Aron（2006）、Benjamin（2004）、Ehrenberg（2010）、Grossmark（2018）、Mitchell（2003）和 Ringstrom（2019）等临床医生的著作使我们对儿童或青少年的主观性、治疗师的主观性以及两者间复杂交错影响的敏锐度都得到了加强。

无忆无欲

Bion（1970）使用术语"无忆无欲"（opacity of memory and desire）来描述一种心理状态，这种状态将使病人当下的情感现实得以发展。如果你已经知道孩子曾经经历过长期的性虐待，那么你几乎不可能不去寻找这些材料。在这种情况下，记忆会妨碍我们看到虐待以外的东西，一叶障目。记忆把我们扔到过去，而欲望把我们带到未来。Bion说，"精神分析师参与的每一次分析都必须没有历史，也没有未来"（Bion，1967, p.272）。

opacity这个词很重要，其原意是"不透明"，虽然Bion确实使用了abolish memory and desire（摒弃记忆和欲望）这样的词组，但我不相信他的意思是一个人永远不应该有记忆或欲望，他的意思是这些记忆和欲望不应是最先出现在头脑里的内容。应该允许记忆从会谈的过程中发展出来，而不是主动回想或回忆起来。正如Joan Symington 和 Neville Symington 所表达的那样，"阻碍理解的不是记忆本身，而是对它的依赖"（Symington & Symington, 1996）。记忆和欲望必须保持不透明、不清晰，只有这样，当下的心理体验才有可能呈现出来。

不迷失在过去或未来可以让一个人处在此时此刻，并在心理意义上真正地与孩子在一起。我认为这是为了留出足够的空间来产生一些真实和自然而然发生的体验。从这个意义上说，它类似于Winnicott描述的"过渡空间"（transitional space）和"自发性"（spontaneity）的重要性。另一个原因是要避免在精神和情感上变得腐朽。每次你和孩子在一起时，尽可能保持开放和新鲜的感觉是很重要的。

我想起伦敦的一位资深精神分析师讲述过一个凸显Bion保持开放性的故事，这位分析师的成年儿子当时正在接受Bion的分析，这个年轻人一直在谈论他对是否能够通过期末医学考试感到忧心忡忡。这个担忧被讲了好几个星期，在某次咨询开始的时候，他说"我通过了"，Bion回答说，"你通过了什么？"

Jeremy

Jeremy，八岁，因为和同伴及父母的关系问题被转介而来。第一次见面时我向他问好，他看着我，然后惊慌失措地把头转向一边，他张着嘴好像要咬什么东西。我被吓了一跳，因为并没有人告知过我他患有面部抽搐。在第一次会谈中，我一直在想这意味着什么。为什么他见到我时会发生这种剧烈的不自主的行为？他是在用他的身体来告诉我他对我的恐惧或者愤怒吗？我试着找出合适的词来形容他的样子：急促、剧烈、畏惧、攻击性和防御性地咬人。我努力加工我的感受以及我感到震惊、反感和担心的反移情。我也努力地思考这与他的经历和他为我作的画有什么关系。每次和他见面一开始，这种面部抽搐都会发生。六到七次见面后，我发现我已经不去想这个事了。确实，我已经习惯了，它没能在我这里起什么作用。

这个例子强调了记忆带来的危险。保持习惯、走老路、停止关注或思考是多么容易啊。Bion强调无忆无欲也是在给出提示：每一次都以一种新的视角看见孩子是多么重要。在我的经验里，我从来没有像第一次见到孩子时那样保持开放和不经雕琢。时间一周一周过去，保持这种开放性是非常困难的，但这是我的目标。Bion的这个建议是非常有帮助的，它是要训练你的大脑形成一个想法，仿佛你以前从来没有见过这个孩子。

技术上的启示

这就意味着我并不查看之前的咨询记录，这点并不容易做到，尤其是那些一周一次的咨询。总是有一种压力要问："我们现在工作到哪儿了？我们谈论了什么？他的狗叫什么名字？"但它也有助于提醒我自己，如果我读了以前的记录，那会把我自己置于七天前的状态。这会让我与孩子"当下在一起"变得困难。在评估阶段，每次会谈结束时我都会详细地做好记录。但之后每次见孩子之前我不会再去读这些记录了。通常情况，我会每隔三次咨询和孩子的父母见面。只有在和父母会谈之前我才会看这些记录。我试着让每次咨询都单独地保存在我的脑海里。首次阅读这三次的咨询记录经常会让我看到一些共同主题，通常这是我之前还没有意识到的。

Bion把记忆、欲望与对感觉体验的理解联系起来。思考过去或者未来会让我们的感觉参与进来，尤其是视觉和听觉。我们记住我们被告知的，或者我们心灵的眼睛会看到或记住孩子做过些什么。这些感觉会使体验非感知的精神现实变得更加困难。这个精神现实只能凭直觉来了解。

记忆和欲望的困难

在与孩子的工作中了解精神现实是尤其困难的。这么多的材料都是感觉或行动方面的。在观察和倾听游戏的过程中，实际上看到的是移来移去的车子、建起来的房子，全都是如洪水般的感官层面的输入。和成年病人工作则不同，你可以坐在躺椅后面，可以闭着眼睛，让话语萦绕在你耳边。

和孩子工作的另一个困难是我们的重点在于分析他们的发展史。我们通过倾听他们的过去来理解现在。虽然和成年人也是这样工作，但孩子更多是被束缚在他/她的发展环境中。我们做评估时会考虑他/她的年龄以及与年龄相关的发展阶段。脱离这样的框架去评估孩子是不太可能的。虽然我通常会从父母那里获得孩子的发展史，但我见孩子之前不会阅读记录。同样地，我也会告诉父母，我会很高兴从其他的专业人员那里获得关于孩子的信息，但和孩子见面之前我不会看这些材料。我给他们的解释是我不想被这些信息所影响。

欲望

Bion并没有把记忆和欲望看成不同的东西，他认为记忆是欲望的过去式，两者都会阻碍达到足够的开放以允许不知道的东西呈现出来。想要有一个"好"的会谈的欲望会阻止你经历一个坏的会谈，但体验一个"坏"的会谈、体验不匹配、体验失调可能是非常重要的。也许只有通过这样的方式，你才能够体验到孩子在不舒适的情境下所体验到的那种感觉。

Martha Harris 是 Tavistock 儿童培训部的主任，他曾经讲过 Bion 在督导时使用闹钟的故事。他会设置一个小时的闹铃，这样他就可以把自己完全沉浸在督导材料里。他不想让那种惦记着什么时候结束的感觉把他从当下的状态里带离出来。

这个故事也对儿童咨询的普遍实践提出了疑问，咨询师通常在会谈结束前五分钟提醒孩子。这样的实践源于相比于年龄大的孩子或成年人，年龄小的孩子对时间没有什么感觉。孩子可能沉浸在画画或造房子的过程中，咨询师会提醒他 / 她还有五分钟就结束了。

Bion 搁置记忆和欲望的观点对另一个实践——咨询的"结束"也提出了挑战。有些孩子在咨询中可能会非常不安，治疗师会避免做太多评论。在咨询快结束的时候，她 / 他不希望打扰孩子。在有些咨询中，治疗师会在结束时进行总结，尤其是当治疗师觉得在咨询中做得不够的时候。咨询频率是一周一次的情形下，这样做的可能性会更大。这也会发生在个人执业的咨询室，尤其是意识到父母付了费但孩子说得很少时。所有这些例子都是源于一个想要产生影响的欲望。

Bion 的观点适用于孩子吗？很多年来，我都在尝试。我觉得五分钟提醒虽然可以理解，但确实对结束起了缓冲作用，同时也妨碍了，或至少是弱化了一个真正的结束对孩子的作用。如果孩子对结束感到震惊和生气，我觉得那是必须面对的。如果总是被提醒，这种震惊怎么会在我们两人之间发生呢？最近，我已经有比较成熟的做法。我依旧不会规律性地提前五分钟提醒。我尝试为我自己和孩子留出足够多的空间去充分认识到结束的发生。但是对于另外一些孩子，没有提醒的结束可能就太过了。在这种情况下，我会给予提醒，因为我觉得不提醒所造成的情感扰动太大了——对孩子来说，那是无法忍受的、不中听的，也是没有用的。

Bion 的技术建议经常被引用为抑制一个人的记忆和欲望，实际上他的建议还包括不要急着去理解。我最初看到这点时感到很惊讶也很困惑。确实，分析性的所有工作都涉及理解。如果你不努力去理解，那你是在做什么呢？Bion 建议的是努力和孩子或青少年在一起。你可以在他最后一本书《注意和诠释》(*Attention and Interpretation*)(Bion, 1970)里看到他后期的思想,他将从强调"知道"(称为K)的重要性转移到了与孩子和青少年"体验性地、真实地在一起"(称为O)。在近几年的论文中,Ogden(2019, 2020)强调了认识论方法(在K中工作)和更为存在论的工作框架(在O中工作)之间的重要区别。从知道到存在的转变挑战了诠释的中心地位,也坚定了我的信念,即:对儿童进行心理治疗(与评估工作相反)的目的是使意识无意识化。

▌Klein 学派的焦虑观

前面的这些概念以不同的方式影响着我对临床经验的组织和思考,尤其是与评估相关的经验。它们影响着我对孩子的行为方式。但我有意识地不去想这些概念,我有意识地思考的是孩子的焦虑。这种思考包含四个问题:

- ·孩子在焦虑什么?
- ·孩子是怎样管理这些焦虑的?
- ·孩子能够忍受的焦虑程度是怎样的?
- ·我怎样帮助他们?

要回答这些问题,Klein关于情感发展及其与病理学关系的理论会特别有帮助。从根本上讲,Klein的理论是焦虑理论。它聚焦于焦虑的发展以及不同形式焦虑的相互作用。它增加了一个更为深刻地理解情感生活的别样维度。它帮助我们超越了悲伤、愤怒、担忧等情感主题。它强调了生命最早期对人的一生的作用。它推测了在前语言阶段内部精神世界的特征。这使人们能够思考一个个体是如何体验早期生活的。Klein的理论触及了人格发展的基石。

Klein对内在幻想的关注强调主观性,她的批评者认为与外部现实相比,这被赋予了太多的比重——可能确实是这样,但这种对内在的关注有助于深入孩子的内心,并做出关于孩子内在体验的假设。Klein的思想也提供了一个指引,以帮助我们思考主观性以及那些深刻的个人体验是怎样在人的一生中回荡并产生影响的。

Klein提出了五大类型的焦虑:

- 未整合焦虑 / 解体焦虑
- 偏执焦虑
- 偏执 - 分裂焦虑
- 抑郁位焦虑
- 俄狄浦斯焦虑

未整合焦虑 / 解体焦虑

Klein 假设婴儿出生后就进入了一个混乱无序的世界。愉快和痛苦的事件被体验，但没有秩序，也没有联系，事情随意而杂乱地发生着。婴儿的自我意识还没有被整合。没有连续性，没有边界，没有皮肤，没有时间。经验是原始的，不可预测的。这一时期的主要焦虑是对支离破碎状态（未整合的/破碎的）或是崩解（解体）的恐惧。这是最糟糕的焦虑。关于"我们是谁"的最关键的本质正在受到威胁。

Georgina

Georgina 是一个二十岁的母亲，她发现自己很难离开孩子。她和父母住在一起，但非常想拥有一个自己的空间。然而，她很担心如果离开父母，没有了他们的支持，她会很难应付生活。这是她和我第一次见面时告诉我的。第二次见面时，她告诉我，上周她离开咨询室时感到头晕目眩和潮红。她很害怕她会崩溃。而且她还在楼门口迷了路，搞不清回家的路是往左还是往右。这种未整合的状态经常伴随着躯体症状，表明她缺乏将这些压倒性的体验进行心智化的能力。

我会把这种反应看作"破碎"的一个例子——Georgina 的移情反应表明，她的分离焦虑是一种原始解体焦虑。

Karen

六岁的 Karen 在她的画中表达了解体的感觉。她痴迷于画瀑布。在她的画里，水顺着悬崖流下来，然后她会花大量的时间在瀑布底部添加数百个小笔触来代表水花。正如她所说，"它落下来，最后都裂成一块块的小碎片"。

偏执焦虑

Klein认为，随着婴儿的发育，再加上环境的一致性，人们越来越有能力厘清这种混乱。经验现在被初步地分为好或坏，满足或痛苦。然而，保持这种分裂是不容易的：在慢慢远离未整合状态的过程中，婴儿很容易混淆好与坏。有时，它们之间的分裂不足以将它们完全分开——好的可能也是坏的。这种混淆可能会导致对"好"失去信任和信念。这时的焦虑是偏执焦虑。在一些儿童游戏中很容易看到，好人正在与坏人战斗。但随着剧情的发展，好人变成了坏人，坏人变成了好人。谁是谁可能会混淆。在临床上，这通常伴随着被捉弄或被怀疑的感觉。这种混乱对发展来说尤其令人担忧，因为这意味着对任何"好"都没有持久的信念，似乎"好"的存在只是对"坏"的掩盖。

Frank

二十岁的Frank在一次会谈中描述了两件事情，反映了他的偏执看法。有一次他在超市购物，想选一桶人造黄油。他说那个容器看起来很干净也很健康。他认为这与超市里的灯光和容器的颜色有关。然而当他拿起来更仔细地检查时，发现里面全都是防腐剂。几分钟后，他又告诉我他曾在机场看飞机，喷气式飞机的美丽吸引了他。他觉得它设计精美，气势宏伟，在阳光下闪闪发光。正当他沉迷于欣赏的时候，一位工程师爬上飞机打开了引擎盖子。Frank震惊了，里面看上去竟然如此肮脏，全是黑色的油和渣滓！

Frank的案例中，好和坏之间的距离不够远，无法令人确信事物的美好。

偏执-分裂焦虑（α 功能缺陷）

如果有一个一贯充满爱意的环境，婴儿将开始发展出更稳定、更强的能力来区分好的和坏的经验。他/她最早尝试应对痛苦经历的方法是驱逐它们——遵循大便、小便、尖叫和甩打的身体模式。如果它带来痛苦，就把它排除出去；如果它是好的，就把它吸收进来。正如Freud在他的论文《否定》（Negation）（Freud, 1925）中指出的那样，"我把这个吸收进来，我把这个吐出去"。这引入了内摄和投射的机制。这些原始的管理方式被视为内心世界的初级工程师。内摄和投射建立了一个外部坏和内部好的世界。

在这个早期阶段，虽然分化变得更加稳定，但它仍然是粗糙和初级的：要么全好要么全坏，全黑全白，没有灰色。现在，焦虑从分裂和偏执的状态转变为对外界迫害的担忧。把坏的投射到外部可能会摆脱它，但总是担心它会回来。Klein 使用偏执－分裂位来描述这种内部状态：偏执，因为担心外部的坏人会攻击；分裂，因为观察世界的主要方式是好与坏的分裂。她使用 position（位置）一词而不是 stage（阶段），因为她认为这不是一个我们经过的阶段，而是一种体验世界的方式，是我们观察自己与世界的互动时戴上的心理眼镜。从这个意义上说，偏执－分裂位存在于我们所有人身上。

Klein 认为，我们看待世界的方式取决于我们正在经历的心理压力。下面是一个我个人的例子。当我从伦敦 Tavistock 受训后回到悉尼，我非常怀念我在 Tavistock 体验到的兴奋和被支持的感觉，我想念那里的朋友和同事们。回国的最初几个月里，我在悉尼经历了很多负面的事情。人们太物质了（他们谈论的只有房价和股票），天太热太亮，澳大利亚口音听起来很刺耳，甚至很粗鲁。相比之下，英格兰是有教养和有思想的，天气"淡雅温和"，口音是它应该有的样子，清晰、精致、有礼貌。随着培训的结束和过去六年习惯的生活方式的丧失，我现在正在经历偏执－分裂位的运作：事情要么都是好的，要么都是坏的。善恶的观念正是从这种心态中生发出来。

抑郁位焦虑

随着婴儿的继续发育，好与坏之间的距离开始发生变化。即使在神经学层面上，婴儿现在也开始整合了。连接开始形成。随着这种生理上的成熟，婴儿在情感上开始整合。如果条件合适，它就会足够安全到让好的和坏的整合到一起。为此，婴儿需要有一些满足的体验。这些好经验的数量和质量必须超过坏的经验。用数字来打个比方，如果有一支由一千名好人组成的军队对抗五百名坏人，那么就足够安全了；如果数字反过来，那么最好还是离远点。

随着整合的继续，婴儿开始意识到满足他的那个人也是挫败他的人，也越来越认识到他爱的那个人也是他恨的那个人。这些发展像是配了一副新眼镜。现在，来自婴儿和他人的矛盾心理都能够被感知到。事情不再是黑白分明的。极端的事物变得模糊。自己和他人都可能被看作既是好的也是坏的。这样，感知就更接近于现实。Klein把这种相互作用的视角称作抑郁位。焦虑不再在于你害怕被攻击，而是转换成担心你的恨会毁灭你所爱的。这是从自己到他人的转移。婴儿能够同时体验到感恩和内疚，同时这种内疚也会带来一种想要修复已经发生的伤害的愿望。

这样一种不同的看待世界的方式意味着能够忍受，甚至能够感激那些"好"的事情。它不必非得像在偏执–分裂位那样是理想的或纯白无瑕的。对他人合理程度的关注或担忧，以及能够容忍他们坏的部分，被看作心理健康的标志。

关注我们对他人产生的影响会让我们有一种对自己行为负责的感觉。如果我们做了什么错事，我们需要面对它并试着让它变得更好。如果我们对自己的行为如何影响他人有着不成比例的担忧，那就意味着在这个位置上产生了问题。

Tamara

十二岁的Tamara告诉我，在她不得不走过悉尼郊区的时候，感觉是多么糟糕。那里到处是废弃房屋和可怕的人。她忽然停了下来并担心我可能就住在那个区域。她说她希望我不住在那儿，而且如果我住在那儿她也不是故意冒犯的。在这种情况下，她太过担心自己的坏暴露出来，这些抑郁位焦虑给她带来了困难。

临床上会很明显地看到，孩子犯了错以后会过度担心。如果他/她画画的时候画错了，会立即把纸揉成一团扔到垃圾桶。如果孩子极度担心他/她不小心画到纸外面并把桌子弄脏，这时抑郁位焦虑表现得也很明显。

抑郁位焦虑是心理健康的特征，同时也有可能是病理性的表现，这似乎是矛盾的。最关键的是在这个位置产生担忧的程度。适度的担忧可被归类为抑郁位焦虑，过度的担忧有可能就是抑郁症了。在过度担忧的情形下，内疚的程度也会让个体感到困扰。这会导致过度负责或者过度担心做出伤害他人的事情。

Klein认为如果抑郁位焦虑非常强烈，人们可能会退行到偏执–分裂位。这会使好的和坏的分开。换句话说，对世界的看法会通过进入躁狂状态来被管理。在这个位置上，对冒犯或者伤害他人的担忧会被否认：与其与他人交往并感受到担心，处于躁狂位置会否认对他人的任何依赖。责任是不能被容忍的。事情不会在保持内疚感的情况下得到修复。通过躁狂来补偿占据了主导，其中充满了魔法和全能感，仿佛事情是由魔法修复的，而不是通过漫长、艰苦和缓慢的工作来解决的。

俄狄浦斯焦虑

Klein 讨论的最后一种焦虑是俄狄浦斯焦虑。随着婴儿的不断发展，他/她开始能够承受分离的体验，并发展出对我和非我的认识。这预示着某人或某事有可能进入对方和我之间。对于二元关系的认识创造了第三者介入的可能性。虽然 Klein 称之为俄狄浦斯，但我很少以俄狄浦斯情结古典版本的形式来思考它。相反，这个概念被扩展到包括排斥、嫉妒、不受欢迎和不确定你与群体之间关系的那些感觉。

Klein 认为俄狄浦斯焦虑发生在生命的最初几个月。如果你做过婴儿观察，这并不难相信。通常，当母亲打电话时，即使她仍然抱着婴儿，婴儿也会感到不安。临床工作中，当孩子开始问"你还见其他孩子吗？"的时候，通常就是这样的情形。

思考这些不同的焦虑有助于加深对痛苦情绪的理解。很明显，孩子的担心意味着特定的动力，使用 Klein 框架可以明晰这些动力的细节以及对个人的意义。我们可能会假定孩子担心被遗弃，但这只能是个大概。孩子如何体验这种被遗弃的焦虑？这种焦虑的本质是什么？孩子是否觉得如果他/她被抛弃，他/她就会分崩离析？那种对解体的原始恐惧是否正在运作？或者在被遗弃的恐惧背后，更深入的理解可能会揭示出更偏执的看法，即误以为自己曾经被照顾了，被抛弃其实是被愚弄的结果。另一方面，遗弃背后的焦虑可能更具有偏执-分裂的特征：一种愤怒的感觉，即照顾者是一个卑鄙、可怕的人，他根本不在乎。然而，戴着抑郁位的眼镜可能就会有不同的结论——害怕被抛弃的背后，可能幻想这是善良而疲惫的照顾者不堪重负的结果。孩子觉得这不是看护人的错，是他们自己应该受到责备，因为他们过多的要求让人耗竭。俄狄浦斯焦虑可能会把被遗弃解释为自己不够好，所以照顾者找到了一个更有趣和更有成就感的孩子来照顾。

Bella

被遗弃的主题在 Bella 的案例中体现得很明显，她十五岁，正在与厌食症作斗争。在她的治疗中，她非常积极地谈论她的家人，尤其是她的母亲，她觉得她非常支持她。治疗几个月后，她报告了一个"想法"。她不确定这是梦还是想法。这个想法涉及她两岁时的一个记忆。记忆是在乡下的农场里。她在四岁前都一直住在农场里。她记得她母亲正在里里外外忙活着准备带五个孩子（Bella是最小的孩子）外出。她终于忙完了。母亲在走廊把前门锁好，忽然觉得忘了什么东西。她把Bella忘在了屋里。Bella躺在她的小床上，透过蕾丝窗帘看着把她抛在身后的母亲和哥哥姐姐们。

这个事情是否真的发生过已经无从知晓了。Bella自己也有些怀疑。但故事象征性地反映了被遗忘、被忽视的感觉。重要的是如何从这个故事思考到更远？这对Bella来说意味着什么？她是怎么理解这些感觉的？

正是在这种情况下，我发现Klein的焦虑理论很有帮助。它有助于理解这种记忆对Bella的可能含义。这种记忆是否会引申出与解体相关的材料？她真是这样经历这件事的吗？还是这个故事包含了欺骗或误解的想法或主题，觉得母亲的关注和照顾只是一个表象？在这种伪装的幌子下，是否有一个残忍和疏忽的母亲——这件事是通过偏执的眼睛体验的？还是Bella很清楚，母亲是以自我为中心并且漠不关心的（这是一个偏执–分裂的想法)？Bella有可能体验到一个被五个孩子弄得筋疲力尽的母亲吗？Bella被忘在脑后是否证明了她的出生已经超出了母亲的承受能力？这种信念则表明，抑郁位焦虑是她脑海中最核心的想法。母亲忙于照顾其他孩子的俄狄浦斯视角也是这个故事另一种可能的解释。

在临床工作中，明显而清楚的事情是很少的。在Bella的案例中，对故事意义的解读可能是混合而复杂的。虽然治疗师必须以开放的态度来倾听孩子对一个事件的所有体验，但Klein框架确实有助于让如此多的可能性得以管理并使用。

要点

概念

- 无意识：Bion 将无意识重新概念化为人格的功能。
- 投射性认同：思维、沟通和精神疾病发展过程中的核心概念。
- 涵容：抱持和处理压倒性情感状态的核心治疗概念。
- 移情和反移情：将早期的经验转移到治疗师身上，或者治疗师将自己的问题转移到儿童或青少年身上，这使得"过去"在咨询室活现出来。
- 无忆无欲：强调情感与精神现实同在的重要性。

Klein 的焦虑理论

- 未整合焦虑/解体焦虑：最原始的存在焦虑，没有涵容，没有遐思，由躯体来体验。
- 偏执焦虑：混淆好的和坏的。
- 偏执-分裂焦虑：把世界分裂为好的和坏的。坏的被投射出去，焦虑于它会返回来攻击我。担心自己。
- 抑郁位焦虑：整合了好的和坏的。担心一个人的坏会伤害另一个人。担心他人。
- 俄狄浦斯焦虑：被排除在外的感觉，和他人的关系不够好，难以融入团体。

问题

- 讨论从 Freud 至今对于无意识概念的不同观点。
- 介绍并讨论 Klein 对偏执-分裂位和抑郁位的观点。
- 为什么投射性认同和涵容是 Klein 学派思想的核心?

推荐阅读

Fonagy, P., & Target, M. (2003). *Psychoanalytic Theories: Perspectives from Developmental Psychopathology*. New York: Brunner/Routledge. See Chapters 4, 5, 6, 7, 10.

Greenberg, J., & Mitchell, S. (1983). *Object Relations in Psychoanalytic Theory*. Cambridge, MA: Harvard University Press. See Chapters 4, 5, 6, 7.

Guignard, F. (2020). *Psychoanalytic Concepts and Technique in Development: Psychoanalysis, Neuroscience and Physics*. London: Routledge. This is a recent publication written from a French perspective, but including up to date thinking about Klein, Bion and Winnicott as well as integrating the latest neuroscientific research.

Lemma, A. (2003). *Introduction to the Practice of Psychoanalytic Psychotherapy*. West Sussex: Wiley. See Chapter 1.

Wittenberg, I. (2004). *Psychoanalytic Insights and Relationships: A Kleinian Approach*. East Sussex: Brunner- Routledge. This is an excellent and very accessible introductory book on Kleinian concepts.

（张颖殊　译）

第 3 章
精神分析性观察

"观察"这项任务看上去似乎是直接和简单的：你观察某样东西并记录下你的感知。然而，正是因为我们在日常生活中习惯了它，反而会使它出现一些问题。

为了行使人类的日常功能，我们会需要一些结构和可预测性，我们的系统并不擅长应对持续的变化和不确定性。因而我们需要组织和建立一些模式来减少不确定性，并进行预测。

而对确定性的需求却使客观感知变得困难，很多细节会被掩盖。然而，从精神分析的角度来看，那些细微的细节才是特别重要的，通常是意料之外的。这些细节可以成为了解一个人内心世界的重要线索，它们可以成为无意识无处不在的证据。对于精神分析师来说，重要的是发展他/她的感知，使其尽可能地开放和敏锐。关键是，要能够耐受"万物皆有关联"（nothing is irrelevant）的态度，要能够耐受这种态度所带来的混乱。

观察的另一个困难是，我们的心智都有无意识的部分。我们自己的无意识会影响我们的感知。Bion的观点也强化了这一信念，他认为无意识是我们人格的一部分。通过精神分析性观察训练，我们得以识别这些"内外交织"——有别于所有其他形式的感知。

精神分析性观察是持续和集中的。在我们这个疯狂的世界中，很少有机会能够停下来观察——不受干扰地去观察另一个人，非聚焦地沉浸在好奇之中。即使是在"观察"具有如此重要地位的助人行业中，这也是一件不寻常的事。在儿童心理治疗师的训练中，非聚焦又从容的观察能力是必不可少的。

在英国，这种观察训练始于1948年的Tavistock，当时Esther Bick和John Bowlby介绍了一种观察婴儿的方法。Bick认为，对于未来的儿童心理治疗师来说，重要的是要亲眼看到婴儿的心智状态是如何演变的，以及它们如何对一个人的未来发展产生影响。

婴儿观察法

婴儿观察法是观察员在婴儿出生后的头一年或两年内，每周访问该家庭一小时，观察期间不记笔记。在观察结束后，观察员立即记下一份详细的观察报告。观察会面没有固定的结构，观察员被告知要观察婴儿以及他/她与周围人的互动。从观察员的角度来看，没有什么被认为是不相关的。后面观察员需要将观察的书面记录提交给研讨小组，该小组由一名带领者和三至五名其他的观察员组成。虽然这听起来简单而直接，但其非结构化的性质难免会导致出现很多问题。

个人经历

我的第一个婴儿观察研讨小组是 Anne Alvarez 带领的。我记得当我得到一个愿意接受观察的母亲的联系电话时，我很焦虑。当我在小组中报告婴儿 Adam 看着他的母亲时，我记得 Anne Alvarez 问我"他是什么样的表情？"这个简单的问题给我产生了深刻的影响，我意识到我并没有真正在看，我忽略了婴儿的表情。是兴奋、恐惧、喜悦、悲伤、茫然、锐利的表情吗？突然间，我开始以不同的方式看待"表情"。我发现观察婴儿的经历令人振奋、激动、害怕，与众不同，有时还很无聊。每位观察员的个性，我自己的背景和个性，Anne Alvarez 的活力、智慧和热情，以及被我观察的母亲和婴儿，使这次学习经历成为一次非常独特的体验。我观察了一个男婴将近两年，后来我观察了一个小女孩一年。当我于 1984 年回到悉尼时，我有足够的勇气和野心自己去带领一个婴儿观察研讨小组。也是从那时之后，我一直在带领婴儿观察研讨小组。

这些经历让我有幸能够更近地倾听很多婴儿和他们的家庭，能够看到作为一个观察者的经历对学员的影响。他们也证实了我的信念，即观察过程非常重要，这种类型的观察与临床工作息息相关，婴儿观察可以教给我们关于婴儿情感生活的重要内容。

观察的过程

观察的能力是我们发展所有关系都需要的，对我们的心理健康也一样重要。如果没有这种能力，我们将永远处于"体验之中"，就像被创伤的受害者一样，不断地感受到冲击。我们需要能够退后一步，观察正在发生的事情，无论是观察我们自己的内在，还是观察我们与他人的关系。这种距离给我们发展的空间：观察关系，看到行为中可能的模式，并最终赋予它一些意义。Bion 关于母亲的涵容和她的"退思"的观点表明，母亲必须能够在婴儿发展的早期阶段观察她的婴儿。婴儿体验这种观察能力，并最终将这种能力内化，婴儿自己的内心世界便能够不断发展。

　　洞察——向内看——也意味着观察的能力。能够观察意味着与被观察的对象保持一定距离，这很重要。在婴儿观察中，学员很快就学会了管理这种距离的重要性。学员必须学会离得足够近去感受与体验，同时又需要能够离得足够远去观察行为或互动模式。无论是在婴儿观察还是在临床情境中，这都是一个需要持续为之奋斗的目标。

俄狄浦斯隐喻

　　Britton（1998）研究了观察与距离之间关系的问题，他将观察与最早的俄狄浦斯情境联系起来。他提出，如果婴儿能够容忍父母之间的联系，这将使他/她意识到他/她是一个见证人，而不是参与者。在这个过程中，第三位置被创造出来。这反过来又使婴儿认识到他/她也会被其他两个人观察。

　　正如Britton所说，"见证"的能力提供了一个理解和共情的空间。然而，作为一个观察者，意味着能够抱持住俄狄浦斯式的紧张，即被排除在外，不行动化——处于见证者的次要地位，而不在主要剧目中。

　　一些观察者可能会主动地提高他们在家庭中的地位（如要求抱孩子）来行动化自己的紧张。扮演观察者的角色并不容易，我们都可能有这种俄狄浦斯式的动力。当观察者变得焦虑，担心观察可能会以破坏性的方式侵犯亲密关系的隐私时，就出现了俄狄浦斯式的担忧。

婴儿状态的影响

　　在Bick模型中，观察的一个特点是，观察者在行动中没有指定的角色，他/她自己更充分地暴露在一定强度的体验中。与儿科医生、幼儿护士、教师、咨询师，甚至母亲或父亲不同，观察者没有任何措施能减弱观察的影响。和婴儿在一起意味着暴露在婴儿化和原始的存在状态下。作为一个观察者，应该有一定的空间允许这些状态对自己的占据。如何管理这些强烈情绪对自己的影响，对于希望成为临床工作者的观察者来说十分重要。

主客观的混杂

　　观察中的另一部分紧张是我们的主客观经验相互作用而产生的。观察者面对一项艰巨的任务（这个任务是分析工作的基础），即观察他们自己的感觉、反应以及客观现实，并且它们必须同时进行。这就是Bion所说的"双眼视觉"：同时观察内部和外部。从分析的角度来说，反移情的使用在这个模型中是至关重要的。然而，一边强调要观察到事实和外部的细枝末节，另一边要做到思考自己的感受并试图与母亲和婴儿共情，并不是件易事。试图准确记录婴儿和/或母亲做了什么，什么时候做的，这种行为之前是什么，以及之后是什么，就更难了。

研讨会的涵容

观察方法的结构，详细的书面说明，和一个小型、定期会面和支持性的小组，对于处理这些紧张至关重要。研讨会带领者和小组其他成员的任务是帮助调节和涵容主客观的信息。在观察的时候，观察者很难把握这种内在和外在的相互作用。有些人变得非常客观，报道事实，但没有任何感情，而另一些人则可以在几乎没有客观证据的情况下呈现大量的个人印象或反应。在研讨会中，由于远离观察现场，反而允许了更多的距离和空间的产生，主观或客观的信息可以在小组的安全空间中被梳理出来。当观察者写下观察笔记时，空间就已经产生了。而在研讨小组中汇报个案并讨论时，进一步的空间就被创造，这些讨论的过程使得观察过程能够被理解。

▋ 临床相关性

理论启示

精神分析式的观察可以使看起来模糊或深奥的理论变得生动起来。例如，当看到新生儿以不协调的方式活动时，"未整合"的概念会浮现在观察者的脑海并得到印证。观察婴儿早期的喂养过程，并见证婴儿努力地整合自己的目光和吸吮，则能让观察者对这一理论有更多的经验性知识。观察婴儿如何在自己晃动的手臂偶然进入他/她的视野时表现出惊讶，则拓展了观察的维度。当婴儿尖叫、乱动、出汗或开始呕吐时，可以观察到像崩解和感觉迷失（disorientated）的现象。几年前，当我和一个9岁的男孩工作时，这一点得到了印证，他说当他害怕的时候，他会感觉头晕，眼前的东西"到处乱飞"。

对于观察学员来说，当他们面对把他们当作专家的家庭，或者把他们当作完全的新手的家庭，马上就会理解什么是"移情"。

成为更好的观察者

除了将理论观点带到生活中，分析性观察与临床实践直接相关。分析性观察是一种奇妙的训练，帮助人们成为更好的观察者。在每周研讨小组的支持下，在没有笔记的情况下，将看似随机的、非语言的材料记在脑海中，这种做法对于儿童治疗师来说是非常重要的训练。婴儿观察的吸引力还在于这个过程并没有做出诊断或给予治疗的压力，人们需要保持开放，而不是用概念化、诊断标签或诠释来封闭和限制自己的思想。心中有数，知道稍后可以写下观察则有助于树立信心，相信自己能够保留所有这些细节。此外，在研讨小组中报告观察内容，有助于观察者感觉到被涵容，从而更有能力待在混乱的印象与感官体验之中。

细节的重要性

当我开始婴儿观察时，我发现自己的临床工作在几个方面都发生了变化：我能够更好地知道我在咨询中的状态，我更能按顺序回忆起之前的材料。有意思的是，这让我能够放松下来，反而不那么在意必须记住的东西，这有助于我等待主题的自然发生。我开始意识到，当我能够更仔细、更广泛地观察时，就会发现之前在材料中被忽略的"模式"。观察训练培养了我对细节和顺序的重视。当我带领观察研讨小组时，我们会通读材料。对于观察，有时我有清晰的想法，有时则没有。然而，当我们再次逐行通读观察报告，给一个句子甚至一个词尽可能多的空间时，令人惊讶的是，我们可以从对这种材料进行显微镜般的解读中获得很多东西。放慢速度让人能够欣赏到交流的细节，这种对细节的重视是精神分析流派临床工作者所能拥有的最重要的特质之一。

顺序

与之相关的是顺序的重要性。正是通过联想，病人的无意识才会说话。我们对一个人行为意义的理解，很大程度上被我们对行为发生顺序的详细观察所决定。我们可以拿婴儿在地板上敲打拨浪鼓作为一个例子，如果婴儿在母亲离开房间后敲打拨浪鼓，我们可以推测这是婴儿在表达被留下的感觉。如果婴儿只是在哥哥姐姐拍打东西的时候才出现这种情况，那意义就完全不同了。在临床情境下，着重观察体验中的"顺序"可以让我们的觉察更清晰。

记得自己曾和一个11岁的女孩工作，她说她不记得父母在她6岁时分开的任何事情。紧接着，她告诉我，她在电视上看了一场舞蹈比赛，她看到那个男人走错了一步，女人摔倒了。基于父母分离和那个男人绊倒这位女士的两个想法之间在时间上的关联，我假设这个女孩可能在前意识层面认为她的父亲对分手负有责任。

非言语沟通

婴儿精神分析性观察对临床实践的一个明显益处，是可以近距离观察到前语言期的发展。对大多数临床工作者来说，除非是直接从事婴儿心理健康的工作，否则很少能有这方面的经验。最重要的是，婴儿观察可以看到身体是如何"说话"的，情绪是如何通过身体来表达的。Freud说："自我首先是身体自我。"这对婴儿观察来说是很有意义的。当母亲开始断奶时，你会看到婴儿突然出现皮疹。或当母亲重返工作岗位时，你会看到婴儿开始出现腹泻，让人不得不赞叹Freud观点的精准。我在面对咨询室里孩子的一些身体不适时，很难不立即思考这会不会是某种婴儿态的表达。

在与儿童一起工作时，对非言语交流的理解是至关重要的。即使是孩子移动玩具的方式也被视为一种交流。一个孩子在她母亲离开房间时感到不安，她走到门口，握住门把手——这个场景立即让我回想起自己观察过的第一个婴儿是如何抱着他母亲的乳房的。这种非言语的交流可能非常微妙，我记得一个15岁的男孩，我看到他在沙发上做出一个哪怕是最轻微的动作，也会让我回想起曾观察过的第一个婴儿Adam。

游戏

观察孩子与客体的游戏过程，可以看到游戏是如何从与母亲或母亲身体的关系中演变的，这也是Tavistock坚持婴儿观察需要两年的原因之一。在婴儿12～24个月期间，游戏中象征性的表达相当明显。观察婴儿的游戏过程，可以让人理解更大岁数儿童游戏的婴儿期根源。我们也许会观察到，当婴儿吃完母乳后被放在地板上，他/

她会立即拿起一个球，并开始吮吸或抚摸它，就像对待乳房一样。在另一些时刻，不理想的喂养过程也可能会导致婴儿啃咬球或击打球。在这种情况下，我们很难不相信球其实象征着乳房。一个孩子在接受心理治疗的过程中，无论是开始模拟足球比赛中的踢球，或者是篮球比赛中的上下拍球，观察者都很难不将这些表达与过去的观察联系到一起，也很难再以寻常的方式去看待足球或篮球！

能够等待

观察训练会对治疗实践产生影响，它可以使人更能够耐受等待并感受到创造空间的价值，这让思考有机会发展。一般来说，这意味着更少的诠释（如果有的话），这是 Winnicott（1971）多年前就呼吁的事情。Lanyado 呼应了 Winnicott 式的态度，她提倡大家重视规律的、可靠的、感兴趣的思考和非评判性、非侵入性存在的治疗价值（Lanyado，2004）。在婴儿观察中体验到这一点，让儿童治疗师在临床实践中能够忍受"知之甚少"这件事。

基于 Winnicott、Joseph、Lomas、Britton 和 Alvarez 等人的工作，精神分析性实践的最新发展强调抱持病人投射的重要性，尤其是在病人防御很脆弱的情况下。我在其他场合讨论过一个青春期男孩的案例，当我的诠释不起作用的时候，观察和不干预是非常重要的。当我意识到我必须像对待婴儿观察材料一样对待他的材料时，情况就发生了转机。在后来的很多次会面中，我什么都没有说。我还必须补充的是，这个过程其实是由男孩发起的，他告诉我要"在里面而不是在外面思考"，即要抱持投射（Blake，2001）。

欣赏心理韧性和心理防御

由治疗野心所驱动的诠释可能会干扰病人的防御，而观察训练的经验会让一个人欣赏等待的价值。你经常可以看到母亲和婴儿在一段时间内非常挣扎，而随着时间的推移，你会看到他们如何找到资源来让彼此恢复。Adam 是我观察的第一个婴儿，他的母亲在过去的十周中因母乳喂养问题而感到痛苦。每次刚开始时，喂养 Adam 都是顺利的，但过了不久，Adam 就开始表现出各种挣扎扭动。几周后，他的母亲开始感到沮丧和抑郁。然而，Adam 从未放弃，他继续渴望吃奶，当乳房靠近时，他的眼睛就会亮起来。这最终给了他母亲坚持下去的信心。虽然喂养一直都不是很顺利，但 Adam 的热情确实帮助他的母亲恢复了对自身母性美好部分的信念。

就像我刚才所描述的 Adam 的情况，在一篇关于婴儿观察的论文中，Isca Wittenberg（1999b）也指出了观察修复性时刻的临床益处。观察婴儿的心理韧性和保存良好体验的能力，以及如何从不幸中恢复，都会带给人希望。Wittenberg 指出，这种希望给了儿童心理治疗师去治疗孤独症、遭受过虐待和严重精神失常儿童的勇气。这种希望还鼓励儿童治疗师在高频工作不可行的情况下坚持每周工作一次。此外，婴儿观察帮助观察者认识到正常和病理之间没有明确的界限，相反，有很多方法可以用来尝试解决不同的发展困难。

对父母的共情

对婴儿和他/她的母亲进行定期和详细的观察会使观察者意识到，要涵容家庭中一直存在的婴儿态心理状态，是一项多么艰巨的任务，这会让人生发对父母更多的共情。研讨小组带领者帮助小组学员关注婴儿在互动中的作用，这使学员们看到婴儿的人格和先天气质对婴儿的发展有多大的影响。通过观察 Adam，我对这一点有了深刻的认识，我意识到 Adam 是如何帮助他有抑郁症的母亲的。我意识到，婴儿也可以帮助儿童和家庭工作者看到事情的全貌，让他们不要轻易地"指责"父母。这对男性观察者来说尤其重要，虽然他们也许会成为父亲，但身为观察者的距离让他们能够理解一位母亲所经历的体验，并且理解婴儿会对身处哺乳期的夫妇有多大影响以及多大贡献。

对治疗师的筛选

通过将学员置于原始情绪状态的情境中，观察者和培训项目可以更好地了解学员涵容和管理强烈情感的能力。训练也让学员了解精神分析性治疗框架是否适合自己，即使只是建立起观察本身的过程，其中的不确定性也会让人感觉非常不舒服。安排观察和管理自己的过程中所暴露出的实际细节，会使人处在各种不确定性中。我该如何自我介绍？我要让自己待在房间的什么地方？我什么时候坐下？我是否可以接受主人递来的茶？我应该说多少话？我要如何处理那些与私人信息有关的问题？我如何找到并保持一种介于个人和职业之间的关系？我曾有幸督导过那些参加过婴儿观察训练的治疗师，他们作为观察者处理这些不确定的风格与他们后来作为心理治疗师的风格有惊人的相似性。

▌最初的情感：人格的基石

对婴儿心理状态的观察训练会揭示许多关于人类早期情感生活的经验。很明显，婴儿有着丰富而复杂的内心世界，对此人们可能会从理论上进行争论，但我仍然对所观察到的年幼婴儿身上那种稳定的反应模式及一贯的情感表达方式感到惊叹。我还记得当我第一次阅读Klein女士的文章，看到她把复杂的幻想与小婴儿联系起来时，我是持怀疑态度的。现在我仍然对她的一些特定假设持保留态度，但我毫不怀疑婴儿生活在一个有着强烈情感的世界里。只要我们对此保有开放的心态，并以一种持续而详细的方式来观察，我们就会惊讶地发现这些情绪会出现得如此之早。我还记得曾观察过一个4周大的婴儿，每当她的父母彼此拥抱时，她就会不停地尖叫！

早期情绪的本质：观察到的分裂的概念

在这个模型中观察有助于人们更清楚地理解婴儿情绪的本质：它们往往快速而极端。对于年幼的婴儿来说，开心和灾难在几秒钟内就会逆转：一会儿是尖叫，一会儿是咯咯笑，分裂的临床概念变得有意义。这些情绪的转换是如此迅速而极端，以至于婴儿很难时刻都知道自己是谁。

情绪消化不良

婴儿情绪的快速转换与我称之为"情绪消化不良"的部分有关，即婴儿无法接受和处理情绪事件。这一点在我观察的第一个婴儿身上就得到了验证，他当时8个月大，我已经一个月没见过他了。当他第一眼看到我时，他的脸上出现了短暂的恐惧。然而，他立刻看看他的母亲，似乎感觉放心了些。几分钟后，当我慢慢靠近他时，他的整个身体都跳了起来，好像被人从里面打了一拳一样，他开始惊恐地尖叫起来。我觉得他刚见到我时多少有些木僵反应，但只有当他的系统恢复时，情绪才能被消化和表达。

在研讨小组中经常看到这样的情况：婴儿经历了强烈的事件，却没有明显的反应。可能在一分钟或十分钟后，婴儿会对一些刺激反应过度，那种表达令我们认为这可能是针对之前的痛苦经历而发生的。理解这种时间的延迟能帮助我们意识到：要读懂婴儿或幼儿，或者是那些处于更原始水平的年龄较大的儿童和青少年是多么困难。告诉父母这一点有助于让他们在试图读懂自己的婴儿时不那么困惑。我们需要向父母解释：孩子那些显然"出人意料"的极端行为可能是对先前尚未表达的不安的延迟反应，这会让他们对如何理解孩子的情绪有更多的体会。它还有助于理解那些遭受过创伤的儿童，他们要去消化那些伴随创伤而来的情感动荡是多么困难。

被抱持的需要

观察这些快速而反复无常的情绪，可以促进观察者去觉察当下需要什么——身体上和心理上被抱持的需要。婴儿或经历这些婴儿态的人需要有人将所有这些毫不相干的经历抱持在一起。这给提供抱持的人带来了不小的压力，这个人通常是母亲，这点在婴儿出生后的头几个月里尤为突出。

母亲们对这些压力的反应是不同的。一对哺乳期夫妇似乎在享受着美好的时光，母亲和婴儿之间的关系非常好。然而，另一对夫妇似乎在经历挣扎：母亲疲惫不堪，婴儿哭闹，睡眠困难。对这两组人来说，事情似乎在3至4个月后发生了变化。第一组人开始经历困难，而后一组人则开始稳定下来。我认为，对一些母亲来说，与宝宝融合是一种与世界融为一体的幸福状态：抱着宝宝的感觉很好；对另一些母亲来说，这却可能是令人感到窒息的体验，会经历一种可怕的身份丧失感。第一组母亲在早期几个月的任务是面对她们对分离的恐惧，而对第二组母亲来说，3或4个月后婴儿的个体化发展对她们而言可能是一种巨大的解脱。理解和见证这些反应，可以让儿童治疗师看到儿童和青少年病人在亲密关系和分离方面焦虑的本质。

断奶的重要性

回顾我的观察，断奶对婴儿情感世界的影响是最大的（Blake，1988）。在思考婴儿发展时，断奶的问题一直引人关注，这是母亲和婴儿面对的第一个发展任务，代表了他们必须面对的第一个过渡阶段，断奶将带来任何过渡阶段都会经历的所有消极和积极因素。事实上，它是所有后续成长过程中"转换过渡"体验的原型。这是第一个持续性的"不"阶段，双方必须就此谈判。它通常也是婴儿的退行期和发展期，断奶期的婴儿经常会伴随出现生病、消化问题、睡眠障碍、更明显的攻击性和嫉妒问题，并在交流、动作和关系方面出现退行。但这一阶段的婴儿也可能会在动作、交流、玩耍、人际方面出现突飞猛进的发展。断奶是一种必要但痛苦的推动力量，使母亲和婴儿发展到更复杂的关系水平。婴儿观察能使儿童治疗师见证儿童过渡过程中的各种动力因素，这种体验性知识对于理解儿童和青少年发展中的不同过渡期非常重要。

通过深入观察日常生活，观察者可以意识到如握手、挥手、告别等日常活动是如何扎根于婴儿的经验。即使是像走路这样的发展性任务，现在也会以一种新的眼光来被看待。它不再仅仅是行走，而是一种分离练习，因为婴儿必须处理将他／她的脚从地面抬起的任务：脚必须与地面分离，这可能意味着与丧失和分离相关的所有焦虑。

精神分析性的观察训练使观察者能够从一开始就对人格发展有一个纵向的理解。这段经历对我理解人类行为至关重要。引用Reid（1997，p.9）的话：

> 没有什么能给我提供同样的机会来深入了解人类的发展；没有什么能让我像在观察训练中那样质疑我所读到的关于人类发展的每一个"事实"，而且质疑还会继续。没有什么能以同样的方式影响和改变我的临床实践。

观察技能的发展是儿童精神分析工作的核心。

婴儿观察、非线性精神分析、关系学派精神分析和直觉

最近在使用无意识和直觉开展工作方面有了更多的研究进展，这强调了儿童治疗师至少需要有对出生后头12个月的婴儿进行每周观察的经验。非线性精神分析的发展（Galatzer-Levy，2017；Rose&Shulman，2016）证实了观察非线性心理状态的重要性。婴儿并不是以线性方式运作的，他们忙乱的、变化的和极端的情绪状态会使观察者很难在心智中抱持这一切。然而，如果我们需要在心理治疗工作中接触早期和原始的心理状态，这种观察的经验就会成为一种重要准备。

婴儿观察的实践也与关系学派精神分析的发展有关。特别是Grossmark（2018）

的工作强调了以低调的方式与病人相处的重要性。如果治疗师有过婴儿观察的经验，他/她就更容易陪伴病人。同样，每周一次与某个特定的发展中的婴儿相处的经历，有助于促进直觉能力的发展。每小时、每周的观察经验，没有任何特别的观察重点，这样的有规律的观察使观察者能够更接近与婴儿沉浸的状态。我同意Jeff Eaton（2018）的观点，即直觉来自这种与他人沉浸的状态。正是在这样的沉浸式状态中，一个人可以通过调谐自己的躯体信息、周围的声音，捕捉不受控的思想来理解自己的无意识。

要点

- 婴儿观察是一种在没有特定角色的环境中进行观察的独特体验。
- 婴儿观察使观察者的内心更加开放，同时也增强了他们对外部的感知力。
- 婴儿观察提供了非常近距离的观察，同时减缓和拓展了意识。
- 婴儿观察让学员对婴儿态的心理状态有了一手接触，其中包含了所有未整合和原始的身体状态。
- 通过与婴儿沉浸在一起的体验来观察婴儿，这可以训练儿童治疗师做好准备，在临床工作中更好地运用直觉来工作。

问题

- 为什么婴儿观察如此重要？它与儿童心理治疗的实践有什么关系？
- 关于Freud、Klein、Bion和Winnicott对婴儿的看法，婴儿观察告诉了我们什么？

推荐阅读

Miller, L. (1997). *Closely Observed Infants*. Bristol: Bristol Classical Press. See chapters 1, 2, 3.

Ogden, T. (2020). Towards a Revised form of Analytic Thinking and Practice: The Evolution of Analytic Theory of Mind. *Psychoanalytic Quarterly*, *89*(2).

Reid, S. (1997). *Developments in Infant Observation*. East Sussex: Routledge. See Chapter 1.

Sherwin-White, S. (2017). Melanie Klein and Infant Observation. *Infant Observation*, *20*(1), 5–26.

Sternberg, J. (2005). *Infant Observation at the Heart of Training*. Est Sussex: Routledge. See chapters 1 and 5.

Waddell, M. (2013). Infant Observation in Britain: A Tavistock Approach. *Infant Observation*, *16*(1), 4–22.

（杜净译　译）

第 4 章
个案转介和
初始访谈

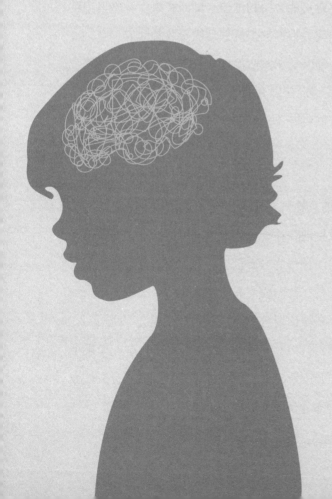

个案转介

治疗师和来访者往往是通过打电话取得初次联系的，通常是由父母一方来电，这是评估过程中的第一步。对临床工作者来说，此时是"无忆无欲"的，是建立第一印象的阶段。如果治疗师可以足够开放地接收这些印象，便能从中获得许多信息。此时治疗师不应该忽视自己的直觉，即使在这样全新的关系中，这份"一无所知"也能让治疗师的心灵毛孔张开得更大！

是谁接的电话？

某些诊所是由前台接待员接听电话并记录信息，而某些机构可能是由个案接收专员负责接听电话。个人执业的话，通常是由执业者本人接听电话。大多数情况下，是由治疗师回复电话答录机上的留言。在24小时内回复电话留言是很重要的。对父母而言，拨打这个关乎孩子情绪和（或者）行为困难的电话，可能是他们担忧数周、数月甚至数年的结果。在寻求帮助时，父母可能会感到绝望，同时在内疚、恐惧和希望中挣扎，这些复杂的情绪使他们非常脆弱。他们的担忧如何被接收和回应，会对最终结果产生很大影响。此时治疗师需要传递共情和关心的专业态度。我并不建议第一次接触时就开始谈论细节，但让父母感受到治疗师有时间去倾听亦是重要的。因此，治疗师趁着两节咨询之间的十分钟间隙去回电并不是好的做法。

是谁转介的个案？

值得注意的是最先打来电话的人是谁。在与儿童青少年的工作中，通常是孩子的母亲负责联系，尤其是担忧孩子在情感发展和社会化方面的问题时。孩子与母亲之间亲近的养育依恋关系会促使母亲特别关注孩子的内心世界。在完整的家庭中，父亲推荐孩子治疗是不太常见的。当然，治疗师在此阶段尚无法断言由母亲（或父亲）主动联络的意义，但应该注意这个细节，并在评估时考虑这一点。

有时会有同行或者机构主动联系治疗师，这可能使问题变得更加复杂。如果个案是由督导师或者资深同行转介的，治疗师的压力会更大，因为这种转介本身可能被治疗师体验为一种荣幸或赞美。而这些感受会在评估过程中干扰治疗师的感受。

Andrew

Andrew是一个14岁的男孩，他是我的一位教授转介给我的。这位教授曾经给Andrew的母亲做过短程治疗，也简单地和Andrew谈过与我见面的可能性。他认为这对父母很有动力让儿子接受心理治疗的帮助，同时觉得Andrew跟我一起工作会受益。他还补充说，他觉得我特别擅长与青少年工作。

我开始和Andrew做个体治疗。他是一个孤僻、愤怒的年轻人，觉得父母不理解他，还把他"外包"给了我。我们的个体治疗持续了几个月，他始终阴沉着脸，保持着少言寡语和生气的状态，几乎不愿意参与到治疗中来。最后，我提议跟Andrew及其父母一起工作，这样帮助可能会更大。于是在接下来的治疗中，Andrew"活"了过来。他强烈地抱怨父母，但是父母能够倾听并愿意交流，同时也意识到Andrew有多么生气。事后看来，我想要取悦教授并给他留下好印象的想法，干扰了我对选择最适合这个年轻人的工作方式的判断，那就是应该首先跟他和他的父母一同会面。[关于同事转介个案的详细讨论可见Siskind（1997, pp. 57-79）的文献。]

对治疗师的期待是什么？

即使是初次电话联系，也需要考虑转介的适宜性。儿童心理治疗师的能力是有限的：尝试了解儿童的内在世界以及它如何影响儿童的行为是一个重要但有限的视角。转介人需要知道心理治疗的局限性，如果需要在诸如智力功能评估方面或是通过直接的行为导向项目寻求帮助，那并不是儿童青少年心理治疗师的专业领域。

某些领域可能无法被明确区分出来。即使是儿童的在校表现方面，情绪因素可能在其中发挥着重要作用。同样地，对于患有注意障碍的儿童来说，探索其情感生活以及内在情感对该障碍可能产生的影响也很重要。

治疗师在电话中要询问到什么程度？

首次电话联系通常不是双方深入探讨问题的时候。当一位家长来电时，我通过简单地提问："你能简单地告诉我此刻担忧的问题是什么吗？"就能获得足够的信息来评估转介是否合适；也就是说，对孩子的情感功能进行评估，这是否会有助于改善当下的困境？求助时的一些特定请求可能是直截了当的，比如父母描述"他看起来很抑郁""他没有朋友，他说自己很孤独"或者"她非常焦虑"，而某些转介信息可能没有这么清楚。

B女士

B女士打电话询问我是否可以见见她7岁的儿子Harry。当我询问她的担忧时，她说Harry在学校遇到了困难，他的阅读和数学成绩都落后了。Harry的老师认为他有能力做得更好，不明白为什么他如此吃力。这些信息并不足以判断转介的适宜性——Harry是否应该去见教育心理学家呢？

此时就有必要再多了解一些Harry的相关情况。比如：Harry对自己在校表现退步有何感受？他写作业时感到焦虑吗？这种情况持续多久了？还有没有生活中的其他事情让他感到担忧？当我提出这些问题的时候，B女士告诉我Harry从来不喜欢阅读，但是他今年在阅读方面的成绩特别差。当我继续追问时，她告诉我，她在年初时生了一个孩子，从那以后，Harry变得更黏人了，还抱怨肚子痛，尤其是在周一的早上。在过去几个月里，她的丈夫经常出差，Harry总是在夜晚爬到母亲的床上。这些补充信息表明，情绪因素可能与Harry的在校表现变得糟糕有关，对他进行情绪评估应该会有所帮助。

治疗师在电话中提供什么信息？

由于这是与父母的初次联系，很难了解他/她将如何接收和理解治疗师提供的任何信息。面对面访谈中所观察到的线索是无法通过电话联系获取到的。因此，治疗师最好提供有限且清晰的信息。当然，需要以诚实、直接和简要的方式回答来电者提出的任何问题。

在我的经验中，无论是在机构工作还是个人执业，治疗师在第一通电话中被询问很多问题的情况并不常见。在所有被提出的问题中，最常见的是关于费用的问题，有时也会被问到我是如何工作的。很少有人问及我的资历和经验，即便是我刚从大学毕业，还很年轻且缺乏经验时也是如此。我年轻的时候，会被问到是否有孩子。另一个可能被提及的问题是，治疗师是否见过其他孩子有同样或类似的问题。对于这些问题，我通常都会直接回答。我还会告诉父母，我尝试把孩子当作独立的个体来看待，而不是根据他们的问题或行为对其进行分类。

在父母告诉我他们的担忧以及我回答完所有问题后，我会说明收费情况，随后询问他们是否有医疗保险，因为他们可能能够报销一部分费用。作为一名注册心理学家，我会告诉他们如果是由医生进行转介，他们可以申请退费（这是目前澳大利亚的情况）。

三项议程

随后，父母通常会被告知初始访谈中将大致涉及以下内容：

1. 更详细地阐述父母的担忧；

2. 孩子的发展史以及当下的功能；

3. 我是如何进行工作的。

表明这三项议程对父母和我自己都是有帮助的。虽然不一定会完全严格地遵守这个议程，但这有助于缓解双方初次会面时不可避免的焦虑。当我跟家长见面时，我会再次重申这些信息。

谁应该来参加面谈？

电话里的最后一个问题是：谁应该来和治疗师面谈？我会邀请父母双方都参加首次会面。我会说："通常我希望看到父母双方，让我听听你们双方对孩子的不同看法是很重要的。"我会明确表示，首次会面我只想见家长，不见孩子。

这是我通常的做法，但也不能太死板。如果呈现出的问题表明这似乎更像是一个家庭问题，那么治疗师可能会决定第一次就跟整个家庭会面。另一方面，个案可能牵涉激烈的离婚问题，所以父母可能更希望分别单独与治疗师见面。另一个问题是：当父母让18或19岁的子女前来接受治疗时，治疗师还要不要与父母面谈呢？

在初始访谈中，同时见到父母双方有几个好处。首先，这是让我感到最熟悉和最舒服的方式。虽然评估过程并不是为了让我感到舒适，但重要的是，我需要感到自己的焦虑程度不会强烈到干扰我观察和思考的能力。其次，单独与父母见面可以让治疗师更自由地询问一些父母可能不太希望在孩子面前讨论的问题。在初始访谈中，我会注意尊重父母的防御；如果孩子在场的话，不在孩子面前暴露那些敏感议题。初始访谈是与父母会面，并且只与他们见面，我是在尊重他们的立场并让他们确认自己的重要性。当然，初始访谈只见父母的决定，并不妨碍治疗师在下次或者后续治疗中与整个家庭会面。

如果年龄较大的青少年（16岁或以上）的父母打电话给我，而这个孩子是与父母居住在一起的，我通常还是会先与父母见面。如果年龄较大的青少年打电话来要求单独与我见面，我会尊重他的意愿。但当我初次与他会面时，我也会告诉他，我希望将来的某个时间可以见见他的父母。这就涉及关于保密性的议题，我会在"与父母的初始会面"一节展开讨论。

从初次通话中可以了解到什么？

治疗师留意自己对电话交流的反应是很重要的，这同样是用于评估的综合素材中的要素之一。有些电话沟通是简单直接的，父母能清晰地描述问题，预约时间也很容易安排。父母可能会给你留下理智、敏锐、真正关心孩子的印象，同时你能感觉到他们的倾听和尊重，并且沟通过程是很清晰的。

C女士

与C女士的沟通并不属于上述情况。她来电说："你好，我打电话给你是想让你见见我的儿子，他有很多问题。我有自己的生意，所以只能在周六上午11点到下午3点过去。你现在在哪里？"我大吃一惊。C女士的语气坚定又苛刻。我感觉自己被安排得"明明白白"，好像我在这件事情上没有什么发言权。她这样做并不尊重我的时间和想法。当我尝试让C女士慢下来并询问更多信息时，她马上感到很恼怒。我感觉自己被塞进了她繁忙的日程中。实际上在通话时，我在想这是不是她儿子的感受。

这个例子展示了治疗师需要观察的重点。当下的沟通清楚吗？你是否能对孩子当下面临的问题有大致了解，还是依旧感觉很模糊，就如C女士的描述——"他有问题"?对方说话的语气是怎样的?是让人感到尊重和关切,还是让人感到苛刻、焦虑、咄咄逼人、讨好、诱惑或是恐慌?

转介背后的动机是什么?父母寻求帮助是为了更好地理解和管教孩子吗?他们是否认为孩子难以应对、不可理喻,想要立刻获得对策?是父母希望孩子获得治疗,还是孩子的学校或者福利机构要求他们必须进行转介?

预约见面的时间容易吗?父母对访谈会面的优先级和重要性的考虑是怎样的?

根据这些初始印象来评估个案的动力还为时过早,还需要考虑到父母在首次寻求帮助时可能相当焦虑。然而,忽视这些印象也是不明智的,因为它们可能对整个评估期间所呈现出的移情和反移情特点具有指示作用。

与父母的初次会面

一个焦虑的开始

对父母和治疗师双方而言,初次会面都是充满焦虑和期待的。我仍然会感到焦虑,我也希望这种情况一直持续下去。这种可控的焦虑使治疗师能够开放地接收与父母之间的有意识和无意识的交流。这种焦虑与好奇会面将如何进行有关——我的问题是否达不到预期效果?让父母开口讲述会很困难吗?要阻止他们一直高谈阔论很困难吗?我能了解清楚情况吗?父母会怎么看我?父母会愿意尝试思考情绪状态吗?他们是否会要求多多且想要短平快的答案呢?我是否会触碰到"禁区",我该如何处理呢?有些父母在30分钟后就没什么可说的了,而与另一些父母的访谈则持续了整整两个小时。

在我的职业生涯初期,与父母初始访谈之前,我总是感到异常焦虑。在督导了许多新手临床治疗师后,现在我认为这种早期焦虑是一种很常见的反应。然而,经过一两年实践后,随着治疗师对自己的能力越发自信,这样的焦虑会随之减轻,但是它永远不会完全消失。

从父母的角度来看,他们会带着各种各样的期待、希望和恐惧来到初始访谈(Blake, 1974)。基于作为父母的"失败感",所有父母都会在不同程度上感到内疚或羞耻。他们可能会害怕暴露身为父母的无能或疏忽。父母希望治疗师能减轻他们的焦虑和不确定感,同时希望在向治疗师讲述他们的故事时,治疗师能够理解他们的担忧。

形成联盟

由于双方都感到焦虑，因此当下并不是深入探究或挑战防御的时候。为了让访谈有所帮助，治疗师和父母都需要感到安全。治疗师需要让父母感到房间里有合作联盟的氛围，他们更像是同事而不是病人。匿名、中立和节制的分析原则需要在这种设置下进行调整。若治疗师营造一种自己是沉思且有距离感的旁观者的氛围，只会加剧父母的焦虑情绪。治疗师在保持专业的同时，展现热情友善的态度是很重要的，因为这有助于父母应对他们的内疚和恐惧。就我个人而言，这通常包括询问"这个地方对你而言舒服吗？"，有时也包括诸如谈论天气的闲聊。

除了友善地问好，父母还需要感受到他们作为家长是被尊重的。他们需要感觉到自己提供的信息和想法是重要的，我会主动让他们感受到这种重要性。当讨论我如何工作时，我通常会告诉他们，虽然我会努力了解孩子的焦虑，但这只是事物全貌的一部分，我永远无法像父母那样了解他们的孩子。

结构的必要性

在双方的初次接触中，全新而生疏的第一印象会带来冲击感。在这种情况下，治疗师需要有一定的包容性，将这些张力变成一种可工作的状态。由此，治疗师需要在脑海中建立一些结构。诸如"看看会发生什么"或者"停留在当下"之类的分析性视角是不合适的，结构对于评估者和父母都是必要的，因为这有助于让他们感到安全。结构的一部分是允许有足够的时间让父母被看见。我会预留两个半小时的时间来完成与父母会面相关的工作：这让我至少有一个半小时来见父母，一个小时来写下访谈笔记。如果需要更多时间，那可能要安排第二次父母会面。我不会在初始访谈中做笔记，但我会在手边备好纸和笔，以便记下初始信息以及任何复杂的历史日期或事件。

我首先会告诉父母想了解一些详细信息。我会确认孩子的姓名及拼写方式，询问孩子的出生日期，其次是父母的名字，以及孩子兄弟姐妹的姓名及年龄。我会确认电话号码，询问邮寄地址。如果父母之前是在公立机构寻求帮助，那么这些细节可能已经在系统里了。

记录这些细节可以提供一个专业的涵容功能，让双方都能安定下来。然而，我发现有些父母焦虑到甚至连思考这些细节都感到困难。比如一位母亲曾对她孩子的出生日期感到纠结，她说："是 6 月 10 号；不对，是 8 号……不，是 4 号……18……不对不对，我是说 1968 年……不是 18……不是 1996 年……"

收到这些详细信息后，我会放下笔，再次提醒父母我在电话中提到的三项议程。我会重申，我想询问他们所担忧的具体问题，随后了解孩子的背景信息及当下的功能水平，最后会谈谈我的工作方式。

父母的担忧

我一开始会问："能和我谈谈你们的担心吗？"这是同时对父母双方的提问，借此我想看看是谁先开口说话。这是一个有意的开放性提问，而不是像在电话中那样只聚焦于呈现问题本身。我不会一开始就问："说说孩子发脾气的事吧。"这样做的风险在于可能会排除孩子其他方面的相关信息。相反，这个问题的开放性传递了这样的信息，即：治疗师试图探索儿童或青少年的全部，而不是某些具体的行为。

在这个早期阶段，我尽量不问太多问题，让父母有空间以自己的方式描述他们的担忧。他们是以连贯的方式描述事情吗？依恋研究表明，不连贯的叙述可能预示着早期依恋期经历过的困难 (Obegi & Berant, 2009)。面对担忧的事情和孩子，父母的语气是带着同情心的还是攻击性的？他们对行为背后可能存在的问题是有思考的还是隔离的？父母是以相似的方式看待这些问题，还是在认知上存在差异？他们是如何应对这些差异的？他们是相互合作的还是敌对的关系？以上所有因素对治疗师了解孩子的世界都很重要。

对于具体问题，我试图了解更详细的信息。如果攻击性行为是父母担心的问题，我会询问关于孩子攻击行为的历史。它最初是什么时候开始的？是否在慢慢变得更糟糕？我藏在脑海中的一个想法是："为什么是现在？发生了什么事让父母选择在这个时候前来求助？"我还会询问父母，在他们看来是什么让这种行为变得更好或更坏。我会探究他们是如何试图帮助解决或者至少试图缓解这些问题的。我会邀请他们谈谈如何理解行为的意义。他们认为行为的背后是什么？我会询问当这些问题第一次出现时，孩子还经历了什么。这些提问向父母传达了对孩子问题行为更广泛的看法。这些提问的语气向父母暗示了对意义的探寻：孩子的行为是在某个背景下发生的，尝试思考这个背景是很重要的。

孩子的背景信息

当父母的担忧被描述和探讨（这一过程需要的时间从10分钟到60分钟不等）后，我会引导父母谈论孩子的背景信息。将话题转移到孩子的早年生活使访谈具有了心理动力学和发展的视角。探索早期事件意味着向父母传达这样的信息：那些线索可能有助于理解孩子当下的功能水平。

父母的背景信息

我经常会不动声色地进入到这部分信息的收集过程，我会告诉父母我想听听孩子的成长史，然后告诉他们或许我们可以从他们最初是如何相识的开始聊起。我会带着微笑提问，试图让当下的气氛变得轻松些。因为我能感觉到，当注意力转向父母自身时，许多人可能会相当警觉。如果我感知到父母的防御性很强，我可能会直接跳过这个问题，直接询问孕期相关情况。那些与父母相识有关的问题可以让治疗师进一步了解他们婚前的生活情况，这相应可以提供父母的背景信息，以及他们与自己的父母及兄弟姐妹的关系。虽然这可能是很重要的评估信息（探索父母带入当下父母功能中的自身内在养育模式），但这也很容易让人产生被迫害感：父母也许会感到被指责，比如他们的背景可能是孩子出现问题的原因。正因为如此，我在进一步探讨这些问题时会非常谨慎。尽管大多数夫妻很乐意告诉治疗师他们是如何认识的，但如果你想更深入地询问，则可能会太过了。因此，我可能不会在此时询问他们与自己父母的关系。

孩子的发展史

父母访谈的下一步是聚焦于孩子的发展。在考察这部分内容时，治疗师要试图了解孩子以及他/她周围的人是如何度过成长中正常的发展期以及过渡时期的。这也是考察孩子生活中是否发生过重大创伤或干扰的时候：

- 孕期
- 他/她是个什么样的婴儿？
- 喂养
- 断奶
- 睡眠

- 身体发育
- 如厕训练
- 里程碑事件
- 托儿所、幼儿园、学校
- 对变化的反应
- 同伴关系
- 同胞关系
- 兴趣与爱好

孕期

从受孕的话题开始，我会询问当母亲刚怀孕时，夫妻之间的生活是什么样的——生活安稳吗？有经济方面的担忧吗？他们定居在某个地方了吗？他们在职业生涯中处于什么位置？他们当时的关系如何？他们彼此准备好要小孩了吗？在怀孕期间，他们的生活是否有任何重大变化或干扰，例如亲人离世或患病，换了国家或城市生活，又或是搬家，或者买了新房？

提这些问题是想要探索孕期父母的心理状态。在幻想层面，这个婴儿代表了什么？婴儿的到来是否被认为是某种干扰？婴儿是否被视为一种经济负担？婴儿是否引起了他们对承诺和责任的恐惧？婴儿的到来意味着拯救或是巩固父母脆弱的关系吗？婴儿的出生是否因父母尝试怀孕多年而极为特别？

父母与尚未出生的婴儿之间最早期的"关系"，可能有助于治疗师了解围绕在胎儿或婴儿周围的情感氛围。这些早期态度是否影响了父母与婴儿的关系？这些与外界建立关系的方式的痕迹是否有可能已经或正在影响着孩子当下的行为？

询问母亲孕期身体健康和心理状态的相关问题也可以了解到孩子早期经历的相关信息。婴儿出生在什么样的情绪环境中？很显然，和疲惫不堪、孤立无援且充满焦虑的母亲或父亲一起生活，是不同于和健康、快乐且得到良好支持的父母一起生活的。相比以往的认知，我们现在知道胎儿和婴儿能够更多地觉察到父母的情绪状态，"人格"的萌芽在生命早期就已经开始了（Liley, 1972; Pointelli, 1985）。因此，母亲孕期的健康史相当重要。

他／她是个什么样的婴儿？

问父母一个简单的问题："他／她是一个什么样的婴儿？"这可能会很有启发性。通常是母亲来回答这个问题，她回答的详细程度以及说话的语气是值得治疗师留意的。比如像这样的回答："哦，她很讨人喜欢，经常笑，非常好奇，她有一双蓝色的大眼睛；她经常拍打自己的手臂和小手，看到人就会蹬腿。"这是一个生动又详细的回答，清楚地描绘出婴儿的状态和母亲的观察力，仿佛婴儿的模样仍然很鲜活地停留在母亲的脑海中。这与诸如"挺好的""还不错""很好带"这样的简短回答是完全不同的。如此简略的答复感觉很封闭，好像孩子的婴儿期在母亲脑海中只留下很模糊的记忆。这种反应可能表明，无论出于何种原因，母亲感到很难和婴儿待在一起，从这个意义上来说，孩子"持续的存在感"缺乏一个好的开端。从原始层面来看，婴儿很可能在早期没有感觉到真正地"被认识"。因此，婴儿时期的经历，如果没有被母亲或父亲抱持或整合在一起，可能会使婴儿难以将他们不同的经历整合到持续的自我意识中。在许多方面被父母关心和支持，但没有在情感上被深入了解，这种痛苦是成人心理治疗中常见的问题。

喂养

从 Klein 的视角来看，最初的喂养关系是重要的考察领域。Klein 的理论认为，生命之初的头几个月非常重要，早期的喂养情况被视为个体与外部世界联系的初始方式的范本，这种方式会贯穿人的一生。她的理论假设了一些早期的"我"和"非我"时刻，即使这些时刻是转瞬即逝的。用分析性术语来说，自我的雏形从一开始就存在。

Klein 推断，婴儿经历了一系列混乱的好的和坏的、愉快和不愉快的体验，这些体验都是由好乳房和坏乳房所代表的。当然，乳房只是象征性的，因为照料者的眼睛、手臂、声音等都可以被婴儿体验为平静的或不安的。但真实的喂养经历似乎确实是体现或代表了婴儿与外部世界关系的重要因素。婴儿被抱着、想着、交谈和注视着，以及接收来自母亲的"神奇液体"，这些体验都汇聚在喂养过程中。这就是为什么喂养对婴儿的情感发展如此重要。

如果向母亲提这样一个开放性问题："孩子出生后前几个月的喂养情况如何？"可能会有所启发。这个问题可以探索孩子最早期、最亲密的关系：母亲和婴儿是如何适应或者感受对方的？这是一场关于不适和不安的持续斗争，还是这对哺乳期夫妇安定下来捕捉"合为一体"的幸福时刻？这些问题的答案可以帮助治疗师思考孩子对世界最初的看法。婴儿诞生后最初几个月是充满趣味、活泼、欢乐、幽默、满足、舒缓和安全的吗？还是婴儿的世界遭受了痛苦、抛弃、侵入、混乱、恐怖和愤怒的影响？许多问题儿童早年都有过无法被安抚的极端痛苦的经历。"他在头三个月里一直尖叫"或者"我们做什么都无法让她平静下来"，类似这样的表述值得治疗师留意，同时要考虑这种心理状态的动力残留是否仍影响着孩子。

断奶

治疗师需要详细询问断奶的情况（Blake, 1988）。这是婴儿出生后，哺乳期夫妇面临的第一个过渡时期。辅食通过外部进入婴儿体内的新体验，扰乱了母乳或者奶瓶喂养的亲密关系。这种经历让母亲和婴儿意识到她们需要面对分离。母婴如何处理旧事物的丧失和对新事物的兴奋的方式将为日后各种"过渡时期"奠定基础。

当婴儿正在断奶时，会越发体验到食物是通过空间而来的。她只吃长长的意大利面条，她会连续不断地吸入面条，这根长长的意大利面延迟了她对丧失连续喂养的感受，这似乎是她处理因摄入辅食而面临的分离的方式。她试图否认母亲送入她口中的每勺食物其实是不连贯的。她不得不面对这样的现实：食物的到来并不是她自己吮吸的结果，因此也不在她的掌控之中。

从母亲和婴儿对断奶的反应中，不仅能了解到她们是如何处理这项发展任务的，还可以了解婴儿如何应对后来的"过渡"，例如：从婴儿摇篮到婴儿床、从婴儿床到常规床、从家里到幼儿园、从幼儿园到学校等等。

断奶是母亲第一次持续地对婴儿"说不"。这种界限设定预示着婴儿愤怒和挫败的产生。了解这些感受是如何被处理的，或许有助于理解孩子当下的愤怒和反抗问题。

断奶也与未来那些与分享和嫉妒有关的俄狄浦斯期问题相关。有了分离经历后，婴儿被迫认识到母婴之间的空间：他/她并没有与母亲连接在一起，其他人可能会出现在自己与主要照料者之间。

治疗师最好以宽泛的方式提问，例如："能和我聊聊孩子断奶的情况吗？"这样可以给母亲留出空间，让她以自己的方式回答。母亲回答的"质感"是值得注意的：

她是以详细的方式在讲述吗？是以生动直观的方式传递出这段经历仍然在她脑海中挥之不去吗？还是用诸如"还行吧"这样敷衍和冷淡的回答来掩饰？我会问孩子是在什么时候断奶的，如果母亲不记得了，这是很少见的情况，会让人感到意味深长——无法回忆起这件事可能表明，断奶对母亲来说是一段很困难的时期。在这段重要时期，她可能感到抑郁或焦虑。她脑海中的这段"空白"可能会对孩子的自我意识产生影响，因为自我意识取决于早期照料者是否能够持续地将婴儿铭记于心。

Sally

以这位6岁的女孩Sally为例，我想知道断奶在多大程度上与她当下的困难有关。她是因为极其害羞和胆小被转介来的。当我问及断奶情况时，Sally的母亲告诉我，孩子在两周内就完成断奶了。Sally被母乳喂养了八周，但后来一家人去度假两周，把Sally留给了一位注册婴儿保健护士。当一家人度假归来，护士说Sally已经断掉母乳喂养了，而且使用奶瓶没有任何问题。这让人不禁好奇，这种突如其来的丧失经历会在多大程度上持续影响着这个小女孩，让她小心谨慎地与人相处。

睡眠

睡眠问题是儿童发展史中最重要的问题之一（Daws, 1989; Von Klitzing, 2003）。一个睡眠不好、烦躁不安的婴儿对任何家庭来说都是巨大的压力。对父母而言，自己的睡眠被剥夺会引发恶性循环，即：对婴儿感到愤怒和沮丧，而这又反过来使婴儿更加不安，更难以安睡。对年龄较大的儿童或青少年的父母来说，这段创伤期可能会随着时间的推移而变得模糊。尽管如此，睡眠作为孩子发展史的一部分是需要加以探索的。

睡眠与依恋及安全感有关。一个被焦虑、愤怒或者抑郁围绕的婴儿，可能没有足够的安全感，无法安然入睡。在最初的十二个月出现睡眠紊乱的情况，可能表明婴儿的世界充满了可怕的经历，同时父母正在为涵容由此带来的焦虑而挣扎。睡眠也可能与丧失甚至死亡有关。对于幼小婴儿的父母来说，婴儿猝死的焦虑并不遥远。因此，尽管婴儿入睡对父母而言是一种宽慰，但这可能会引发父母对婴儿生存能力的原始担忧，即担心婴儿将不再醒来。

T女士

　　T女士的情况正是如此，这位母亲刚怀上第一个孩子时，她的哥哥因突发心脏病去世了。当婴儿出生后，T女士很难让他在吃奶时入睡。就在婴儿的眼睛刚要闭上时，她会轻轻地摇晃他，说："来，继续吃吧，你需要多喝奶。"在此后的几个月里，她说自己喂奶时经常想到死去的哥哥。对T女士来说，睡眠与死亡联系在了一起，并且干扰了她对婴儿睡眠的管理。

身体发育

　　在探索儿童生命的早期经历时，记住Freud的表述是很有帮助的，即："自我"首先是"身体自我"。在如此早期的阶段，心智和身体是密切相关的。在心智未发展到足以思考情感体验之前，这种体验可以在身体上被感知到。询问孩子的身体发育情况可以了解到他们的情感状态。身体疾病史，尤其是当疾病每每发生在压力大的时候，则可能表明孩子试图通过把焦虑束缚在身体之中来应对它。皮肤疾病，以及由感冒和感染引起的发热或免疫力下降等情况，可能不仅是因为运气不好，同时也是孩子的身体自我在表达情绪困扰的迹象。

如厕训练

　　最好以笼统的方式询问关于如厕的问题："能告诉我一下Amy如厕训练的情况吗？"身体控制、服从和分离问题都可能围绕着这个发展的里程碑展开。

　　儿童排泄大小便的时间和地点由他人决定会引发有关权力和独立的议题。幼儿排出自己体内的东西，也会引发他们关于分离和丧失的焦虑。正如一个有便秘问题的3岁小孩所告诉我的，他害怕自己的粪便被冲下马桶后会感到孤单。

　　听父母讲述如厕训练是何时开始的，以及孩子如何应对这个过程，从中可以更多了解孩子是如何处理与"顺从和控制"有关的动力的。有些父母，尤其是较年长儿童或青少年的父母，可能会用简单概括的表述来回答，例如"没有任何问题"。在临床工作中，治疗师需要判断通过进一步的详细询问（例如询问何时开始如厕训练、使用何种方法、孩子如何反应等）来扩展父母之前简略的回答否有益。治疗师需要考虑这些问题对父母是否有意义。有些父母可能会想："如厕训练的时间或对此作何反应与孩子在学校里受欺负有什么关系呢？"如果父母觉得这些问题无关紧要，那么此时最好不要继续坚持这一系列提问。

里程碑事件

询问与走路和说话相关的问题是值得的。孩子是什么时候获得这些能力的？在实现这些方面发展的过程中是否存在过问题？这些有关可移动性和交流的里程碑事件会与分离和情感发展密切相关。如果说话晚，父母是否觉得这是因为孩子不能或不愿意说话？这种延迟发展是否表明孩子对联结和沟通不感兴趣呢？走路晚是否反映了孩子神经系统的损伤或不成熟，又或是可移动性触发了孩子的分离议题？

Russell

Russell是一位因为难以适应高中生活而被转介来的12岁孩子，他不仅在刚上幼儿园和进入小学时有困难，而且在更早的过渡时期也存在困难：他的母亲说他很晚才开始走路（大约17个月时），但她也注意到孩子不愿意尝试任何新事物。他只是坐在地板上，并不想尝试爬行。相反地，他情愿在房间里用屁股滑行。后来有一天，他站起来，开始走路。这种早年不愿意"尝试新事物"的态度，现在似乎在他需要适应高中生活时展现了出来。

托儿所、幼儿园和学校

幼儿从家人陪伴过渡到他人陪伴的能力，通常能较好地体现他们依恋关系的安全感水平。安全型依恋的孩子更有能力处理分离和独立的问题（Bowlby, 1988）。当治疗师向父母提问："孩子对去托儿所、幼儿园或者学校有什么反应呢？"引出的答案可能揭示孩子的安全感和母亲可以对孩子放手的能力（Furman, 1994）。询问日托是何时开始的可以描绘出早期亲子关系的情况。一个只有4周大的婴儿因为母亲要重返工作岗位而被安置在日托中心，与一个2岁的孩子因为母亲去购物而被托管几个小时，这两者之间是大不相同的。当治疗师听到这么小的婴儿被交给别人照顾时，很难不起评判之心，但这种态度是无益于治疗的。治疗师在这里是为了帮助父母理解孩子，而这同时意味着去理解父母的行为。心理动力学模型能够帮助我们理解为什么母亲会这样做，而这种理解本身可以使治疗师不去对母亲进行评判。

探讨在这些决定背后，父母经历了怎样的心理状态和思考程度是很重要的。父母是否曾因为择校而感到苦恼？他们是否看上去太忙或者太抑郁而无法给予更多的考虑？围绕这些决定的情绪氛围往往比决定本身更重要。

如果孩子在上学了，那么有必要询问他/她的学习态度以及与老师的关系。从心理动力学的角度来看，孩子从学校或者老师那里吸收信息与他吸收食物的状态紧密相关。尽管它们是以不同的形式表现出来的，但可能是同样的动力在发挥作用。如果一个孩子对接受新食物感到谨慎或焦虑，这可能会蔓延到他对接受新信息的谨慎或焦虑。孩子所学的字母、词语和数字，与事实之间的相互关系，可能会通过象征的方式来表达孩子对人际关系的焦虑：遭受过丧失或抛弃的孩子在减法（即某种东西被夺走）方面有困难，或者与弟弟妹妹有高度竞争关系的孩子在除法和乘法方面有困难，这都是很常见的。一个拥有糟糕成长经历的青少年可能会非常讨厌历史科目。

Luke

Luke是一个10岁的孩子，他生活在充满暴力的家庭里。他发现自己无法按照正确的顺序拼写f-u-c-k一词，即使他同时能喊出这个词。当他生气时，他会用粉笔在我的墙上涂鸦，书写f-k-u-c，或f-u-k-c，或k-u-c-f这样的字母。就好像他在人际关系中感受到的暴力和混乱通过他的拼写显现出来：单词中的字母关系被扰乱了，它们不能以正确的方式"生活在一起"。

对变化的反应

当治疗师向父母询问孩子发展过程中的各种过渡时期时，经常会发现某个主题逐渐浮现出来。这可能从分娩时的困难就开始了——婴儿不愿意出来；随后，婴儿又一路挣扎着应对从吃母乳到换奶瓶，再从婴儿摇篮到婴儿床，从婴儿床到常规床，从家里到学校等变化。这些困难在多大程度上与孩子的天性有关，又在多大程度上是由应对困难所造成的，通常很难说清楚。此时去讨论这一点意义并不大，因为现在最重要的是要了解孩子如何看待新的发展任务，以及他们如何以最佳方式来应对这些想法和焦虑情绪。

同伴关系

与幼儿园和学校问题相关的是孩子与同龄人的关系。家庭中的问题可能会在同伴关系中表现出来。一个在家里被嫉妒情绪所困扰的孩子可能会在同龄人中具有很强的竞争性，以至于他很难留住朋友。如果家庭的动力蔓延到外部世界，则更加令人担忧。在家庭中充分表达自己的怨恨或沮丧是一回事，但如果相同的动力在同伴中表达，则是另一回事。通常情况下，那些需要遵守规则的社会压力足以抑制孩子情绪的爆发。向父母询问孩子的交友史可以让治疗师了解，相比与家人的关系，孩子是否能在与朋友的这种更淡的关系中管理好情绪。面对青春期的孩子，这个问题变得尤为重要，因为此时年轻人的身份认同发生了转变：从向家庭寻求身份认同，转变为向同伴寻求身份认同。

询问父母对孩子交友史的思考，有助于探索孩子在家庭之外的情绪管理。他是会被那些调皮捣蛋的孩子所吸引呢，还是他倾向于领头，对朋友有所要求和控制呢？他会丢失自己的个性而随大流吗？年轻人可能通过让团体成员表现某种情绪来管理自身情绪。例如这个年轻人可能对自己有关"性"的感受感到不适，但他隶属于某个团体，而团体中某些成员在性方面是很有主动性的。在这个团体中，他可以通过听取朋友们的性经历来"探索"性的存在。

儿童和青少年去探索家庭以外的关系是很自然的。事实上，这对健康的情感发展是必要的。然而，如果与朋友相处的经历表明孩子缺乏适应性，这可能是有意义且令人担忧的。如果孩子的关系非常僵化以至于失去了朋友，或者关系似乎浅薄而短暂，这也是令人担忧的。

同胞关系

孩子成长史中最容易被低估的因素之一是他/她与其亲兄弟姐妹之间的关系。这通常是他们所拥有的关系中最长久的一段。在许多孩子身上，感受到同胞竞争、自己不够好、没有被公平对待，以及对自己在家庭中的地位没有安全感，都是很常见的。向父母询问孩子对兄弟姐妹的反应以及他们之间的关系是非常重要的，其中应当包括他们目前的关系，以及孩子在母亲怀着弟弟或妹妹时及他们出生时的反应。临床经验使我们注意到，如果同胞出生的时间非常相近，孩子可能会产生强烈的嫉妒情绪。令人惊讶的是，这些感受对孩子人际交往的动力会有如此决定性的影响。

在向父母询问孩子有关同胞关系的问题时，治疗师往往可以了解到父母自身对嫉妒和竞争的反应，父母的回答可能反映出他们自己面对正常的同胞竞争时所面临的挣扎。父母说孩子没有嫉妒情绪的情况并不少见："他对有一个小妹妹感到非常兴奋和高兴。"然而，在孩子自己表达的素材中，许多强烈的嫉妒情绪却很突出。父母没有能力认识到同胞之间的竞争，往往会导致孩子需要万般挣扎着去控制这些情绪。如果父母不能觉察到嫉妒情绪，孩子就缺少处理这些情绪的范本。

兴趣与爱好

向父母询问孩子曾有过哪些兴趣爱好，这个问题不仅可以探索孩子的游戏与玩耍的能力，还可能了解到他们是如何利用客体来表达内在世界的想法和感受的。这种关注儿童兴趣的视角是以Klein学派的立场为假设的，即所有行为都有其含义，而孩子特别感兴趣的客体具有特殊的情感意义。

重要的是了解父母是否真正对孩子的游戏感兴趣且愿意参与。虽然父母可能不会有意识地像儿童治疗师那样意识到游戏的情感意义和象征意义，但他们可能会在更深入和直观的层面上，理解游戏作为儿童真实自我表达的重要性。最近一个名为"看我玩吧"（Watch Me Play）的项目（Wakelyn, 2020），对那些可能不理解游戏对孩子情感发展如此重要的父母来说，有很大帮助。

Kevin

Kevin的父母告诉我，他们8岁的儿子曾经对大自然非常感兴趣。当我进一步询问时，他们说Kevin其实在开始上学之前，就对鸟类和鱼类着迷。他想知道关于它们的一切，它们的名字、大小和饮食习惯。他喜欢看相关主题的书籍，他还会从杂志上剪下鸟类和鱼类的图片。

当他5岁开始上学时，这种兴趣开始减弱，取而代之的是对天文学的热情。他知道所有关于宇宙、行星和恒星的事情。如同他对鸟类和鱼类一样，他成了天文学方面的专家。当我见到他时，这些主题很快就显现了出来。他非常详细地告诉我有关行星的事情，让他特别感兴趣的是行星距离太阳的远近顺序。正如他对鱼类和鸟类的兴趣相似，他最关心的是它们的大小以及它们如何适应食物链。他告诉我，小鱼是如何被大鱼吃掉的，大鱼又是如何被更大的鱼吃掉的，以此类推。这非常有意义，因为他当下的问题是在家里和他的妹妹们打架，并且他在学校也没有朋友。这样看来，Kevin之所以对鱼类、鸟类和行星的顺序感兴趣，是为了掌控或者应对他关于在家庭和学校的地位的焦虑情绪。

不是所有孩子都像Kevin一样有专注的兴趣，但通过询问孩子的活动仍然可以对其内在世界有一定了解。一个孩子对强烈竞争感兴趣（比如喜欢参与、观看或是了解橄榄球、网球和板球运动），提示了他的人际关系是以赢家和输家的方式来表现的。一个热衷于照顾动物或人的孩子，以及那些对如何修复事物有极大兴趣的孩子，可能是在处理他/她自己那些与破坏性有关的焦虑。这些事情都不能孤立地去看待，必须结合具体背景来考虑。

虽然孩子的发展史很重要，但治疗师也应该仔细考察他/她当下的功能。在这个过程中，儿童治疗师要衡量孩子所面临的困难范围有多广，并且在了解孩子困难的同时，也要了解其优势。当下的问题是否影响到孩子其他方面的功能，还是只限于特定领域？

治疗师需要将孩子作为一个整体来看待。我们很容易把注意力放在孩子的困难和焦虑上，而没有留意到他们表现良好的方面。下列功能可以作为一个快速检查清单，以了解困扰孩子的动力是否扰乱了孩子生活的其他方面。

- 睡眠
- 进食
- 如厕
- 健康状况
- 同伴及同胞关系
- 玩耍与游戏

如果目前孩子在以上这些方面没有困难，治疗师就有理由相信孩子没有太多深层次的情绪问题。孩子的情绪困扰很可能表现在这些领域中的一个或多个方面。有困难的方面越多，孩子的情绪功能就越令人担忧。

一般来说，儿童年龄越小，其情绪困扰就越有可能通过身体表现出来。因此，有关睡眠、进食、如厕和健康状况的问题对更年幼的儿童群体更为重要。而关于游戏和同伴关系的困扰更有可能在年龄较大的儿童和青少年中表现出来。如果年龄较大的儿童或青少年出现躯体层面的困扰，这可能要追溯到他们更小时候的困难。

当下的功能

有关孩子当下功能的问题通常是在了解其发展史之后提出的，但也有可能在讨论成长史之前，父母就谈及了孩子当下的功能。重要的是让访谈流畅地进行，治疗师没有必要严格遵守特定的提问顺序。

睡眠

尽管治疗师已经问过有关孩子睡眠史的问题，但询问其当前的睡眠情况也很重要。这需要与孩子的睡眠史联系起来考虑。如果孩子一直睡眠都不好，那现在的睡眠问题可能并不是情绪困扰的信号。即使父母给出了肯定的答案，如"他的睡眠挺好的"，我也会尝试通过询问更具体的问题来扩大探索的范围，例如：

> 他曾经有过入睡困难的情况吗？他睡觉前有什么固定仪式吗？他会做梦吗？会做噩梦吗？都会做些什么样的梦呢？他可以保持熟睡，还是夜醒后需要到父母的床上来？

做睡前准备工作和躺在床上时会让一个人有空间和时间来与自己待在一起。如果这个"自己"被孩子认为包含了坏的、可怕的或是淘气的部分，那么睡眠中的恶魔被释放出来可能会是很可怕的。

进食

有关孩子当下进食的问题会涉及他/她对食物的总体态度。孩子对于新口味是敢于尝试，还是保持谨慎？孩子吃得少还是吃得多？他/她对食物有什么仪式感吗？比如要求使用特殊的椅子或盘子？他们可以耐心等待开饭吗？吃饭时会发生争吵吗？

如厕

孩子当下出现与如厕有关的问题，可能涉及会在何时何地尿床或遗粪的问题，以及关于特别凌乱或整洁的问题——这些都是关乎"控制"的问题。对外部世界的过度控制，比如过度整洁的房间，或者精确地排列玩具，可能表明孩子对其内在世界的不可控感到焦虑。

健康状况

儿童很容易将情绪上的困难躯体化。在对健康状况大致了解后，应继续询问孩子当下对感冒以及病毒、哮喘、皮疹、过敏、事故等问题的易感性。

同伴及同胞关系

前面已经提到了儿童与同伴及同胞关系的重要性。重要的是要了解儿童或青少年当下的关系情况。他们现在是否有朋友？这些朋友关系的性质多年来有变化吗？他们目前与兄弟姐妹的相处情况如何？

玩耍与游戏

玩耍与游戏常常被视为了解儿童心灵的窗口，它既可以用来评估，也可以当作治疗目标。孩子既可以单独游戏也可以在群体中游戏吗？如果孩子只能单独游戏，治疗师应当予以关注。这可能表明他/她退缩到自己的世界里，孩子可能在试图逃避与他人交往和分享的困难。相反，如果孩子无法独处，总是在寻找玩伴或朋友，可能表明孩子对自我陪伴以及自己的内心世界感到不舒服。

孩子的游戏性质也需要被探讨。父母是否见证了孩子在自己的想象中获得了极大的快乐？他们看到了很多角色扮演或者编故事的例子吗？孩子是一位小科学家还是建筑工人？他/她是否想知道所有关于"现实世界"的事，而对自己内在发生的事情提不起兴趣？

如果一个孩子乐于游戏，不管是单独的还是和别人一起，并且这种游戏能够同时包含现实和想象的内容，那么治疗师就有理由相信这个孩子的情绪问题正在被修通（Winnicott, 1971）。

我的工作方式

向父母介绍完评估步骤以及自己的工作方式后，与父母的首次访谈工作就结束了。访谈快收尾时，我会说："我想告诉你们，我是如何开展工作的。"在私人执业中，我会跟父母确认我是受过训练的临床心理学家和儿童心理治疗师。在公共机构中，通常我不会说明这一点，因为父母已经从我所在诊所的职位中知道相关信息了。关于我工作方式的基本内容包括：

- 我的工作理念
- 设置
- 移情
- 评估的结构
- 评估的目的
- 父母应该告诉孩子什么
- 与分离有关的议题
- 等待室行为
- 保密性
- 付费

我的工作理念

虽然我不会说我是以精神分析的方式工作（许多父母不知道它的含义），但我会试着告诉他们，我的工作方向或者理念。我告诉他们，我是以一种不唐突、不打扰的方式工作的。我不会接二连三地向孩子提问，或是让他/她做各种事情。我将跟随孩子的引领。我告诉父母自己会邀请孩子玩房间里的玩具，孩子选择什么由他/她自己决定。然后我会解释我有哪些种类的玩具。

设置

我通常会说：

当你的孩子进入房间时，房间中会有一张小矮桌，上面有玩具，包括汽车、动物、栅栏、积木、人偶、绳子、剪刀、纸、橡皮泥。随后我会观察你的孩子会做什么。我会跟随孩子，因为我想看看她选择了什么东西，以及在游戏中会出现什么主题或者故事。我所接受的训练是观察儿童游戏，看什么会浮现出来。当然有些孩子可能想交谈或是画画，这也是可以的，因为我仍然在寻找其中的主题。她可能会想告诉我有关《辛普森一家》或者她在学校发生的事情。

我会补充道：

正是通过这些主题，我可以尝试了解你的孩子如何看待世界，以及她如何看待自己。我将重点关注的是焦虑或担忧，以及孩子如何努力应对这些担忧。所有儿童都有担忧，这是很自然的，但我要评估的是这些焦虑情绪有多强烈和多广泛。它们是强烈到会干扰孩子的情感发展，还是看上去只是一支并不那么严重的小插曲。

我会说明这个过程没有魔法，在评估中，我尝试观察有什么模式会浮现出来，出现的频率如何。如果我觉得父母对我所谈论的主题仍然不太清楚，有时候我会举个例子。我举的例子是，有一次，当我见到一个男孩，我询问他在学校的事情。他告诉我，他的学校有一个新操场，但是操场上有一条大裂缝。一个女孩跑步穿过操场，摔倒了，膝盖受伤了。他接着告诉我，操场上有一个秋千。秋千座椅的螺栓生锈了，当他坐在上面时，他撞到了地上。接下来，他描述了校园里的一棵树，因为被雷电击中而半垂着。他问我是否听过有飞机在美国坠毁的新闻。讲完这个故事后，我会笑着对父母说："你们不需要高超的天赋也能推断出，这些故事是在告诉我这个男孩对世界感到多么的不安全。"

移情

我向父母解释，我会观察他们的孩子如何与我相处。这可以让我了解孩子是如何与陌生人相处的，以及他/她是如何与外界进行联系的。我解释说，我不会对孩子过度友好或者不友好，因为我想看看孩子对新环境如何反应。

评估的结构

紧接着，我告诉父母我要见孩子三次，每周一次，每次 50 分钟，为期三周。我会解释说，之所以保持每周与孩子会面一次，是因为这能够让我有机会留意儿童或青少年如何使用我们之间的治疗。我预计孩子在第一次会面时会感到紧张，我想看看孩子是否能在三周后放松下来。我接下来会说，在我与孩子完成三次会面后，我将在没有孩子的情况下再次单独与父母见面。在这次会面中，我将告诉父母，我与孩子会面后的想法，以及我们将共同决定什么是帮助孩子的最佳方式。

评估的目的

我告诉家长，我在这里是为了帮助他们更好地了解孩子的行为，这样他们就能以更有效和更敏锐的方式应对孩子的问题。我补充道，他们可以阅读一本关于如何帮助孩子改善各种行为的书籍，但是书中内容不会顾及他们孩子的独特性。以个体化的方式思考孩子的行为，会让孩子感觉到他/她的行为是有意义的，是可以被理解的。在详细解释我的工作方式时，我试图让父母感受到我们是一种工作伙伴的关系，我想让他们尽可能地参与其中和了解情况。我也会试图界定我的角色，让他们了解在我与孩子会面后，再次与他们会面时可能会发生什么。

父母应该告诉孩子什么

在介绍完我的工作理念和评估过程后，我会把注意力引到实际问题上。我会提出让孩子为评估做准备的事宜。父母应该告诉孩子什么？我首先会问父母，孩子是否知道他们要来见我——如果知道，孩子已经被告知了什么信息？如果孩子不知道，我一般会建议父母告诉孩子，他/她要去见一个人，这个人可以帮助孩子们应对自己的情绪感受，以及那些让他们感到担心或不安的事情。我告诉父母，我更倾向于用这种笼统的方式向孩子解释，因为这是事实，而且最好避免指出具体行为，例如与姐姐打架或者尿床。这向孩子传达了评估是关于感受以及试图理解发生了什么的，而不仅仅是改变行为。如果孩子问："会发生什么？"我会建议父母告诉孩子，那里有玩具可以玩，这样可以帮助那个人了解你。对于青少年，我建议父母说我是一名心理学家，邀请我与孩子见面，是因为父母担心他/她对一些事情感到不安，他们认为与我见面会对孩子有帮助。

与分离有关的议题

对于年幼的孩子，需要考虑他们在等候室与父母分离的问题。我告诉父母，如果孩子无法与他们分离，我们不应强求。因此，父母可以陪同孩子进入房间。这种情况下，我希望父母尽量不要指挥或是发起孩子的行为。但是，如果孩子非常焦虑，无法分离或者游戏，那么我会邀请父母试着帮助孩子参与到一些游戏活动中来。如果在这之后，孩子开始稳定下来，我可能会示意父母离开。这在很大程度上取决于临床判断。评估过程的指导原则是，不要把孩子置于高焦虑的环境中，导致他/她无法发挥功能。对于小孩子来说，咨询室和等候室之间的门通常是虚掩的。

等候室行为

我会与父母讨论等候室行为的问题。我解释说，当我与孩子在一起的时候，虽然我知道他们在等候室等待，但我不会与他们接触。孩子需要感到与我的会面是私密的。在这个时候讨论关于孩子的任何事情（除了会面安排）都是不合适的。出于这个原因，当我把孩子送回等候室时，我希望他们不要问我类似"他怎么样？"之类的问题。如果他们需要讨论或是询问什么，我建议他们给我打电话。

我还会建议父母最好不要询问孩子关于评估会面的情况，如果孩子愿意的话，允许他/她保持沉默。如果孩子对会面只字不提，那就顺其自然。如果孩子在结束会面后谈及此事，父母则应当表现出兴趣并与之讨论被提出的任何议题。最好的方式是跟随孩子的步伐。

在评估期间，尤其是针对年幼孩子，我会请父母在我与孩子会面时留在等候室。如果孩子在评估过程中变得焦虑，他/她可能需要回到父母身边，因此，父母能在等候室被找到是很重要的。

保密性

最后一个实际问题是关于保密性的。我会向父母解释，孩子需要感到他/她谈论的内容不会被告诉老师、医生或其他任何人。但我并不会向孩子承诺为其完全保密。我对父母说，我不会透露孩子所说或所做的一切，但我会讨论会面的主题。此外，如果确实出现了我认为父母需要知道的事情，那么我会告诉他们。我会提前让孩子知道，我打算告诉他/她的父母这件事。当然，如果孩子透露了虐待行为，或者严重伤害自己或他人的意图，这些情况都需要与父母进行讨论。

付费及其他问题

提醒父母有关收费的事宜后，有关我工作方式的讨论就结束了。我通常会告诉家长，我更倾向于在评估过程结束时收取费用。我认为这样的方式对我来说是舒适的，但显然不同的设置可能会导致不一样的安排。

结束访谈

访谈结束时，我会问家长对评估过程或者我所说的任何事情是否还有疑问。通常他们没有更多的问题，但如果他们有的话，我会尽量直接回答。有时我可能会被问："你认为孩子的诊断是什么呢？"我会解释说，我不倾向以这样的方式工作，因为我发现给孩子贴标签并不总是能帮助我们理解孩子当下的问题。父母可能会问我对药物治疗的看法。我会解释我不是医生，也不是这个领域的专家。我现在还不能对这些问题发表意见，因为我需要先了解他们的孩子，然后才能与他们讨论这些问题。

要点

· 通过对个案接收过程的充分思考，可以获得有关个案动力的重要信息。在这个阶段，治疗师可以是最"无知"的。

· 在与父母的初始访谈中，治疗师需要与父母建立起有关治疗的框架感和安全感。

· 三项议程—与父母初始访谈的议程应当包括：了解父母的担忧，了解孩子的发展史和当下的功能水平，以及说明治疗师的工作方式。

· 治疗师应当认真详细地了解孩子的发展史。

· 在父母访谈结束时，应当对心理动力学模式或工作方式进行说明，以及讨论与孩子首次会面的设置。

问题

· 描述在父母访谈中应该询问哪些关于孩子发展史的内容，以及它们为什么很重要。

· 描述首次父母会面时应该涵盖的三项议程，并列出每一项所包含的内容。

推荐阅读

Dowling, D. (2019). *An Independent Practitioner's Introduction to Child and Adolescent Psychotherapy*. Oxon: Routledge. See chapter 3.

Grunbaum, L., & Mortensen, K. (2018). *Psychodynamic Child and Adolescent Psychotherapy*. London: Karnac. See chapter 3.

Horne, A., & Lanyado, M. (2009). *Through Assessment to Consultation*. Oxon: Routledge. See chapters 1, 2, 3, 4, 5.

Rustin, M., & Quagliata, E. (2000). *Assessment in Child Psychotherapy*. London: Karnac. See Introduction pages 1 to 9.

Siskind, D. (1997). *Work with Parents*. NJ: Aronson. See Part 1 (chapters 1, 2, 3, 4, 5).

（梁静　译）

第 5 章

个体评估

对儿童进行个体评估有两大方式。一种是结构化的方式，通过进行正式的测验或一组特定的问题来完成评估。另一种是非结构化的方式，没有预先设定好的议程安排。非结构化的方式会让儿童主导，心理治疗师通过对房间里发生的任何情况进行仔细、详尽的观察来完成评估。

我最早接受的是临床心理学的训练，那时我通过正式的测验（比如投射卡片和问卷）来评估儿童。早年，我一看到儿童就很焦虑。我不知道该怎么跟他们说话，也不知道在访谈的时候可以做些什么。我感到这些测验能够给我一些结构。这让我能少一些焦虑，更能够观察和思考他们的反应。

随着我经验的增长，我感到不用这些结构会更加舒服。我对精神分析取向的工作方式越来越感兴趣了。这意味着我有更大的空间或自由去探索孩子自发给我的东西。这意味着在访谈中，我会对想要涵盖的领域有一个粗略的想法，但会更放松，并且允许孩子偏离主题，跟着他们走。随着我接受了更多心理治疗的训练，我发现我的焦虑减轻了，我的观察技术提高了。这使我能够放下任何类型的结构，去进入一次会面，看看会发生什么。我将后面这种方式称为非结构化的评估。

开始会面

问候孩子

在结构化和非结构化的方法中，我都使用了相同的外部环境（见第9章）。如果我之前没有见过这个孩子，我会请他的父母在等候室里把我介绍给他。对于小一点儿的孩子我会弯下腰跟他们保持同一高度，再跟他们问好，介绍自己叫 Peter Blake。在澳大利亚，人们更常用名字介绍自己，而在英国则是介绍自己的姓。"你好，我是Blake 先生。"这种文化差异有什么意义吗？我不确定。"Blake 先生"这种称呼的正式性是否会带来一种距离感，使更亲近纯粹的连接变得更加难以建立？我还注意到，英国的孩子通常比澳大利亚的孩子站或坐得离我近很多。起初我会有一点点个人空间被侵犯的感觉，但几个月以后我就习惯了。这让我觉得应该提醒儿童治疗师们，在另一个国家工作的时候，要注意这些文化差异。

将孩子和父母分开

如果孩子不能和父母分开，我可能会对这些焦虑表达一些看法，前提是我可能在这个非常早期的阶段就对此有了一些感觉。我可能会说一些很笼统的话，比如："今天要离开妈妈一会儿让你有点害怕。"在我的经验里，这样的话很少会产生人们所期待的神奇效果，但它们很重要，因为它们能够让孩子很好地了解你在关注什么。如果孩子不能分开，我会请家长把孩子带进我的治疗室。在最初几次的会面中，我会让父母留下来，直到我觉得这个孩子也许能够处理自己的焦虑了。如果孩子在这个早期阶段非常焦虑，我会让他们画画，然后我们来讨论这幅画。然而，大部分5岁以上的孩子都是能够分开的，如果他们在这个年龄无法做到这一点，那对治疗师而言是具有重要的诊断意义的。

评估从等候室中开始

我的评估从等候室中就开始了。我会注意孩子在等待的时候在做些什么，比如读书，跟妈妈一起安静地坐着，还是很大声地玩耍。我还会注意孩子是在妈妈身边还是坐得离她有一定距离。我还会注意孩子被介绍给我时的反应。我会试着留心自己看到孩子的第一反应。他/她给我什么感觉？我的第一印象是什么？所有这些都需要被注意到，因为它们体现了孩子是如何应对这个世界的。从很多方面来说，第一次会面都是非常丰富的，因为你再也没有机会以这种全新的方式看待孩子了。在最初几次会面中，我通常会把孩子带进我的治疗室，但我会注意观察孩子是如何进入治疗室的。他/她是用差点把我撞倒了的方式冲进去的，还是慢吞吞地跟在我后面？他们走路的质感如何？当他们在空间里移动时我是否有一些感觉？——这些都是你正在收集的重要非言语信息。

结构化的方式

我接下来介绍的结构化方式最适合那些有一定语言能力的孩子。我认为这种方法不适合5岁以下的儿童。如果你正在评估一个学龄前儿童，并且对非结构化的自由游戏方法感到不舒服，那么那些使用正规心理测验或者在父母在场的情况下见孩子的方法可能会更适合你。表5.1列出了对儿童进行结构化精神分析访谈的提纲。

表5.1 对儿童进行结构化精神分析访谈的提纲

· "为什么来这里？"（询问孩子，他/她认为自己为什么要来这里）

· 介绍

"今天我会问你一些问题，让你做一些事情，这会让我了解你是如何思考和感受一些事情的。"

· 学校和家庭

　　漏斗式访谈技术：从宽泛的问题到更具体的问题

· 校外活动

　　周末、假日、爱好、运动、看电视、电子游戏、阅读

· 具体的问题

　　此刻心中的三个愿望

　　"你想成为哪种动物？为什么？"

　　"你不想成为哪种动物？为什么？"

　　"会选择谁做荒岛同伴？"

· 关于感受的问题

　　"你能告诉我什么让你感觉最开心、难过、生气和害怕吗？

· 画画

　　画出"快乐""悲伤""生气""害怕"

· 画画

　　画任何你想画的：

　　你的家人、你自己

　　快乐的、难过的、生气的或者害怕的样子

· 涂鸦游戏

"为什么来这里？"

开始会面的一种方法是询问孩子："你觉得自己今天为什么要来这里？"当然，

对青少年也可以这么做。然而，如果孩子立刻走向玩具并开始玩起来（对于7岁以下的孩子来说更常见），那么我不会阻止他/她。我会观察这场游戏，一会儿再问那些结构化的问题（如果还有必要问的话）。

对于5 ~ 8岁的孩子来说，是否要问"为什么来这里"的问题是有争议的，尤其是在访谈最开始的时候。从积极的一面来说，这样的问题有助于探究孩子是怎么理解这次见面的目的的。在这个意义上，它给出了一个直接的结构，帮助孩子定义这个新环境。而消极的一面是，它可能太快、太直接了，立刻聚焦在了孩子的问题上。这很容易引起焦虑、内疚和羞耻，从试图跟孩子建立积极连接的角度来说，不是一个有效的策略。

在我的经验里，年纪更小的孩子在早期既不需要，也不能使用这种做法来为会面提供一种结构。这种开始的方式对于小孩子来说可能太成人化了，对于特别焦虑的大一点儿的孩子来说也是如此。孩子们在全身心参与之前需要有一定程度的安全感。在这个早期阶段，把他们的注意力"分散"到其他话题上，并且避开令人担忧的领域，这既有一定的防御性，但也可能让孩子更能够做到参与进来。

即使是年纪较大的儿童和青少年们，在回答为什么他们会来这里的问题时，能力和意愿也不尽相同。如果他们回答说不知道，我会请他们猜猜他们为什么会在这里。为了给予多一点空间，我可能会请他们猜猜我的工作是什么。我不会强迫孩子一定给我一个答案。如果有人不愿意回答，我会说："我今天在这里是想问你几个问题，并请你做一些事情，这样我能了解你对一些事情的想法和感受是怎样的。"

如果孩子确实给了我答案，我会请他/她再详细说说。例如，如果一个孩子说，他在这里是因为他偷了东西，我会问他偷了什么东西，这件事发生多久了，他有没有受到任何惩罚。在我们第一次见面的最初几分钟里，我不会详细讨论这些症状，除非我感到这个孩子有讨论它们的需要。通常孩子会对目前的问题感到焦虑或内疚，不愿意在评估中这么早的时候就讨论它。

考虑到孩子的焦虑，我会首先选择问一些我希望不会激起孩子太多焦虑的问题。无论是在评估阶段还是在治疗的过程中，在那些令人担忧的议题上到底要询问多少，取决于它们给孩子带来焦虑的程度。一名儿童治疗师必须敏锐地意识到和监测到这种焦虑，以使孩子感到足够安全，感觉可以去探索那些令人担忧的问题。跟儿童一起工作的临床工作者会理解，孩子甚至是青少年可能无法直面参与讨论眼前的问题。而只跟成年人开展过工作的临床工作者在最开始跟儿童工作的时候，可能会对儿童这种不直接的沟通形式，比如画画、游戏和故事，感到有些棘手。

家庭和学校

如果目前的问题是关于家庭的，我会从学校开始询问。如果是学校中的困难，我会从家庭开始谈起。我会试着从一个不太会引发孩子焦虑的领域开始谈起。在这些提问中，我会使用"漏斗式访谈技术"——从一个非常宽泛的问题开始，再逐渐深入到更具体的问题。这符合精神分析的原则，即：试图跟随孩子，给予足够空间来观察将会发生什么。

如果我要以一些关于学校的问题开始，我会说："跟我说说学校里的事吧。"那么当然孩子可能会说任何事情，就像我前面提到的那个孩子，他开始谈论操场，以及他担心会有人摔倒。我对我得到的任何回应都非常感兴趣，因为在孩子可以去说的所有事情中，为什么他会说这个特定的话题呢？例如这个谈论新操场的孩子，我会想知道为什么他会以受伤作为故事的开始。为什么他会强调这样一个主题——有一个不安全的地方？为什么会谈到摔倒？他觉得不被抱持吗？为什么他会提到操场？这和其他孩子有关系吗？这和他的兄弟姐妹有关系吗？当然这些可能都不对，但它们是我对这个孩子的内在世界做出的早期尝试性的假设。我会期待那些对其他问题的回应会加强或削弱我的这些早期假设，最终让一个更清晰的画面浮现出来。

如果孩子很乐意谈论第一个问题，我就会跟随他/她的想法或联想。我会请他们展开讲讲，不急着问其他的问题。整节会面可能都会被用来讨论一个特定的话题，比如操场。在这种情况里，我会认为这个话题是有象征意义的。

在大多数情况下，孩子们不会长篇大论地谈论一个宽泛的话题。和跟成人工作不同的是，我会积极主动地要求孩子们展开讲讲他们所说的话。如果有孩子提起一部电影或者一本书，我会问"它是关于什么的？""谁是主角？""他们是做什么的？"以及"你喜欢它什么？"这虽然是很主动的姿态，但很重要的是要去跟随孩子，不要引入你自己的新话题。临床工作者对于孩子的理解大多来自密切地观察他在不同话题间的联想和联系。

在我问了一个宽泛的问题之后，我会开始问更具体的问题。关于学校，我通常会接着问这样一个问题："告诉我学校让你喜欢的地方和让你不喜欢的地方。"然后我会让孩子给我讲讲他/她的老师们："你喜欢他们什么，不喜欢他们什么？"然后我会问学校里其他孩子的情况。

我会留意孩子表达的内容中那些特定的主题或担忧。我也会留意跟家庭关系有关的内容，会请孩子从一个宽泛的问题开始告诉我关于家的事情，"和我聊聊你的家庭吧"，然后我会问一个稍微具体一点的问题，比如"你们家最好的地方是什么？"然后我会问"你们家不太好的地方是什么？"我请孩子跟我讲讲他/她的妈妈，同样地，我会这么问："你最喜欢她的地方是什么？""你不太喜欢她的地方是什么？""你做什么会惹她生气？"围绕着每个家庭成员我都会问这类问题，从宽泛的问题开始，逐渐问更具体的问题。

校外活动

然后我会探索孩子校外的兴趣和爱好。这包括他们看什么电视或电影等问题："你最喜欢的电视剧是什么？为什么？"以及"你的爱好是什么？你喜欢的书、运动是什么？"对于年龄较大的孩子和青少年，关于音乐和时尚的问题可以碰撞出丰富的交流。

想象问题

我的下一类问题是最常被儿童精神科医生使用的问题，但很显然这些问题并不局限于精神科问诊的情境下。其中包括一些经典问题，比如"如果你可以许三个愿望，它们会是什么？"

另一个有用又有趣的问题是："如果你不是一个人，而是一种动物，你会想成为哪种动物？"然后我会问为什么。我也会反过来问孩子："你不想成为哪种动物？为什么？"有时候我会拓展这个问题："如果你不是你自己，你会想成为谁？"

有时候我会问荒岛问题："如果你在一个荒岛上，岛上除了你只有一个人，你希望是谁？"如今我很少问这个问题了，因为我发现它并不能很大程度地激发想象，可能是因为这个问题比较直接，而且涉及一个令人焦虑的场景。

在这之后，我会请孩子给我讲讲他/她最好的或最快乐的梦，然后再问最可怕的梦。

在问所有这些问题的同时，我会试图像挤奶一样鼓励孩子给出更多回应。一个人"挤奶式"获取回应的能力是会随着临床实践的积累而提升的，但需要注意的是，这不是一个简单的问答过程。直到今天，在我跟一些孩子见面的时候，我的"挤奶"能力会非常低。当他/她用一个单词回答我的问题之后，我发现自己的大脑一片空白，没有什么可说的。这种情况提示着我们不仅要去倾听回答，还要去感受房间里的氛围。有一些回答会伴随着一种氛围，即"不要再想那个了"，一个人当然会被这种氛围所感染。

感受问题

我的下一组问题会涉及"感受"。我会问："你能告诉我什么事让你最快乐？最不开心？最生气？最难过？最害怕？"同样地，我会请他们展开谈谈这些事情。有时候我会把这变成讲故事的练习，让孩子编一个快乐的故事，编一个悲伤的故事，等等。如果我觉得孩子参与度不够，我会自己编一个故事。有时候我的故事会让自己大吃一惊，因为其中可能会突出一个我并没有意识到的主题。虽然这听起来很不可思议，但我认为讲故事的方式能允许我的无意识更自由，真正地参与到主体间的经验中来。

我最近越来越欣赏Bion的著作中关于使用直觉工作，准备好进入自己的无意识的部分，这让我在临床工作中更加积极主动利用各种契机来为自发性创造出空间。我也鼓励我的学生们寻找这些契机，即使在评估阶段也可以使用无意识来工作。

绘画

提问环节到此为止，接下来我会请孩子画一些画。同样地，我会尝试给孩子尽可能大的空间，让他们在没有特定指导语的情况下画画。接着，我会更加具体地请孩子画出表达快乐、悲伤、愤怒及恐惧的画。然后我会请孩子画出自己，然后画出自己的家。我可能还会请孩子画出一个梦，我会画一个小人躺在床上，头上冒出一个巨大的泡泡，我会请孩子在泡泡里画一个梦。

涂鸦游戏

如果孩子极度焦虑、孤僻或挑衅，涂鸦游戏可能会有帮助。那些提问的部分可能会让孩子们觉得自己被放在显微镜下观察，而涂鸦游戏会让他们松口气。因为评估者也会参与进来，这会减少由提问而产生的观察距离。

这是一个由 Winnicott 发明的游戏，一个人需要先画出一条曲线，然后另一个人需要利用这条曲线来创造一些内容。我会先对孩子讲："闭上眼睛，画出一条曲线。"接下来画画的责任就落在我身上了。我是故意让自己先来的，这样可以把焦点从孩子身上转移开，并且我会表现出对游戏很高的参与度。这也是一个机会，让我的直觉有一定的发挥空间，也许会发现我"无意识地"知道什么。在这个活动中，我通常会用跟孩子不同颜色的笔来涂鸦，这会让原始涂鸦可以被看出来。如果孩子开始对这个游戏感兴趣，我可能会再增加一个任务，给这个完成的涂鸦编一个故事。我还是会先开始，以减轻孩子的焦虑。

Winnicott 这个简单但非常直觉性的发明，不仅展现了他卓越的游戏力，并且消解了 Freud 式传统中那种治疗师必须保持中立、节制和匿名的态度——这种传统一直担心如果儿童治疗师参与了互动，"科学的"方法就会受到污染。Bion 的著作和关系学派治疗师们都强调了治疗师成为如此中立和毫无影响的人其实是不可能的。

▌诠释材料

我刚刚介绍了自己会如何进行结构式访谈。根据孩子的反应，这个过程可能需要一次或是几次会面。提问本身并不难，难的是其背后所需的临床技术和经验，知道如何跟进某些反应，如何可以足够灵活地改变提问顺序甚至去掉某些问题；还需要技术和经验来理解孩子的反应，这样你就可以开始对孩子的内在世界建立起一个画面。需要对评估会谈接受规律督导，这样才能把这些技巧练习转化为临床艺术。

三个愿望

有些问题比其他问题更容易诠释。在谈论三个愿望时，我们是在寻找对孩子来说重要的东西。一个希望自己可以"有一辆新自行车、一款电子游戏和一个游泳池"的孩子，与一个希望"妈妈可以开心点儿，家里可以少一些争吵，没有战争"的孩子是非常不同的。即使有的孩子在许第三个愿望的时候会想要拥有无限量的愿望，这也可能表明这个孩子在担心东西会用完，或者有一种要抓牢、不断获取的需要，也有可能只是在戏弄提问者。

动物问题

动物问题能让人对孩子的基本或原始感受有一些了解。一个"想要成为一只猫，因为人们会把猫放在腿上抚摸"的孩子，与一个"想成为狮子，这样其他动物就不会攻击她了"的孩子会形成鲜明的对比。我记得有一个孩子说他不想当一只乌龟，因为如果有人给他留下一些食物，比如在房间的一角放了一些生菜，而他却在另一个角落，那就要花很长时间才能得到这些食物，当他到达的时候，也许那些食物都已经蔫了，没有任何好东西了。我问这个问题问了40年，只有一个孩子给过我这样的回答。

多多见孩子进行评估有助于你建立起一套个人的标准。你会越来越容易意识到不寻常或特别的情况。这对于思考个案概念化是很有帮助的。这个关于乌龟的回答，以及它所象征的与口欲有关的挫败和剥夺体验，让我更深入地思考这个男孩的内在世界，以及他和他的主要照料者之间的关系。

对支持性证据的需求

对于所有这些问题，任何单一的回答都不应被视为是任何事情的确凿证据。我们是要在各种故事、回答、画中去寻找某种模式或主题。从精神分析的角度来看，尤其是从Klein学派的角度来看，这些主题是和孩子们所担心的事情有关的。都有哪些主要的焦虑？这个孩子是如何应对这些担忧的？使用了什么样的防御机制？

Joe

Joe就是我前面写过的那个说自己在操场上摔倒的孩子。当被问起："你想成为什么动物？"时，他说的是黑猩猩，因为黑猩猩可以在树之间跳来跳去，即使它们的手没有抓住树，它们也可以用尾巴抓住它。他的第一个愿望是买一块新滑板，第二个愿望是买一套护肘和护膝。当我请他画画的时候，他画了一个非常大的大型喷气式飞机，并告诉我这架飞机很特别，因为他可以从澳大利亚飞到英国，中途不用停。这个"不停"的主题让我想起他在等候室里非常轻易、迅速地跟妈妈分开，在治疗室中他说话非常流利，回答问题也特别快。同样地，他画画的方式也相当匆忙。

我引用一部分Joe的评估访谈来阐明我们如何看到这个"摔倒和受伤"的主题，以及他需要让东西保持移动来避免它的发生。在他的素材中，这些主题以各种方式不断地出现。在这场访谈之后，我有理由相信，无论他的外在表现如何，他都在告诉我，在他的内在世界里，他担心摔倒，也对于被抱持感到焦虑。他感到很不安，不确定以秋千、飞机、操场等形式为代表的这个世界是否可以支持和保护他。由此，我可以假设这种感觉在他的早期人际关系中就有迹可循，在这些早期关系的体验中，他作为一个婴儿没有感觉到自己被安全地抱持着。这并不一定指的是身体上被抱着，也可能意味着当他需要妈妈或爸爸支持的时候，他们没有"在场"。

Joe并不是因为分离困难被带来见我的，而是因为在学校对其他孩子有攻击性。我后来发现这种攻击性通常表现为推倒别人或绊倒别人。这让我怀疑，他的这种行为是否在试图通过让其他孩子感受到这种摔倒的感觉来应对自己的那些摔倒的感觉（见第2章的投射性认同）。

我们也可以从Joe的素材中收集到关于他应对焦虑的方式的一些洞见。他画的大型喷气式飞机，以及他讲的故事中那些"不用停下"的情节，可能提示了一些躁狂式防御，在这样的防御中，对摔倒的焦虑被飞行的能力抵消了。这一假设也从Joe在等候室的行为中得到一些证实：他从妈妈身边"飞走了"。在心理治疗室里也很明显：他以相当快的速度回应我的问题和活动。这架飞机不需要加油，以及黑猩猩靠尾巴保持安全，这些都可能进一步表明了一种躁狂性的自给自足，以用来摆脱依赖他人的恐惧。

当考虑我跟他的关系时，这些假设也得到了一些支持。他在治疗室中看起来很自信，没有激起任何让我觉得他需要我的帮助的感觉。最后这一点带来了一个重要的问题：在评估过程中使用移情和反移情。我将在非结构化的方法中更详细地讨论这个问题。这里我想提及的是，即使在这种结构化的方法中，我们也不应该太迷失在具体回答和画画的内容中。在评估孩子对世界的看法和连接方式时，最好的工具就是孩子与你自己当下鲜活的关系。

▎非结构化的方法

如果你不是很有经验，或没有在督导下进行，使用非结构化的方法评估孩子是非常困难的，甚至几乎是不可能的。在这种方法中，你要做的只是去观察你跟孩子之间发生了什么。因为当几乎没有结构的时候，就最大化了让一些东西浮现出来的空间。这可能是了解一个孩子最丰富的方式了。它没有被诊断标签或先入为主的观念所限制。

但这会激发人的焦虑。你必须有一些被抱持的感觉，无论是被自己的经验或是被你的督导抱持。

技术

在向孩子和他的父母介绍了自己之后，我会邀请孩子进入我的治疗室。我不指示孩子做任何事情，只是观察他/她在做什么。如果他/她站在房间中央，好像动不了了，我会对此说点什么，试着观察并描述这种动不了是否因为太害怕了、太焦虑了，或希望被我指挥。通过这样行动和说话，我是在告诉孩子，我在这里密切观察他/她的情绪状态，然后谈论它。这对于孩子来说可能是相当让他/她震惊的，因为在日常生活中，成年人不会这么做。他/她可能需要一段时间来适应。当然，在这个早期阶段谈论孩子的焦虑并不能让孩子感到放松或释放。

尽管给浮现出来的任何情绪以足够的空间是很重要的，但我并不主张让孩子一直处于高度焦虑的状态，因为缺乏结构而感到无所适从。如果孩子们特别焦虑，而你的话并没有让他们放松下来，那么你需要给他们更多的结构，让他们感觉到足够被抱持，能够开始去思考自己恐惧的心智状态。在实践中，我认为这个过程就像是搭一座桥。

搭建桥梁

我和孩子彼此不认识。在跟孩子的见面中，我会尽量"后退一步"，以观察孩子会如何跟我建立连接。孩子可能会走进房间，立刻走向玩具开始玩起来。这样的情境中，无须我去帮助孩子交流。孩子很快速且轻易地向我搭了一座桥。而另一个孩子可能会需要我更主动一些，他/她才会感到足够安全来交流。在这种情况下，我会试着谈谈孩子最初的这种不安的感受。然后我会说："今天这里有一些玩具，你可以用来玩。"

对于一些孩子来说，这可能还不够。那么我会把桥梁搭得更远一些，告诉孩子，他/她可以玩这些玩具，我对于看着他们玩很感兴趣。如果这个孩子依然不能开始玩，我会说一说，要开始玩对他来说有多么困难，并可能会请他/她画一幅画。就像在结构化的方法中一样，我会请孩子画出任何他/她想画的东西。

如果孩子还是不能做，我会提议我们来玩涂鸦游戏。如果我已经进入了涂鸦阶段，我就知道我必须做大量搭桥的事情了。这个表现本身没有太大的诊断意义，因为我们不清楚孩子来诊之前被告知了什么（比如，"这个人会治好你"或者"这个人会让你不再淘气"）。然而结合其他特点，这可以成为孩子如何与世界建立连接的重要指标。

进入游戏

我很少进入到涂鸦游戏阶段。大部分的孩子都能玩起来，特别是当大人告诉他们这是可以的，甚至是鼓励他玩的时候。极其偶尔会有孩子不行，不能用玩具来作画或玩，也不能画一幅画或玩涂鸦游戏。在这种情况下，我会走到玩具面前，自己先玩起来。我大声地跟孩子说我在干什么。这个玩的过程是我在尝试对孩子进行"诠释"。我的意思是，我会把我跟孩子之间发生的事情伴随着语言表演出来。我会把一匹小马挪到一匹大马面前，然后说："这匹马被带来见这匹大马，但他*非常害怕（如果我认为这是孩子的感觉的话）。他不知道该怎么办。他只能站着不动。"然后我以这匹大马的名义说话："我不知道是什么让××（孩子的名字）今天这么害怕。也许他担心他会做错事。"这也许是我的推测。我会这样玩一会儿，试着把治疗室里的气氛用这种游戏的方式描述出来。即使是吓到僵住的孩子也很少会对这种交流方式不感兴趣。

命名气氛

如果我已经到了主动进入游戏这个阶段，我知道我搭桥的程度已经到了极限。如果我感到这些都不能触动孩子，我可能会决定跟他们的木僵状态一起待一会儿（可

---

* 原文为 he，下文同。——译者注。

能从没有人跟这个孩子做过这样的事情），如果可以我会把我的思考大声说出来，命名这种木僵状态的特质。或者，我也有可能会退回到更加指导性的状态，开始问问题，就像我在结构化的方法中那样。然而我发现，如果孩子非常焦虑，以至于我不得不采用结构化的方法时，通常他/她甚至也无法直接回答那些问题。因此我可能会继续解读气氛，或者建议跟其他家庭成员一起见这个孩子，那样可能会更容易一些。

青春期前期

对于稍微大一点的孩子，大约11或12岁，我不会把玩具作为交流的手段了。我会像接待成年人一样接待青春期前期的孩子，用更多语言交流的方式。我会从进入治疗室开始就尝试仔细观察这个人，可能会开始谈论一些我注意到的东西。一位12岁的男孩拿着一个钥匙扣走进房间，钥匙扣上有一个小足球。当他坐下来开始拨弄它时，我问他手里拿的是什么。从而开启了一场关于钥匙扣和足球的详细讨论。

如果我发现我没有什么可说的，我还是会试着沉默一小段时间，给我自己一些空间来跟孩子的感受同调。在早些年，我可能会对此说，"我觉得你此刻感到有些紧张"或者"我感觉你可能不想待在这儿"或者"你在等我开始"，这些话并不是奇迹般的诠释，而是希望可以给这场奇怪而特别的会面一个开始。近些年，我会克制自己不做任何观察性的评论。尽管这些评论可能是对的，符合青春期前期孩子的心智状态，但我现在认为它们过于扰动和侵入。此刻就让孩子觉得他/她处于情感显微镜下还为时过早。我也不再在评估会面的开头保持沉默。我感到这会加剧孩子的焦虑，或者用Sullivan的话来说，这威胁了他/她的个人安全感（Sullivan，1954）。除非孩子和我开始谈论起诸如钥匙扣这样的东西，我会直接请他/她谈一谈对于为什么来见我的理解。然后我就会观察互动会把我们带到哪里。对于年龄较小的青少年（11~14岁），我会准备一些画材，可能还会准备一些泥塑黏土。对于这个年龄段的孩子来说，完全口头交流的压力太大了。对他们而言有这种替代方式可以用来表达自己是重要的。

会面次数

用这种非结构化的方法，我通常会跟孩子安排三次会面。通常是一周一次。在第一次会面快结束的时候，我会告诉孩子我们会见三次，然后我会跟他/她的父母见面，共同讨论如何可以帮助他们感觉好一点。这类说明也同样适用于青少年。

如果你对于通过一两次会面来评估孩子感到有压力，那么使用这种方法就太难了。此外，一个孩子在第一次会面中的表现和后面几次可能会非常不同。孩子最初的期望可能会影响互动。看孩子能从经验中学到多少东西是很重要的。例如，一个孩子可能在第一次会面中非常焦虑，但在第三次结束的时候已经放松多了。有些时候我会向家长们申请给孩子提供第四次评估。虽然这意味着光评估阶段就需要花费一个多月的时间，但准确的评估是很重要的，因为接下来的很多事情都是由它决定的。

在评估之后，我会在接下来的一周会见孩子的父母，和他们讨论我对孩子的看法。孩子不在场。通常我在评估阶段是不见父母的，但如果他们觉得我需要了解评估期间孩子在生活中发生的一些事情，我可能会和他们聊几句。

▎评估过程：一种非结构化方法

我已经讨论过了评估孩子时可以使用的不同结构。这只给出了评估的形式，而没有包括评估的内容。在精神分析式的工作方式中，我们不能用公式来评估一个孩子。它不像心理测试，甚至不像精神病学面诊。因为直觉在这个过程中起着很大的作用，所以传授这种困难的技术或者说评估的艺术几乎是不可能的。然而，这里有某些标志或锚点，让我们可以在此基础上开始发展关于理解孩子内心世界的构想。我通常会寻找三样东西：

· 孩子在担忧什么？

· 孩子如何应对这些担忧？

· 孩子目前的功能怎么样？他/她情绪上的优势和弱点是什么？

这些问题的答案有以下三个来源：

· 父母访谈：外部世界告诉我的信息，例如父母访谈或学校报告；

· 游戏：孩子跟我在治疗室中的行为和游戏；

· 移情和反移情：孩子跟我的关系，以及我对他/她的感受或反应。

我前面已经讲过父母访谈了，所以接下来我会谈谈孩子的游戏以及它和评估过程之间的关系。

▎孩子的游戏

理解或解读孩子游戏意义的重要性怎么强调都不为过。它是一个孩子交流他/她的思想和情感的基本方式之一。Klein比其他任何儿童精神分析师都更加相信：儿童的游戏就像成年人的自由联想。就像在第2章中所讲的，她的大部分理论都是通过观察孩子们的游戏而发展出来的。对游戏的分析性观察是儿童情绪评估的原始数据。为了理解它的重要性，我们可以探索Klein关于游戏起源，以及它与情绪发展之间有何关联的思想。

游戏的起源

Klein认为孩子与游戏的关系来自他/她早期跟最初的照料者之间的关系。婴儿的世界是他/她妈妈的身体。好经验和坏经验都是通过她来传递的。母乳的魔法治愈了饥饿。她的怀抱、声音和目光使可怕的非整合状态变得能够忍受。婴儿的世界被这些亲密的人际互动所塑造，构成了未来发展的蓝图。

当婴儿的心理结构开始形成，其中一项成就便是获得象征能力。一个拥有许多美好体验的婴儿开始形成一种信念，即美好的源泉可能会消失，但是它们会回来。这些重复的体验让他/她能够等待。用分析的术语来说，他/她开始发展出一个"好的缺席客体"（good absent object）的概念。相反，那些不能够等待的婴儿，或者感觉等待太过漫长的婴儿，无法形成一个"好的缺席客体"的概念。等待的痛苦太痛了，从而被体验为一个当下的坏客体，缺席的概念也相应不存在了。

缺席客体的概念对于象征和游戏能力的发展至关重要。象征意味着一个东西代表着另一个东西，B代表A。而这意味着被象征的客体是不在的。用Klein学派的语言来说，只有当个体可以忍受抑郁位焦虑的时候，才能发展出象征的能力，也就是说，能够认识到原始客体是不在的（见第12章）。

当妈妈不在的时候，婴儿会寻找替代物，寻找可以替代妈妈的东西。这是游戏的开始。如果一个人仔细观察，就会清楚地发现，婴儿环境中的物体很容易被用来作为妈妈的替代物：他们在玩拨浪鼓、球和娃娃时，并非随机的，这些游戏是有意义的。

这里有一个简单的例子。一个10个月大的女婴正在安静地吃母乳。她一边吮吸，一边用张开的手掌轻轻抚摸着妈妈的乳房。当哺乳即将结束的时候电话响了。妈妈和婴儿都受到了干扰。妈妈轻轻地把女儿从乳房上抱下来，把她放在地板上，周围都是玩具。当妈妈离开房间的时候，宝宝的眼睛小心翼翼地跟随着她的身影。当妈妈走出她的视线时，她会看着她周围的玩具。她捡起一个颜色鲜艳的柔软小球。她把它拿到嘴边，开始吮吸，同时像抚摸妈妈的乳房一样张开手掌抚摸小球。足够多类似的观察使人开始相信，玩玩具和其他物体并不是某种孤立的认知活动，而是与婴儿或孩子对当前人际关系的感受密切相关。临床上，在与一个 4 岁女孩的第三次评估会面中也看到了这一点。她同意妈妈离开诊疗室，但是妈妈一离开，她就走到门口，双手捧起突出的圆形门把手，开始舔、吸门把手。

观察游戏的起源有助于我们理解它在情绪上的重要性。随着小孩子的环境日益拓宽，游戏活动的种类也日益丰富。但是，现在可以从象征意义的角度来看看那些对于孩子来说似乎特别重要的活动。一个沉迷于拍球和掌握接球技巧的孩子，可能不仅仅是想要模仿篮球英雄，而是在克服关于"失去和重新得到"的焦虑。这种看待游戏的方式对评估和进行治疗是很有帮助的。当我观察游戏的时候，我一直在试图做一件事，就是把游戏中的关系拟人化。我观察孩子是如何塑造游戏的，以及游戏中的关系可能如何展现出了幻想中人与人的关系。

例如，当一个孩子画画时，我会试图通过想象"如果我是这张纸会怎样"来观察这个活动。我会感觉自己被快速地揉擦吗，还是感觉被戳，或者感觉被非常轻柔地触碰以至于觉得自己一定特别脆弱和容易受伤？如果我是他手中的笔会有什么感觉？我是否会感到慌乱或者非常犹豫不决，希望不要走错一步？我会不会感到被抓得太紧有些窒息，还是会一直担心被这么松散地握着会掉下去？如果一个人相信所有的行为都有意义，那么这种思维方式，这种拟人化的游戏活动，能够让人"以玩耍的状态面对游戏"（play with the play）。这也是一种进入游戏的诊断形式。我将在第 11 章谈到进行中的治疗时继续讨论这一内容。

思考游戏

我已经强调了观察游戏的重要性，以及理解情绪意义所需的心智状态。更具体地说，从以下这些方面对游戏进行考量，能够帮助评估者思考游戏的意义：

- 开展游戏的能力
- 展现情绪活力的游戏
- 自发性游戏
- 无联想的游戏
- 急迫的游戏
- 重复性游戏
- 愉快的游戏
- 解读游戏
- 游戏的持续时间和强度
- 游戏的顺序
- 游戏的结构
- 游戏的内容

开展游戏的能力

关于游戏的第一个问题是，孩子是否真的能够"玩"。孩子有玩耍的能力吗？这个问题似乎是显而易见的，因为任何人都能分辨出一个孩子是否在玩。然而，玩耍并不仅仅是移动玩具或者画画或者讲故事。游戏有不同的形式和种类，需要仔细观察才能确定游戏的质量及其对情绪发展的作用。

展现情绪活力的游戏

"展现情绪活力的"游戏与封闭呆板的游戏带给人的感受是非常不同的。评估者首先要去观察的就是自己对于游戏的反应。尽管这非常的主观，但它却是表明游戏是否具有连接着孩子内在世界与外在世界的活力的最重要指标之一。这种活力是孩子使用游戏来解决自己情绪问题的证据。连接主观内在世界与外在客观现实的游戏是很有趣的，时常也是很吸引人的。它具有一种流动性和自发性，能吸引人的注意力。正如Ferro和Molinari（2018）所指出的，正是在展现情绪活力的游戏中，儿童治疗师才能获得这种特殊待遇，可以沉浸于梦的初级形成过程之中。在这样的游戏中，时间过得飞快。相反，缺乏情绪连接的游戏会让人感到无聊和乏味。观察50分钟这样的游戏会让人感觉度日如年。

Ian

Ian 是一个九岁的小男孩，因为遗粪被转介过来。在我们的第一次会面中，他很乐意画画。他画了他的学校。这个过程花了大约25分钟。他画得非常仔细，确保把所有建筑的间距都安排得很精准。当他画画的时候是不说话的。他写出了他画的每个建筑的名字：图书馆、体育馆、教室等等。那是在一个清晨，我并不觉得很累。但是当我看着Ian以这种仔细、平静的方式画画时，我发现自己开始犯困，不太能思考。我想不出任何可以问的问题！我也不知道这一切意味着什么。直到后来，当我挣扎着写下这节会面的记录时，我才开始能够思考他的画。仔细给学校建筑排位和他的这种呈现方式，是否表达了他对生活中人际关系的感受，即关系必须被小心地控制着，因为害怕如果人或建筑物开始移动会带来混乱与破坏？这样的想法可能对，也可能不对，但重要的是我那种失去兴趣和思考能力的反应。虽然有可能是我那天状态不在线，但从诊断的角度，如果我如此轻易地忽视自己的反应，对于Ian来说是毫无帮助的。我知道对我来说很少会在第一次会面时就感觉如此无聊，我的反应是否暗示了Ian在游戏中的挣扎呢？

由于过分强调学校建筑的客观外在现实，他内在主观体验和外在现实的连接被削弱了。这在潜伏期儿童中很常见。就如同学校所大力鼓励的那样，获取客观知识的过程可以被用来控制和调节充满不确定性的内在世界的诸多感受。尽管这幅建筑物的画可能也包含着一些象征意义，但是整个氛围让它感觉死气沉沉。我感到Ian不仅仅给了我这幅画，还给了我一条未被言说的信息："别去那里；连想都不要想。"一次会面的好坏可能跟你的临床能力无关，而更多是与孩子允许你做什么有关。

自发性游戏

这个例子强调了评估孩子游戏能力时要关注的特点之一。孩子的游戏让人感到是开放和自发的吗？在Ian的案例中没有这样的感觉。在展现情绪活力的游戏中，一部分的兴趣和参与度体现在你会很想知道接下来会发生什么，它会让人有一种探索性和创造性的感觉。你能感到孩子在游戏中编创着。这是一个没有事先排练的过程，但这种创造性需要内在的安全感。这种安全感使得想法可以找到伙伴，一个新的结合可以带来新的想法，进而发展出下一步的游戏。

无联想的游戏

与是否具有自发性相关的是联想能力的问题。在一些孩子的游戏中，联想从未存在过。汽车、动物或人可能会四处走动，但似乎仅此而已。人可能会去农场，或者动物可能会被遗弃在寒冷中，但是接下来什么都不会发生。或者动物们可能会打架，但是当你问它们为什么打架时，回答是："它们只是在打架。"这类游戏中可能会有动词，但是很少会有副词和形容词。

急迫的游戏：游戏的节奏

虽然Ian仔细、平稳的节奏使游戏缺乏活力，但过多的能量也会使游戏充满无意义感。一些游戏可能会是急迫的。孩子参与游戏或说话的速度快到没有空间去思考，一切都感觉太快了，一个又一个活动或想法紧紧相随，似乎没有一刻能用来想一想接下来会发生什么。在游戏中，这通常伴随着大量的体能活动，游戏好像是某种身体层面的释放。然而却又没有宣泄的感受，好像压力并没有因此减轻。

重复性游戏

有情绪参与的游戏是向前发展的。在里面有一种叙事性。这和重复性游戏是非常不同的。这种重复可以在一次会面中发生，也可能一周又一周地重复。在评估中，孩子似乎只能参与或谈论一件事情。虽然一开始会让人感觉挺有趣的，但倾听和观察毫无变化的相同主题会逐渐变成一件乏味而令人厌烦的事情。

愉快的游戏

另一个评估孩子游戏的观测细节是游戏带来的愉悦程度。有情感连接的游戏会带来一种愉悦感，它是让人觉得有意思的。这种快乐一部分来源于焦虑被象征性地表达所带来的解脱。当它们被置换到游戏中的时候，这些焦虑可以被掌控。此外，开放的探索感使孩子能够在充满活力的创意中更进一步地与自己的快乐相连。与这种快乐紧密相连的是一种轻松的感觉。游戏不会让人感到沉重和严肃。就像Vygotsky（1933）所说，真正的游戏没有后果。用Klein学派的术语来说，真正的游戏可以征服抑郁位焦虑，因为它是假装的，什么都不会真的发生。在安全的游戏中，没有东西会被破坏或损毁。这是值得庆祝的。它不是躁狂性的否认，而是从日常互动的焦虑中解脱出来。这与Freud（1927）关于幽默的重要性和力量的观点是相联系的。在幽默和游戏中，超我放假了！

解读游戏

孩子选择什么游戏活动可以表明什么在他/她的生活里是特别重要的议题。例如，为什么孩子会从所有玩具中选择纸和剪刀？剪纸是否暗示着与分离或攻击有关的议题？我看到一个孩子在他第一次评估会面中的前30分钟都在剪纸，在接下来的20分钟里用胶带把纸再粘在一起。为什么那个青少年开始谈论他的足球队，以及从一个有偏见的裁判那里遭遇了不公平对待？因为这些活动或故事是自发的，儿童治疗师必须考虑这些活动是否被一些内在因素所驱使。这是不是无意识动力的运作？而在这些被选择的活动中，无意识冲突的压力是否得以表达？

游戏的持续时间和强度

那个在整次会面中剪纸再粘起来的孩子的例子，则突出了游戏的另一个特征：它的持续时间。无论是游戏活动还是对话，游戏中的哪些方面占据了孩子的兴趣？这也和游戏的强度密切相关。一个孩子可能正在平静地玩耍，但忽然变得很兴奋，声音大、速度快。为什么游戏的强度忽然增加了？是不是游戏或者故事的某个特定的部分激起了孩子强烈的感受？

游戏的顺序

把一个活动安排在另一个后面可以让我们看到潜在的无意识交流。为什么一个孩子完成了一个活动之后，又去做一个好像不同的，甚至是相反的活动？这些事情是被随机选择的吗？还是它们之间是有联系的？是无意识动力在引导孩子进行下一个活动吗？在8岁男孩Roger的案例中似乎是这样的。

Roger

Roger走进房间，桌上的玩具让他兴奋不已。他告诉我，他的父母给他买了玩具动物，就像桌子上的那些。几分钟后，他纠正了这个说法，告诉我是他的祖父母，而不是他的父母。他的爸爸去世了，他的妈妈住在塔斯马尼亚。毫无任何停顿，他紧接着说："我昨晚吐了。我一边咳嗽一边打嗝，还吐得到处都是。"

把他对父母的想法与打嗝、咳嗽和呕吐联系起来，Roger 可能是在表达对失去父母的感想。他是在表达他不安、断裂和崩溃的感觉吗？在原始的、身体的层面上，他是否因为他们不在而深感痛苦？在意识层面，Roger 继续说他真的很喜欢跟祖父母在一起，一点也不想念父母。

游戏的结构

我所说的"结构"是指叙述的连贯性。游戏有开头、过程和结尾吗？还是它似乎混乱且支离破碎？当然孩子的年龄和认知能力会影响游戏的清晰性和表达形式。尽管如此，孩子使用游戏中的象征来表达一个连贯故事的能力，表明了他/她的焦虑可以被象征充分地涵容，从而让游戏有一个坚实的结构。如果孩子的焦虑太强烈了，游戏中那些置换（displacing）和间离（distancing）的功能会被焦虑淹没，从而变得太过真实。在这种情况下，孩子可能会在一个活动中忽然中断，转移到另一个话题上去。那么这个游戏就会让人感到不连贯和费解。

Amy

6 岁的 Amy 在玩农场动物玩具的时候，会在每只动物周围建一个小围栏。她会让动物们跑来跑去进入不同的围栏。然后她会失去兴趣，转而玩橡皮泥。她会用每种颜色的橡皮泥做成圆球，然后再把它们挤在一起，做成她所谓的雪人。同样地，她玩了一会儿就停下来，转而去画画。她试着画一幢房子的轮廓。当她画窗户的时候，她会把笔放下，转而去玩一些线。她试着把两只动物用线绑在一起。

和 Amy 在一起时，我发现自己很难思考。我完全不能理解她的游戏可能意味着什么。在会面结束后，我才意识到她的游戏缺乏结构。事情有一个开始，可能也会有一些过程，但是没有结尾。在治疗室外，我开始能够对她的游戏进行思考。当两个东西在一起的时候，比如动物、橡皮泥和画画，她是不是会变得太焦虑？她是否在传达她的一种体验，即没有东西能够继续下去？在治疗室里，她的游戏是断裂的，我感到非常困惑，无法理解它的意义。

我现在会试着记录下来，我是从什么时候开始对游戏的某个方面感到困惑的。我不再只是想："哦，她有点令人困惑。"而是，我试图记住这种困惑是什么时候开始的，那时候游戏正在呈现什么主题或方面。尽管孩子可能对于这个主题没有展现出任何焦虑。但是这种交流清晰度的断裂可能是一个迹象，表明焦虑正在发生，干扰了这个主题的表达。

游戏的内容

在观察游戏的过程中，最显而易见的意义来自游戏的内容。它呈现的主题是什么？在某种程度上，能够在游戏素材或青少年谈话中看到主题的能力会随着经验增加而提高。例如，多年来，我听到许多孩子谈论他们的数学问题，尤其是除法和减法。我很难在想到除法的时候不想到竞争——东西是如何分配的。同样地，听到减法的时候会让我想到丧失的主题——有些东西被拿走了。

听到这些主题会让我在其他材料中也留意这类主题。如果一个孩子谈论减法，然后继续谈论他在学校夏令营中丢了自己的手电筒，这个主题就再次被提及了。我就会对这个主题越来越有信心。如果孩子继续玩一个游戏，游戏中他建造了一些东西，然后他开始实验在建筑倒塌之前，他能撤走多少东西，那么我关于丧失的工作假设就会进一步得到支持。如果他很生气地来参加第二次评估会面，抱怨他的妈妈迟到了10分钟，那么我对于这个丧失的主题就会从假设到近乎确信。我会觉得我获得了一些证据，证明他挣扎在对丧失的愤怒、对迷茫（就像被困在黑暗的营地中）的焦虑和对崩溃（就像坍塌的建筑物）的恐惧中。

当然，所有这些都可能不正确。也许我的经验促使我得出这样的结论：谈论算数减法就是谈论丧失。它可能意味着完全不同的东西。也许谈论它是因为感觉被数学老师羞辱了。这就是诠释游戏意义的难点所在：它是主观的，永远不能像科学证据那样客观化。

选择性事实

Britton 和 Steiner（1994）指出了在讨论"选择性事实"（Bion 的一个术语，指意识到一个人的动力）和"被高估的想法"（当素材被过度解读时）之间的区别时所遇到的困难。对于一些孩子，我绝对相信自己对他们内心动力的想法是正确的；但对另外一些孩子，我就不那么肯定了。也许这里的决定性因素是主题的广度。看到相同的主题在不同的游戏活动或不同的故事里出现，会带来对精神动力概念化更大的信心。不同临床治疗师的内心确信程度是不同的：有些人需要大量的证据才会对他们的理解有确定的感觉，而另一些人则需要更少的证据。

▍评估中的移情和反移情

在评估过程中考虑移情和反移情是特别重要的。虽然你可能会从父母那里听到孩子正在经历的问题，并且在游戏的素材中看到这个问题的浮现，但如果这个问题在治疗室中发生在你和孩子之间，那就更有说服力了。

Bianca

Bianca 的父母因为她发脾气和学习困难来寻求帮助。她 7 岁了。他们说如果她 5 岁的弟弟比她先上了家里的车，她就会很生气，会大喊大叫地发脾气。她也不能玩竞争性的游戏，在她意识到她不能赢的那一刻，她就会愤然离去。当我见到她的时候，她正在玩农场动物玩具，确保它们按大小排列整齐，这样就不会有动物，按她的话说，"挤进来"。当她玩一个游戏时，她对竞争的担忧也显现出来，在这个游戏中，农民必须决定哪些动物将被送到她正在建造的新农场里。在玩这个的时候，她问我最喜欢的颜色和我最喜欢的车是什么。这些都让我觉得 Bianca 挣扎其中的焦虑是，她不确定自己是不是最被喜欢的那一个。

在第二次评估会面的时候，这个主题在移情中出现了。Bianca 低着头进入诊疗室，看起来有些生气和退缩。她开始漫不经心地画起画来。几分钟后，她生气地问我：刚才房子外的那个小女孩是谁？（她在我房屋所在的街上见到了一个小女孩）我看到她了吗？我要见多少孩子？"我是你唯一见的孩子吗？"——这里的移情是响亮而清晰的。这段与她有关的移情体验、她的游戏和父母所讲的故事，让我毫不怀疑这个小女孩是在透过这样一双眼睛看待世界的——她一直在监视着，是否别人会得到一些她会错过的东西。

尽管在分析性的思考中移情被赋予了中心地位，但在对儿童的评估阶段是很难分辨的。通常移情是需要时间来发展的。治疗师需要一些时间来意识到与孩子关系中的微妙之处。

在大多数情况下，孩子开始玩玩具，而我会在一边想："这个孩子对我有什么感觉呢？"从这个意义上，移情在游戏活动中消失了。尽管如此，即使是在评估阶段，考虑这个问题也很重要，"孩子对我是什么感觉呢？"你可能无法回答这个问题，但保持对它的关注可以让你注意到那些很容易被忽略的微妙线索。

与移情一样，在评估中使用反移情也是困难的。同样地，游戏活动会让你很难判断你对孩子的感觉。在早期会面中的反移情程度可能就是一种一般印象，比如"多么好的一个孩子啊"或者"他好像有点儿焦虑"。

有时，我会在见到孩子后几乎立即出现非常强烈的感受。有时候，只需要几分钟就能感觉到这个孩子很"奇怪"。尽管在《精神疾病诊断与统计手册》（DSM）中没有"奇怪"这一分类，但是我很重视这种感觉。如果这是我的反应，这也很可能是这个世界上的其他人对这个孩子的反应。

Dominic

Dominic是一个11岁的男孩，他因为爆发式的暴力行为而被转介来见我。当他第一次进入房间的时候，我问他是否知道为什么我们要见面。他说，因为他很生气。我问他是否能告诉我是什么让他感到生气。听闻这个问题后，他只是坐在那里看着我的脸，然后眼睛垂下来，好像在看我的喉咙和胸部。我等了大概20秒，什么都没发生。他就是一直盯着我的脸部以下。我不知道他是否听到了我的问题，于是我又重复了一遍。然后他的目光转而看向我的旁边。最后他说他在学校里被嘲笑。我问他是怎么被嘲笑的。他再一次有一些滞后,用奇怪而茫然的表情看着我旁边。我开始感觉这很奇怪。在我们的交流中有一种怪异的时间滞后。但是还不仅如此。他的表情及其带来的氛围让我感到他并不在场,他退缩到了某种虚无的状态。我的反移情让我觉得这不仅仅是一种焦虑的反应。我感觉我在面对的是一种严重的情绪困扰,在考虑他的整体评估时,这一点必须考虑进去。

尝试理解你自己的反应需要成为评估程序的一部分。那些最初的直觉预感或直觉感受,不应该被轻易视为太主观而被忽略。这些直觉的部分需要得到重视和鼓励。最近我建议被督导者们在孩子离开后的前5分钟里写下任何头脑中的印象。它可能是任何东西——这个孩子留着可爱的、飘逸的头发,或者她的牙齿对她的嘴来说好像太大了,甚至是在心里玩一个游戏,你会用什么动物来描述这个孩子。这些信息再加上孩子的个人经历,和对他们游戏或谈话的观察,一个更整合而丰富的意识和无意识评估就达成了。

▌对督导的需要

对儿童和青少年进行结构化和非结构化评估的技术只是精神分析评估的脚手架。这些问题和活动有助于提供原始数据,在此基础上得以形成诠释。这种诠释活动是一种艺术:它不是公式化或线性的。观察和思考是可以在实践中练习的,但创造性的整合则需要指导。这种整合的能力可以在督导中发展起来。儿童治疗师的发展需要每周规律地对一小部分案例进行个体督导,同时参加小型和大型的团体督导。督导需要抱持住新手儿童治疗师所面对的早期焦虑洪流。在这种抱持中,治疗师的一种安全感就会产生,并最终转化为一种自信,从而形成一种真实而独特的治疗风格。不同治疗师所需的抱持是不同的,但是至少最初的5年都是需要在督导下开展工作的。即使是经验丰富的治疗师,也需要对困难个案进行督导,但过多的督导也会带来危害,那可能会导致一种克隆状态——治疗师会试图去成为自己督导师的复制品。

Bion对"记忆和欲望"的危险性警告尤其适用于督导。在治疗中,督导作为某种"权威实体"（authoritative entity）[这里使用了 Grotstein（2000）的术语] 时，就存在一种危险，认为分析过程有某种"正确的"方法。这种想法会封闭自发性的可能性，没有自发性，分析过程就成为一种空洞的智力练习。很有趣的是，我的两位督导师都是 Bion 的被分析者，他们都把我对一次会面的呈报当作一个出发点，来激发他们心中的任何想法。两个人都不会以任何具体的或技术性的方式来使用会面材料。与此相一致，Ogden（2009）强调每一次治疗性的相遇都是独特的，从而否定了在这项工作中存在某种正确的技术。Ogden（2005）还倡导在督导中发展"玩起来"的能力，并强调"浪费"时间的重要性——在督导关系中有做梦的空间。

要点

- 有两种对儿童或青少年的情绪状态进行个体评估的方法：结构化的和非结构化的。但这两种工作方式并不相互排斥。建议经验不足的临床工作者使用结构化的方法。非结构化的方法不仅包括理解游戏或青少年对话的象征意义，还包括理解所呈现出的游戏结构和类型。
- 评估需要细致地观察，以及抱持交流顺序和质量的能力。
- 营造一种安全感和有趣的参与感是至关重要的。
- 注意自己对儿童或青少年的反应，同时重视任何不寻常的想法或活现，这些都是个体评估需要考量的内容。
- 个体评估可用于家长对孩子的管理方法（详见第8章），也可用于判断进行中的心理治疗的需求和适宜性。

问题

- 描述对儿童或青少年的情绪发展进行个体评估的不同方式。
- 描述和评价对儿童或青少年进行心理动力评估的结构化和非结构化方法的优缺点。

推荐阅读

Dowling, D. (2019). *An Independent Practitioner's Introduction to Child and Adolescent Psychotherapy*. Oxon: Routledge. See Chapter 3.

Grunbaum, L., & Mortensen, K. (2018). *Psychodynamic Child and Adolescent Psychotherapy*. London: Karnac. See Chapters 3 and 6.

Horne, A., & Lanyado, M. (2009). *Through Assessment to Consultation*. Oxon: Routledge. See Chapters 1, 2, 3, 4, 5.

Rustin, M., & Quagliata, E. (2001). *Assessment in Child Psychotherapy*. Oxon: Routledge. See Introduction and Chapter 6.

Waddell, M. (2018). *On Adolescence*. Oxon: Routledge. See chapter 8.

（陶璇　译）

第 6 章
与发展有关
的考虑

由于儿童和青少年是不断发展着的，了解他们的发展背景至关紧要。评估一个3岁的儿童与见一个18岁的青少年是不同的。儿童心理治疗师需要对每个发展阶段所预期的情感优势和弱点具备一定的"鉴赏能力"，这使得他们能够判断一名儿童或青少年的发展是否在正轨上。

学龄前儿童

评估学龄前儿童时需要考虑的要点包括：

· 素材经常令人感觉原始且乱哄哄的。

· 感情会非常强烈和有冲击力，有时孩子可能会突然感觉不知所措。

· 素材可能是不稳定和相互矛盾的。

· 焦虑通常会以原始的、非语言的、粗暴的方式被表达出来。

· 对诠释几乎没有什么直接反应。

· 孩子在空间中移动的速度和肢体性（physicality）使思考变得困难。

· 留神倾听对话中的动词，因为主语和宾语可能会突然互换。

· 评估往往只基于几个例子。

· 学龄前儿童很容易被引导，尤其是对他们做出引导性提问的时候。

· 学龄前儿童用言语表达感情的能力有限。

· 他们对自己的游戏进行口头联想的能力有限。

评估学龄前儿童的情绪功能是困难的。这种困难如此之大，以至于一些儿童心理治疗师认为对这个年龄段的儿童进行评估是不合适的，他们宁可根据父母的讲述来评估学龄前儿童。其中一个原因是，学龄前儿童在评估中的行为太多变了，这使得其行为的可信度令人怀疑。尽管如此，单独会见5岁以下的儿童仍然可以是富有成效的。与他们的父母进行顾问式咨询工作也会特别有帮助。那些试图了解儿童内心世界的尝试不仅可以帮助评估者与父母一起来思考孩子的感受，更可以思考如何让教养方法契合孩子看待世界的方式。当孩子的内心世界被纳入考量，这些方法才更有可能起效。这些方法本身也向孩子传达着他/她的情绪状态是被理解的。

要想仔细观察并理解学龄前儿童的行为，特别是在非结构化的情况下（结构化的访谈对这个年龄段的儿童不起作用），需要有能力观察到那些细微的、往往是混乱的、非言语表达的事件。要从事这项工作，接受婴儿观察或类似的培训几乎是必须的。否则，学龄前儿童交流的速度和不稳定的特点会使人不知所措。

与父母分离

对这个年龄段的孩子进行评估的技术困难之一是确定孩子是否能够与父母分离。对于小的孩子，尤其是如果他们不上学，我不会试图将他们分开。如前所述，我会邀请母亲或父亲陪同他们进入房间。我会事先与家长讨论，解释说我不希望让孩子变得太焦虑，不然他/她会无法呈现常态。我还会解释我需要跟随孩子自发的游戏，因此会要求家长不要主动发起任何游戏。我要求他们允许孩子自己决定进行哪些活动。如果孩子能够平静下来并参与游戏，我可能会向家长表示我希望他/她离开并在等候区等待。我的等候区离我的咨询室很近，所以孩子知道父母离他很近。如果孩子看起来对此很焦虑，我不会强求，而是允许父母在整个治疗过程中留下来。有些孩子会允许父母离开，但希望咨询室和等候室之间的门保持打开。有些孩子在这两个房间之间穿梭；而有些孩子则有足够的安全感，会允许门虚掩着。

强烈而极端的情绪

小孩子的情绪是强烈的。它们是极端的。爱与恨、幸福与灾难仍然充斥着年幼孩子的心灵。这个发展时期还无法让"矛盾"的心境持续——在孩子们的体验中，事件都是非黑即白、非好即坏。他们情绪的力道也来自他们情感的来去无踪和纷杂混乱。在如何处理自己的情绪这件事上，他们还处于早期阶段，仍然依赖父母来处理情绪。那些不假思索的感受会在当下被全然体验：舔冰激凌时是幸福的，一切都很完美；但当吃完冰激凌后，孩子想吃更多时，世界会突然改变。愤怒和沮丧的状态可能会抹杀掉快乐和平静。

缺乏连贯性

某些发展特征在学龄前儿童的游戏中会呈现出来。一般来说，他们的游戏变化迅速且杂乱无章。它可能看起来粗糙而忙乱。当精神分析学派工作者谈论呈现在游戏中的焦虑时，这意味着情感主题可以通过故事、绘画、游戏等方式来进行表达和组织。用精神分析术语来说，自我对这些符号进行了结构化，沟通变得清晰而连贯。然而，由于学龄前儿童的自我功能还在形成之中，并且他们的焦虑非常强烈，他们的沟通就会缺乏这种清晰和连贯性。我不太会期望学龄前儿童的故事有一个明确的开头、中间和结尾。

正如我之前所说，孩子的游戏和他们的焦虑之间存在着联系。如果游戏背后的焦虑很强，那么游戏就会受到干扰。如果游戏里两只动物开始打架，这种象征意义可能会对孩子来说太强烈了些。它很可能会突然在感觉层面上变得过于真实。如果这种情况发生了，那么之前的游戏就可能会被放弃，其他活动将会取而代之，上述这些情况在学龄前儿童之中很常见。孩子会把打斗中的动物抛在一旁，转而去做别的事情；或者通过迅速的否认来远离这种过于真实的感觉。例如，我观察到一个3岁的孩子在玩马和奶牛。马用腿去踢奶牛的肚子。他告诉我这匹马在踢奶牛。当我问他为什么会这样时，他非常坚定地回答说："马没有踢奶牛！"

主语和宾语的混淆：聆听动词的声音

与小孩子交流时，最重要的是仔细聆听动词，而不要过于关注主语或宾语。因为小孩子还在进行很多投射，主语和宾语可能会非常流动地跳来跳去。一会儿，大猩猩可能正在击打猪，显然是坏蛋；一会儿，猪又在反击打，变成了坏蛋。重要的精神动力是关于"击打"的问题，我会想知道孩子是否因为那些想击打他人的感觉而感觉冲突，是否担心成为打人者，或被打的人，或者对两者都担心。

这种主语和宾语的流动性可能会让评估者感到困惑。学龄前儿童的素材不能以逻辑的方式去观察。从这个意义上说，这些素材更像是在观察一个梦境。里面的活动有一种初级过程（primary process）的感觉：符号不稳定而且不一致。矛盾和缺乏逻辑是其中主要的特点。

联想有限

年幼的孩子通常不会详细叙述故事或玩耍。他们的语言关联很少。游戏可能是不连贯的，而且可能让我们很难想象一个游戏如何跟另一个游戏相关联。然而，观察婴儿的经验令我们相信，看似不相关的素材中可能会逐渐浮现出意义。我跟自己说，询问一个小孩以获得更多细节的做法没太大意义。我需要通过仔细观察接下来会发生什么来了解一些游戏可能的含义。

通过提问邀请孩子阐述细节，能得到的有价值的回答是有限的。小孩子根本不回答的情况也不少见。类似"猴子在做什么啊？"这样的问题可能无法引起任何回应。向年幼的孩子提问或要求其详细说明不仅没有效果，而且还有可能影响到孩子的表达。封闭性或引导性的问题很容易引导孩子的想法。这种情况甚至可能在游戏中发生。例如，你问孩子"你认为这头奶牛很伤心吗？"可能很容易引导孩子"相信"这头奶牛很伤心。因为孩子会觉得如果大人这么说了，那一定是真的。

由于年幼的孩子的焦虑感很强烈而且突然出现，与他们在一起可能很难感到放松。我见过一些表现得很冷静和安定的年幼孩子，在玩得很开心的时候突然说他们想走；他们想要去找他们的妈妈。在这种情况下，他们的焦虑会以粗糙、原始和非语言化的方式表达出来。在这个发展阶段，"见诸行动"是正常的。焦虑情绪很少能被控制住。

活动

年幼的孩子活动量很大。在这个年龄段，心理和身体之间有着密切的联系。情感状态可能会表现为坐立不安或者任何烦躁的行为。年幼的孩子很少会静静地坐在玩具桌旁，专注地玩玩具。更常见的是，他们有相当多的动作。这意味着儿童治疗师必须四处走动来观察发生了什么。这种走动可能会使思考变得困难。在走动中进行反思是不容易的。你必须得随机应变。

所有这些技术难点都可能会导致人们对理解年幼孩子的心理动力缺乏信心。用来进行个案概念化的证据可能也会让我们感到不可靠和不充足。尽管如此，我仍然相信对年幼的孩子进行评估是有价值的。这种评估需要考虑到我所讨论的困难。虽然从父母或其他专业人员那里获得的外部证据可能更有分量，但如果低估了从儿童个体评估中所获得的信息，那将是一个错误。

评估素材：学龄前儿童

为了理解学龄前儿童的游戏和互动，我提供了一些评估素材，但不会给出背景信息。以这种方式陈述素材，可以让我们将注意力完全集中在临床互动上。

James：4 岁

第一节咨询记录

尽管他带有一丝不确定地向妈妈短暂瞥了一眼，James 还是毫不犹豫就离开了。他径直走向玩具。他拿起一把剪刀，有目的地剪了四条竖直但大小不同的纸条。他把它们并排放在一起。然而，他把最小的一块放在了其中一条较大的纸条上。我说，"这个'宝宝'（baby piece）跟其他的不一样"，他看着我笑了笑。他走到了彩色橡皮泥条那儿（它们是连在一起的）。他把它们分开，用每种颜色做了一个球。他说它们是足球，"大男孩会踢足球"。

接下来他把所有的球压在一起，做成了一个大球。然后他拿起彩色铅笔，把钝的一头插进球里，这样球看起来就像是长满刺的。他说他在一本书上看到过这个。那是一条鳄鱼，鳄鱼有大嘴巴。

然后，他把每一支铅笔都拿了出来。当他这样做时，他注意到每支铅笔被取出后留下的洞。他对这个非常感兴趣。他每次都会仔细观察每个洞，并每次都向我示意这一点，最后还数了数留下的洞的数量。我很惊讶他能正确地数出来。他撕下彩色橡皮泥球的一些小块，然后把它们压在一起，说："一个。"

然后他告诉我这个球是一架飞机，它正飞向很远的地方。

我问："去哪里？"

他答："去医院。"

我问："发生了什么事？"

他答："受伤了，因为它撞上了。"

然后他拿起一辆汽车撞向"球飞机"，并说它是一只鳄鱼。他注意到玩具汽车里有一丁点红色的彩泥，说里面有火，并说"如果你跳上跳下，就能把这个房子（我的房间）撞倒"。

之后他在一张新的纸上写了两遍自己的名字。写在页面的中心位置。他在纸上竖向写了两栏（有些字母是可辨认的）。他问我会不会说法语。我说："不会。"然后他从纸张中央剪下他的名字，并注意到了它留下的空白。

他拿了其他一些纸，用不同的纸片把他的名字包裹了好几遍。然后他用胶带又粘了很多次，说这是一封信。

对素材的猜想

首先需要注意的是孩子与母亲分离的能力。在进入游戏室之前，他短暂地瞥了一眼他的母亲，表现出一些焦虑。考虑到这是他第一次与我见面，这种焦虑似乎是适切的。尽管他可能对与母亲分离感到焦虑，但他能够应对这种焦虑。

整体印象

从整体上看，这个孩子能够进行游戏。他直接去找玩具，与游戏材料互动。每个游戏本身都明确易懂。虽然游戏不是很连贯，但对于这个年龄段的孩子来说，整体上并不感觉过于零散或不连贯。

游戏的形式是身体层面的，如剪、挤、戳、贴等等动作。虽然有一些词汇，但没有太多的口头阐述。这也是这个年龄段儿童的特点之一。孩子的游戏能力表明他的焦虑情绪以一种象征性的形式得到了相当好的解决。他没有表现出来焦虑情绪，也没有突然拒绝玩耍，觉得需要跑出房间去找妈妈。

从这些整体观察中，这个孩子似乎并没有由于情绪困扰而苦恼。他的表现说明他已经达到了适当的发展水平，而且他的游戏表明他有相当大的发展优势。

关于移情，或者更准确地说，孩子与我建立关系的能力，我觉得他表现得很正常。他说话时看着我的眼睛，并能得体且专心地听我说话。我很享受与他在一起的时间。他看起来是个"好孩子"。他与游戏材料以及与我建立的关系展现出一种能量和活力，很有魅力和吸引力。这些感觉都意味着他有很强的建立关系的能力。

更细致的研究

如果仔细研究这些素材，可以看出某些主题和动力。我必须补充一点，当我和这个男孩在一起的时候，我并没有明显意识到这些可能的动力。我明白分离和依恋几乎是这个年龄段的孩子共同的问题，但在第一次治疗刚开始时，我对这个男孩情绪功能的细微之处几乎一无所知。

这个孩子的第一项活动非常有趣，也是很有启发性的。我没有给他任何引导，他为什么要从所有可用的游戏材料中选择纸张呢？为什么James会立即开始剪纸？这不是随意剪的。他显然心里有一个目的。为什么是四块碎片？剪纸是否代表某种个人动力？如果你是那张纸，你会有什么感觉？或者，如果你是那把剪刀，你会有什么感觉？剪纸的活动既可以是破坏性的，也可以是创造性的。James是否在向我传达某些关于分离的信息？他是否在表达自己需要掌控分离的需求？这是不是某种口欲期攻击：会咬人的剪刀？这是在表达愤怒以及保持分离的需求吗？

我知道James有一个年幼的弟弟/妹妹*，所以这四个纸片可能代表他的家庭。他小心翼翼地把纸片放在一起，意味着他需要控制，好确保它们彼此之间的关系是正确的。这是否暗示了某种强迫倾向？这种控制是否与他眼前的情况有关，即移情，他发现自己处于一种无序的情况下？他试图创造一些秩序吗？为什么他要把最小的那块放在大的那块上？为什么要把它单独拿出来？为什么在这个时候我讲话了？为什么我称那块小的为"宝宝"（baby piece）？我在引导他吗？当他把小纸块横放在大纸块上时，我想到了把婴儿抱在怀里的情景。但这是我的联想，还是"我们"的交流呢？毕竟这节咨询才刚开始。他直视我并对我微笑，让我觉得我的评论是正确的，但这也可能只是他希望取悦我。

他走到连在一起的橡皮泥块那儿，并把它们分开，这延续了分离的主题。这让我更相信他的问题可能涉及分离。他为什么要把它们变成足球，而他的大男孩踢足球的联想是什么意思？他觉得自己是一个大男孩，或者想成为一个大男孩吗？这是否受到了我提到的"宝宝"的影响？他为什么叫它足球？这是否与竞争有关，还是指被踢来踢去？（我又一次在想象成为足球的感觉。）他是否感到他的小宝宝被踢来踢去，还是说他对他的弟弟/妹妹或父亲具有竞争性？

他接下来的动作是把分开的球拼成一个大球。这是否与重新走到一起有关，意味着没有分离，没有个体化？还是说分开来和拼回去呈现了分裂或崩碎的问题？这对

---

* 原文为sibling，未指明性别。——译者注。

这个小男孩来说也许并不恰当,他没有呈现出一塌糊涂的状态。

他把铅笔插进球里,对游戏材料进行了进一步发展。这个动作本身是侵入性和强硬的,但它也涉及"被卡在里面"。依恋的主题再次出现,只是这次感觉更加具有破坏性。我不清楚他为什么告诉我他在书上看到了这个。他说这个带刺的球是鳄鱼,并且鳄鱼有大嘴,这表明这个活动里涉及口欲期攻击性。对于我之前觉得剪纸(咬破纸的剪刀)象征咬人的一些想法,我感觉更确信了一些。虽然带刺的球看起来一点也不像鳄鱼,但尖尖的铅笔朝外伸出的样子似乎让他想起了牙齿——非常大的牙齿,像鳄鱼的牙齿。

球和鳄鱼之间的象征关系似乎有点儿牵强,如果这是一个年龄更大一些的孩子,我们会期待象征和外部现实之间有更密切的联系。在所有这些素材中,他是在传达他对于关系中的咬或大嘴巴的担忧吗?他是否担心自己的大嘴巴、他的口欲期攻击性,以及这些可能会对被攻击的对象(人)造成影响?或者,通过投射,他是否在害怕自己会被侵入并被吞噬?

他把每支铅笔取出来,对留下的洞非常感兴趣,这可能有助于我们进一步思考他对关系的看法。取走铅笔会留下一个洞和空虚的感觉。当他的亲密关系中的人离开他时,他会有同样的感受吗?按照Klein的想象,乳头和乳房的撤离是否会让他感到空虚和空洞?他对每个洞的兴趣引起了我的注意,并尝试思考其中的意义。他数出留下的洞的数量,让我想知道这是不是一种强迫性的尝试,试图感觉自己知道这些洞,就像一个大男孩一样数出来并且"知道"。这是否意味着,被留下,意识到有空洞,不仅感觉到空虚,还感到困惑和混乱,而计数则是在试图应对这种焦虑?

接下来的游戏是他把小块橡皮泥从球上拿下来,然后把它们重新压在一起,并说"一个"(one)。这似乎类似于之前的游戏,将所有足球都压成一个。重复这个游戏使它的意义更加突出。在一起,然后被拉开,然后被压缩回到一起,这一定意味着什么。这也许意味着这个男孩在关心依恋和个体化的问题。这个游戏表明他在探索与他人分离的感觉,同时也意味着他可能因为不得不与他人重新融合而感到焦虑和愤怒。

他告诉我球现在又变成了一架飞机。再一次,这意味着他跟现实的联系拉近了。但在学龄前儿童身上,我们预计是会出现一些这样的初级过程思维的。在所有可能成为的东西中，为什么让它变成一架飞机？紧接着，他又把橡皮泥块扯下来，再把它们压在一起。这些动作是否让他想起了东西飞走或飞行？他的陈述似乎支持了这一假设，他说飞机正在飞向远方。我很明确地感觉到对与他人的分离和距离变远的焦虑。我不确定我当时为什么问了那些问题，而不是让这个游戏自然发展下去。可能是因为他的口头表达增加了，还有他提供的联想。他告诉我，球变成了飞机，正在飞向远方。这是他为数不多的言语表达之一。

他对我问题的回答毫无疑问地表明分离与危险及暴力有关。他告诉我飞机要去医院，不仅表示受伤，还表示有一些希望，或者至少是意识到修复的可能性。他能够表达分离、伤害、撞击和口欲期攻击性（以鳄鱼的形状）之间的联系，为进一步思考提供了一片丰富的沃土。这让我想到，James是不是已经经历过，或仍然在经历着这样的关系？他是否觉得在与他人的关系中存在着这种伤害和撞击：一个乳头和嘴巴不能和平地结合在一起，而是由于暴力的撞击，且会导致双方受伤？

注意到汽车里的一小块红色橡皮泥并将其与火联系起来，这支持了我们对火的假设，无论火是在他身上还是在别人身上，那都是危险的。这个素材似乎催化出了最清晰的移情交流。他告诉我，他觉得自己非常强大，如果他跳上跳下，就有能力把我的房子撞倒！这是多么可怕的事情啊！他真的这么强大吗？还是我，或者我的房子，太脆弱了？无论是哪种情况，他都有麻烦了！

接下来的游戏更加令人费解。我们需要记住的是，这发生在他前一轮游戏之后，而在那轮游戏中，他说接触是危险和破坏性的。为什么他要在纸的正中央写上自己的名字？他的名字的中心位置是不是意味着他需要处在中心位置，要在正中间？他为什么要写自己的名字？这是为了给我看，同时也是为了提醒他自己，他是一个会写自己名字的大男孩吗？这是不是为了给他自己提供一些证据，来证明他也有创造力或修复力，而不仅仅是那个能把我的房子砸倒的破坏性角色？在房间里书写比起自信地展示某种技能会更容易体验到专注感。那么他是用书写来确定自己是存在的吗？写两遍是为了确定他在那里，还是为了通过让自己身边有一些东西来确保他不孤单呢？

他是欧洲人，不是亚洲人，所以他竖着写名字很奇怪。这让我想起了他把纸切成四个竖条的样子。但这是什么意思呢？我很难猜测。之后，他为什么突然问我会不会说法语呢？我知道他的母亲来自讲法语的地方，所以这个问题一定与他母亲有某种联系。他是在问我是否能理解他吗？这是在他写完自己的名字后随即发生的，所以可能与他想知道我们是否会说同一种语言有关。

他把自己的名字从纸中央剪掉的行为给人的感觉很复杂。这个行为挺特别的。感觉他的名字在某种程度上被当作这一页纸上特别的一部分，被"选中"，或者被提取出来了。然而，当他剪下自己的名字时，他看着页面中央的洞，让我想起了他对橡皮泥上铅笔被取走后留下的洞的兴趣。这让我觉得我好像目睹了他从子宫中被娩出的情景。他用纸包裹着自己的名字，并用胶带固定住，这给我的印象更强烈，或者至少我受到了影响。我觉得他在里头被严严实实地包裹着和保护着。为什么他需要这么多的纸和胶带包裹着他？他是否担心自己会被退学？这些胶带和纸会不会就像某种皮肤一样把他紧紧地裹在一起，以确保他如果被"撞到"时也会没事？他提到的信也让我联想到信封的保护作用，以及缩小差距或跨越距离的某种想法。这是他感到自己在人际关系中必须做的吗？他的自我意识会得到保护和正确的理解吗？他和他的沟通会被接收到，还是会消失在某个不为人知的角落——比如一个洞里呢？

以这种近距离、详细的方式审视这些素材，可以为我们思考行为和互动留下空间，而这种思考在繁忙的日常互动中是不容易实现的。当然，我对这些观察的想法仅仅是一种推测或者是一种心理游戏，它们需要通过进一步的观察来加以巩固。这些想法需要被整合到评估过程中的其他信息源中。但是，这些近距离的观察和我的"趣味式思考"（playful thinking）是评估过程的核心。最丰富的信息来源是我们的观察和思考，而且这是生动而真实的。去观察和思考是为了看到孩子的本质，观察和体验他们的独特个性。

以这种方式研究素材，也为了解我的思维方法提供了一个窗口：我如何思考这些观察结果。其他治疗师可能会有不同的看法，但如果素材得到了详尽和开放的研究，那么思考上的共性将会变多，多到足够让这些类型的评估具有可靠性和有效性。

▍潜伏期儿童

在会见潜伏期儿童时要考虑的要点包括：

·他们的情绪更隐晦，不像学龄前儿童那样"热情洋溢"。

- 自我正在积极发展，并从跟家庭的紧密关系转向外部世界。
- 过度强调现实：自我多于本我。
- 游戏或符号与游戏的现实性之间拉开了距离。
- 潜伏期儿童不太可能认为问题出在他们自己身上。
- 缺乏治疗动力。
- 对自由联想的阻抗。
- 强迫性：儿童需要掌控，并可能墨守成规。
- 与此阶段儿童的工作可能会给人一种缓慢、沉闷的感觉。
- 咨询会面可能会很无聊。
- 可能很难感受到移情。

理性的年纪

潜伏期是指6至11岁之间的时期。它之所以被称为"潜伏期"，是因为在情感上，这是强烈情感潜伏的时期。学龄前儿童混乱而脆弱的结构现在开始稳定下来。这个年龄段的孩子一般不会出现5岁以下儿童特有的情绪爆发。情感不再会有迅速又强烈的爆发，孩子可以等待。他们对即时满足的要求开始减弱。学龄前儿童会因为得不到冰激凌而发脾气，而潜伏期儿童则可以通过理性的交谈来接受现实，他们可以理解那是因为附近没有冰激凌店。7岁经常被称为理性年纪的开始。

从家庭离开

潜伏期儿童的认同仍然主要与家庭有关。然而，作为"爸爸或妈妈的小男孩或小女孩"的这种亲密联系开始变弱。正式上学预示着形成许多新的生活方式。潜伏期的儿童不仅属于家庭，也属于学校。透过校服、课时结构以及被安排到特定的班级，他们的认同范围在扩大。他们的自我意识开始延伸。他们被认同为X女士班级的成员，也是整个学校的一员。他们必须适应开始按照学校的铃声来生活。他们必须得习惯跟20或30个孩子一起去郊游。他们将经历学校的集会，知道在一个100人或更多人的团体里听台上的人发言是什么感觉。学习会更加正式，作业会被打分和评级，他们将被测试掌握了多少知识。玩耍的时间会受到限制，他们得忍耐不感兴趣或不喜欢的作业。他们还将开始认同小的同伴团体。他们将体验到被游戏和团体接纳或被排除在外的感觉。他们也可能有机会去结交他们自己选择的朋友（Blake，2000）。

自我和超我的发展

所有这些事情都需要情感上的协商。孩子对这些事件的感受和反应将塑造他们的性格。这一时期的变化扰乱了孩子与家庭的紧密联系，需要孩子应对新的情境和情感。这是一个强大的自我和超我发展的时期。随着跟学校和当地社区有了更多接触，孩子与外部世界谈判的自我功能被调用起来。遵守学校规则带来更高的要求和压力，对孩子的超我发展提出了更多的需求。不仅仅是父母在告诉孩子什么是对什么是错，教师、校长和同龄人也在做这件事。

重视外部世界

学校的引入及其对学习世界的重视会让这个时期的儿童转向外部知识。这种对外部世界重要性的强调可以用来帮助他们应对和控制内心世界的动荡力量。这种对外部知识的更多接触鼓励儿童去思考世界运作的方式。这可能也会限制他们思考和体验情感世界的空间。

强迫的倾向

潜伏期儿童的强迫的倾向可能会使评估人员和心理治疗师没有好日子过。学龄前儿童的情绪虽然会爆发但也容易被观察到，但是潜伏期儿童的情绪在这个时期开始较少呈现在表面了。这些儿童可能会感到自己被一堆脱离情感的事实和数字所淹没。这种强调外部现实而牺牲内在世界的态度与强迫的倾向有着密切的关系。实际上，我们会预料到一个潜伏期的儿童会相当具有强迫性，或者至少有强迫的特征。这是在这个年龄段应对强烈情感的普遍方式。

俄狄浦斯认同

用 Freud 的术语来说，这是一个解决俄狄浦斯冲突的时期。潜伏期的儿童不再爆发出嫉妒和竞争的感情，而是"放弃"了试图打败同性别父母的努力，并开始认同他/她。想要成为父母的样子意味着这个时期的儿童接受了父母的价值观和信仰体系，并渴望变得像他/她一样有学识。

象征更接近现实

这种关注外界的特点意味着潜伏期儿童比学龄前儿童会更少幻想。现在，象征会更贴近于它们实际代表的意义。举个例子，一个四岁的儿童会说球是一架飞机，一个九岁的儿童就不太会这样说，假使一个九岁的儿童说了同样的话，是会令人担忧的。

无聊的游戏

潜伏期儿童的游戏可能会变得很无聊，可能让人感觉平淡无奇，死气沉沉。他们回答问题很简短，很少有自发的表达。他们的标准答复可能是"不知道"。画房屋等要用尺子量，而不是徒手自由作画。他们的故事或者绘画中的细节有些时候会显得太重要了，以至于忽略了沟通的本质。我发现要试图跟上他们对游戏的详细描述，尤其是对一些带有奇怪的、难以记住的名称的电子游戏的描述，几乎是不可能的事［我最害怕的游戏是《宝可梦》(Pokémon) 和《魔兽世界》(World of Warcraft)］。即使是在评估过程中，我也感到要付出巨大的努力，才能阻止我的昏昏欲睡。

被取代的情感

尽管这时期的游戏和交流缺乏明显的情感，但观察和倾听这部分仍然很重要。潜伏期的儿童很少谈及自己在家庭内外的感受。相反，这些孩子宁愿谈论游戏、电视节目、事物的运作方式、他们的兴趣爱好及其细节，以及他们如何收集和整理东西。如果你在期待从一个潜伏期儿童那里听到"深刻和有意义的"东西或丰富的游戏，你需要等待很长一段时间。

有限的洞察力

虽然潜伏期儿童的行为可能会令人不安，但这个年龄段的儿童很少会去探索这种行为背后与自己的感受有关联的可能性。潜伏期儿童的洞察力和与之相关的兴趣都是有限的，取而代之的是对自行车如何工作或电脑游戏如何操作等事情的兴趣。他们对于"关系"也感兴趣，只要不是人类之间的关系就好。

缺乏治疗动力

这种充满"置换"与"向外看"的精神动力意味着潜伏期儿童不太可能认为问题出在自己身上。事情可能出了问题，但这与他们没有关系。不像青少年会容易去指责这是他人的问题，潜伏期儿童更可能会对问题本身不感兴趣。对于评估和治疗，这时期的儿童可能没有什么动力。

感受移情的困难

对情感关系缺乏兴趣影响到了移情。与潜伏期儿童一起工作，无论是评估还是治疗，都会特别难以准确判断移情的感觉。许多潜伏期儿童都会集中精力玩游戏，很少有口头联想。坐在房间里看着这样的孩子专注地玩游戏，治疗师很容易就会走神。观察他们用尺子画房子并不会激发我们很大的兴趣。孩子可能会沉浸在自己的游戏世界中。如果这时候自问"这个孩子对我有什么感觉"这种问题，可能会感觉很没有意义。在持续性的治疗中，孩子这种沉浸或撤退到游戏中的情况，使我们几乎没办法去感受和处理移情（Blake, 1997；参见第 13 章）。

Thomas：10岁

第一次评估咨询记录

Thomas和他的母亲迟到了10分钟。当我去等候室接他时，他正坐在他母亲身边。他热情而直接地和我打了个招呼，轻松地向我走了过来。临走前，他的母亲说了一些我听不到的话。他向她点了点头。

当我们到房间里时，我问他母亲说了什么。他说是让他不要忘记我的名字。他还说，他有忘记别人名字的毛病。又说他忘了整理床铺，他和他母亲今天也忘了归还一盘录像带。

之后，他的注意力转向了玩具。他翻了翻玩具箱，拿出了一些纸。他小心翼翼地折叠着纸张，然后剪下一些小碎片。他展开纸张，看看自己剪出了什么图案。他告诉我他经常这样做，有一次，他意外地剪出了一个UFO和火星人的形状。

他又拿了一张纸仔细地折成了一架纸飞机。我本以为他会让它飞起来，但他只是把它放在桌子上，没有说话，然后转向玩具动物。他开始把它们按家庭分组。他小心翼翼地把所有的猴子都挂在树枝上，放在一棵树上。我注意到他用一种婴儿般的语气说"thwee"。他记不得鸸鹋叫什么了，但是他觉得它们跑得很快。他花了很多时间试图让这些动物站起来，然后再不小心将它们撞倒。他忘记了这些动物生活的地方叫什么。可能是叫丛林，但他说马不在丛林里。

对素材的猜想

对一个潜伏期的儿童来说，如此自然的联想能力很不同寻常。Thomas很乐意投入到游戏中并和我一起互动。在这个意义上，他一开始并没有像许多这个年龄段的孩子那样防御。这种参与程度可能表明他能够利用这个环境来表达他的想法和焦虑。

与和学龄前儿童有关的素材不同，这个孩子的素材更稳定，更易于理解。他的想法和阐述不会跳来跳去。从发展的角度看，这种游戏的结构是合适的。

当他的母亲告诉他不要忘记我的名字时，我们有了一个关于"忘记"的移情初步参考。在这节咨询的一开始，他似乎在传达忘记的主题是他人际关系中的一个问题，要么是他忘记了别人，要么是别人忘记了他。

他的交往能力很强，也很明确。他很容易和母亲分开，直视我并友好地打招呼。这让人感觉很真诚。这是否在告诉我，他期待着这个世界（以我为代表）是接纳和友好的呢？我发现自己很喜欢他，对他的游戏和谈话感兴趣。没有跟潜伏期儿童工作时通常有的那种无聊感，尽管评估过程才刚开始。他的素材似乎相当丰富，有许多可能的主题。

可能的主题

第一次评估咨询开始时，Thomas和他的母亲迟到了十分钟。他们没有给出任何道歉或解释。这一点需要留意。这是否是对整个评估过程感到焦虑或矛盾的结果？这是否会对未来的评估产生影响？这是否是家庭环境混乱的结果？这是否意味着母亲无法准时出现在任何持续性的联系之中？我观察到Thomas和他的母亲紧紧地坐在一起，给人一种亲密无间的感觉。他们两个在这个位置上看起来都很舒服。可这是不是太近了些？当然，他能够从他的母亲身边分离开来，热情地和我打招呼。但他母亲临别时的叮嘱意味着什么？她是否在挣扎着让他离开？这是她看到他和我在一起时的反应吗？她需要说最后一句话吗？母亲在儿子离开时和他说的悄悄话，让我感到被排斥在外了，因为我不知道他们说了什么。这里是否有某种俄狄浦斯动力正在重演，有两个人在一起，另一个人被排除在外？这就是我立即问他和他母亲之间说了什么的原因吗？我是不是由于某种俄狄浦斯反移情感觉而见诸行动了？

他对我的问题的回答引入了"忘记"的主题。他的母亲为什么要提醒他这个？她是否将离开与被忘记联系起来？她是否在向他传达她的信念或恐惧，认为孩子会忘记或从他的头脑中抹去另一个人的身份？Thomas 告诉我他不仅忘记了名字，还忘记了整理床铺和归还录像带，这表明他担心这是一个更普遍的问题。他为什么要告诉我有关他的床的事情，而且为什么紧接着就是他和他母亲的故事？床与他母亲有关吗？这里有一些隐藏的俄狄浦斯式渴望或内疚吗？为什么他提到忘记归还录像带？这可能与事物（人）没有回来有关吗？（我知道他不再和他父亲生活在一起。）

他轻松地走到玩具箱前，开始玩纸。他做这些事情时并没有请求许可，但这并不让人感到他在试图控制局面。他表现得自信、放松，我们之间感觉很舒适。他仔细地把纸折叠起来。值得注意的是，这种仔细的折叠是在我们谈论"忘记"之后进行的。这个"忘记"的话题是否引起了他对混乱和损失的焦虑？这种小心翼翼的、有分寸的活动是不是保持秩序的强迫性尝试？很有趣的是他在折叠的纸上剪下一小块来。从某种程度上看，它看起来像是一个微小的切口，但是当纸张打开时，上面布满了孔洞。当我看到这个时，我的第一个想法是"忘记"的主题。这些洞让我想起了思想或记忆中的漏洞。第一个小切口是否掩盖了一个更加凶猛或广泛的攻击纸张（剪纸）的行为？他是否在向我展示，表面上看起来他只是啃了一口，但在下面，他有一个非常饥饿的吞噬本质（一种非常 Klein 式的观点）？他的"图式"是否传达了他对秩序和可预测性的需求？通过展示他对折叠、剪切和制造图案的知识，他是否正在向我展示他的潜伏期发展功能？这可以被看作是对纸张的攻击（剪纸），还是一种制作有趣图案的创造性行为？也可能两者都有。

他对剪纸的口头联想增加了另一个维度。他说他是意外地制作出了 UFO 图案。这是否暗示了他对失去控制的担忧？他是否因为不确定，而害怕自己会制造出什么？为什么他把那个图案看成是 UFO？有什么是未知的？他内心是否有某些东西，比如他会担心自己的健忘，或者通过剪切实现的无意识中的攻击，或者担心那些他无法控制的意外？他身上或其他人身上的东西是否让他感到不被认同或陌生，就像火星人那样？这种外来的、无法融入的主题与他和他的人际关系有什么联系？这是在告诉我们关于他的心理内部和人际关系的哪些方面呢？

他接下来制作纸飞机的活动确认了他对纸张的小心谨慎。他为什么这么小心？他是在担心把它弄坏吗？我开始对这个假设更确信了。制作飞机的过程反映了那些与飞行的UFO相关的素材：这是否与一些东西飞走有关，比如他的记忆或离开他的人？我惊讶的是他没有把折好的飞机扔出去——这是不是如同我的反移情有某种不可预测性一样，意味着事情是不可预测的？不扔飞机，不让飞机离开他的手，可能与分离的焦虑有关，与扔掉东西或被扔掉的焦虑有关。

他转向动物并重新将它们分类，意味着他试图控制或组织事物。他是否对飞机飞行感到焦虑，因此需要通过对动物分组来强迫式地控制正在发生的事情？把动物按家庭分开，可能暗示着他需要让家人在一起。这是否与他的家庭有关？对没有归属、忘记或东西飞走的焦虑，是否与他担心家人不能在一起有关？猴子被他小心地放在树上。他仔细地确保它们被牢牢固定在树上。他称这棵树为"thwee"，这感觉有点儿退行。这是否与悬挂的猴子有关？它们是否让他想起了他对最早期养育者婴儿般的依恋？他是否在出生后最早的那几个月有过不安全感？

当他说他不记得鸸鹋叫什么时，"忘记"的主题被进一步强化。他为什么会忘记鸸鹋的名字，以及他为什么告诉我它们跑得快，我并不清楚。当然，他可能是通过告诉我他至少能记得它们跑得很快来确认它们的身份。

我对他如此长时间地坚持尝试让动物站起来印象深刻。有些动物的脚非常不稳，它们能不能站起来都是个问题。然而，他继续尝试，没有表现出明显的挫败感。为什么这件事情如此重要？它们站不起来是否与他没有能力使事情变得正确有关？这种无能为力是否证明他觉得自己内心有某种破坏性的力量？这是否就是他反复尝试使它们恢复正常（站起来）的原因呢？

这个片段落脚于我们已经熟知的主题——"忘记"。这涉及他对"丛林"这个词的不确定。对他来说，这是一个危险的词吗？丛林中野性盛行的想法是否挑战了他对控制的需求？他是在传达他的焦虑，认为他内心存在着丛林或野性？他说马不在丛林里，这与之前的外星人和UFO的说法相呼应，证明这个男孩觉得自己身上有什么东西格格不入。在他试图建立的关系中，他是否感到格格不入？

这些是我对这个男孩最初的想法。很明显，这些猜想没有什么确定性。我的推测是，他感到被排除在外，无法融入，无论是在自己的内心还是在人际关系中都是如此，这些主题都需要在评估的其他方面找到支持的证据。只有这样，我们才有可能确认这些主题准确地描述了这个男孩的内在动力。

青少年

和青少年会面

在与青少年会面时要考虑的要点包括：

- 情感冲突增加，导致与性及攻击性有关的感受增加。这些情感互相之间往往是关联的。
- 与学龄前儿童一样，他们的冲动强烈，但身体更强壮了。
- 身份认同议题包括从"我不是我父母说的那样"，到"我是像朋友、同学们说的那样"，再到"我是我所说的那样"，最后到"我能在亲密关系中做我自己"。
- 更能意识到情感痛苦。
- 对于接受帮助存在着矛盾的情感。
- 自体感是脆弱的。
- 有更强的情感思考能力。
- 更多地关注自我。
- 见诸行动的风险更高：有"突破"的冲动。
- 增强的投射性认同。
- 更多地利用团体来摆脱个人问题。
- 强烈的移情，既有正面的也有负面的。
- 游戏较少，有一些绘画，口头表达能力增强。
- 难以和他们建立联系。

· 和他们建立联系通常得通过运动、音乐、电影和书籍等隐喻来进行。

我感到很难将青少年作为一个同质团体来讨论。13岁的孩子和19岁的孩子处于非常不同的位置。在神经学观点上，他们是非常不同的（Weinberger et al., 2005）。在这个年龄段，他们从身体、社交和情感上都在远离家庭，向外发展。他们主要的发展任务是获得稳定的身份认同感和自主权。为了讲得更清楚些，我将把青春期分为三个时期：早期、中期和晚期。

青春期早期

复杂性增加

在青春期早期，小学时期的那些安全感和支持不再存在。以前在一个班里只有一个老师，现在变成了要与许多不同学科的老师打交道。在不同的课堂里，与不同的同学团体待在一起，这些都需要各种适应。时间表和日记变得更加重要而且更加复杂。在不同学科上的优势和劣势变得更加明显了，学业能力有了各种正式和公开的认可。在智力层面上，所有这些因素都会引发青少年重新评估自己在同龄人中的地位。他们现阶段的压力是要找出自己在学业上和社会上的归属感并对此感到舒适。

青春期的困扰

诸如找到自己的位置、了解自己适合哪里这些问题，都会对内心和人际关系起作用。进入中学意味着青春期的开始。激素的变化导致身体快速而剧烈地发育。青少年的身体在外部和内部都发生着变化。在青春期前期，神经元连接的增长非常迅速，这种神经活动的增加会在整个青春期通过"用进废退"的方式逐渐被修剪。化学递质方面，多巴胺（一种神经递质）在前额叶皮质中有所增加。这是一个处理思维组织和冲动控制的大脑区域（Weinberger et al., 2005）。这些激素和化学变化带来了新的情感表现方式。

性欲、攻击性和独立需求的感觉现在都需要被整合到新的自我认识中。这些强烈的情感张力如此之大，以至于青少年可能会感到被这些爆发的力量所占据或控制。坐在公共汽车上的13岁男孩可能会突然出现勃起，也没有任何伴随的性幻想，这会令他遭受充满尴尬的痛苦和困惑。当早晨醒来时床单上沾满了精液，但没有任何有意识的梦境记忆，这也会令人感到非常失控。在这个意义上，青少年经常感到难以整合。在动力层面，这跟学龄前儿童的情感爆发一样，只是现在他们是处在一个更有影响力和更强壮的身体中，这意味着他们是有能力对周遭世界产生严重影响的。内在的心理压力也继而形成："我如何适应这些新的感受，并仍然确定'我是谁'？"

寻求身份认同

这种对全新感觉的适应也在外部世界里有类似的体现："我在社交中的位置在哪里？"寻求个人身份认同会使青少年离开家庭，许多青少年不再愿意认为自己是爸妈的小男孩或小女孩。这让人感到窒息，而与之相较的是激素水平激增引发的各种迫切需求。这些不属于家庭的需求在青春期的早期阶段占了上风。此时，许多青少年的身份认同是基于否定的。做自己就等同于不要像自己的父母那样。音乐、时尚、电视和电影的风格必须与父母的风格不同。青少年可能不太清楚自己喜欢什么，但他们绝对知道他们不喜欢属于父母的那些糟糕的音乐或衣服。

这种消极的认同给 12 ～ 14 岁的孩子带来了巨大的情绪压力。现在，身体和思想上的变化冲击着刚刚起步的自我意识。任何经验和关系都可能让他们格外敏感。新的经验排山倒海又持续不断，但缺乏足够稳固的人格基底来让这些新经验舒适地融入进来。这种要背离成年人又对新的经验感到极度不适的情况，使这个年龄组的人最难参与到任何心理治疗工作中来。这是一个分离的时期。任何试图揭示和思考这些新的情感的努力都会令他们痛苦地觉得这是不友好和粗鲁的。

对情绪痛苦的高敏感性

由于其自我特别脆弱与敏感，这会令我们在面对和抱持青少年的情绪痛苦时感到格外困难，即使在评估过程中也是如此。这种对情绪痛苦的高敏感性往往伴随着一种基于否认和投射的防御结构。强烈地否认任何问题可能是潜伏期防御发展遗留下来的问题。

否认和控制

当存在如此多的脆弱和不确定性时，"否认"会显得非常突出。有时候，这可以在那些表现得强硬和酷酷的青少年身上看到。似乎没有什么能让他们烦恼。与此相关的是他们的那种无法被征服的气质，导致了危险和冒险的活动。这样的行为是他们试图否认不确定性和害怕失去控制的方式。这可能是他们对世界说"不"的方式，即无论风险有多大，他们都能掌控一切。

另一种表现形式可能是青少年试图通过塑身来控制自己"失控"的身体，或者更危险的是，试图通过饮食障碍来违抗自然并企图控制身体的形状。这种强迫性表现的另一种形式可能是青少年对掌握特定活动（如运动、乐器甚至某个学科领域）的过度关注，以便达到对某个特定主题了解一切的程度。

投射

在青春期尤其普遍的是大量使用投射。考虑到青少年易受外界影响，这是可以理解的。由于受到内部和外部变化的冲击，青少年会试图摆脱任何心理上的紧张感。实际上，这意味着不承认困难并将其看作别人的问题。如果没有父母、老师、兄弟姐妹和同龄人的不合理行为，青少年觉得自己的生活将变得更加轻松。"问题在于家庭或学校，而不是我。"

性欲

与一个青少年开展工作而不去思考他/她是如何应对和性欲相关的感受，这是不太可能的。如果我没有看到性欲或其衍生物的任何迹象，我会感到担忧。青少年身体中急迫的化学变化渗透到他们所有的互动中。如果缺乏性欲象征或关于性的直接表述，这暗示着强烈的抑制和扭曲的发展。为了防止那些令人不安的和性欲有关的感觉喷涌出来，青少年可能会试图加强关于秩序和控制的潜伏期防御机制，只是那样的话盖子就变得更紧了。

亲密关系的问题

这是一个努力厘清喜爱、情感亲密和性欲之间区别的时期。以前对父母、兄弟姐妹和朋友的温柔、关怀和同情的感觉现在可能会被性冲动所污染。对父母，特别是对异性父母（以及治疗师）产生爱的感觉可能会让他们感到非常危险。从这个意义上讲，过往俄狄浦斯式感受会被重新拿出来审视，只不过这次是真实的！这些感觉现在存在于一个成熟中的、具有性特征的身体内，这令人格外害怕。这些感觉往往是通过激烈地远离父母来被处理的。斗争和争吵是对亲密和爱的感觉的防御，转而产生更"安全"的仇恨和轻蔑感。在这个时期，性欲和攻击性也可能会紧密融合在一起。高潮爆发式的喊叫、摔门和愤然离去都可能是性张力的一种宣泄。

青春期中期

对团体的认同

随着青少年进入青春期中期（15～17岁），早期的青春期动荡开始平息。然而，远离家庭和争取更大的自主权的过程仍在继续。身份认同和归属感从之前对父母的排斥转向更积极地认同同龄人和青春期团体。这就是为什么团体和同伴关系变得如此重要。从某种意义上说，团体或同伴成为新的家庭。这是青少年现在可以感觉到归属感的地方。团体认同的标志是必须穿正确的衣服、听同样的音乐、分享相同的突破性思想、理想化相同的流行音乐或体育明星、梳正确的发型，以及用特定的方式思考和交谈。这种同龄人身份认同有助于将青少年联系在一起。每个人都可以在团体的安全环境中成为一个独立的个体。现在，情感上的关注点集中在被团体包容或排斥上。找到自己的团体——无论是书呆子、运动小组、酷炫小组还是非酷炫小组，并在所选择的团体中感到被接纳和舒适，这缓解了青春期早期的情感动荡，让更多的和平整合时刻得以出现。

团体和个人的动力

团体也可以用于投射。团体本身可以具有个人特征，因此一个人可能承受着团体中其他人的投射。如果这种分裂和投射过度，那么某些个人就会表现出来，或者成为某一特定动力的"代表"。他们会把团体的感觉"见诸行动"。通过这种方式，他们被团体"控制"。这样的动力可以将一个团体变成一个危险的团伙，并可能导致某个成员的暴力攻击和/或性行为。还有可能某一个团体成员承载着其他团体成员的困惑或绝望，从而导致了抑郁症或自杀的倾向。

青春期晚期

青春期的最后一个阶段（18～20岁）相对稳定，尽管仍然存在不确定性和需要解决的发展任务。性别认同正在变得更加清晰，他们会有一个从团体向成为一对对性伴侣的转变。从"我不是我的父母"到"我是团体"，再到"我是我自己"的过渡。这一发展的最后一步是在情侣关系中感受到"我是我自己"。这一步可能存在不确定因素，因为年龄较大的青少年正在努力寻找合适的伴侣。亲密关系带来了亲近和支持，但它也带有一种自主性的丧失，唤起了对被吞噬或窒息的恐惧。Reid（1999）将这一至关重要的青春期任务与其婴儿期的根源联系起来。她指出，婴儿必须首先承认和容忍"他人"（other）的存在，然后随着发展，才能承认"另一个人"（another）的存在。这听起来可能是一个相当简单和轻而易举的成就，但这种承认另一个人并与其亲密的过程将成为一个人终身的张力。一个人如何与另一个人"融合"或亲近而不失去自我意识？ Lesley Gore 的歌曲《你不拥有我》（You Don't Own Me）捕捉到了这种想要和需要亲近但又害怕自己会被占领的两难境地。在青春期晚期的青少年，想要并需要一个亲密的伙伴，于是不得不第一次认真面对这种两难境地。这是一场终生斗争的开始：适应对方的需要时容忍部分自我丧失。对于自我意识脆弱的晚期青少年来说，这项任务可能会让他们感到不可承受。

在青春期晚期我们开始能看到自主权的巩固。来自家庭的支持减少了，身份认同是围绕着学习和/或职业以及性伴侣的选择而发展的。职业选择可以进一步塑造年轻的成年人的自我感觉，并加强从家庭到更广泛社区的转变。然而，所有这些晚期的发展任务都带来了高度的不确定性。在现代社会中有许多压力来源：工作/职业的流动性，对生存环境的关注，以及更多样的性别认同，这些都会让年轻的成年人仍然需要借助于早期的内在安全关系和支持模式来应对压力。

▌青少年的评估问题

意识到情感痛苦

青春期是一个情绪动荡的时期。激素变化引起了身体变化，从而导致性欲和攻击性感觉的增加。为了适应这些感觉而经历挣扎，这意味着青少年对自己的情感痛苦是有意识的。

关于获得帮助的矛盾

尽管青少年意识到自己的痛苦，但他们可能不乐意透露或分享这种痛苦。青少年有时会迫切地感觉需要被理解，而有时则又会回避流露出这样的表现，这种情况很正常。这可能会使评估和治疗变得困难。

建立关系的困难

与青少年进行评估往往是不乏味的。随着情绪的波动增加，移情作用可能会非常强大，甚至有时会过于强烈。这需要悉心应对，以避免突然终止联系的情况发生。在这个意义上，我们永远无法确定是否能与青少年建立持久的联系。一个普遍的临床经验是，与青少年有一节非常好的、亲近的咨询，然后发现他/她取消了下一次咨询，或者干脆结束了咨询。对青少年来说，亲密关系是一把双刃剑，既能带来亲近感，又可能会威胁到发展中的独立性。

表达能力

评估过程中我们需要识别出青少年表达情感的能力在不断增强。逐渐会有更多的言语交流，当然评估者也需要意识到与青少年开展"游戏"的形式是不同的。游戏的形式是讨论兴趣和活动，而不是围着玩具或绘画打转儿。对于青少年来说，详细讨论音乐、时尚、电影、运动、电子游戏或特定的学科追求是他们的"游戏"。了解这一点对于精神分析的理解至关重要。我记得有一位被督导者抱怨说，他从某个青少年那里得不到任何信息，因为这位青少年所说的一切都是关于一款特定的电脑游戏。从精神动力学的角度来看，这位青少年对这个特定游戏的兴趣肯定是有意义的。在所有的游戏中，为什么他特别感兴趣这一款？询问细节可以为了解青少年的内心世界打开一扇窗口。特别是关于音乐和电影的讨论可以成为了解青少年如何看待自己和周围世界的丰富信息来源。

Heather

16岁的Heather对电影《窈窕淑女》（My Fair Lady）很感兴趣。我很惊讶，因为这不是她那一代人的电影。当我们在多次讨论中更多地谈论这部电影时，我发现，她对 Eliza 的困境特别关注，即找不到自己的归属感。她抱怨说，Eliza 无法回到卖花女的身份，而另一方面即使经历了 Higgins 教授的改变，她也无法感觉自己真正属于上流社会。这种不知道自己属于哪里的主题与这个女孩来自离婚家庭的经历相似。她觉得自己在父母任何一方的新家中都没有归属感。

一些实际的考虑

在与青少年会面时，我会在附近放一张小桌子，上面有一些铅笔、纸和圆珠笔。对于年龄较小的青少年，我还会准备一小块橡皮泥。如果我发现青少年无法轻松地进行口头交流，我会提到纸和/或橡皮泥，像客观评论一样说有时候口头交流是很困难的，并建议他/她也许可以随意画画或制作一些东西。这种情况更可能发生在年龄较小的青少年身上。我曾经与年龄较小的青少年使用过涂鸦游戏，这可以缓解谈话带来的压力。我也曾见过十七八岁的年轻人会在我们交谈时涂鸦或画素描。我可能会也可能不会提到这些画，这取决于我判断这样的询问对对方来说可能会带来怎样的体验。不管哪一个年龄段的青少年，一般都不喜欢别人以分析性的眼光去对他们的画或建筑的隐藏意义进行猜测。同样，我也很少会评论身体的细微运动，因为青少年可能会觉得自己连眨眼都会被加以分析。青少年可能会感知到与自己的身体"失联"的痛苦——他们不需要聪明的分析者来强调他们身体上那些想要隐藏起来的信息。

我发现，询问他们喜欢或不喜欢成为哪种动物，以及谈论三个愿望，青少年很容易接受，我经常向这个年龄段的人提出这些问题。我会问到有关家庭、学校或大学的情况。在这些问题中，我试图找到他们可能热衷的兴趣或活动领域。这个"钩子"（hook）或隐喻，通常带有很强的象征意义，可以成为一种有价值且安全的沟通方式。

Andrew：14岁

第一次评估咨询记录

Andrew 是和他的父亲一起来的，提前了 5 分钟。当我去接他的时候，他正坐在他父亲旁边，看起来很安静，很放松。他毫不犹豫地跟我走了。在整个访谈过程中，他以一种冷静、随和的方式说话。他坦率地回答问题，但在讲述中也带有某种故弄玄虚的味道。

当他坐下来时，我问他是否明白我们今天的见面是关于什么的。他爽快地回答："帮助我解决我的问题。"我问："你的问题是什么？"他说他与父母经常争吵。我问他们争吵的原因。他说："当我不打扫房间或做事慢的时候，他们就会大喊大叫。"我问："你对此有何感受？"他说他很生气。他还补充说："妈妈喊得更多，她如果非常生气时，我就会被禁止出家门。"我问："当你生气时你会怎么做？"他说他会喊叫回去或者什么也不做。我问："你什么时候会对妈妈生气？"他说："当她答应我做某件事而没有遵守时。"我问他是否可以举个例子。他说："她说会给我买一杯饮料，然后又马上改变主意。"我又问他认为她为什么会这样做。他说他不知道。他补充说他的父亲更好："他不会让人失望的。"

我问他妈妈是什么样的人。他说她非常善良，给他钱买午餐。他还说，如果他上学时收拾书包的速度慢，她就会生气。他说他需要花十分钟，而妈妈认为只需要两分钟。他还说，平均大约需要五分钟。我问："为什么你要花更多时间？"他说他需要非常仔细地摆放书包，以便为每节课都准备好所有的书本，这样他就能为第二天做好准备。有一天，他以为自己为星期一做好了准备，但结果那天是公共假期，所以他在星期二就发现全部东西都带错了。他说，如果你没有带对东西，有些老师会生气。

接着，他告诉我他的数学老师的情况。他说这个老师非常爱生气，但他是全州最好的数学老师。我问他是什么意思。他说："他懂最多的数学。"他突然兴奋地说："但他不和你说话！"他说："你可以举手，他看到了也不说什么。如果你举手五分钟，他就会对你大喊。当他走进教室的时候，他不会打招呼。他会把作业展示在课板上，然后盯着窗外看。你不能问任何问题，因为他会在五分钟后给你答案。你也不能提前进入教室，因为他怕有东西会被损坏。有一次，他朝一个提前进入教室的男孩扔了一张桌子。铃声响起来的时候，他（老师）正在讲话，那个男孩开始收拾书本，这位老师直接就把书本压扁扔出了窗外。有一位母亲跟他谈过她儿子的情况，他说他班上的所有孩子都做得很好。"

对素材的猜想

这项评估的开头展示了从游戏到口头交流的转变。没有玩玩具或绘画，只有讨论。另一个特点是这个男孩对情感上的痛苦有所意识。他欣然承认他在家里的关系很困难，尽管很难确定到底谁应该受到责备。此外，这些困难是以关系的维度来被看待的（父母－儿子，老师－学生）。

从这些记录的前半部分和后半部分中，可以看出移情和反移情的不同互动质量。在访谈的前期，我非常活跃，问了很多问题，仿佛不允许访谈本身的节律流动。他的回答是尊重的，但很有限。后半部分的素材更有流动的感觉。我在前半程的行为可以被看作在提要求，或者是为了获取信息而提问。它也有一种侵入性的感觉。在素材本身中也可以看到这两个主题：要求和侵入性（要求严格的母亲和老师，侵入性的学生）。

反移情的另一个方面是，我感觉这个男孩觉得自己很"正常"。他谈到家庭问题时似乎并不觉得严重。他是否通过将问题"大事化小，小事化了"的方式来尽量减少这些不舒服的感觉，特别是关于他和家人的关系的感觉呢？他简短的、粗略的回答带给我这种印象。虽然他并不觉得自己很疏远，但我没有感觉到他在情感上是完全在场的。特别是当他谈到老师时，这种情况就发生了变化。也许针对家庭以外的人，更充分地表达这些感受是比较安全的。

可能的主题

素材开始于Andrew轻松地与他的父亲分别，这符合人们对一个14岁孩子的预期。通常母亲会是这个年龄段孩子的接送者，他和他的父亲在一起是不寻常的。这可能只是母亲工作安排带来的一个现实问题，也可能与他后来对母亲的负面评价有关。

他的开场白引入了一个他感到失控的主题：因为他的房间很乱，以及他的拖拉或者与他母亲不同的步调而带来的失控感。这种失控的感觉与他父母的喊叫和他的回喊有关。

当探讨到愤怒时，母亲"不靠谱"的主题，特别是在喂养方面，就浮现出来。他提到母亲反悔了提供饮料的承诺，这个例子可能意味着，他对母亲的不信任可能可以追溯到他早期尚需依赖喂养时期的情况。如果是这样的话，母亲和孩子在青春期都会变得更加独立的发展任务对他们来说就会很难。当他评论到他的母亲慷慨地给他午饭钱时，进一步提供了喂养方面的素材。这似乎是一个矛盾的信息。一方面，它描述了母亲的慷慨，但另一方面也意味着她没有亲自做午餐。

他的下一个联想环节是，当他收拾书包的速度慢时，他的母亲会生气，这可能进一步阐明了他与母亲的喂养关系。需要注意的是，他在谈到母亲和午餐后，立即发表了这个自发的评论。这个关于某人因为事情做得太慢而生气的评论是否与"母亲和午餐"的素材有关？这是否表达了他对母亲为他"收拾"（packing）乳房、准备喂奶的速度太慢而产生的愤怒？这是否在无意识地表达对一个被体验为抑制的、不可信赖的母亲的愤怒，或者至少是对一个与她的孩子/青少年不协调的母亲的愤怒？当然，这很可能是断章取义，但这正是我们在试图读取无意识时要寻找的东西。这一个可能的联系还不够，但它提醒我们要去注意这种可能的互动，并与其他可能包含这种动力的素材关联起来。

他关于收拾书包时间的表述突出了母子之间的时间错位或缺乏共鸣。他说平均需要五分钟，可能是他强迫性的防御机制，试图在这个时间错位的问题上获得一些秩序和控制。这种强迫性的防御机制会是他在潜伏期遗留下来的问题吗？

他对需要精心整理所有课本的描述，支持了有关强迫性机制发挥作用的假设。他对秩序和可预测性的需求意味着什么？这个男孩是否试图通过控制他的外部世界来控制他内心强大的、失控的攻击性和/或性欲？他的下一句话是关于忘记公共假期的自发评论，这延续了先前有关时间错位的主题。他还阐述了失控的愤怒这一主题，他说如果你"没有带对东西"，老师会非常生气。对这个男孩来说，带了"对的东西"意味着什么？它是否意味着完全的共鸣？此外，这个故事提到了在错误的日子里拿到错误的书本，暗示了那些与困惑或迷茫有关的焦虑。

他对数学老师的评论引发了他的情感表达，他变得兴奋。这里他的第一句话是，他是这个州最好的数学老师，引入了一个竞争的主题。他不仅是个好老师，而且"打败"了这个州所有其他老师。他为什么要这样描述这位老师？在这个年龄段，我会想到一些跟俄狄浦斯情结有关的动力。这是关于谁是家庭中最好的人的某种表述吗？这是关于他和他父亲之间的某种竞争吗？他是否以这种竞争的方式看待或体验关系？

他对数学老师的生动描述表明，这个角色在这个男孩心里承载或象征着许多问题。他在这里的第一句话——"他不和你说话"——突出了一个被忽视或不受欢迎的主题。为什么老师或家长不与你沟通?

他的下一句话是,"如果你举手五分钟,(希望得到回应)他就会对你大喊",这暗示了老师对学生需要关注的需求感到愤怒。这一点在他描述老师不会打招呼、盯着窗外时得到了证实。他描述了一个不愿意交流,对任何交流尝试都感到愤怒的角色。盯着窗外,是否暗示了老师(父亲/母亲)对与班级接触感到不知所措和/或沮丧,而无法回应?

他对不允许问任何问题或提前进入房间的评论,给人一种拒绝与阻挡各类关系的强烈印象。当他补充说老师担心东西会被损坏时,他是否在传达他的担忧,即过度热情(以提前进入房间的形式)是危险和具有破坏性的?因此,控制住一切是很重要的。他描述了老师暴怒的情况,向一个男孩扔桌子,揭示了Andrew对入侵的暴力反应的恐惧。当学生在铃声响起时收拾书本时,这个入侵问题也很明显。老师被描绘为愤怒地把书压扁并把它扔出了窗外。这个素材是否暗示了Andrew对之前"时机不合"的主题的担忧?他描述了学生想按照自己的节奏走,在铃声响起时合上书本,但老师不会容忍学生的这种"独立"。老师对学生挑战他的时间表感到愤怒。这是否与之前关于时机不合的喂养的素材有关?他在婴儿期是否体验过一个要求他完全服从的喂养乳房——由乳房而不是嘴巴来决定喂养的节奏?这种早期的情况现在是否也在影响他目前的俄狄浦斯冲突,即跟自主性和身份认同有关的冲突?这个男孩是否觉得按照自己的节奏发展是完全可以的,还是这种自主性会被视为叛逆,从而被打压?

Andrew最后说,老师在回答母亲的询问时,告诉她所有的学生都做得很好,这可以解释为对这位老师的自恋的评价。孩子的个性化被忽视,老师只宣扬自己的才华横溢。这可能给被忽视或被拒绝的主题增加了另一层含义。你可能会被忽视,不是因为对方抑郁和空虚,或对你的要求感到愤怒,而是因为他们沉迷于自我。

素材总结

即使从这段简短的初期评估素材中,我们也能够推测出这个男孩内心世界的一些假设。这些素材似乎暗示了他担心失去控制,可能是针对攻击性,也可能是他正在发育中的性欲。这种愤怒可能是源于被忽视的感觉。他对这种拒绝的理解可能涉及他人的抑郁、疲倦和对他的要求感到恼怒,也可能是因为他人只关注自己。另一个特征似乎是他和他人之间的节奏不合。在他试图找到自己的节奏与自我意识的发展时期,冲突可能会格外强烈。他在家里的冲突当然可能与他感觉不能以自己的方式从家庭分离出来有关。他似乎试图通过强迫性地控制自己的活动来应对这些感觉，而这同时也是对父母试图控制他的挑战。所有这些评论都是我的猜测，我的"梦话"（dream thoughts)，是我在试图倾听素材背后更接近无意识的含义，毫无疑问它们是主观的。然而，即使在这个初期评估阶段，我也在试图从分析的角度来思考这些交流。这个年轻人在焦虑什么？他又如何试图处理这种焦虑？他是如何看待这个世界的（尤其是在人际关系方面）？这种看法是如何影响着他当前的人际关系和整体功能的？

要点

- 在评估中必须始终考虑到儿童和青少年的发展阶段。
- 儿童的情感发展大致有三个阶段：学龄前儿童、潜伏期儿童和青少年。
- 学龄前儿童的特点围绕着依恋、身份认同和情感调节。
- 潜伏期儿童的情感任务涉及应对和控制情感状态。
- 在潜伏期，儿童更加关注外部世界，这往往会伴随着强迫性特点。
- 青春期阶段可以分为早期、中期或晚期。
- 在这一时期的主要焦点总是关注身份认同和个体化的问题，即使他们对这些情感任务的表达和解决方式在三个不同的子类中会有所不同。

问题

- 请描述学龄前儿童、潜伏期儿童和青少年在评估过程中的不同特点。
- 为什么在评估儿童或青少年时，有必要掌握情感发展的知识？
- 对于14岁的 Andrew 的第一次评估咨询，你的想法是怎样的？

推荐阅读

Alfille-Cook, J. (2009). Peculiarities and Problems in Assessing Adolescents. In *Through Assessment to Consultation*. A. Horne & M. Lanyado (Eds.). Oxon: Routledge.

Bonovitz, C., & Harlem, A. (2018). *Developmental Perspectives in Child Psychoanalysis and Child Psychotherapy*. New York: Routledge.

Dowling, D. (2019). *An Independent Practitioner's Introduction to Child and Adolescent Psychotherapy*. Oxon: Routledge. See Chapter 3.

Schimdt-Neven, R. (1996). *Emotional Milestones*. Melbourne: Australian Council of Educational Research. This is an excellent book giving a clear and detailed view of child development from psychodynamic perspective.

Tuber, S., & Caflisch, J. (2011). *Starting Treatment with Children and Adolescents*. New York: Routledge. See Chapter 1.

Understanding Your Child – Tavistock Series. Jessica Kingsley. London. This is a Series of small books covering each year of a child and adolescent's development- from infancy to 20 year old. They are extremely helpful for clinicians and also for parents. I have used them in many talks!

（瞿小栗　译）

第 7 章
治疗评估

对儿童心理治疗师来说，评估就是试图对儿童形成精神动力学理解，然后在与父母和其他专业人士咨询的过程中应用该理解。评估中涉及的一个较为特殊的问题，就是看看这个孩子是否适合精神分析性治疗。Klein认为，每个孩子都可能从精神分析中获益，即所谓的预防性分析。然而，由于现代社会中有诸多来自时间和金钱的限制，我们必须做一些取舍，以确定谁将从中获得最大的帮助。在儿童精神分析工作发展了几十年之后，现已形成了更为复杂的思考。我们现在会质疑：是否每个孩子都能从精神分析疗法中受益？同时，也会质疑"标准的"精神分析疗法会不会对孩子造成伤害——我指的是一种以诠释为主的方法，直接的诠释可以摧毁儿童或青少年脆弱的自我意识（Spiegel, 1989）。

如果无法对所有儿童都提供精神分析性治疗，那么哪些儿童适合这种形式的干预呢？能帮助我们做决定的方法之一是考虑如下三个基本问题：

- 治疗是否能得到支持？
- 孩子是否需要治疗？
- 孩子是否有能力使用治疗？

如果所有问题的答案都是清晰且肯定的，那么做出决定就很容易。然而在现实世界中，这种情况很少发生。你可能对其中的两个问题很有信心，但对第三个问题就不那么确定了。那么此时，你还会推荐他们进行精神分析心理治疗吗？

其他因素也会影响你的决定。如果你是在公立医疗环境下接待儿童，那么长长的等待名单会影响你提供长程治疗的想法。在私人执业环境中，接更多个案的需求可能会促发一些并不合适的治疗建议。转介的来源，无论是转介自亲密的朋友还是受人尊敬的同行，都会增加你接手这个个案的压力。有时，父母的绝望会让你感到不堪重负，迫使你无视明显的谨慎考量因素，就贸然开始了治疗的过程。虽然学者们试图去建立一些筛选过程，但临床情境的现实意味着这个过程永远不可能是完全客观的。然而，通过思考这三个明确的问题，我们可以获得一个框架，并在此基础上做出决定。

▌治疗是否能得到支持？

如果孩子的父母或相关照料者并不支持，那么提供心理治疗的意义就变得极其有限，这是行不通的（Novick & Novick，2005, 2013）。这是需要考虑的最重要的一个问题。只有当孩子的照料者们能够与治疗师一起创造一种安全和体贴的氛围时，治疗才会有效。

我们可以结合以下几点来考虑与"支持"有关的问题。

对方的诉求是什么？

父母或机构要求你做什么？他们是在寻求快速解决问题的方法，还是在寻求对孩子某些行为的理解？通过倾听父母是如何陈述那些困扰，就可以大致了解他们试图寻求什么。

在我职业生涯初期接待的一个案例中，父母担心的并不是孩子的行为问题，而是担心自己10岁的儿子"对人太冷血"。他们举了一个例子：当这个男孩看到一个流浪汉躺在街上时，他的反应是厌恶和蔑视。父母试图向孩子解释这名男子可能经历过困难的人生，但这并没有引起男孩的同情或共情。如果是这种情况，问题的本质就更为内隐——这位男孩缺乏共情能力，而父母意识到男孩的内心世界过于严酷和苛刻。父母还举了类似的例子，如"他的头脑总是在飞速运转"或者"他的内心似乎从未安定过"，这些都反映了父母能够理解他们的孩子正在与内心世界的问题作斗争。

这对父母的担忧与那些仅仅寻求孩子行为改变的父母是非常不同的，例如，在转介信中有些父母会表明，"我们希望他停止在学校惹麻烦"。这样的诉求是较为封闭的，表明父母对于探索问题几乎没有兴趣。

还有一个与此相关的问题，那就是转介是由谁发起的。如果家长只是因为学校或法庭的要求才参加咨询，那就需要谨慎行事了。在这种情况下，很难指望他们能够参与到过程缓慢、充满不确定性、持续且长期的心理治疗过程中来。

有些父母可能多年来一直在应对孩子的行为困难，可以理解他们的精疲力竭，因而会拼命寻找"速效药"。即使如此，看看他们除了关注行为之外，是否有"看见"和"感同身受"孩子的能力，这也是很重要的。如果父母，尤其是母亲，给我留下了根本不喜欢孩子的印象，那会令我感到担忧。如果他们认为孩子很坏，那也需要进一步考量他们支持心理治疗的能力。

父母是否理解心理治疗是一个"过程"?

父母需要理解，精神分析心理治疗关注的是孩子的情绪。治疗的目标并非控制孩子的行为，而是去理解促使孩子做出某些行为背后的情绪因素，并帮助他们去调节这些情绪。父母能否理解这一点与他们的智力水平无关。很多时候，学历水平较高的父母可能很难理解这一想法，而那些学历不高的父母反而能马上理解。

如果父母能理解精神分析心理治疗是一个过程，他们就能认识到这是一件没有明确时限的事情。他们需要明白，心理治疗是一个不断向前推进的过程，但其发展是非线性的，父母需要有能力耐受"不知道"。儿童心理治疗不会产生奇迹般的疗效，所以父母也要能够忍受治疗会有"平淡期"——在这段时间里，感觉治疗好像没有什么进展。在心理治疗期间并不是每周都会涌现出新的洞见或策略。

孩子的心理治疗关乎意义的发展，我们不需要父母能够清晰地用语言表达这一点，但他们需要对此有所认识。现在，他们对孩子的担忧开始逐渐变得清晰，无论是对他们自己还是对孩子来说，所担忧的内容都有了意义。

父母是否知道他们的参与很重要?

父母要确保孩子能够规律和准时地参加治疗，即使孩子不愿意前来，父母也要支持孩子出席。除此之外，父母也要明白，他们要定期会见孩子的治疗师。虽然治疗的重点是儿童的内心世界，但父母的职责是通过理解孩子的内心世界为其提供支持，并能应用这一理解来更有效和更有意识地教导孩子。每对父母与孩子的心理治疗师进行会面的频率各不相同，但他们都应该明白这些会面是十分重要的，并意识到他们要向治疗师反馈自己近期对孩子的印象。父母和治疗师需要一起思考如何处理一些议题。

在治疗了一段时间后，有些父母会开始思考他们自己的心理动力，以及在多大程度上是自身的议题导致了孩子的困难。在早期阶段，我不会深入探究父母的成长背景。如果要探讨这些问题，需要确保父母已经有了足够的安全感。然而，如果在评估会面中，我的印象是父母认为所有的问题都出在孩子身上，甚至无法思考他们自身的责任，我就会十分谨慎地思考是否为孩子提供治疗。因为，此时提供治疗的举动可能变成治疗师与父母站队，而把所有问题都推到孩子身上。在这种情况下，家庭治疗可能更合适。

父母能够支持设置吗?

父母能否支持心理治疗的一个更为客观的指标是他们在评估期间出勤的可靠性和准时性。有些父母可能要花上几个月才能完成五次会谈。父母会因为诸如汽车故障、与他人有约、孩子或兄弟姐妹生病、与学校郊游时间冲突等现实原因取消会谈。然而，这样的混乱可能预示着未来会发生什么。如果在评估期间都很难维持连续性，那么在长期的精神分析心理治疗中又会是什么样子的呢?虽然迟到并不像缺席那么糟糕，但它可能表明父母对会面持矛盾态度，或者他们自身有着混乱的议题，也表明他们无法履行承诺。

父母过去有否全情投入支持过孩子的心理治疗?

从父母向其他专业人士寻求帮助的过往经历中，可以看出他们是否具有支持能力。他们是否在寻求帮助时曾"货比三家"?他们是否咨询过各种相关专业人士?孩子有过多次转学的经历吗?他们是否对其他援助机构持批评态度?如果他们有过类似的经历，我们就会怀疑父母是否能够支持一个不确定的过程，就比如精神分析心理治疗。

孩子的外部世界足够稳定吗?

精神分析儿童心理治疗的焦点是儿童的内心世界。长程心理治疗是一项重要的工作。这对父母或照料者来说是一个巨大的承诺。就金钱（如果是个人自费）、时间和承诺而言，都是巨大的付出。因此，这种方法往往是最后的选择。父母可能尝试过行为治疗方案甚至药物治疗，但都没有成功。这种情况会给治疗师带来巨大的压力，迫使他们提供治疗。然而需要记住的是，对孩子的个体治疗主要关注他的感受和人际关系中令其不安的焦虑感。治疗并不会以协同持续的方式去关注和处理儿童的外部世界。这并不是说外部世界无关紧要，儿童身处的环境对其发展的影响是巨大的。

如果环境（我指的是外部世界）是不利的，精神分析心理治疗就不应该开始。

例如，如果一个孩子看起来很抑郁，害怕自己的父亲，而他的父亲经常打他，那么这个情况就不适合治疗。因为，看起来这个孩子的情感与情境是相适配的，并不是扭曲的。当然，儿童治疗师也许会试图理解这些经历对孩子的意义是什么（例如，孩子可能会觉得是自己活该），但此时主要的干预目标应该是停止虐待。如果这个孩子的虐待经历是过去式，那情况就会有所不同，但他仍可能会持续担心虐待再次发生。

上述表达都指出了治疗的适用性条件：孩子当前所处的外部世界需要是稳定的、可预测的和非创伤的。帮助一个孩子慢慢放弃基于过往创伤而形成的应对方式已经很困难了；如果这种创伤目前正在发生着，治疗工作是无法开展的。如果孩子的内心世界是非常不稳定的，此时他的外部世界也很不牢靠，那么还要求他去向内探索就太难了。要区分在他的内心世界中什么是扭曲的，而什么是对令人不安情境的合理反应，这几乎是不可能的。

在精神分析儿童心理治疗中，父母的支持是非常重要的，这一点再怎么强调都不为过。许多个案的中断都是因为父母的支持性不够。儿童心理治疗与成人心理治疗的重大区别之一，就是儿童心理治疗需要父母的支持。可以说，没有父母的参与就没有孩子的心理治疗。

▌孩子是否需要治疗？

这是评估儿童心理治疗时最常见的问题。如何评估孩子的需求呢？要正确地解决这个问题，需要研究以下几个方面。

心理治疗的目标是什么？

Freud 晚期有一篇论文，题为《抑制、症状和焦虑》（Inhibitions, Symptoms, and Anxiety）（Freud，1926）。每每看到这个标题，我都十分动容，尤其是当我对儿童进行思考的时候。往往，当人们认为儿童需要心理治疗的时候，是因为他表现出了很明显的症状：奇怪的仪式行为、无理取闹或爆发攻击性。类似地，一个高度焦虑的孩子，伴随着无助的恐惧，也会被称为"焦虑"，但是 Freud 的第一个术语"抑制"并没有被明确地视为需要被干预的对象——那些安静、听话但被抑制的孩子很容易被归类为"有点害羞""内向"或"慢热"。人们会认为这些问题随着孩子的发展自然就会消失。

对抑制型儿童犹豫不决的态度引发了一个问题："心理治疗的目的是什么？"是为了消除令人不安的行为，还是要从更广泛的角度来看待这个问题？如果一个孩子在成长过程中，从未体验过充实和丰富的情感体验，那我们是否要对他进行干预呢？从这个视角来看，儿童是否需要治疗的思路被拓宽了，在考虑病理学因素的同时也纳入了成长因素。抛开医学模型不谈，即使一个孩子没有任何症状或明显的焦虑，他仍可能需要治疗，因为他的情绪功能受到了限制。Ogden（2014）曾指出，一个人可能经历着"未曾被经验"（unlived）的人生。也就是说，不管出于什么原因，他们都无法对自己的情绪反应的范围有更多的感受。从这个意义上讲，他们被剥夺了充分感受自己的权利。显然，对于未来人生路漫漫的孩子们来说，能够感受到自己是谁是十分重要的。

你感觉孩子需要帮助吗？（移情与反移情）

利用移情和反移情，有助于我们评估儿童对心理治疗的需求（Rustin，1982；Wittenberg，1982）。虽然你的反应是主观的，但是在评估过程中考虑你对孩子的感觉是很重要的。孩子能够参与到热情友好和充满各种情感的互动中吗？儿童应该是充满活力和精力充沛的。虽然我们明白评估情境不同于孩子的日常活动，但我们仍可感受到他的能力和沟通质量。通过孩子与你的关系，你觉得他在接触外界的时候，是否期待这是一个有爱的地方，充满了有趣和愿意帮忙的人？他们是否会担心遭遇环境的消极回应，而这导致了他的谨慎态度甚至恐惧感？虽然这些是我们个人的感受，但在决定孩子是否需要治疗时应该被考虑在内。分析性思维的最新研究进展表明，你的感受（背后是你的直觉）是了解孩子的重要因素。

游戏的结构与性质

所有的孩子都会有焦虑的体验。在评估是否需要接受心理治疗时，我们要试着衡量该焦虑的程度和广泛性。焦虑是否已经严重到阻碍了孩子的发展？在无法游戏的孩子身上，或者在不能自由自发游戏的孩子身上，都可以看到高度的焦虑。高度的焦虑会影响游戏的结构。焦虑儿童的游戏缺少连贯性和结构性。

即使是能够游戏的孩子，在故事的情感强度或游戏角色间的互动中也会呈现出一定程度的焦虑，例如，动物不仅会打架，它们还会自相残杀。我们需要找到孩子焦虑背后的主旋律。

焦虑的广泛性

还要仔细考察焦虑的广泛性。焦虑是否已蔓延到孩子生活的多个领域？是否出现在他们的家庭关系中、游戏中、同伴关系中，或者是在学校里？我们可以在Julian的案例中看到这一点。

Julian

Julian，一个11岁的男孩，看起来很焦虑，似乎担心所有的事情。他好像特别担心自己的攻击性会造成什么后果。在移情关系中，他对待我的方式是小心翼翼的。在画画的时候，他担心如果他画错了，我会不满。在他的游戏中，小汽车会相互赛跑，但他担心自己可能损坏了汽车的某个轮子。在家里，他总是为一点小事而道歉。例如，他担心如果他把什么东西洒在衣服上，对妈妈来说太难洗了。在学校里，他讨厌所有形式的竞争，并且一直害怕老师会大声骂他。很明显，他的焦虑已经渗透到他生活的方方面面。

焦虑是如何被应对的？

一个孩子可能会有焦虑感，但他应对、处理这些焦虑的方式会是我们思考他是否需要心理治疗的一个重要考量因素。一个孩子害怕黑暗，但可以开着小夜灯入睡，这与那些因为相信没人会和他玩而拒绝参加所有社交活动的孩子是不同的。通过父母的安慰或者悉心应对，孩子的忧虑减轻了吗？抑或是无论做出怎样的尝试，焦虑都无法被涵容？

Bion关于被精神痛苦"折磨"（suffering）的观点与这个问题有关（Bion，1970）。儿童是否能够忍受一定程度的焦虑，至少可以使他思考和处理可怕的情况？用Bion的话来说，孩子是否能够"修改"（modifying）情境？还是说孩子对恐惧十分敏感，以至于唯一可以处理它的方法就是"从中撤离"（evacuate）（不去参加聚会、否认恐惧的存在）？在这样做的时候，孩子会分裂或切断自己与这一系列感受的联系，仿佛否认了自己的一部分。

Rachelle

Rachelle，一个6岁的小女孩，因发脾气时有明显的暴力行为而被送来接受心理治疗。当她向我展示她是如何拼拼图时，她不小心把其中一块折断了。她立刻用手盖住那块碎片，把拼图推向一边。她不能容忍自己具有"破坏性"的一面，只能通过掩盖和否认事实来应对。

虽然在跟儿童讨论那些令他们焦虑的事情时，他们很难长时间待在这个话题中，但是一些孩子至少允许你提及这个问题。而另外的一些孩子则看起来特别脆弱。即使在游戏中，这些孩子也是"易怒的"，会远离所有使其焦虑的活动。

我们会说，这类孩子的自我是脆弱的，或者自我的力量很小。约束焦虑是自我的功能之一，自我功能会找寻到一种方法来处理令人害怕的情境，将自己的功能维持在适度的水平上。因此，我们可以用积极的眼光看待心理防御机制。Alvarez（1992）称之为"管理策略"，这是一个更温和的术语。Sullivan指出，防御的功能是促进而不是阻碍个体发展，这提醒了我们心理防御的价值（Spiegel, 1989）。重要的是分辨心理防御的性质：它们是保护儿童免受太多焦虑，从而使他能够正常生活；还是把孩子包裹起来，使他没有任何机会着手处理这种可怕的状态？

担忧已经持续很久了吗？

情感的发展从来都不是一帆风顺的。个体从婴儿期到成年期要经历几个让人备感压力的过渡期。如果没有这个过程，就不会有所成长。焦虑是个体情感成熟的必要推进剂之一。如果一个孩子从来没有焦虑过，那才是令人担心的。

与父母交流时，我有时会用一株小植物来打比方。作为幼苗，它需要被庇护，但随着它的成长，周围的遮蔽物会抑制它的生长。总有一天这些遮蔽物要被拿开。这株植物需要暴露在强风中，这样它的根系才能长得更深。作为父母要面对一辈子的挑战，要知道什么时候给孩子情感支持，给多少支持。如果太少，他们可能无法存活；过多又会抑制和削弱他们的发展。

在精神分析心理治疗的工作中，当我们从发展的角度考虑个体行为时，有必要审视当下所担忧的状况是不是当前发展性压力的结果（例如开始上学、面对一个新的弟弟妹妹、离开学校）；或者这一担忧不单单是因为发展性需求，还与过往经历有关？如果痛苦的经验发生在生命更早的阶段，这更令人担忧。如果一个正在努力适应高中生活的青少年在过往不能很好地应对变化，将会更加令人担忧。当这个青少年还是小婴儿的时候，断奶困难吗？将他从摇篮换到小床上独立睡眠的过程困难吗？入学困难吗？这些成长史暗示了一种无法应对变化的人格结构，这不仅仅是一个发育上的小问题。需要进行适当干预才能防止这些动力在孩子的一生中反复出现。

从父母和他人那里得知的信息

孩子是否需要心理治疗的最明显信息来源是父母和其他熟人的描述。

虽然父母和机构对孩子的观察并不总是那么准确，但他们对孩子的看法将极大地影响我们对于孩子是否需要治疗的思考。如果报告中强调了广泛的、长期的和持续的功能失调，那就表明孩子需要治疗。

然而，我们正是通过判断孩子功能失调的类型或性质，来思考个体治疗是不是最适合的方式。"内在"的困难，如抑郁、恐惧、惊恐状态、噩梦、心身疾病和强迫症，都表明问题源自孩子的"内心"。

家庭内部的冲突，无论是与父母和/或兄弟姐妹的冲突，还是在学校的攻击行为，都表明可能需要采取更多的方式来帮助这个孩子。家庭治疗、父母咨询、学校探访等方式在当下可能比开展个体治疗更有必要。当然，在现实世界中，如此明显的区分并不存在。这在很大程度上取决于谁想要见心理治疗师，以及感受到精神痛苦的人又是谁。

孩子是否有能力使用治疗？

我们还需要去判断，儿童是否有能力参与到治疗过程之中，并从中获得成长。

长程和高频的精神分析心理治疗需要动用大量的资源。

儿童是否有能力使用心理治疗是一个难以回答的问题，因为没有客观的标准来衡量孩子是否能从经验中获得情感上的发展。此外，如果更多地强调治疗关系而不是洞察力，就很难知道随着时间的推移这将如何发展。然而还是有一些因素可以供我们参考。

与孩子"一拍即合"

尽管很主观，但心理治疗师对评估会谈的感受可能会提供一些线索，来判断孩子是否有能力使用长期的心理治疗。那些互动令你感到自己和孩子"一拍即合"吗？有没有一种心灵相通的感觉？这并不一定意味着你喜欢这个孩子，而是有一种感觉：你们之间发生了一些交流，无论形式为何。同样，如前所述，评估者的直觉敏感性可能在这个过程中发挥重要作用。这种"一拍即合"的感觉可能是一个非常强大的"无意识对无意识"交流的冰山一角（Schore，2019）。虽然喜欢一个孩子是我们决定为其提供治疗的一个原因，但是不应该因为不喜欢某个孩子，而不考虑为其提供长期治疗。在我的工作中，有些孩子一开始我并不喜欢，但随着更多的交流，我越来越了解他们，并对他们产生了更积极的感受。

对孩子的心理动力有一些想法或构想，通常预示着我们与孩子有着很好的心理连接。这种连接可能源于孩子讲述的内容，他游戏的方式，甚至他看着你的方式。从关系层面上考虑，这不仅与我们观察和思考的能力有关，还与孩子参与和交流他内心世界的能力有关。如果这一基本的连接是缺失的，即使是在早期阶段，我也会怀疑这个孩子和我的工作是否会有用。

儿童能够接收到沟通的信息并给出回应吗？

在评估阶段理解孩子就足够了，但是对于进行中的长期心理治疗而言，还要探索另一个理解的要素——是使沟通交流可以抵达孩子的内心还是使其呈现在治疗关系当中。孩子能够接收到交流的信息，理解它并赋予其意义吗？有时，孩子会公开认可你的表达，并能做出开放式的回应。诸如："你感觉到很生妈妈的气。"而孩子对此的回应是："是的，她总是把好东西都给妹妹。"这就说明这个孩子能够使用由治疗师的表达所创造出的空间。但是，儿童的回应并不总是如此清晰。例如，一个七岁的小女孩在她的第二节治疗中花了许久时间认真搭建了两座乐高房子。随后，她拿起一匹小马，在两座房子间来回移动。我说："它正从一个地方移动到另一个地方。"当我这么说的时候，她前后移动马的速度更快了。我发现自己就像那匹马，我说："我不知道我在哪里。有太多的你好和再见。"这可能对也可能不对，但我感觉我们之间发生了什么。这个女孩继续推进这种交流，加快了马在房屋之间的移动速度。我觉得她在这个动作中向我传达一种由于变化太多而产生的困惑感。

试验性干预

上面提到的例子就涉及了另一个问题——在评估阶段提供"试验性诠释"是否有帮助。做试验性诠释的一个原因是看看孩子如何回应这样的干预。一般我不会太早地给孩子做诠释，但是如果我开始对某个主题感到好奇，我就会尝试做一些温和的评论，看看孩子的反应，当然我的表达还是与游戏背景中呈现的主题相一致的。就像前面的例子一样，一些孩子用丰富的内容来回应，而另一些孩子可能没有回应，甚至可能从接触中退缩。对一些孩子来说，即使是温和的评论似乎也会增强他们的防御。

直到第三次也是最后一次评估会谈，我才会谈论呈现出来的问题。当然，如果孩子在前两次评估中提及了相关的议题，我也会来讨论它们。我有意不去讨论那些让人担忧的内容，因为我认为孩子需要在面对他/她的问题之前有一定程度的自在感。但我确实觉得这个问题最终还是需要被讨论的。我需要了解孩子如何应对令其十分不安的内容。他们是否至少能够认识到这个问题，或者防御的高墙是否会立即竖起来？强烈的防御反应表明，精神分析心理治疗可能并不适合这个孩子。

然而，用这些反应来预测未来治疗的成功或失败是有困难的。我见过一些孩子，他们一开始十分防御，但几个月后突然敞开心扉，积极投入治疗。相反，我遇到过一些孩子，他们在评估中反应良好，但在治疗开始后就不再回应了。复杂心灵的非线性特征让我们无法准确地做出预测。

孩子有好奇心吗？

对于儿童是否有能力参与到长期的心理治疗过程中来，我不知道我们是否能够自信地预测这一点。Klein认为这与生本能和死本能之间的平衡有关。Hanna Segal更客观地阐述了这一点，她说，有些人似乎生来就对生活充满热情，怀揣着一种真正的好奇心，而另一些人则有更强的"死本能"，对变化感到不安，希望退缩到某种自我平衡状态，他们的世界不容打扰（Grotstein，1981；Miller，1983）。有些人乐于生活在稳定的环境中，很少做出改变，而另一些人则会觉得这样的生活让他感到窒息。

有些孩子看起来确实有一种想要了解自己感受的动力，这并不是指孩子进入到心理治疗时就已经准备好谈论他/她的情绪感受。而是说这一特质反映在丰富、自发的游戏中。我们能看到生动且多样的想象，真正的享受，回归到自己的内在世界。这是一个充满想象、戏剧、文学、音乐、艺术和电影的世界。这是一次内心的旅程。我们可以从孩子对游戏的兴趣和好奇心中看到这部分，也可以从成年人对文化和审美的追求中看到这一点。这些活动允许一个人去探索并形成自己的投射。对游戏的真正兴趣和好奇心会告诉我，孩子有能力去利用长期心理治疗所提供的开放空间。

要点

- 在评估是否提供心理治疗时，需要问三个问题：①治疗会得到支持吗？②儿童或青少年需要治疗吗？③儿童或青少年有能力使用治疗吗？
- 父母对治疗的支持是至关重要的。可以从以下几点去评估：父母对孩子问题的理解，他们过去是否全情投入过支持孩子的心理治疗，他们对自身参与到治疗过程中的认可度，以及他们为孩子提供稳定环境的能力。
- 可以从以下几个方面来探讨孩子是否需要治疗：孩子游戏（或与青少年交谈）的结构和性质，当前问题持续的时间、广度和严重程度，外部资源（如学校、家庭医生）提供的信息，孩子或青少年如何应对焦虑，评估者自己的心理直觉是什么。

问题

- 讨论在评估儿童或青少年是否适合长期心理治疗时应考虑哪三个基本问题。
- 运用本章列出的三个基本问题的结构，呈报一个你自己的临床评估。

推荐阅读

Schimdt-Neven, R. (2010). *Core Principles of Assessment and Therapeutic Communication with Children, Parents and Families: Towards the Promotion of Child and Family Wellbeing.* Oxon: Routledge. See chapters 2, 3, 5, 6, 7.

Waddell, M. (2002). The Assessment of Adolescents' Perceptions and Realizations. *Journal of Child Psychotherapy*, 28(3), 365–382.

Wittenberg, I. (1982). Assessment for Psychotherapy. *Journal of Child Psychotherapy*, 8(2), 131–144.

（李航　译）

第 8 章
与父母工作

与父母的再次会面

虽然所有的儿童心理治疗培训都会涉及与父母工作的重要性，但关于在评估后如何与父母进一步交流的相关资料仍然较少。相应的，也很少有资料详述如何与父母讨论情绪调节策略，以及与父母建立治疗计划的具体细节。

对于儿童治疗师来说，缺乏对这些过程的细节指导的影响就凸显出来了，因为评估结束后再次会见父母是治疗师首要和最有挑战的一项任务。治疗师需要对父母的焦虑和内疚感保持充分的敏感性。在与父母的工作中，要让父母能够将我们的话听到心里去（Alvarez, 1992；Blake, 2001），这需要治疗师具有一定程度的直觉共鸣能力，这是无法被传授的。与父母谈论孩子的焦虑和挣扎会令人有如履薄冰之感。我们需要诚实、清晰、善解人意和足够机智。当你觉得父母一方或双方承受不了的时候，知道什么时候该退一步。谨慎选择你的用词，让善意和理解的感觉得以被传达。所有的治疗师都会在调节这些微妙交流的过程中感到紧张。这么多年来，我心中的这种紧张感从未减轻过！

当我再次会见父母时，我会告诉他们我认为孩子的焦虑是什么，孩子是如何努力调节这些情绪的，以及这些情绪是如何影响他的行为表现的。父母也会希望讨论一下什么是最好的方式，以帮助应对孩子和父母本身在现阶段的那些顾虑。这次会面虽然是针对评估的讨论，但也是一次治疗性咨询。

营造合作的氛围

鼓励家长参与

如前所述，第一次见家长时，营造合作的氛围绝对是至关重要的。我们可以把这次会面定义成"三方心智的相遇"，每个人的观点都会有所不同，但也都是有价值的，这样，就可以促成对孩子的理解以及管理计划的成型。

让父母主动开始

我们可以通过一些方法来实现这一目的。通常在访谈开始时，我会这么对父母说："在我开始告诉你们我的想法之前，我想知道你们是否可以给我一些反馈，告诉我自我们上次会面以来，Joseph 的情况怎么样？另外，你们能否让我知道一下，他对我们的治疗有何反应？"

这么问有两个原因。首先，我想知道孩子对治疗有何反应。他是如何体验这个能得到一对一亲密照顾与关注的开放空间的？

许多孩子喜欢被单独关注，也喜欢有机会做游戏或谈论他们喜欢的事。另一些孩子可能会对这种亲密关系以及缺乏结构性/指令性的治疗方式感到害怕。他们可能会感觉自己被置于显微镜下，会对此做出防御性和/或攻击性的反应。从父母那里了解孩子对评估过程的反应可以给我们一些线索，来推测这个孩子在未来长期的工作过程中将会如何使用分析性治疗。

我问这些问题的第二个原因是让父母开口说话。这种结构性访谈促进了我和父母之间的交流。这个问题里隐含着两个部分，一是我需要听取他们的意见，二是我很重视他们的观察和评论。我的观察和评论只是评估的一部分，他们需要知道这一点。在理想情况下，当父母告诉我孩子的反应时，我可以将我的评估想法插入到父母的评论中。这样就创造了一个互动协作的氛围。

抱持父母

经常会听到父母说，从他们第一次见我开始，情况就有所改善了。像这样的评论，如"他似乎更稳定了"或"问题似乎不再那么糟糕了"，表明评估过程本身已起到了治疗效果（Novick & Novick, 2005）。这可能有几个原因。其中一个主要因素可能是父母的焦虑减轻了。寻求帮助后，他们会觉得自己并不是唯一一个面对问题的人。通过评估过程，这种涵容的感觉自然会传达给孩子，这本身就可以起到改善作用。孩子的进步也可能是因为他/她觉得现在有了一个自己可以被密切观察和被思考的空间。对于一些孩子来说，这种被抱持的感觉足以令其感到如释重负，困难得到一定程度的缓解。显然，在评估期间父母所报告的改善表明，孩子可能会对后续长期心理治疗有良好的反应。或者它也可能表明孩子此刻根本不需要长程的心理治疗。

从积极的方面开始

在父母讲完孩子对评估的反应后，我就会大概讲一下孩子与我建立关系时我的感觉。除非感觉到孩子有精神病性的问题或者是极端退缩，通常我都会对孩子建立连接的能力给予积极反馈。我认为从积极的方面开始很重要。毫无疑问父母会对自己给孩子造成的"伤害"感到焦虑。提醒父母他们的孩子具备优点与能力十分重要，这会让他们知道你能看到孩子的优点，父母应该为自己的养育感到自豪。这种积极的开端能帮助父母更多地去了解孩子正在经历的困难和帮助他们。"他是一个非常可爱的男孩儿"或者"她真是一个专注、活泼的女孩儿"，诸如这样的评论对于父母来说是很重要的。即使我对这个孩子的总体反应没那么积极，我也会努力找到一些真诚而积极的评价内容，例如"他真是一个聪明的孩子"或"他很会玩游戏"。这些评论也能提醒父母和我自己不要忘记孩子的长处。我会提醒父母，虽然接下来要谈论孩子正在经历的困难或挣扎，但我不希望他们离开时认为这就是孩子的全部。所有的孩子都会经历困难，这是身为一个儿童的本质。我会进一步评论说："我们需要思考的是，这些困难是否过于强大或广泛，以至于干扰了您孩子的发展。我们面对的到底是一个小问题还是更严重的发展障碍？"

大道至简

接下来，我将继续告诉父母我对孩子的一些思考，希望能够帮助他们理解令其担忧的孩子行为背后的意义。我将尽可能用简单的语言给出这些思考，而不是用行业术语或者给出诊断标签。使用诊断分类将会模糊父母对孩子的理解，但促进理解才是评估的真正目的。简单起见，我尽量只谈几个主要观点。对于经验不足的儿童治疗师来说，做到这一点可能有些困难。因为新手治疗师很容易在会面中感到紧张，这种紧张感很容易促使他要用知识去说服父母。这样的话就会有太多的信息，对于父母来说那通常会令他们感觉无所适从且困惑。最好是只为父母提供几点想法，并留出空间来让父母对其进行探索。

如果可能的话，我会尝试将我对孩子的理解与他最初显现的问题联系起来。比如，我会说："在我们的会谈中，他呈现的主要议题是担心没有人会一直在他身边支持他。他很难相信其周围的人对他是感兴趣的，也很难相信有人会愿意和顽皮的自己待在一起。"

然后我会把这一点与他当前打架和欺负妹妹的问题联系起来。我可能会说："我认为这种担忧或世界观来自妹妹的存在。他强烈地感到妹妹是被偏爱的，这让他觉得自己不够好。"然后，我们将一起探讨这个动力学理解是否适合这个孩子。父母是否在孩子生活的其他方面也看到了这一点？例如，在参加竞技游戏时，如果他输了，他是否会变得非常沮丧，或者他是否会在学校运动会之前感到肚子痛？

有可能的话，我还会试着向父母重复并强调我第一次见到他们时说过的话："你们比世界上的任何人都了解自己的孩子。"我会见缝插针地说这句话。我试图通过鼓励他们推测孩子的感受让他们觉得自己对孩子的观察和思考都是有价值的。如果父母分享的是他们的直觉，那也很可能是准确的。所有这些都是为了启动或鼓励父母的思考，使他们能够以不同的方式看待孩子的行为，为孩子的行为赋予意义。如果能够实现这一点，治疗效果往往令人惊讶。在许多情况下，帮助父母了解孩子的困难就足够了。简而言之，他们可以从现在开始理解孩子的行为。我发现自己从事这项工作的时间越长，接受长期治疗的儿童就越少。在我私人执业的经验中，通过结合个体评估和家长咨询，就可以帮助到很多个案。

▎管理方法

刚开始从事心理治疗工作的时候，我主要是帮助父母理解他们的孩子，并认为这就足够了。然而许多父母需要的不止如此——只是更好地理解孩子是不够的，他们需要知道理解了之后要做什么。如何在实际操作方面用这些理解来帮助孩子和他们自己？他们会向我们寻求"方法"。

一开始的时候这些问题让我很困扰，因为我当时的信念略有偏颇，我认为精神分析工作的方式并不是提供方法。我回避所有与"建议"有关的想法。在我职业生涯的早期阶段，我认为评估主要是衡量孩子是否需要接受心理治疗，但现在我对评估过程有了不同的看法。评估是一种理解孩子的尝试，而这些理解要被应用到实处。评估具有理解和管理的双重功能。30多年前当我接受心理治疗培训的时候，非常强调"理解"本身，但很少考虑为父母制订管理计划，总感觉这太接近认知行为疗法了。但实际上，我们无法只提供"精神分析视角下的建议"，管理方案也十分必要，尤其是在当今社会，长程心理治疗不再像以往那样受欢迎，公共支持也在变少。

我认为精神分析学派儿童心理治疗师在发展基于精神分析性理解的实用策略方面进展缓慢，其中的另一个原因是他们担心父母有自己的无意识动机，可能不会真的按照治疗师提供的建议去执行。一些早期的儿童分析师，比如 Melanie Klein，认为无论以什么样的方式让父母直接参与到孩子的心理治疗中都不是一个好主意。这应该是治疗师的工作！这种态度已经被家庭治疗、依恋理论、婴儿心理健康研究以及Bion的涵容理论的影响所改变。然而，关于父母如何直接参与来帮助孩子和鼓励孩子游戏的精神分析类文献仍然较少。可喜的是最近有个项目补充了这方面的内容，其主题是"看着我玩"（Watch Me Play）（Wakelyn，2020）。

实际可行的方法

稳定、可靠和一致性

在讨论实际可行的方法之前，我会告诉父母：如果让孩子的环境尽可能稳定和可靠，生活有规律，让他们感觉世界是可预测的，那么对孩子的情感发展来说是很有帮助的。这种外在的稳定性使他们有机会去了解自己的内心世界。外界稳定，孩子就可以探索内心状态的不确定性和动荡感，而不会感到十分破碎。Winnicott（1965）曾指出，过多的外部冲击会扰乱儿童的独特性以及个体发展。如果外界影响太多，孩子的个体成熟过程就会受到干扰，因为各种资源会被重新分配以应对这些外在影响。Winnicott认为，如果过多地关注外在影响，孩子会形成假自体。当孩子忙于处理外部世界的不确定性时，他们就被剥夺了了解自己独特成熟过程的机会。

我会向父母强调"一致性"（consistency）是十分重要的，因为这是在告诉孩子，在父母的心中为他们留有一个安全可靠的空间。如果父母向孩子承诺未来某个时间会做些什么，那么请务必将这个承诺铭记于心并履行诺言。即使每周只花五分钟的时间，这种一致性也在告诉孩子：整整一个星期父母的心里都装着他。

坚定的限制

我们还要帮助一些父母认识到,理解孩子的困难行为并不意味着放松对此类行为的限制。如果行为是不可接受的,则需要将其维持在一定的边界内。孩子需要这种外部涵容框架,由此,他才可以将之内化。一个行为管理计划——对良好行为给予积极奖励,对不良行为给予消极后果——应该成为每个孩子成长过程中的一部分。对孩子的分析性理解与这些方法之间并不矛盾,甚至可以与行为计划结合使用。这种结合不仅更有效,而且还融入与传达了对孩子们感受的理解和觉察。如果父母明白孩子行为背后的原因,他们仍可以做出坚定和不赞成的反应,但是在处理孩子的问题时,父母的困惑和恼怒感将会减少。

在考虑父母的管理方法时,我发现考虑以下三点会很有帮助:

1. 观察(observe)、思考(think)、交谈(talk)(OTT)
2. 游戏
3. 阅读

观察、思考、交谈(OTT)

我经常与父母谈到的一个方法是"观察、思考和交谈",尤其是当父母问我这个问题时:"但是我们在家可以做些什么呢?"如果就孩子的精神动力学理解进行了富有成效的讨论,那么就要鼓励父母将这些理解带出治疗室,并将其应用在家庭生活中。当孩子再次出现"过度反应",或出现困难或怪异行为时,鼓励父母根据他们从会谈中获得的理解来思考眼前的问题。

观察

我鼓励父母"观察"孩子的行为,尤其是注意那些过度或异常的行为。此处的"观察"是指在大背景中思考这些行为:在孩子变得不安或孤僻之前发生了什么?通过对背景的探寻可以帮助父母获得一些理解。我建议他们试着从现在往回追溯,将记忆倒带。他们可以尝试看看,孩子的特定行为是否是由早先的不安引发的。当然,我们的假设是强烈的情绪或行为永远不会"突然"出现。虽然触发点可能很难找到,但相信有触发点本身就是成功的一半。我鼓励父母去推测触发因素可能有哪些,并暗示他们在大多数情况下这些推测可能是正确的，因为他们非常了解自己的孩子。我还向他们保证这并不是将想法灌输给孩子，而是试图理解行为背后的原因。我进一步表明即使他们的假设是错误的，这仍然传达给孩子一个强有力的信息，即：父母已经在以一种新的、更缜密思考的方式观察着令其不安的事件。这些猜测告诉孩子，父母正在细致地观察和思考他们。

思考

与观察密切相关的就是思考。寻找触发点开启了思考过程。父母不仅可以做出反应，还可以提醒自己尝试通过保持"观察距离"来理解孩子的行为。大多数父母在事件发生的当下会立即陷入其中。当父母能够退后一步，尤其是在冷静下来之后进一步思考孩子反应的特点以及可能的触发因素，这样的过程就可以创造出一些空间，也会让父母减少不知所措和困惑感。他们现在就可以"做点什么"——他们可以思考，父母需要了解这一点。

交谈

OTT 过程的最后一步是交谈。这需要父母的谨慎思考，特别要留意交谈的时机和方式。我会告诉父母们，和孩子谈谈那些令人担忧的行为可能意味着什么是非常重要的。在这样做的过程中，他们是在向孩子展示一个关于调节困难情绪的有力模式。父母也在传达他们正在非常细心地关注自己的孩子。他们已经思考过这种行为可能意味着什么，并且最终会将思考拿出来跟孩子交流。这种调节情绪的模式是父母需要提供给孩子的，可以让孩子作为一个处理问题的终身工具。我们希望这种模式能够被内化——我可能会对一些家长说，这是一种心智软件——这样的话，未来经历的情感困难就能以这种方式得到处理。即使对于年幼的孩子，我也建议父母尽早地开始这个过程，越早越好。这是一个很好的工具，能帮孩子处理那些他/她未来必定要面对的情绪风暴（正如青春期所经历的那样）。

在讨论了"谈论情感"的重要性之后，我会邀请父母来思考在什么时候以及如何谈论情感。考虑到孩子在情感上可能非常脆弱，尤其是在经历了令人沮丧的事件后，父母需要判断自己和孩子是否已经完全冷静下来，届时所有的谈话才能被真正听进去。Fred Pine（1985）建议要"趁冷打铁"，这正适用于此。我提醒父母，在谈论令人沮丧不安的事件时，他们需要保持绝对的冷静，否则孩子会把"交谈"体验为"指责"，并非试图在理解层面交流。对于一些父母来说，要花几个小时才能冷静下来，但对于有些父母来说，这可能要花几天的时间。此外，对于"讨论"他们的行为，每个孩子的敏感程度不同。有些孩子可能需要几天甚至几周的时间，才能接受去谈论令其不安的事件。有些孩子可能会捂住耳朵说，"我不想谈这个"。此时推动针对这个问题的讨论是毫无意义的。

轻松而短暂的交流

父母如何与孩子交谈取决于他们个人的沟通方式。父母需要知道的是，这些关于恼人行为究竟意味着什么的讨论不应该是"深刻而有意义的"。对大多数孩子来说，坐下来面对面地讨论这个问题冲击太大，即使这件事发生在很久之前。和孩子说话时要简短和轻描淡写。对于儿童，尤其是青少年来说，如果父母的语气是平静、深思熟虑的，似乎他们会更容易听进去一些。避免揪住具体问题不放，讨论问题的形式与力道要恰到好处：必要时可以让人顺利地转移话题或完全回避这个话题。

有一个场景可以满足上述条件，那就是父母在开车时与儿童或青少年交谈。这样的情境考虑到了隐私，谈话者也被圈在了固定的空间中。但更重要的是，它让双方都容易将注意力移开。并排而坐，没有直接的眼神交流，这有助于淡化交流。如果谈话对任何一方来说都过于激烈，汽车的行驶和路过的风景都可以提供一个逃离到外在世界的好机会。在这种情况下，可以将关于孩子感受的讨论与其他威胁性较小的话题夹杂在一起。

游戏

因为有着受训的经历，儿童治疗师能够理解儿童的游戏。但这种理解游戏的能力并非治疗师的专利。在与父母咨询时，重要的是要教导他们，或者至少让他们感兴趣，让他们知道，游戏既是孩子用来沟通情绪状态的重要方式，又是解决他们诸多焦虑的一种治疗手段。

早在 Freud 与"Little Hans"父亲的共同工作中，我们就看到父母已被邀请到孩子的治疗中。Donald Winnicott 在他的书中和广播里也提倡让父母积极地参与儿童治疗。

多年前，当我主持一个婴儿观察研讨会时，我就意识到了游戏的力量和父母参与的重要性。其中一名学生呈报了对3个月大的婴儿及其2岁姐姐的观察。观察者注意到父母很担心姐姐，姐姐有排便困难的问题。父母说，自她出生以来，就一直憋着自己的粪便，并患有严重的便秘（Zilibowitz, 1992）。各种药物和行为措施都没有效果。研讨会的讨论围绕探索这种行为的意义展开。这个2岁的孩子对"出生"心怀不满吗？她是不是将粪便和婴儿等同起来，也许憋便是想阻止更多的婴儿出来？

研讨会接着讨论了如何通过游戏来探索这种情况。有人建议，可以让小女孩玩某类游戏来掌控这一情境，也许会有一定帮助。有人提议设计一个游戏，让网球穿过两端都开口的长袜。在我不知情的情况下，观察员竟然把这个建议告诉了孩子的母亲。在接下来的一个星期，母亲邀请她的女儿一起玩这个游戏。这位母亲说，小女孩非常喜欢这个游戏，一遍又一遍地玩儿。值得注意的是，在玩了一天这个游戏后，她可以直接排便了，没有丝毫憋着的迹象。这位母亲还说，她的女儿似乎快乐了许多。

从精神分析动力学视角来设计游戏

这种Winnicott式的"奇迹"调动了我的好奇心，如何将游戏应用到临床实践中呢？是否可以这样理解，或者至少假设，基于一个孩子的心理动力设计出相应的游戏可以缓解他的焦虑？是否可以向父母提一些建议，告诉他们可以和孩子一起从事哪些活动，以便通过游戏更好地调节焦虑？

与丧失有关的游戏

经典的例子就是和婴儿玩的那些蒙脸躲猫猫游戏。这个所有婴儿都喜欢的简单游戏，清晰地表明了如何通过游戏来探索丧失和分离的焦虑。婴儿的焦虑加剧了，然后又得到了安抚：一开始眼前的人消失了，随后又回归到松了一口气和充满喜悦的感觉。

如果孩子的问题与分离有关，我会建议父母跟孩子玩蒙脸躲猫猫或类似的游戏。我解释说，游戏具有强大的治疗作用。在游戏中，孩子会直面他所担心的事情，但与现实生活不同的是，这只是一种假装。通过这种方式，焦虑可以被探索和得到缓解。我建议玩像捉迷藏这样的游戏，或者玩藏东西的游戏，抑或玩一个父母或孩子找个地方躲藏起来然后必须被找到的游戏。另一种方式是让一个小球穿过一个封闭的隧道或滑梯，然后看着它从另一端出来。亲子共读的时候，可以创建一个寻找小角色的游戏，比如找树上的小鸟。有些书就是为此目的而设计的。像《聪明的沃里》(*Where's Wally?*) 这本书里，孩子必须在人群中找到一个小人儿，这类书实现了类似的目的，即在阅读中玩味丧失的焦虑与孤独感。

丧失、分离和回归的主题也可以在其他游戏中看到，比如玩溜溜球（被扔出去，然后又回来的东西）、来回扔球或踢球、在蹦床上蹦蹦跳跳、在跷跷板上起起伏伏、在秋千上荡来荡去，就连"记纸牌"之类的游戏——翻动纸牌，然后努力记住匹配纸牌的位置——也涉及"丧失与再次找回"的主题。

与整合有关的游戏

也可以通过游戏来探索其他动力性议题。只是有一个限制，那就是个人的想象力有限。我尽量克制自己向父母提出建议。相反，我鼓励他们思考可以采用哪些游戏或活动。有些父母可以做到这一点，有些则不能。我曾与一对父母谈论他们对养女的焦虑，他们觉得孩子十分碎片化，总是感觉不到真正的连接。这位母亲提出了可以将烘烤蛋糕和饼干作为潜在的治疗手段。在烹饪过程中看到不同的原料融合在一起的感受对这个女孩来说是一个绝妙的比喻。这对母女确实"建立了连接"，因为她们都喜欢烘焙。

在另一个小女孩的材料中，也能清晰地看到碎片化的问题，她经常在一页纸上画许多小点点。然后，她会试着把它们连在一起，看看自己都画了什么。由于父亲的工作，她们全国各地多次搬家。当拼图游戏被引入治疗后，这个女孩感觉更安定了。她非常擅长这个游戏，而分解拼图，然后将其完整地拼在一起的体验，似乎帮助她克服了对破碎的恐惧。拼图游戏也可以帮助到那些担心自己有着破坏性情绪的孩子。"破坏"拼图，然后成功地把它重新组装起来的动作，可以提醒孩子他具有修复的能力。类似地，像"游戏棒"这样的游戏涉及另一个主题，即孩子是否能在不弄乱一样东西的前提下乐在其中。

与调节有关的游戏

对于脾气暴躁或情绪"失控"的孩子，可以考虑玩调节类的游戏。从这个目的出发，非常推荐软管游戏，因其有趣又有效。捏住软管的喷嘴，这样就可以控制水流，这可能是孩子纠结于内部调节的外化表现。甚至洗澡时的游戏——水将被引向哪里，囿于何处，如何调节水流——其中的探索都具有治疗意义。

其他与调节有关的游戏或活动，都能给孩子提供机会"把玩"自己的忧虑。演奏乐器（控制或调节速度或音量），控制气球漏气的速度，玩自行车的变速器和刹车，这些活动对孩子来说都是能带来帮助的隐喻或象征。

游戏与创伤

玩游戏对遭受严重创伤的儿童特别有帮助。有一些同行专门与难民儿童开展工作，与他们共事的经历让我感受到使用精神动力学知识指导游戏效果显著。在这些案例中，很少涉及英语，时间也是有限的。来自家庭的支持十分有限，因为他们几乎是被迫害和无家可归摧毁的。如果可以获得对孩子的精神动力学理解，那么工作人员可以邀请孩子玩某类游戏或参与某些活动。在这种主动的工作方法中，诸如将闪光的小碎片黏合成一个完整的形状，或者玩记忆游戏，或者连点画图等活动，都让孩子和治疗师有机会一起处理诸如碎片化和缺失连续感之类的议题。这些活动不仅安全，还能让孩子有一种掌控感和控制感，这种状态与他们在创伤中的感受截然不同。这些活动无须被诠释就已经能帮助孩子平静下来，并且在总体上改善儿童的功能。有时还可以邀请父母加入到游戏中。这不仅对孩子有帮助，对可能同样遭受了创伤的父母也会有一定的治疗作用。

有关游戏的不同思考

虽然这种指导式的游戏不一定总能产生预期的"Winnicott式"奇迹，但与父母一起思考这些可能性是有所帮助的。这么做有如下几个原因。最明显的优点是它让父母参与进来。这种关于游戏活动的讨论有助于父母以多样化的视角看待孩子的游戏。这一点的重要性怎么强调都不为过。以这种方式看待游戏，不仅能让父母思考孩子的行为，还能欣赏孩子的内心世界和对其感到好奇。这些父母观念的改变将会对亲子关系产生深远的治疗作用。

实际上，这些关于游戏的讨论让父母觉得他们确实可以做点什么。虽然精神分析取向心理治疗师可能重视遐思（reverie）和克制行动的重要性，但父母会急切地想知道自己能做什么。如果父母得知了游戏的意义和价值，那么这项活动就不会被视为简单的行为计划，而是一种重视情感层面的、十分重要的帮助手段和了解孩子的方式。

鼓励父母参与游戏活动可以让他们重新审视情绪议题，这些议题可能曾经或仍然是他们自己情绪功能中的困难。这一点在分离困难的情形下尤为突出。我们经常会发现，孩子对分离的焦虑反映在父母一方或双方身上。鼓励父母帮助他们的孩子参与到具有精神动力学意义的游戏中，这不仅是在帮助孩子，也可以修通父母自身的焦虑。因为问题可以被安全地移置到游戏当中，这个过程是有效的。

也许正是由于 Klein 不愿让父母积极地参与到孩子的治疗当中，所以现在关于这方面的文献很少。一些儿童治疗师可能担心这种方式会将父母变成"辅助"治疗师。显然，如果父母和孩子之间存在激烈的竞争或纠缠，治疗师可能会感觉"不情愿"推荐这种游戏的方式。也许有理由怀疑父母出于自身的动力问题而无法以治疗的方式参与游戏。虽然需要对此保持谨慎，但根据我的经验，这类来自父母的参与并不会引发更大的障碍。许多父母都表示，这些活动很愉快而且很成功。如果该领域有后续的深入研究，将对我们的治疗十分有帮助。当然，精神分析儿童心理治疗师需要与从事游戏相关工作的专业人士（游戏治疗师、儿科职业治疗师以及幼儿园和小学教师）多交流，这样双方就可以互相学习（Charles & Bellinson, 2019）。

阅读

虽然通过游戏和玩耍可以具体地表达出儿童内心世界的困难，我们还可以通过阅读故事来安全地探索儿童的情感困难。和游戏一样，鼓励父母给孩子阅读那些根据孩子的相关困扰议题而选择出来的故事可能会有帮助。现在有很多为儿童写的书，涉及诸如父母离婚、兄弟姐妹竞争和嫉妒、悲伤、愤怒、欺凌等议题（Fox, 1995; Coon, 2004）。现在有一种名为"阅读疗法"的运动，它将文学作品用于治疗目的（Coon, 2004）。许多经典读物，如 Seuss 博士系列，也涉及如何处理儿童各种各样的焦虑。

一些经典的童话故事可以用来帮助探索和把玩恐惧或不安的感觉。就像玩游戏一样，最好把这些故事安全地转移到虚构的生物或动物身上，而不是直接安插到孩子和家庭身上。故事越傻、越离谱越好。我跟我的孩子们一起编了很多关于"臭烘烘的臭袜子"之类的故事，还有"豌豆"和"胡萝卜"这两个极其愚蠢和顽皮的角色的冒险故事。这些故事应该是有趣的，以轻松的口吻讲出来。不要让孩子感到他们即将

"面临"故事中的经历。这样的故事需要穿插在其他故事当中，如果孩子不喜欢，那就应该放在一边。

如果孩子对所选的故事有浓厚兴趣，父母最好不仅是读故事，而且要放慢故事的节奏，邀请孩子去思考不同的人物可能会有什么样的感受。这是父母帮助孩子扩大他情绪词汇量的机会，比如：蚂蚁对蜜蜂可能不光是生气的，而且会暴怒、恼火、沮丧、失望或"气炸了"（Cox，2006）。就像从分析视角设计的游戏一样，阅读一本书可以让父母重新审视和处理这些令人不安的感受。这对父母来说是一种治疗，进而促进了孩子的治疗。在放慢故事节奏的过程中，可以留出空间来把玩角色的情感。大声地讲出来小蚂蚁可能有什么感觉，以及小蚂蚁对此能做些什么。

在我推荐的书单中，这些儿童文学作品都与孩子的特定问题相关。我还建议父母去图书馆研究一下有哪些书适合他们的孩子阅读。这让家长更有参与感，也让我有机会赋权给他们，我会跟他们说："你们非常了解自己的孩子，知道什么样的书是最容易被他接受和最有效的。"在我的经验中，父母不会选择不合适的书。

当向父母建议孩子无须治疗时

除了讨论这些具有精神动力学意义的方法外，还需要讨论孩子是否需要治疗。分析性评估的好处之一是它试图理解孩子。它是一个开放的探索系统，而不是一个封闭的诊断标记过程。尤其是当决定孩子不需要治疗的时候，评估也是十分有帮助的。基于对孩子的了解，我们能够根据对孩子的精神动力学理解来制定替代方案，提出方法或其他干预措施。

当情绪发展顺利时

如果孩子表现出的能力预示着他的情感发展并未受阻，我们就不会为他提供治疗。虽然父母会担心孩子的某些特定行为，但孩子在其他方面的功能表明他们经历的情绪问题处于适当水平。如果孩子在吃饭、睡觉、如厕、身体健康、同伴关系和游戏方面都表现良好，这表明他/她具有相当强的情感力量。但这并不意味着我们要告诉父母一切都很好，没有什么可担心的。父母需要让他们的担忧得到确认，但也需要打消顾虑，知道孩子的情绪发展是正常的。我们可以与父母讨论孩子行为背后的原因以及如何对此进行调节，以此来回应父母的焦虑。在这种情况下，前期评估就成了家长咨询的基础，而不是儿童治疗的基础。

多年来，无论是在医院还是在私人执业的情况下，我都越来越少地提供长程治疗。部分原因是我治疗的大多数孩子并不严重，但这也是因为我越来越相信，如果父母能够更好地理解他们的孩子，当前的问题就可以得到解决。

在这种工作方式中，我们不会用"是否有病"的眼光去审视孩子，而是认为每个孩子都会遭遇情绪上的挑战。在大多数情况下，这些挑战是情绪成长的必要推进剂。支持父母去帮助他们的孩子了解并涵容这种张力，这样它们就不会四处蔓延以至于影响到人际关系，这是儿童心理治疗师最重要的一项贡献。

虽然许多个案可以通过父母咨询的干预方式获得帮助，但有些个案则处于灰色地带，治疗师对提供心理治疗没那么确定，但同时又觉得光提供父母咨询是不够的。如果是这样的话，可以考虑如下一些选择。

回顾式会谈

如果我担心一个孩子，但不确定是否要为其提供心理治疗（因为我可能不确定父母在多大程度上能给予支持），也许我会决定在两三个月之后提供一次回顾式会谈。我会向父母明确表明，他们可以在这期间随时打电话给我。这么做能让我继续试图去衡量父母对这一过程的承诺。如果他们参加了回顾式会谈，并且深思熟虑地应用了我们之前讨论过的一些策略，那么我可能会为孩子提供长期治疗。如果我怀疑家长的参与能力，且不十分担心孩子的问题，我可能会建议他们在几个月后再打电话约见一次——打电话约见的责任在父母身上。

回顾式会谈在与青少年工作的时候效果特别好。虽然一个青少年可能非常需要治疗，但他无法使用治疗，也不能保证连续地参与其中，这可能表明连续治疗可能会不奏效。更容易达成的方法是每学期与青少年见面两到三次，只是看看事情进展如何。这种"后备支持"或回顾系统让青少年有一种自主权，同时也允许他试探性地参与进来。最重要的是，父母在焦虑中不再感觉孤立无援，因为他们知道有人也在不断思考着他们的孩子。

会见父母

虽然孩子可能是问题的呈现者，但有时很明显，最有效的干预也许是与父母持续见面。如果你已经与孩子进行了几次评估咨询，而不是只见父母从未见过孩子，那么这个方法的效果会更好。

以这种方式会见父母有时是相当棘手的。起初，他们的讲述很有可能与养育问题有关：他们可能对孩子有不同的看法，或者他们可能对管教有着不同的态度。然而，这可能只是一个切入点，随着工作的深入会更多呈现出婚姻关系，甚至是父母一方的精神动力学议题。在曾和我工作过的父母身上，所有的这些问题根源在不同阶段都会出现。由于需要顺势而为，这些工作往往是很困难的。在这种情况下，能在多个层面上灵活地工作至关重要（Rustin，2000）。

成为随叫随到的顾问

对于单亲家庭来说，一个特别有用的选项是成为一名增援（"随叫随到"）顾问。在评估完一个孩子且不建议治疗之后，我告诉家长们如果他们将来有什么特别的问题想要讨论的话，可以随时打电话给我。这可能意味着一个简短的电话，或者可能需要另一节会谈。我发现单亲父母特别喜欢这个选项：如果没有伴侣来帮助他/她反思自己对孩子的管理，单亲父母会因为这个选项而感到被抱持和感到安心，即使这个选项很少会被使用。对于有些父母，我可能一年只见他（们）一两次。

会见家庭

在对孩子进行评估后，我可能会逐步发现许多令人担忧的问题涉及其他家庭成员。例如兄弟姐妹打架，父母觉得孩子们不受控制等，类似种种情况可能意味着会见整个家庭更为合适。即使我想讨论对眼前这个孩子个体的精神动力学理解，但我会建议，帮助孩子的最好方式是会见全家。对于青少年或阻抗强烈的孩子，家庭咨询也许是让他们能够参与进来的唯一方法。

药物

如果孩子的问题较为严重（例如，孤独症谱系或有自杀倾向），那么可能他已经在服用处方药。然而，仅凭这一点并不能将他们排除在治疗范围之外。尝试对孩子的障碍给予一些理解是很重要的。通常，这些孩子见过许多专家，但没有人试图理解他们的感觉到底是怎样的。他们的行为障碍会压倒性地破坏他的功能，掠夺了孩子让周围人看见其内心世界的机会。在这种情况下，片面地看待这个孩子是不明智的。如果其他专业人士还没有参与进来，我会建议家长先让精神科医生对孩子进行评估，目的是看看是否药物治疗或住院治疗才是此刻最合适的选择。

对于注意缺陷多动障碍（ADHD）的孩子，药物治疗的问题更加复杂。我不认为有哪位临床医生可以断言永远不应该给孩子进行药物治疗。然而，如果对孩子的内心世界很少或根本没有进行过探查，精神动力学方法肯定会对药物治疗保持警觉。过度活跃和/或注意力不集中也可能是焦虑和抑郁的常见症状。更好地理解这些心理状态，结合对孩子细致且坚定的管理，可能更为合适。

认知行为疗法（CBT）

虽然CBT往往被认为是精神动力学工作方式的对立面，但如果我们尊重行为主义治疗的思考方式，也将会从中获益。行为主义方法强调坚定、清晰和一致性边界的重要性。儿童需要因良好的行为受到奖励，并因不可接受的行为受到管教。在与父母讨论管理方法时，必须考虑这些原则。理解并不意味着共谋或允许不可接受的行为出现，理解为什么会发生此类行为并不意味着接受它们。事实上，理解行为可能意味着你必须特别坚定和不妥协。

团体

如果孩子在个体治疗中感觉自己仿佛是被"迫害"了，那么将其转介到一个团体可能是更好的选择。孩子也许会感到更安全，可以在稀释的团体氛围中探索不同的感受。在私人执业中，此选项的困难在于如何找到一个团体。很少有私人从业者同时接诊一群有着类似问题的孩子，并数量足够多到可以组成一个团体，或者至少要有足够多的同龄孩子可以聚成一个团体。有些公立机构会提供一些团体治疗，但对于有些孩子来说，获得参与的名额可能特别困难，存在着时间是否匹配以及是否适合这个团体的问题。

当向父母建议孩子需要治疗时

再次与父母讨论我的评估之前，我大概已经知道帮助这个孩子的最佳途径是什么。我可能会考虑进行持续的治疗，但有些时候，我也会想到上面提到的一些选择。多年的经验告诉我，对于推荐什么样的选择不要太过绝对。提供长期治疗的决策过程是双向的。治疗师和父母都需要对承担如此重大的责任感到自在。有时我认为心理治疗是最好的选择，并带着这样的观点与父母会谈，但发现父母不理解为什么要这样，也不愿意这样做。争论或试图推销心理治疗理念没有多大意义。

在极少数情况下，如果评估发现一个孩子的状况非常严重，我可能会打"权威"牌，告诉父母他们必须做点什么。我认识一些治疗师，他们的工作对象是精神极度失常的孩子，他们有时会给父母描绘一幅"公园长椅"的场景，告诉他们如果什么都不做，孩子就有可能最终流落到公园的长椅上。在这种情况下，对儿童心理健康的宣传可能是至关重要的。然而，在大多数情况下，迫使父母接受心理治疗的建议会适得其反。如果他们勉强同意，后续可能也不太会支持治疗。

即使父母同意治疗，治疗师坚持让他们在会面结束后继续考虑一下，这也是个好主意。

向父母推荐心理治疗时，我会向他们解释孩子的焦虑不会一下子消失，也不会说孩子长大就不焦虑了。我会说虽然焦虑的形式或表现可能会随着时间的推移而改变，但我相信孩子体验世界的方式已经成型，做一些干预是有必要的。我可能会试探性地建议我们需要考虑让孩子接受心理治疗。提出这个想法的前提是，我确定这个孩子需要心理治疗，有能力使用它，且治疗也会得到支持。我会强调的是，我的帮助只是解决方案的一部分，来自孩子外部环境的影响是至关重要的。

帮助父母考虑治疗

如果治疗师和父母都认为孩子需要心理治疗，在开始这项工作之前，需要讨论如下问题。

如何告知孩子

首先，最重要的问题是怎么跟孩子说。一开始，我不会将我的想法直接告诉父母，我会询问他们的意见。我鼓励父母用自己的语言向孩子表达为什么他要接受治疗。我会解释说，治疗过程与评估过程类似，将两者联系起来对孩子来说更容易理解。

许多父母从我们第一次见面时就已清楚我是如何工作的：关注情绪感受而不仅仅是行为。因此，一些父母会告诉孩子他每周都会来见我以使其感觉好受一些。其他父母会说得更具体，表明治疗的目的是让孩子不那么沮丧和忧虑。一些父母，尤其是那些孩子较小的父母，则会告诉孩子治疗就是让他开心起来。

不止一位母亲称我为"开心医生"，但我会建议家长不要使用这个说法。抛开医学模式的含义不谈，心理治疗并不是为了让孩子开心，而是帮助孩子更好地管理他不开心的感觉。我认为用"烦恼"这个词比较好，因为它更准确地描述了孩子的情感状态，也传达了一种理解和共情。如果父母正在努力寻找一个合适的表达方式，我建议他们告诉孩子，心理治疗是在他感到心烦意乱和忧虑时试图提供帮助的。

我会强烈建议父母在谈论心理治疗的时候不要把重心放在行为矫正上。诸如"这是为了帮助你在学校表现良好"或"这样你可以和你妹妹相处得更好"之类的评论，从父母的角度来看是可以理解的，但它们对孩子没有帮助。这样的评论很容易使孩子产生更多的内疚和羞耻感，并使他们更加抗拒或害怕治疗。

父母需要告诉孩子他什么时候来，多久来一次。他们还需要让孩子知道，作为父母，他们偶尔会与我会面，讨论我们如何一起帮助孩子处理他的感受。当然，对儿童或者某些青少年来说，无法向他们解释清楚到底什么是心理治疗。这甚至对于成年人来说都难以理解。心理治疗是一个过程，是一种探索或旅程，无法在一开始就知道会发生什么。根据我的经验，我们无须向孩子解释治疗过程是什么。他们很快就会明白，治疗是能探索感受与思想的一种关系与空间，关注的是孩子自己或他人的内心世界。

设置

为了让父母感受到尊重，我会向他们描述治疗的设置。我会告诉他们这和评估过程是相同的。孩子在评估会面时所使用的玩具盒会继续被使用。然而不同的是，现在盒子一侧会写上孩子的名字，并被告知每次见我时都会使用这个盒子。我会告诉孩子，不会有其他孩子使用这个盒子和里面的玩具。所有的玩具都会被留在治疗室中，在每次治疗结束时，盒子会被放在一个安全的地方，等孩子下次来的时候再拿出来使用。我会告诉父母这里使用的玩具是比较素净中性的，这样我就能更好地观察到孩子使用它们的方式。

我会向父母强调支持的重要性，会强调没有他们治疗就不会起作用。我解释说，我会特别注意孩子在哪些方面感到焦虑；也就是说，他内心世界的哪些部分感觉是不稳定的。接下来，我会补充说，如果没有绝对牢固和稳定的设置，我就无法观察到孩子摇摇欲坠的内心世界。所以，按时开始和结束非常重要，治疗需要有规律和稳定。我还会强调另一个重点，那就是让孩子提前知道我们的治疗何时会因假期或学校活动而暂停。我会让父母尽可能多地提醒我在何时治疗会暂停。我也会告诉父母，如果我有出行的计划也会提前告知他们。

治疗的过程

接下来我将讨论治疗的过程。我会告诉父母，我将跟随孩子的游戏。从游戏中可以看出孩子是如何看待这个世界的，以及哪些事情在困扰着他/她。我告诉父母，我会尝试用一种不具威胁性的方式和孩子谈论这件事。我解释说，为了做到这一点，我会跟孩子讨论游戏中的事情；并补充说，如果我觉得孩子还没有准备好处理这些感受，我可能不会直接把这些感受联系到孩子身上。有时我们可能会花一整节治疗的时间来谈论孩子游戏中的一个角色，或者我们可能会讨论电影或电脑游戏。我试着让家长了解我的工作方式，这样他们就能理解在治疗室的门关起来之后，治疗室中到底发生了什么。重要的是，父母要明白，纵然这样的"讨论"不能直接培养出孩子的洞察力，但这是一种帮助孩子思考不同情绪的方式。

治疗的目标

对治疗过程的描述将有助于父母理解治疗的目的。虽然治疗的目标涉及洞察力，但需要帮助父母理解在洞察力方面，儿童与成人是有差别的。一个7岁的孩子无法清楚地表达对他自身问题的理解。相反，治疗的目的是允许并促进孩子能力的不断提升，包括能够处理令人不安的情绪和人际关系。在安全的治疗环境中，可以用游戏的隐喻以一种置换的形式探索焦虑。父母需要知道，游戏本身就是一种治疗，也是了解孩子内心世界的一扇窗。我告诉父母，我会和孩子谈论在游戏或故事中呈现出来的所有感受，但我不一定会将这些感受与孩子及其生活联系起来。当然，如果孩子能够直接将游戏与自己的感受联系起来，我也会共同经历这一过程。我会解释说，自己正在努力让孩子意识到自身的感受，去思考它们，或许还能够谈论它们。我提示家长OTT（观察、思考、交谈）的过程，并告诉他们这就是我试图让孩子发展出来的能力，尽管这会通过谈论孩子游戏中的角色来实现。

阻抗

我会提醒父母，心理治疗中可能会出现阻抗。我会提及有时候孩子会不愿意来。诸如"治疗没有用""很无聊""我们就是做做游戏""我缺课太多了"以及"Blake 先生说的话很奇怪"之类的评论，可能预示着治疗进入了一个特殊时期，此时父母的支持对治疗的存续至关重要。父母需要知道类似的阻抗期是会出现的。他们还需要明白，这可能意味着治疗已经接近了问题本质。除非这种阻抗变得失控，否则我会建议父母撑过这个时期。当孩子不想来的时候，父母可以告诉孩子他们能理解那些不想去的感受，但也认为继续参加是很重要的。

移情

与阻抗相关的是移情问题。我和孩子的父母谈论这点，这样他们就能理解发生了什么。我解释说，我会尽量对孩子保持相对中立的态度。我不会过于友好或鼓励，也不会刻意疏远或有所保留。我会告诉父母，采取这种立场是为了让孩子把控全局，用各种方式来想象我是谁。如果我很友好，孩子可能很难在我身上体验到消极的部分。如果孩子正因为这些消极感受而经历内心冲突，那么让这些感受体现在我身上就变得十分重要。

我会强调，鉴于孩子每周都会定期与我见面，所以与我的关系将会有所发展。让父母知道这一点很重要，因为如果孩子有人际关系困难，这种困难也会出现在我们的关系中。例如，如果孩子总是担心被冷落，他可能在跟我共处一室的第一时间就会有这种感觉。他可能会对我还接诊其他人感到不安或好奇。在治疗关系中，我能够亲身体验孩子的感受。父母需要知道这一点。要让父母们明白，治疗不仅仅是思考感受，而是实实在在地在治疗室中体会那些感受，这一点很重要。需要让父母放心的是，我不会将这些感受看作是针对我个人的，我只是代表了孩子心目中正在困扰他的某事或某人。在解释了移情的重要性之后，我会提醒父母，在情感层面上，他们仍然是孩子生命中最重要的人。

我会告诉父母，孩子与我的互动不能与外界关系相提并论。治疗关系是不同的。孩子在我面前不需要表现得很乖。用"乖"来评价孩子是很不公平的。在我这里没有严格的框架、规则和指导，这对孩子来说是一个独特的情况。还需要让父母放心的是，孩子在治疗中自由表达甚至表现出消极情绪并不会导致他在外部世界中行为乖张。

治疗频率

应该多久见一次孩子？在大多数情况下，治疗每周进行一次。大多数父母都期望是这种频率（Blake，1974）。更低频率的工作会阻碍移情的发展，还会干扰治疗动力。孩子和治疗师都会习惯于每周一次的节奏。

如果一个孩子的问题较为严重，在生活中遭受了很多丧失，或者经历过创伤性的分离或剥夺，那么每周一次可能是不够的。对此，我会向父母解释说，咨询之间的间隔时间太长可能会令孩子无法应对。建议每周进行两次、三次、四次或五次治疗。在精神分析培训学院之外，孩子很难获得如此高频率的治疗机会。在私人执业中，经济压力会成为主要障碍，也可能会给家庭带来破坏性。现在很少有公立机构提供高频治疗，长长的等候名单也不允许这样做。

如果建议进行更高频率的治疗，向父母解释为什么要进行高频工作是很重要的。这种更高的频率为孩子提供的是一种"机遇"，而不只是关注孩子问题的严重程度。

治疗多久

阻抗议题也带出了一个新问题，即：孩子需要接受多久的心理治疗？我发现问这个问题的家长越来越少了。这可能是因为我在描述治疗过程和治疗目的时的态度越来越开放了。

即使父母不直接问，我也会提出这个问题。我告诉父母自己无法给他们一个确切的时间框架，因为这将由几个因素决定。其中一个主要因素是阻抗水平。有些孩子看起来很渴望治疗并且也能够参与到这个过程中来，但随着工作向前推进，他们可能会变得较为防御。我会告诉父母这很难预测。相反，一个最初看起来非常封闭的孩子可能会突然敞开心扉，开启有效的治疗过程。

出于这些原因，我会向父母解释，让孩子感到情绪安全并且不会负担过重是至关重要的，所以我会非常缓慢而温和地工作。我会跟随孩子，而不是主动带领他去解决某些问题。这个过程不像计算机那样是可以编程的。另外，我会提醒父母，这是为了改变孩子处理各种感受的能力，而不仅仅是促成行为的改变。心理治疗是要给孩子铸造一个内在的情感装备，让他们受用一生。出于所有这些原因，我会告诉父母心理治疗不会只是几周的事情，而是几个月甚至几年的事情。父母听到这一点可能会感到很害怕，但事先表明这部分很重要。

何时结束

在与父母讨论了治疗需要多长时间后，我会接着告诉父母结束治疗的一些指标。我会强调的是，这需要我们双方共同决定。我会明确表示，我不会把是否结束的责任放在孩子身上，并强调父母对孩子功能的评估将是一个关键因素。但我也会告诉他们，有时候孩子在外部世界的状态有很大的好转，但在治疗过程中，他们仍在与内心的冲突作斗争。在这种情况下，我可能会建议孩子继续接受治疗，尽管他们的行为已经有所改善。我告诉父母，孩子成长过程中总有形形色色的困难，但我们必须共同判断孩子是否已经有能力顺畅应对那些情感困难，并且相应地结束心理治疗。

与限制有关的设置

如果孩子来接受心理治疗的原因是他有攻击性行为，我会与父母分享治疗中与限制有关的约定，那就是孩子不能自伤、伤害我或破坏治疗室。我有时（很少）也会让父母知道，有时我可能不得不约束孩子。当孩子的愤怒无法遏制的时候，我可能会抱住他。

以上我提到的所有内容，都十分强调与父母建立信任和相互支持的关系。父母把孩子交给我们：治疗师把门一关，与孩子在里面待50分钟。父母不知道发生了什么。除了一对一家教之外，我想不出还有什么类似方式能让家长把孩子交托给一个成年人。这需要父母对这个人有着十足的信任和信心，这就是为什么治疗的设置要尽可能透明公开（Novick & Novick, 2005）。

保密原则

治疗是一个私密的过程：探索一个人内心深处的恐惧和欲望，审视生活中进展不顺利的地方，这可能会让人痛苦不堪，尤其是对孩子来说。儿童不像成年人一样，可以与问题保持一定的距离再去观察发生了什么。谈论感受，即使是以游戏置换的方式，也会让孩子感到不舒服。特别是对于一些孩子来说，如果他们的家庭功能中没有谈论感受的机会，他们就更难在治疗中谈论感受。但即使在家庭中谈论自己的感受是家常便饭，孩子们仍然会感到尴尬和羞于表露他们的嫉妒、恐惧、悲伤或愤怒。让他们的内心世界暴露在外界的审视之下，会让他们感觉好像在情感上是赤裸裸的。我们需要尊重他们的敏感性，这种尊重一部分体现在治疗师营造的信任和保密的氛围中。但是，对儿童的保密不同于对成人来访者的保密。对于儿童来说并没有绝对的保密性，孩子的父母让孩子来找我们做治疗，他们有权知道发生了什么。

我会告诉父母，孩子需要感觉到与我在一起是安全的，其中就包括让他感到在治疗室中他所说或所做的事情都是保密的。孩子一定要感觉到我不会告诉别人治疗中发生了什么，也一定不会跟学校里的任何人，或者他们的亲戚、医生、朋友交流这些内容。

然而，在孩子所有的关系中，父母是个例外。将父母排除在外，和孩子独享"秘密"会让我觉得不舒服。我告诉孩子们，我会偶尔与他们的父母见面，这样我和父母就可以一起思考如何帮助他减少担心或不安。我从不向孩子保证说，我们在这里无论说什么、做什么都是保密的，即使是对一个青少年我也不会这样说。如果有孩子或青少年问我这个问题，我会说我不会把我们的治疗透露给其他人。但要说明的是，如果他告诉我的事情是我觉得爸爸妈妈需要知道的，那么我会告诉他们。但我一定会让孩子知道我把什么告诉了父母。

对于父母，我会说，我不会详细描述孩子说了什么或做了什么。我会告诉他们一些大致的主题，并试着让父母理解孩子是如何看待这个世界的。我会补充说，如果孩子说了或做了任何我觉得父母需要知道的事情，我会告诉他们。父母也知道我会让孩子知道我将哪些事情告知了父母。只有当我觉得孩子处于危险之中，比如他有自杀计划、服用危险药物或参与犯罪活动时，我才会透露具体的细节。

一些儿童治疗师认为，除非承诺完全保密，否则孩子不会感到足够的安全。这并不是我的经验。我知道有些同事会问孩子，他是否希望治疗师在与父母的会面中谈论或传达一些事情。我不会这样做。我明白这样的举动是为了确保孩子不会感到被排除在外。然而，我不认为孩子甚至青少年应该参与所有的事情。有时候，成年人需要一起思考如何帮助孩子才是最好的，在很多时候，当孩子不在场时，这会容易得多。

要点

- 与父母工作是治疗成效的核心与基础。
- 治疗师要能够十分敏感和机智地与父母工作。
- 营造一种协作互动的氛围很重要。
- 从积极之处入手并保持简化原则。
- 管理方法——OTT（观察、思考、交谈）、使用游戏、阅读（阅读疗法）。
- 当不推荐心理治疗但孩子还有些令人担忧的议题时，应考虑与父母进行回顾式会谈。
- 当精神分析心理治疗不合适时，可以考虑进行家庭治疗、CBT、审慎地使用药物或团体治疗。
- 需要与父母一起考虑长期治疗的设置。涵盖的内容包括：如何告知儿童或青少年要进行心理治疗；解释设置；讨论治疗的目的和可能的阻抗处理、治疗的频率、何时停止治疗、与限制有关的设置，以及保密原则。

问题

- 讨论这句话："对于儿童治疗师来说，在对孩子进行评估后会见父母是最重要和最困难的一项任务。"
- "对儿童或青少年进行评估的目的是判断他们是否需要心理治疗。"讨论为什么这个表达过于狭隘。
- 针对儿童或青少年的情绪/行为问题，提出一些可以让父母使用的方法，让他们可以帮到自己的孩子。

推荐阅读

Novick, K., & Novick, J. (2005). *Working with Parents Makes Therapy Work*. NJ: Aronson. See especially chapter 1 which has a very good history of this parent work

Novick, K., & Novick, J. (2013). Concurrent Work with Parents of Adolescent Patients. *The Psychoanalytic Study of the Child*, 67, 103–136.

Rustin, M. E. (2000). Dialogues with Parents. In *Work with Parents*. J. Tsiantis (Ed.). London: Karnac.

Silverman, M. (2008). Review of Working with Parents Makes Therapy Work by Novick and Novick (2005). *The Psychoanalytic Quarterly*, 77(1), 357–364.

Siskind, D. (1997). *Working with Parents*. NJ: Aronson.

Tsiantis, J. (Ed.). (2000). *Work with Parents: Psychoanalytic Therapy with Children and Adolescents*. London: Karnac. See especially chapter 1, although the entire book is worth reading.

（李航　译）

Child and Adolescent Psychotherapy

儿 童 青 少 年 心 理 治 疗

第 9 章
外在设置、内在设置及限制

治疗始于设置，而设置并不总是意味着有一间心理治疗室。Freud曾对一位为了儿子的恐惧问题前来求助的父亲提供精神分析性的工作，这开启了儿童精神分析的先河。当时并没有正式的设置，而是大人们一起观察与思考，并且和男孩讨论行为背后可能的意义。

虽然Freud开启了儿童精神分析的先河，但他从未直接与儿童工作，因此也从未直面过其临床启示。Hermine HugHellmuth、Melanie Klein和Anna Freud承担起了在心理治疗室的正式设置中将精神分析原则应用于儿童的任务。这些儿童精神分析的先驱者们有着不同的理念，这些差异也反映在他们提供的不同的临床设置中。

设置的重要性

设置是指进行精神分析工作的外在和内在空间。设置如同为临床工作提供了"背景布"，并有助于定义临床工作。事实上，我们可以通过观察治疗室、治疗师使用的玩具种类，以及治疗师如何打扮和呈现自己，来了解这位儿童治疗师是用何种风格流派工作的。

每个治疗师都必须对自己的设置感到舒服。当治疗师和孩子们经历和探索关系的动荡时，设置可以为他们提供抱持。

虽然设置很重要，但我们需要警惕不要成为一个"唯设置论者"，即只有在外在条件完美的情况下才进行儿童分析。Klein（1961）曾在一个女童子军大厅以及她的公寓里与儿童会面。我曾在仅仅比洗手间稍大一些的房间里与儿童会面。我也曾在一些大而空旷的会议室里与儿童会面。实际上，我还曾在停着的汽车后座进行过治疗。设置甚至可能意味着去散步或者去游乐场（Carnochan, 2018）。每个治疗师都需要权衡所有因素，包括自己正在会面的孩子的类型，以确定这种设置是否能使治疗师拥有持续的精神分析式体验。

外在设置

Klein在1922年和1923年发展了她的游戏技术，并在《儿童精神分析》（*Psy-*

choanalysis of Children）（1932b）和她的论文《精神分析游戏技术：其历史和意义》（The Psychoanalytic Play Technique: Its History and Significance）（1955）中对此进行了描述。在这些作品中，她描述了她认为适合与儿童进行分析工作的外在设置。她列出了她使用的玩具、房间和家具的种类清单。尽管这些设置已有近一个世纪的历史，但仍然被当今Klein取向的儿童精神分析师所使用。当然有些玩具已经改变了［比如1922年，培乐多彩泥（Play-Doh）还没有出现］，但基本原则仍然不变：一个单独的盒子，里面装着简单而非结构化的游戏材料。

房间

一个简单的房间

房间应该是简单、结实、安宁和私密的。游戏室的简单经常令一些人感到惊讶甚至担心。成年人也许会期待给孩子一个满是鲜艳色彩、各种兴奋材料的儿童房间，但孩子们很少抱怨游戏室的"简单"。他们很快就会明白这个房间是一个关于"玩"的地方：这个房间及其道具并不是用来娱乐的，而是为探索他们感受的工作提供了设置。通过这个简单的房间，孩子们很快就知道其实你提供的是一个没有太多道具的空旷舞台。他们可以自由地用自己的想法来装饰它。

地板覆盖物和水

谈及她使用的房间类型时，Klein女士说，"它有可冲洗的地板、流动的水、一张桌子、几把椅子、一张小沙发、一些垫子和一个抽屉柜"（Klein, 1955, p.126）。在我看来，地面最好使用亚麻油地板或可洗瓷砖，地毯太容易被溅到东西或被弄脏。我用水龙头和水槽的组合来提供流动的水，这给了儿童很多探索原始感受的机会，比如喂养和喝水，以及其他一些事情——比如溺水和洒水。有时玩水会很难控制，因为水会洒得到处都是。

即使房间里没有水，我也不太担心，因为这些感觉可以通过其他方式来表达。

一张低矮、结实、可清洗的桌子是基本用品，并且这张桌子需要有足够的空间可以玩游戏和画画。需要配几把小而结实的椅子，并且我喜欢再配两把舒适的成人椅。孩子可以自己决定是想坐在小椅子上还是"大人的"椅子上。我总是选择坐在舒适的成人椅子上。我更喜欢固定坐在一个地方的稳定性。如果孩子让我参与到需要四处挪动的游戏里，我也会配合。我知道一些儿童治疗师经常会和孩子一起坐在地上，这种姿势确实向孩子传达了想要成为他们玩伴的意愿，而坐在大人的椅子上则传递了一种更为正式的参与姿态。这些位置都有其优点和缺点。但随着年龄增长，我的身体越发僵硬，坐在地板上就成为一个特别没有吸引力的选择！

沙发

如果房间足够大，我喜欢配上一张放着枕头或靠垫的沙发、一张沙发床和一张轻便的橡胶床垫。小孩子可以用各种各样的方式来使用这个沙发，比如从沙发上跳下来，躲在底下，在沙发上搭建小木屋，睡个踏实觉或者假装睡觉。个别年长的孩子或年龄小的青少年偶尔会把沙发当作分析躺椅，他们会躺下来谈话。我没有抽屉柜。我更倾向于为每个孩子准备一盒玩具，并且在每次会面时都带上它。以上就是在我"理想的"房间里，我会备上的所有家具。

沙盘

一些治疗师认为沙盘很有用。确实有一种流派的治疗几乎只用沙盘（Ammann, 1999）。使用沙盘的一个困难是选择使用湿的沙盘还是干的沙盘（或者配两个沙盘，一个湿的，一个干的）。湿的沙子更容易被摆成形状，但是要保持沙子潮湿可能会成为一个问题。另一个问题是，潮湿的沙子很快就会把房间弄得一团糟。孩子们明显是喜欢沙子的，因为他们可以用很多不同的方式使用它。至于是否需要沙盘，我认为这归根结底取决于个人倾向。我现在工作时并不使用沙盘，这可能是因为我越来越不能忍受到处都是沙子。这也可能跟我早年某次和孩子会面时经历的"创伤"有关。

Darius

Darius曾是我在某家公立诊所会面的一个7岁孩子。我和他会面了好几个月。在早期的会面中，他不能无拘束、不受限地去玩。然而，在最近的几次会面中，他开始放松，可以更加自由地玩耍。他开始往沙子里掺水。由于我认为这是真正的进步，因此我允许他这样做。接下来，他把颜料和胶水加到湿沙里。他用一把小塑料铲开始搅混这些原料，做成一个颜色鲜艳的粒状泥球。我仍然没有限制他的活动。然后，他用铲子把这个可怕的混合物弹射到房间各处。他那黏糊糊的泥球粘在墙面、门、文件柜、天花板和窗户上。我不得不取消下午所有的预约，花好几个小时来收拾残局，这简直治愈了我对"宣泄有益"的迷信！

黑板

黑板（固定在墙上或画架上）适用于所有年龄段的孩子。如果一个房间有一块黑板，我会很乐意使用它，但我不会坚持一定要配备这个用具。黑板也有缺点，那就是每节会面结束时都要把它擦干净。

结实的房间

就像家具一样，房间本身也需要结实和可清洗。墙壁和天花板应该是平和的颜色，并且足够结实，可以承受"合理的糟蹋"。灯具和窗户应是不易损坏的。为了孩子和治疗师，房间应该有一扇窗户。对于孩子来说，能够向外看是很重要的；否则，当他们对其内心世界感到可怕时，没有窗户的房间会让人感到幽闭恐惧。同样，我也发现在没有窗户的房间里工作会让人感到窒息。也许这与试图和孩子的内心世界待在一起的强度有关，感到一切皆是内在的。如果房间不在一楼，防止孩子从窗户掉下去或跳出去是很重要的。

房间的大小

房间应该足够大，以适应孩子的活动需求，但也不能太大，否则孩子会迷失其中。我相信大多数治疗师都喜欢大约3米乘4米大小的房间。

海报或图片？

为了保持房间的简单和相对无刺激，我不喜欢在墙上张贴海报。如果你的墙上挂着其他孩子的画，我认为这会引起嫉妒。

玩偶屋

我不喜欢像玩偶屋这样的东西。如果孩子要求他/她的家具在下次会面时仍保持不变，他们很快就会占有这些公共用具。当你需要跟其他孩子会面，这种做法显然是不可取的；即使能做到这点，让家具摆放保持不变会让孩子们觉得自己可以占有共享的用具，这种体验也是没有益处的。

我还发现，玩"玩偶屋"对了解孩子的内心世界帮助甚少。我知道有一些治疗师认为这是一种重要的游戏用具，对了解家庭动力特别有帮助，但我的经验与此不同。我不知道玩偶屋及其家具，以及玩偶的形象是否太过真实，或者无法在象征层面上形成足够的"置换"，以至于不能让更多无意识的材料浮现出来。

使用办公室

也许没有条件配备一间游戏室，只有一间专业的办公室。只要治疗师对"禁止"区域保持坚定，并且孩子们能够遵守这些限制，就可以在办公室里进行治疗。桌子、文件柜等最好可以上锁；所有个人物品，如家庭照片，最好可以放在来访者看不到的地方。治疗时应该禁止所有来电。不要摆放像玻璃书架这样的东西，这相当于是在玩命。

垃圾桶

备上一个垃圾桶很有帮助。垃圾桶应该是用塑料做的，如果垃圾桶被用作武器，这将可以尽量减少伤害，并且治疗师还应该在每节会面开始前检查垃圾桶，以确保它干净且没有前一个孩子留下的物品。在门上挂上一个"请勿打扰"的标志有助于保护治疗免受不速之客的侵扰。

房间的位置

为了保持房间的安宁和私密，需要避免被路人轻易地往里看。同样，从听觉上来说，房间也应该是安静和私密的。房间应该距离等候室足够远，以保证其私密性；但又不能太远，以至于要带着孩子尴尬地走很长一段路。

等候室

在等候室放满令人兴奋的玩具（比如电子游戏或机械玩具）是没有用的，这些诱惑会让人很难把孩子从等候室里带出来。

▌玩具

一个单独的盒子

玩具是外在设置的重要组成部分。我不使用共享的玩具，因为那样很难保持连续性。我会给每个孩子提供一个属于他们自己的盒子。盒子应该是结实的，最好有一个可以上锁的盖子。带锁的盖子增加了孩子的安全感。

把孩子的名字贴在或写在盒子的侧面是很有帮助的。在治疗开始时，孩子们被告知，他们的玩具盒将在每节会面时被提供给他们，并在每次会面结束时被放到一个安全的地方。在最初的几节会面中，我会把盒子里的一些玩具拿出来放在桌子上。在这些早期的会面中，也有些孩子会感觉很难自由地从盒子里拿东西。

准备单独的盒子是为了帮助孩子和治疗师专注且涵容地工作。有了这样一个不被共享的盒子，就有了一种被涵容的感觉、可预测性和连续性。在许多方面，它与为孩子提供的内在设置相似：每次会面时，你心中都有一部分是为这个孩子保留的。

最好每个孩子都使用相同种类的玩具。这有助于治疗师形成自己的结构感，让自己习惯这些玩具。这也有助于治疗师发展出自己的玩具使用范式。

非结构化和简单的玩具

这套玩具的主要特点是非结构化和简单的。如果玩具过于结构化或具有暗示性，这将不利于孩子发展出独特的幻想。简单举例来说，如果一个孩子走进房间，拿起一把玩具枪开始扫射，这可能会让治疗师想到孩子可能有的各种攻击幻想，然而，治疗师也必须考虑到孩子用枪能做的事情也不多。另一种情形之下，如果孩子进来，拿起一块木头，开始拿它当枪使，治疗师就可以对孩子的攻击幻想更有把握。

根据这些原则，我会使用以下玩具：

· 纸张：可以是绘图本，也可以是活页白纸

· 一小盒彩色铅笔（水彩笔和颜料很难去除）

· 一个卷笔刀

· 一个橡皮擦

· 一小卷细绳

- 一卷透明胶带（胶水如果没用完，可能会变干，并且胶水用得太快）
- 玩具剪刀（但它们必须能剪东西）
- 一包橡皮泥
- 一组农场动物模型
- 一套野生动物或动物园动物模型
- 围栏和树木模型
- 四五辆汽车和/或卡车模型
- 家庭人物模型：一位母亲、一位父亲和两个孩子（这些人物应该是"中性"的或非结构化的，比如穿着普通衣服的人物，而不是士兵、牛仔和印第安人）
- 乐高或得宝系列积木
- 木块
- 容器，比如纸杯或塑料杯

我已经习惯了这组玩具。这是我觉得用起来最舒服的一组。然而，它不应被视为一个最权威的清单。使用的玩具种类将取决于治疗师的理论取向、玩具的易获得程度以及治疗师的个人倾向。我记得在伦敦看到过一组Klein用过的玩具，我对它们的华丽和精致感到惊讶：玩具盒就像一个装饰精美的音乐盒，玩具看起来小得令人难以置信。在她关于游戏技术的历史的论文中，她列出了自己使用过的玩具："小型木制男人和女人（通常有两种大小）、汽车、独轮手推车、秋千、火车、飞机、动物、树木、砖块、房屋、栅栏、纸张、剪刀、刀子、铅笔、粉笔或颜料、胶水、球和弹珠、橡皮泥和绳子。"(Klein, 1955, p.126)

我不知道现在有哪个儿童治疗师会提供刀。在精神分析性儿童治疗的早期，治疗师还向儿童提供火柴。一些治疗师认为，如果孩子可以通过焚烧玩具来表达愤怒，这将是一种宣泄！我记得在伦敦参观过一间游戏室，那里因为被点燃的宣泄之火而被烧得一片漆黑。Klein在脚注中列出了这些玩具，这可能是因为她不希望这份清单被当作绝对真理，尽管Klein本人对于教条主义并不陌生。

结实的玩具

无论使用什么玩具，它们都应该是结实的。这些玩具将不得不忍受孩子最强烈的冲动。孩子必须感受到的是，包括玩具在内的外在设置都将能够承受住他/她激情的全部力量。

实惠的玩具

正如孩子必须对玩具感到安全一样，治疗师也必须对玩具感到放松。这就引出了关于玩具成本的问题。治疗师很难对昂贵的玩具感到放松。当你担心你刚买的30美元的"家庭成员"随时会被扔出窗外时，你将很难工作。因此这整组玩具的价格不需要超过50美元。

更换玩具

一旦我开始使用一组玩具，我就不会再往盒子里添加新的进去，即使一个孩子不断要求要一个新玩具或一个用具。这些要求将会被考虑，而不是被满足。如果盒子里的某些东西被合理地使用消耗掉，我会对它们进行更换。至于如何定义"合理的方式"，这取决于每个治疗师。当一个孩子在几分钟内把所有透明胶带扯下来，或者在一次发脾气时撕掉所有的纸时，我认为这种方式是不合理的。在这些情况下，我不会立即更换材料，因为这不会给体会这些行动的后果提供足够的空间。但对于自然用完的纸张、铅笔、胶带等东西，我都会替换新的。为了保持可靠性和稳定性，在替换这些物料之前的会面中，我会让孩子知道这一点。

大孩子用的材料

我所描述的这组玩具适用于2～11岁的儿童。根据我的经验，它们的非结构化特性使不同年龄段的人都能使用它们，而不会觉得自己年纪太大或太小了。关于这些玩具是否适用于12岁或13岁的儿童，则取决于具体情况。一个长期生活在匮乏中的13岁孩子会使用这组玩具，然而这组玩具可能会冒犯到一个"见多识广"的12岁孩子。对于12～16岁的年龄稍大的孩子，我不使用玩具盒，但会在手边备一些铅笔和纸，以及一些造型材料，比如一个橡皮泥球。如果年轻人觉得很难说话，我会建议他/她试试画画或做些什么。

可靠性和连续性

设置需要产生一种可靠感和连续感。在分析工作中，孩子和治疗师都会进入并试图探索这个被叫作"心灵"的可怕地方。在进入这个内在世界的过程中，人们会遇到可怕的客体或精神状态，这些客体或状态会威胁到他们的生存。现在，在治疗师的帮助下，孩子被鼓励去面对他/她的感受的不确定性。由于生活在这个动荡不安的内在世界中，孩子比以往任何时候都更需要一个稳定的外部世界的支持。这就是为什么同一房间、同一日子、同一时间，以及同样的玩具是如此重要。

如果治疗师的外表突然有变化，这可能会让孩子感到不安。不同风格的衣服或发型的夸张变化会扰乱孩子。治疗师的外表不应太具刺激性（比如低胸连衣裙），应在其个人风格的范围内保持稳定。

尽管理论上存在差异，但大多数治疗师都同意，一旦对工作有了扎实的理论理解，外在设置就不会太难实现。更难实现的是为孩子提供内在设置。

内在设置

开放且安全的空间

内在设置中最重要的特征是建立一个开放和安全的交流空间。这听起来很容易，实现起来却很难。治疗师需要觉察到自己是在那里接受孩子的交流的。内在设置必须能够使交流开放而流畅，这样孩子的内心世界不仅可以投射到玩具和房间上，也可以投射到治疗师身上。Bion 和 Ferro 称之为以"最不饱和的方式"（the most unsaturated way）工作（Ferro, 2015），这意味着治疗师是一个空白屏幕或不扭曲的镜子。这种情况当然只是理论上的，因为治疗师的人格会影响孩子对移情的感知。虽然这种空白屏幕只是一种理论上的可能性，但它确实提醒我们要营造一个内在设置，为孩子的内心世界（而不是我们自己的内心世界）留出足够的空间。基于建立一个开放的交流空间的需要，这也解释了为什么孩子不应该在社交生活中了解治疗师，也不应该了解治疗师的个人生活。

治疗师的心智

孩子必须感受到治疗师可以涵容地接受自己对治疗师的投射。只有当孩子感到自己可以被安放在一个可靠、安全和保密的环境中时，强烈而令人不安的投射才可以继续流动。这种安全感部分落脚于治疗师心智的可预测性和连续性。对孩子而言，最重要的是要让孩子感受到治疗师的心智（就像是房间和玩具一样）能够继续存活下来。这种幸存下来的能力本身就有助于涵容孩子许多最令人不安的焦虑。治疗师必须努力保持心理稳定以让孩子感到可预测性。当然，这并不总是可能的。有时治疗师也会对自己生活的方方面面感到疲惫、沮丧和焦虑。治疗师需要试着在会面期间将这些生活烦心事放置一旁，然而由于孩子对于大人的心理状态尤其敏感，他们通常会注意到治疗师的这些不稳定时刻，并做出相应的反应。有些孩子会比其他孩子更宽容。这样的时刻也使治疗师显得更人性化，并向孩子表明人类并不完美。然而，如果治疗师经常出现不可预测或不可及的心理状态，工作的可行性必然会受到质疑。

心理层面的"在那里"（being there）不仅意味着治疗师要存活下来并且是可预测的，还意味着治疗师对孩子有一种超越单纯关注的接纳态度，这种接纳态度可以通过治疗师的仔细观察、治疗师对孩子的游戏或言语的好奇，以及深思熟虑来表现。通过这样的方式，孩子将开始感受到他/她的所有交流都很重要，都有意义。孩子很快就会发现，他/她不是来接受教育的，而是来带领治疗师的，他/她将感受到治疗师"在那里"是帮助他/她探索自己的感受的。孩子开始意识到，精神分析性的工作不是要接受答案，而是去探索问题。精神分析性的工作是一个打开和扩展心智的过程，从而找回自己失去的部分，而不是用答案来扼杀问题（Blake, 1987）。

这意味着治疗师不会主动发起互动，而是等待观察孩子会如何行动。治疗师应该倾听孩子的话，或者观察他/她的游戏，或者以一种感兴趣和探索的态度思考彼此的互动。这包括每一分钟的行为，无论这些行为当时看起来多么不相关。这意味着无意识总是在说话——一种动力式的无意识。治疗师试图发现孩子行为中的无意识因素。在这种治疗师倾听孩子及治疗师对孩子的反应中，治疗师应该向孩子传达一种感觉，即：哪怕是孩子最残忍、最尴尬、最可耻或最奇怪的想法，也可以被接受和探索，而不是被评判。当然，我说的是想法，而不是行为。阻止孩子的暴力行为是治疗过程的一部分。我将在"与'限制'有关的设置"部分详细阐述这一点。

Freud 对于内在设置的看法

Freud在讨论治疗师进行精神分析式工作的心理方法时，提出了精神分析工作的三种特征或存在之道：

- 节制
- 中立
- 匿名

这些建议是从他和成年人的工作中发展而来的。

节制

Freud所说的"节制"意味着不满足病人的欲望或需求。此外，这还意味着如果病人对治疗师有性渴望，治疗师不在性方面见诸行动。这也意味着当病人感到焦虑时，治疗师不通过安抚病人来消除其焦虑。临床上，这还意味着不直接回答病人的问题，而是探究这些问题的意义。精神分析师"在那里"是为了理解病人，而不是给病人提供建议或指导。

中立

中立意味着不加评判。无论讨论的是什么，治疗师在那里并不是为了评判道德上的对错，而是去"理解"。治疗师越是判断，就越难理解。我发现，对于受训中的儿童治疗师而言，尤其是对于那些有教学或社会救济工作背景的儿童治疗师，中立是最难采取的态度。作为成年人，我们太习惯于"教育"孩子，或者给孩子指引判断对错的方向。虽然"教育"在其他情境中是非常重要的，但儿童心理治疗的设置应包括体验和探索从最可怕的到最美妙的所有情绪状态。

匿名

匿名意味着治疗师不暴露自己的个人信息。这将使孩子可以想象关于治疗师的一切。这种想象有助于治疗师去理解孩子的移情。

所有这些节制、中立和匿名的观点在理论上听起来都很好，但在与儿童、青少年和父母的临床工作中，这些观点就不那么清晰了。在我多年的实践中，我对这些理想化的状态越发质疑。我的大部分治疗工作是每周一次的。毫无疑问，这样的频率稀释了精神分析模式的纯粹程度。此外，在与儿童一起工作时，治疗师经常面临进退两难的困境，很难绝对地坚持节制、中立和匿名这三种态度和立场。

对儿童和青少年的节制、中立和匿名

对孩子保持中立意味着什么？这是否意味着，当他们兴奋地宣布自己在学校游泳狂欢节中获得第一名时，你不表现出任何的快乐或自豪？这是否意味着，你每节会面见到他们时，你都不能微笑？这是否意味着，当他们告诉你今天是他们的生日时，你不祝他们生日快乐？这样的中立或"空白屏幕"的立场，对大多数孩子来说，难道不是很消极吗？节制是否意味着，当青少年告知你在来会面的路上丢了钱包后，你不向他提供交通费用？节制是否意味着，为了防止你自我暴露得太多，你就不把车停在专属停车位上？如果年长的青少年描述自己有着让人担心的身体症状，但他没有寻求医疗帮助，治疗师将要怎么办？你应该建议他去看医生吗？由于儿童或青少年不是成年人，儿童治疗师有照护义务，所以这些精神分析性的态度需要与对儿童发展的考虑相结合。随着经验的积累，我对儿童及其父母都变得更友好、更支持、更开放了。我认为，或希望，这会让儿童及其父母体验到一个更真实的我。这比保持精神分析的纯粹性更重要。

然而，记住 Freud 学说的这些原则是很重要的。它们提醒我们，我们并不是来和孩子做朋友或者教育孩子的，而是来帮助他去体验和思考他的感受的。Freud 的建议可以帮助我们最大程度地了解一个人的内心世界，但是为了实现这一目的，不能以盲从那些会危及真实互动关系的原则为代价。

最近，我觉得一个重要的内在设置或态度是保持开放和自发性。更多地与儿童或青少年"在一起"，或者就像 Ogden 所说，以一种更"存在论"（ontological）的方式工作（Ogden, 2019），更放松、更自由地让自己的思想和情感自发地流露出来。我希望我在这方面有足够的训练和经验，能够"训练有素"地放下某些边界，这样我就能"感受"全身心投入地与孩子或青少年在一起的体验。用 Bion 学说的术语来说，就是试图更接近"O"（Bion, 1970）。这意味着治疗师可以用更贴近无意识、直觉、内隐和右脑的方式进行工作。这也意味着治疗师可以容许重演的发生，这样我和孩子或青少年就可以以体验的方式知道，在我们之间发生了什么。

█ 与"限制"有关的设置

设置中有限制是很重要的，这为工作提供了边界并给出了定义。没有这样的边界就会面临崩解和无休止越界的风险。孩子不成熟和反复无常的特点会导致可怕的心智状态。孩子们需要被坚定地抱持以培养某种安全感。另一方面，边界需要足够灵活，而不会像一件强迫性的、过度控制的紧身衣。边界不能基于盲目的技术，而要基于理解所带来的各种限制。这会促成一种限制感，而这种限制感是基于关心，而非严格控制所带来的。边界使孩子知道自己所处的位置。边界也使情感能够以象征的形式被抱持和表达，而不是去见诸行动。

待在房间里

基本限制之一就是让孩子待在房间里。由于孩子可能会突然变得焦虑或愤怒然后逃跑，让孩子待在房间里可能是个问题。很少有儿童治疗师没有在走廊或治疗室附近追着孩子跑过。当我在公立机构工作时，我会在我房间的门内侧安装一个高高的门闩，以防止孩子离开房间。有时我会把我的椅子移到门前，这样孩子们就不能离开。当然，你可以和孩子谈谈你认为他/她正在经历怎样的感受，但这通常不会立即起作用。

了解孩子想要离开的原因是非常重要的。如果这是基于极度的恐惧，在试图谈论恐惧但无济于事之后，继续这次会面将是毫无意义的。此时，应该停止当次的会面，或者将家长带到房间来安抚受惊的孩子。如果孩子提出离开房间的要求，是由于他对不被允许做自己想做的事情而感到愤怒，那么面质这种全能自大的行为可能是必要的。正如Anne Alvarez曾对我说的："如果你和希特勒在一起，就不要想着做张伯伦。"

虽然成人治疗师可能会震惊于这种对儿童自由的限制，但这是与儿童工作时的一个临床现实。有趣的是，随着我对儿童的诠释变得不那么明显或直接，这些问题很少会出现。尊重孩子心灵的脆弱性显然会促进治疗师采取更少面质的工作方式，需要施加限制的地方也就更少了。

攻击性

与限制有关的设置通常是关于具有攻击性的见诸行动。在这一方面，我有三个主要的限制：

　　1. 孩子不能伤害我。

　　2. 孩子不能伤害他 / 她自己。

　　3. 孩子不能损坏房间。

　　这些限制在治疗的最初并不会被正式表明，但当治疗需要这些限制时会被执行。我不会允许孩子对我拳打脚踢、咬我或朝我吐口水，我不会允许他们朝我扔东西，我也不会允许孩子攻击溜进房间的昆虫或者其他活物——如果一个孩子想要捕捉苍蝇、蜥蜴、蟑螂、蚂蚁或任何其他生物，并拿它们"做实验"，我将不会允许这样的行为。我经历过惨痛的教训，最初我允许孩子们捉苍蝇，但后来不得不目睹它们的翅膀或腿被撕掉。这是真实的施虐而不再是幻想。

　　我不允许孩子从事可能导致其受伤的危险活动，也不允许孩子直接伤害自己。有时这个问题不那么容易决定——当一个孩子抓挠血痂并让它流血时，你会阻止他吗？

　　我设置了一个限制，即在离开房间时应将其恢复原样。无论是对特定孩子还是对所有使用这间房间的其他人来说，将房间恢复原样能起到保持可靠性和可预测性的作用。这一做法还涉及分享的问题。如果那里有一块共用的黑板，那么在我们离开房间前会把它擦拭干净。同样，椅子等也会被放回原来的位置。如果孩子不这么做，我会在孩子在场的时候完成这些工作。

约束孩子

　　为了强调这些限制，我通常会用坚定而严肃的声音告诉孩子停下来。如果这失败了，我会警告他 / 她，在这节会面剩下的时间里，违反规则的活动将被禁止，例如，"如果你向我扔积木，你将不能玩积木"。如果这样的警告失败了，如果房间或我受到攻击——例如我被拳打脚踢或被吐口水，或者家具被扔来扔去——我将会用身体抱住孩子。我会告知家长我在约束孩子，以及为什么我觉得这是必要的。如果他们对此感到不舒服，在以后的治疗中，如果孩子不能控制自己身体的行动，我将会停止会面。如果我确实需要约束孩子，我会试图站在他的身后，让孩子和我一起坐在地板上，我将交叉他们的手臂使其环绕身体，让他们的双手在其身后被握住。这种仿佛让孩子穿上紧身衣式的约束方式可能听起来很可怕，但我发现这其实是一种包容的姿态，让孩子和治疗师都能恢复冷静，这样他们就可以开始对这些行为爆发进行思考。

Damian

Damian，一个9岁大的孩子，当他被抱着的时候，他会熟练地控制他硬硬的校鞋，让它们挂在他的脚尖上。他可以突然将它们从脚尖朝我弹过来。有好几次我的脸被一只飞来的鞋击中。于是我坚持让Damian必须在会面开始前脱掉鞋子。在需要躲避"飞来横鞋"的时候，是很难在治疗中保持思考的！

提前结束会面

治疗师是否抱住孩子取决于孩子的年龄和体型、对孩子来说这个过程意味着什么、父母是否许可，当然还有治疗师的身体条件。如果约束孩子的尝试失败了，或者感到这个过程不合适，我会警告孩子结束这次会面。决定何时停止治疗这一问题对不同治疗师来说有着各不相同的做法。因为每个人都必须自行判断自己在什么情况下是准备好去工作，或者是能够进行工作的。

弄乱房间

孩子通过把房间弄乱的形式攻击房间，这是每个儿童治疗师都会面临的事情。当然，孩子必须得到允许以这种外在的形式来表达他们内心感受到的混乱。然而临床上的困境往往是：什么时候要去阻止它？这部分取决于被使用的房间的类型——例如，是否铺有地毯——以及治疗师对混乱的耐受程度。我不允许孩子标记任何不能够被清洁干净的东西。我会估计我需要多长时间才能把东西放回原处。如果我估计清理需要十分钟，那么在会面还剩下十分钟的时候，我就会告诉孩子，现在必须把东西放回去。对于孩子是否要帮助我这个问题，我会故意含糊其词。如果孩子帮助我，这也许意味着我们可以在七分钟内完成清理，我会告诉孩子我们今天还有三分钟。如果孩子干扰或阻止我清洁，我会警告孩子，如果这种情况一直持续，我们将不得不停止会面。如果他们对此不屑一顾，我将会提前结束会面。并不是所有的儿童治疗师都会同意这样的流程，他们声称应该允许孩子留下一些烂摊子。我并不同意这样的观点。如果孩子被允许在50分钟的会面中将自己的内心混乱肆无忌惮地发泄出来，他们最终将会感到更加焦虑。

损坏房间或玩具

虽然我不怎么保护孩子的玩具，但我不允许孩子损坏房间。我不限制孩子敲击纸杯或用木块砸玩具车。虽然这可以被认为是"见诸行动"，但这种行为仍然可以被认为是具有象征意义的。

把东西带回家

儿童不能将玩具和图画等东西带回家。在一段持续的治疗中，我会向孩子说明房间里的东西是在他们来跟我会面时使用的，并且这些东西将留在孩子的箱子里，一直到下次再来。虽然这看起来很直截了当，但执行起来并不总是容易的。

Jean

Jean，6岁，她想把她一直在玩的小羊娃娃带回家。我告诉她小羊必须留在自己的盒子里，她下次来的时候，小羊会在这里等她。当我对她说这些的时候，她撩起裙子，脱下内裤，把小羊插入她的阴道里！我不知道我还能做什么，只能坚守阵地，摊开手掌并坚定地说，小羊必须留下来。几分钟后，她取出了小羊，并把它放到我手里。

性欲

脱衣服

作为普遍规则，与儿童游戏的技巧更容易使儿童表现出攻击性层面的见诸行动，而不是性层面的见诸行动。然而，对于一些儿童来说，确实会发生性层面的见诸行动。我不会让一个孩子完全地脱掉衣服。我会在儿童脱贴身衣物时阻止他们。虽然我会谈论脱衣服的愿望以及这可能意味着什么（如果我有一些想法的话！），我认为治疗师不应该让孩子暴露自己的身体。同样，如果孩子想触摸我的生殖器、亲吻我或与我进行其他与性有关的活动，我会阻止他们。治疗师要在"性幻想及其含义"以及"想要将这些欲望见诸行动的愿望"两者之间做出明确的区分。作为儿童的治疗师，我们需要承认并谈论这些幻想及其意义，但也要让孩子知道将这些幻想见诸行动是不被接受的（Alvarez，2010）。

自慰

另一个可能出现的与性有关的问题是孩子在会面过程中进行生殖器自慰。这应该被限制或者停止吗？同样，不同治疗师对这个问题的处理也是见仁见智。我们很难对此一概而论，因为这取决于具体情况。例如，如果孩子以非常暴力的方式自慰以至于可能会受伤，或者孩子可能以一种公开或暴露的方式自慰，那么治疗师可能需要阻止这个孩子。一般来说，只要孩子不是以暴露或者暴力的方式进行，我会允许孩子自慰。同样，我的重点是试着理解孩子，并与他们讨论为什么他/她觉得自己需要这样做。

治疗师功能

观察、倾听和思考的权利

儿童治疗师通过观察、理解孩子，以及向孩子传达这些理解（以最易被孩子接受的方式）来发挥作用。如果某些活动禁止或破坏了治疗师在这些领域的功能，那么这样的活动就需要被停止。如果治疗师不能够观察、倾听和思考，那么治疗师应该坚持恢复这些功能。例如，我不允许自己被蒙住眼睛，哪怕是非常短暂的时间。同样，我也不会背对孩子超过几秒钟（例如，在玩捉迷藏游戏时）。这是因为我有照护责任，并且也希望保持自己的观察功能。

当孩子秘密谋划着一些事情或惊喜时，孩子要求治疗师"不要看"的情况并不罕见。我对这个要求的回应是把手放在眼睛上。但我通常在我的手指与手指之间留下一个小缝隙，这样我就可以看到发生了什么。这是基于这样一种信念，即我总是保留观察的权利。如果这是我熟悉的孩子，并且我觉得体验他/她正在准备的惊喜很重要，我偶尔会短暂地闭上眼睛。

为了保持自己的思考能力，我不会参与任何诸如踢足球之类的活动，我发现在踢足球时自己的身体非常活跃，以至于会无法思考。在这种情况下，我会对孩子说："我不想再玩了。到处移动让我很难思考。"

没头脑的活动

与这种干扰治疗师思考的行为相对应的是孩子不进行思考的状况。当然，你不能强迫一个孩子思考，但有时孩子活动的主要功能很明显是让自己保持"没头脑"（mindless）的状态。这种情况更有可能发生在心理障碍更严重的儿童身上，并且这种情况通常只能在相当长的一段时间后才能被评估。如果发生这种情况，这样的活动则应该被停止。这是很少见的，需要明确的是，治疗师在停止孩子的活动时需要非常谨慎。因为停止孩子活动的危险在于，你可能想按照你的节奏匆匆进行工作，而不是按照孩子的节奏。

停止游戏的问题与那些倒错或施虐的游戏所引发的问题是相关的。Alvarez（2012，2018）提出了一个有益的建议，即治疗师可以通过对孩子说类似于"这对你的心灵不好"之类的话来停止游戏。如果可能的话，治疗师可以引导孩子进行其他游戏活动。

带玩具进来

我允许孩子们把自己的玩具带进治疗室；然而，我会试图理解他们为什么不使用我提供的材料，并思考为什么这些特定的玩具会被带进来。某些儿童治疗师（Tustin，1986）认为，当治疗师与有精神障碍的儿童一起工作时，让孩子带上自己的玩具并不是一个好主意，因为外部玩具会被孩子以一种自闭的方式使用，以拒绝与治疗师产生任何联系，这对孩子的最终发展没有帮助。我当然不允许孩子们把等候室的玩具带进房间。我觉得这是在模糊边界，因为这些玩具是给那些在等候室的孩子准备的，而不是被任何特定的孩子"拥有"的。

结束会面

设置的安全性部分体现在准时开始和准时结束上。当完成一次会面时，孩子和治疗师都必须面对这样一个现实：他们的时间不是无限的。我之前已经讨论过（见第

2章），有一些儿童治疗师会提前五分钟提醒孩子为结束会面做好心理准备。这不是我的惯常做法，但如果我认为儿童会因为缺乏提示而过于焦虑，那么我会给孩子提供心理准备。

治疗师突破设置

有时，治疗师会突破设置。治疗师最常见的突破设置的行为可能就是不准时。治疗师有时会迟到。当我迟到时，我会向孩子和家长道歉，但尽量不解释迟到的原因，因为我更希望了解孩子会如何想象我是因何而迟到的。我会询问家长是否有可能在会面结束时弥补损失的时间。如果这不可行，我会尝试将这个时间补到下一次的会面中。

如果我迟到了很长时间，或者我不得不临时取消会面，我会给出一些解释。然而即使在这种情况下，我也会尽量给一些泛泛的解释。如果我身体不适，我会说我身体不舒服，而不是详细描述我的病情。

当另一个孩子的玩具被遗落或者被隐藏在房间里，而治疗师并没有发现时，设置也可能被打破。如果孩子发现房间里有陌生的东西，我会道歉，说这个东西不应该在这里，并立即从孩子那里拿走。显然，治疗师需要尝试去理解这对孩子而言意味着什么，但是以这种实际的方式来尽快修复这一破坏设置的问题也很重要。正如我早些时候提到的那样，在过去的10 ～ 15年间，我对于治疗师突破设置的想法发生了变化。与其感到尴尬或内疚，并将之视作个人动力见诸行动的证据，我现在更多会把这些过程看作一个契机，去思考在我和孩子之间的场域中发生了什么（Molinari, 2017）。

这些关于设置的想法反映了我的个人偏好，不应被视为开展工作的标准方式。我在Tavistock诊所接受的儿童心理治疗训练以及最近的理论发展，极大地影响了我的这些想法。我所描述的设置对我是适用的，但这并不意味着它适用于每个人。

要点

- 设置包括治疗师提供的外在物理空间和内在心理空间的设置。
- 外在物理空间的设置包括提供的房间（其位置、大小、隐私程度、家具和配件、地板）和游戏材料（单独的盒子，简单、实惠、非结构化的玩具）。
- 内在心理空间的设置包括治疗师的心智功能（它必须是开放的、坚定的、非评判的、好奇的、自发的，并且能够以非线性的方式工作）。
- 内在心理设置的一部分是治疗师管理"见诸行动"的行为的能力，并对攻击性的、与性有关的、倒错的、施虐的或"没头脑"的游戏以及治疗师的功能设置适当的限制。

问题

- 描述什么是儿童和青少年心理治疗的理想设置（其中应该包括物理的和心理的设置）。
- 儿童和青少年心理治疗师的潜在的与"限制"有关的设置行为有哪些?
- 描述一个你认为会让儿童或青少年心理治疗无法开展的设置。

推荐阅读

Anagnostaki, L., Zaharia, A., & Matsouka, M. (2017). Discussing the Thera-peutic Setting in Child and Adolescent Psychoanalytic Psychotherapy. *Journal of Child Psychotherapy*, *43*(3), 369–379.

Dowling, D. (2019). Creating a Therapeutic Setting. In *An Independent Practitioner's Introduction to Child and Adolescent Psychotherapy*. Oxon: Routledge.

Grunbaum, L., & Mortensen, K. (2018). Therapeutic Settings in Child and Adolescent Psychotherapy. In *Psychodynamic Child and Adolescent Psychotherapy*. London: Karnac.

Hartnup, T. (1999). The Therapeutic Setting. In *The Handbook of Child and Adolescent Psychotherapy*. M. Lanyado & A. Horne (Eds.). London: Routledge.

（刘翠莎　译）

第 10 章

诠释：摒弃
对儿童进行
诠释的论据

从一开始，诠释就一直是精神分析的核心。对于 Sigmund Freud、Anna Freud 和 Melanie Klein 来说，分析模型总是分析性的，而治疗师是通过向人们诠释他们行为背后的原因来进行分析的。这种早期的、相当粗糙的关于诠释的观点经过了多年的完善，对"如何在治疗中使用诠释"持不同观点的许多学派由此形成。学派之间的分歧涉及应该提供怎样的诠释、多少诠释以及何时提供诠释的问题。

在探讨这些问题之前，重要的是要理解为什么诠释是精神分析技术的核心。通过讨论诠释的发展，可以看出它的这种中心地位如何抑制了对儿童来说更为适切的分析工作方式的发展。

▌诠释的历史

在 Freud 最早的表述中，他认为病人的不安行为是隐藏在意识之外的创伤事件的结果。对这一创伤的记忆从意识中被分离出来，但与之相关的未被释放的情感仍在心理系统中溃烂。医生的职能是通过分析人的历史来解除这个心理上的疮疤，努力揭示和释放隐藏的创伤。Freud 还发现，病人的梦境特别适用于揭示这些隐藏的事件或欲望。

Freud 释梦的能力至今都对精神分析技术产生着巨大的影响。他在诠释梦和神经症症状的无意识意义方面具有非凡的能力，这为精神分析运动奠定了基础：这种诠释活动始终被高度关注着，并被相信是带来治疗变化的主要因素。

一项相对近期的对来自世界各地精神分析界领军人物的调查（Elliot Rubinstein, 2007）令人相当担忧：大多数人主张在精神分析培训中详细研究 Freud 的著作，认为其极其重要。我只同意 Ferro 和 Nicoli（2017）的观点，他们认为现如今简单接触一些 Freud 的著作以获取历史维度的视角就足够了。

Freud 引入了心灵的地形说模型，进一步巩固了诠释的地位。在 Freud 将心理功能概念化为意识、前意识和无意识之后，诠释的作用被视为对付压抑的主要武器。当时精神分析的明确目标是通过诠释使无意识内容意识化。

这种模式仍在影响着现代精神分析技术。Paniagua（2001）注意到了这种模型的吸引力，并对这些效果显著的"揭示"类型的诠释提出警告。他认为，这些成效往往是基于来访者对治疗师的正性移情，即治疗师被视为无所不知、具有强大的观察和思考能力的人。在这种情况下，这种诠释可能有高度的暗示性。如果对成人来说是这样，那么对儿童来说，它的威力又有多大呢？儿童天然的依赖性，以及他们发展过程中对学习的强调，可能会使儿童治疗师很难不以这种地形学的、揭示性的、上帝般的方式使用诠释。

对诠释居于中心地位的质疑

随着精神分析理论和技术的发展，有一些分析师开始质疑诠释的重要性。Melanie Klein 的分析师 Sandor Ferenczi 并不赞同 Freud 关于分析师是诠释专家的观点。Ferenczi 将这种"分析性的相遇"概念化为一种更为"相互"的体验。在这样做的过程中，他预想了一种在多年后得以延续的关系学派传统。他认为分析师应更积极地参与塑造病人的外部环境，而他的这种有争议性的、更积极的技术观点进一步挑战了诠释在治疗影响中的中心地位（Ferenczi, 1933）。

另一位早期的分析家 Edward Bibring 对"诠释"这一术语的穿透性感到困扰，他因而认为用"澄清"这个词来描述分析师的参与可能是更合适的（Bibring, 1954）。

Karl Menninger（Menninger & Holzman, 1958）同样告诫了高估诠释过程的危险性。他警告年轻的分析师们，他们并不是先知、巫师、语言学家、侦探或伟大的智者，而是安静的观察者、倾听者，偶尔是评论者。

今天，有越来越多的从业者质疑诠释的中心地位。这种重新审视伴随着关于"洞见"以及"与治疗师的关系"这两者在治疗起变化方面哪个更重要的争论。在美国，Harry Stack Sullivan 是主张在分析工作中更加重视关系因素的杰出人物。当今纽约的 William Alanson White 研究所的思潮显然对 Sullivan 的思想有所继承（Stern, 2004; Spiegel, 1989; Altman et al., 2002）。在英国，可以在 Fairbairn（1952）和 Guntrip（1971）的工作中看到这种思想，在 Jeremy Holmes（1998）和 Peter Lomas（1990）较为近期的工作中也是如此。在意大利，Ferro（1999）的工作也质疑了直接诠释的效用。

对这些工作者而言，不能脱离治疗关系的背景来看待诠释。诠释在概念上被认为只是治疗组合中的一个元素。事实上，一些像 Roland（1983）一样走得更远的当代关系学派分析家，讨论了在没有任何诠释的情况下进行有效精神分析的可能性。这种非诠释性的与儿童工作的方式，可以在 Kronengold 最近出版的《儿童和青少年心理治疗的故事》（*Stories from Child and Adolescent Psychotherapy*）（2016）中看到很好的例子。

对 Bion 的工作的复兴（Ogden, 2004; Ferro & Foresti, 2013; Vermote, 2019）导致了更多对诠释作用的质疑。本书的副标题 *Making the Conscious Unconscious* 来自 Ogden 的著作《重新发现精神分析》（*Rediscovering Psychoanalysis*）（2009）。在这本书中，他提出了一个问题：如果 Bion 所认为的深层的、根本的治疗变化是在无意识中发生的，那么心理治疗的目的也许就是使意识的内容变成无意识的内容？我非常重视这个想法，并相信它为革命性的精神分析实践播下了种子，特别是在与儿童工作的方面。

Bion 从认识论到本体论方法的转变（Ogden, 2019）对洞察和认知的角色以及诠释的作用提出了关键的挑战。他强调了在分析过程中能够体验到"O"（Bion, 1970）的重要性，从而将诠释的作用放到了次要位置。事实上，即使在 Bion 的早期作品中，他对放弃记忆、欲望和理解的呼吁也将诠释的意义降至最低。关系分析学派的影响越来越大，它已经将重点从诠释的治疗行为转移到更多地强调关系性的调谐上。这引出了 Winnicott 对游戏的重要性的呼吁，他指出：治疗的目的是帮助人们游戏（Winnicott, 1971）。

来自相关领域的对诠释的挑战

最近对儿童分析工作中诠释的重要性的挑战来自婴儿观察、婴儿心理健康研究、依恋研究、神经学研究和创伤医学等相关领域的发现。

婴儿观察

50 多年来的婴儿观察使人们意识到，一个体贴但"沉默"的观察者的存在，在无须给出任何解释的情况下，使许多家庭能够更加冷静而敏感地解决发展中的难题（Sternberg, 2005; Lanyado, 2004）。

我们知道，即使没有诠释也可以有治疗性的改变，这是否意味着在与儿童相关的临床实践中有太多的诠释了？有时也许做一个有思想的听众更合适？这是否可以给我们的儿童来访者更多的空间，以及使他们感到是他们创造了剧情——这是他们的创造，而不是我们的创造？

根据对婴儿的观察，Daws（1997）强调了在喂养情况下过于亲密的危险性。对一些婴儿来说，亲密关系可能会令他们感到是一种创伤性的侵入。我们从婴儿研究中了解到，在断奶期间，母亲和婴儿之间的距离增加，这反而会使一些喂养的配对更加亲密（Blake, 1988; Daws, 1997; Lubbe, 1996）。在咨询室里，像喂食般的诠释是否会让人觉得是太过于侵入性的、太亲密的或太强势的？

婴儿心理健康和依恋研究

这项研究强调了在最早的母婴互动中情感调谐性和交互性的重要性，这种情感调谐的能力对情绪健康和发展至关重要。Holmes（1998）强调了心理治疗的这一方面。他认为依恋研究的发现引发了对精神分析心理治疗目标的重新思考。Holmes注意到，重要的是人们感到被理解而不是接受某种具体的理解（Steiner, 1993）。在这个更安全、更有保障的位置，人本身就处于一个更好地允许情感成长的位置。

这些发现支持了Sullivan的观点，即无论在分析中还是分析之外，关系中的"相互性"（mutuality）具有重要性。Sullivan（1954）写到了"个人安全感"的必要性，以及这一点必须如何被尊重。这就意味着，在他的临床工作中，不对病人感到太过焦虑的领域进行诠释。这和Alvarez总是试图监测哪种程度的焦虑对孩子来说是可控的有相似之处（Alvarez, 2002）。

在他们对一群母亲和婴儿的研究中，Paul和Thomson-Salo（1997）记录，为母亲和婴儿的交流提供一个有趣的玩耍空间比直接的诠释更为重要。这使母亲们得以"在自己的内心找到答案"。

神经学研究

神经学研究最近被整合到精神分析的文献中，表明了婴儿与照料者最早的前语言互动会留下神经层面的蓝图，而因此"状态"（states）变成了"特征"（traits）

（Perry et al., 1995；Pally, 2007）。这表明，婴儿与照顾者关系的早期障碍在意识层面上并不为人所知，而是存在于"骨子里"的。这些发现与 Stern 的"内隐性关系认知"（implicit relational knowing）的概念相一致（Stern et al., 1998）。这项研究的临床意义是对洞见和诠释的作用提出了质疑，因为对困难的意识层面的理解可能很容易被那些更硬性的或更根深蒂固的"认知"方式所绕过。除了给予洞见的诠释之外，可能还需要其他东西来触碰和改变这些基本蓝图。

最近，Allan Schore 关于右脑对右脑，或无意识对无意识交流的重要性的大量工作（Schore, 2019）加强了 Bion 思想和 Stern 的内隐性关系认知概念。Schore 认为，变化发生在身体、内隐和直觉层面。如果只是执着于强调认知意识，这会使人不禁质疑：作为治疗师，我们在操作中是否一直只用了半个大脑？

躯体方面的考虑

Daws（2007）注意到儿童分析理论和技术中忽视了身体的作用。Daws 提出了一个问题：如果焦虑和对关系的反应存在于身体中，以及存在于先天回路中，儿童治疗师是否应该探索对儿童和青少年进行更多身体干预的可能性（如运动、体育、按摩和瑜伽）？也许身体层面上的干预可以更多地作为正统儿童治疗在大脑层面上的辅助？

Emanuel（2004）认为，认知行为疗法（CBT）的系统脱敏技术可能正是得益于此而成功的，儿童的身体或神经回路被逐渐重新编程，以应对引发焦虑的状况。

这与 Bion 所认为的"身心二元对立是人为造成的"是一致的。正如他所说，我们应该把一种体验看作心灵的还是身体的？为什么我们要把心灵置于身体之上？像 Daws 一样，Tustin（1981）也非常相信儿童能够享受他们自己的身体的重要性。Bion（1981）提出，对一些人来说，像韵律操这样的东西可能是一种更有成效的认识自己的方式。Sommer Anderson（2008）的工作支持了这一理念，Lombardi（2018b）关于身体承载着大量情绪困扰的重要性的广泛著作也支持了这一理念。

创伤医学

Winston 介绍了创伤医学的研究结果，这可能为不干预心理创伤提供了一个医学上的类似做法，即当身体经历创伤时，重要的是不要干预——心灵需要抱持，它就像对身体创伤非常有效的冰敷一样（Winston & Olivenstein, 2001）。诠释的"热度"实际上对心理创伤而言可能是有害的。

质疑 Klein 所强调的诠释

这些对诠释的质疑加强了我对自己作为诠释者角色的担忧。当我开始在这个领域工作时，我对诠释有道德上的疑虑。我想，"我有什么资格去告诉甚至建议一个人，他是如何体验他们的现实的？"随着我开始受训，这种想法有所松动。我开始意识到诠释更像是提供了另一种观点——试图拓宽一个人的经验、帮助修通或使一个本让人不知所措的经验变得更加清晰。然而，当我开始阅读《一个儿童的分析过程》（*Narrative of a Child Analysis*）*时，Klein 所讲述的她对一个 10 岁男孩的分析又重新唤醒了我的疑虑。

她的许多想法对我来说具有明确的临床意义。它们是令人振奋的，在临床上也是可用的。《分析过程》一文的问题不在于诠释背后的思维，而在于诠释的方式以及诠释的数量。我在任何一个环节中都找不到一丝的"也许""可能"或"或许"。虽然我赞赏她在那个时代的精神分析政治背景中"顶风写作"，但这些诠释感觉是作为无可争辩的声明来被提供的。儿童的游戏和言语被用作原始数据，被输入到 Klein 的头脑中——那里仿佛是一台令人印象深刻的诠释机器。虽然我知道《分析过程》中所呈现的是浓缩的诠释，但即使我缓慢地重读它们，那些诠释的长度、数量和复杂程度也很难令人把握。我试着想象一个 10 岁的男孩会如何理解它们。

这使我重新考虑对儿童进行分析工作的目的。对这个孩子说这些话的目的是什么？它应该有什么帮助？我可以背诵那些老生常谈的话，认为这些诠释让 Richard 意识到了他本来不可接受的那些感觉，这使他能够思考这些问题，而不是以他的恐惧和身体抱怨的形式表现出来。但是"让他意识到"到底是什么意思？这是否意味着他对困扰背后的动力有了知识上的理解，并且他可以表达出来？ Klein 似乎暗示了这一点，她说儿童能够说出他/她的困难是很重要的，在儿童能够做到这一点之前，她不会认为分析是完整的（Klein, 1926）。这个关于洞察的问题，以及儿童用语言表达理解的

---

* 下文中简称为《分析过程》（*The Narrative*）。——译者注。

能力，提出了儿童工作中"究竟什么才是治疗变化的本质"这一重要问题。

▍儿童工作中的诠释和洞察

在儿童工作中对诠释的强调，以及对作为治疗媒介的游戏的关注相对缺乏，导致了一种没有充分把"发展"作为考量因素的技术。这导致了仅仅把游戏视作一种揭示儿童内心世界的手段，而缺少探索将其作为治疗技术的其他方式。

游戏：对无意识的提示

Freud（1909b）在探讨Little Hans的游戏的意义时首次讨论了对游戏的精神分析式理解。后来，当他引用他孙子与棉花卷轴的游戏（Freud，1920）时，理解游戏的意义令人狂喜：游戏就像是成年人的梦境，是一条通往儿童无意识的光辉之路。

Klein进一步拓展了这些想法，她发展了游戏技术及特定的玩具，并相信所有的游戏都有意义并能揭示儿童的无意识幻想（Klein，1955）。在这一精神分析思想史中的时期，心智模型是地形学模型。精神分析工作的目的是揭示无意识，使无意识内容意识化。对儿童游戏的解码使这些得以揭示。一个孩子进行游戏，然后治疗师告诉这个孩子游戏所揭示的内容。治疗师现在阐明了性和攻击性的幻想，这被认为是"将儿童从阻碍其心理发展的压抑负担中解放出来"。这种揭示的方法与地形学理论一致，也符合Freud的焦虑理论。在这个阶段，焦虑被认为是冲动受阻或受损的结果。

言语化的洞察：将游戏转化为语言

需要记住的是，Klein 和 Anna Freud是在人们相信无意识通过语言变得有意识的时代接受训练的（Freud，1923）。此外，这是精神分析历史上的"政治正确"时代，Klein 和 Anna Freud面临着巨大的压力——她们不仅要向儿童们，还要向阅读其精神分析出版物的读者们展示出她们对儿童内心世界的理解。

在督导中加强洞察

在大多数儿童心理治疗师的培训中，诠释和洞察的魅力会经由督导过程被进一步强调。通常，呈报 一次会谈逐字稿的正常程序不可避免地会将重点放在治疗师所说的内容上。这就很容易导致"说对的话""给出正确的诠释"的想法。在这个过程中忽略了儿童和治疗师之间微妙的、非语言的、内隐的行为等方面。治疗师是如何说他/她所说的话的？他/她说话时的语气、语速、身体动作，甚至他/她的眼神是怎样的（Alvarez, 2002）？虽然可以讨论反移情的问题，但也许更多地使用录像或拍摄成DVD进行督导则可能有助于抵制语言中的偏见，从而减少对诠释的侧重。

低估了游戏的治疗效果

虽然精神分析理论已经离这种简单的"揭示"立场很远了，但"诠释"的吸引力仍然有强大的影响。正如 Krimendahl（1998, p.50）所言，他主张游戏本身就是治疗性的：

> 从历史上看，游戏在儿童治疗中的作用一直被低估，而且持续如此……尽管 Melanie Klein 确实将游戏视为等同于无意识的材料，但她和 Anna Freud 一样，认为儿童精神分析的目的是把儿童用语言表达自己的能力与现实更好地联系起来。

作为"课程"的洞见

通常，带孩子来治疗的父母是在为孩子寻求洞见（insight）。他们把孩子或青少年带来，以便孩子或青少年能够与治疗师"交谈"。孩子们可能不知道"洞见"这个术语，但他们往往期望自己会被"教导"一些东西。事实上，许多孩子把他们的心理治疗过程称为"上课"。Klein式的工作方式很容易出现这种困难——强调寻找儿童的焦虑以及这种焦虑的婴儿期根源，这种工作方式会导致向儿童提供关于他们内在婴儿的信息或诠释。

对洞见的反思

洞见在儿童工作中是否有作用？

如果我们向孩子提供诠释，这样做的目的是什么？我们是不是认为，给一种特定的幻想或焦虑命名会让孩子更好地理解他/她的内在动力？它会使无意识内容意识化吗？

Hansi Kennedy（1979）强烈质疑提供洞见的诠释的有用性。从发展的观点来看，她指出学龄前儿童无法有洞见，潜伏期儿童没有洞察的意愿，而青少年则太关心当前和未来的困难。如果是这样的话，洞见在现代儿童分析工作中还有立足之处吗？

洞见：Sugarman

Alan Sugarman（2003）通过区分洞见*和洞察能力来解决这个问题。他指出，促进自我理解机制的发展，而非对内容的诠释，对于促进洞察能力的增长至关重要。这种自我理解是通过采取一系列干预措施来促进的——这些干预远不止对阻抗和内容的诠释。他强调儿童治疗师作为"发展的客体"而不是诠释提供者的重要性。他指的是儿童治疗师除了诠释工作之外所做的所有其他事情：工作设置的准时性和可靠性、他/她的深思熟虑，以及执行适当限制的能力。我还要加上治疗师在玩耍、自发性和营造游戏氛围方面的能力，以及治疗师和儿童能够找到一个享受彼此存在的位置的能力。这些东西组成了治疗的重要成分。

反思能力

在区分洞见和洞察能力的过程中，Sugarman介绍了儿童需要发展心智理论的想法，或Fonagy（1991）所说的被称作"心智化"（metalisation）的自我反思功能。我认为用更简单的术语来说，这就是指儿童能够思考情绪。虽然一个孩子可能无法思考或表达他/她自己的感受，但我相信思考某人的感受［即使这是关于Bart Simpson（动画片《辛普森一家》中的主角）的感受］的过程是实现自我反思能力的一个重要发展。

洞见：Alvarez

Anne Alvarez（1992，2007）的工作强调了给予洞见的诠释对精神病性患者、边缘型和受创伤的儿童是不合适的。她发现，命名焦虑会使儿童更加焦虑，并且无法使用诠释。我在困扰较少的临床人群中的经验也是如此。此外，虽然她写了很多关于治

---

* 指洞察的内容。——译者注。

疗师生动和有趣的重要性的文章，但 Alvarez 也强调，重要的是这种生动是不能有侵入性的。她的大量工作都是通过有趣的描述而不是直接的诠释完成的。她也尊重防御的需要，并将其视为一种应对的方式。

洞见：Spiegel

也许对直接诠释的做法和洞见的价值最强烈的挑战来自 Stan Spiegel（一位美国的人际流派儿童分析家）。Spiegel（1989）认为，直接的诠释不仅不恰当或无效，而且还具有破坏性，因为它过于强烈地挑战了儿童的防御。像 Alvarez 一样，他注意到防御机制的重要性和价值。他提到 Sullivan 的评论："压抑并不阻碍发展，而是使人得以发展。"（Spiegel, 2004）他继续说，特别是如果在早期的移情中给予直接的诠释，有可能使儿童（或成人）以理智化的方式使用洞察，以至于他/她仍然远离自己的感觉。事实上，他认为那些从小就对分析治疗有过深刻诠释经验的儿童，在成年后可能会有过度理智化和缺乏自发性的危险。

Spiegel 对诠释方法的担忧是，它可能会扰乱正常的发展过程。他的工作有力地论证了，儿童和青少年需要防御机制或应对焦虑的方法，这样才不会感到不知所措。它们是儿童持续生活所必需的。Ringstrom（2019）同样提出要谨慎地使用对无意识冲突的"揭示性"诠释，以及警示它们可能会让儿童体验"分崩离析"或者羞耻感。

隐喻的魔力

尊重孩子的防御结构，同时解决他/她的焦虑的一种方法是允许孩子的想法和感觉留在游戏中，让隐喻的魔力为游戏性思考创造一个场所（Stickle & Arnd-Caddigan, 2019）。留在游戏的隐喻中，尊重年轻人的功能发展需要。Spiegel 建议，儿童治疗师应该尽可能地留在隐喻中。他特别指出，"对青少年做诠释几乎从不被推荐"（Spiegel, 1989, p.155）。

在 Ferro 的精彩论文《精神分析场域理论中隐喻的意义和使用》（The Meaning and Use of Metaphor in Analytic Field Theory）（2013）中，他强调了使用隐喻的重要性和中心地位。在这里，无论是儿童还是治疗师对隐喻的使用，都可能成为治疗联盟之间强大的无意识沟通的重要指标。当然，这比任何一种正式的诠释都更有特殊地位。同样地，Haen（2020）主张对高度创伤的儿童使用隐喻。

摒弃对儿童的诠释

在本书的第一版中，我以 Sullivan 的话结束了这一章，然而我想继续表达的是，我认为我们不应该向儿童进行诠释。儿童治疗师应该废除这种侵入性的、破坏性的和与发展心理失调的做法。当时，也就是10多年前，我认为这个观点太过革命性了。我还认为在某些情况下，为儿童做诠释是有治疗作用的。但经过多年在这个问题上的挣扎，我得出的结论是：我想不出任何一个不摒弃它的理由！我想那些思想比较开放的儿童治疗师也曾在这方面挣扎过。作为专业工作者，我想知道我们是否曾经尝试给诠释重新贴上标签，以便其在儿童心理治疗中更容易被接受。诸如"诠释行为"（Ogden, 1994; Durban, 2019）、"沉默的诠释"（Cooper, 2018）、"描述性诠释"（Alvarez, 2012）和"创造（而不是给予）诠释"（Winnicott, 1971）这样的术语被用来弱化直接诠释的影响。直接诠释，正如这个词所暗示的那样，意味着告诉/提供给儿童一种解释他们行为或想法的陈述。它告诉/暗示儿童他们的行为意味着什么，他们的真实感受是什么。没有人能够知道儿童的感受和想法！作为与脆弱的、仍在成型中的儿童的自我打交道的治疗师，我们不应该提供我们的观点。这最终会削弱儿童认识自己的能力。相反，我们应该帮助孩子创造一个空间，让他们发现自己是谁。意义必须被发现，而不是被赋予。作为一名儿童治疗师，我认为我们可以有"思考"或"灵感"，但我们不要把它们称为"诠释"。

要点

- 诠释仍然被认为是心理治疗实践的核心，并被认为是实现治疗变化的重要手段。
- Freud 对释梦的强调仍然影响着当前的精神分析实践。
- 挑战诠释的中心地位由来已久。
- Bion 关于在治疗中体验或"存在"的重要性的思考，以及关系学派精神分析对关系调谐的强调，都对诠释的作用提出了质疑。
- 来自婴儿观察依恋理论、神经病学、躯体研究和创伤医学等相关领域的研究表明，使用诠释可能没有帮助，有时甚至是破坏性的。
- 游戏本身被认为是一种比洞察和诠释更合适的实现治疗变化的方式。
- 在与儿童一起工作时，相比给他们诠释，停留在隐喻中更容易让孩子们听懂、更有效，也更适合发展。

问题

- 对"诠释仍然是儿童心理治疗的核心"进行讨论。
- 提出证据说明为什么不应该在儿童心理治疗中使用诠释。
- 提出支持和反对在儿童心理治疗中使用诠释的论点。
- 讨论"隐喻是种魔力"。

推荐阅读

Dowling, D. (2019). *An Independent Practitioner's Introduction to Child and Adolescent Psychotherapy*. Oxon: Routledge. See chapter 1.

Ferro, A. (2011). Clinical and Technical Problems in Child and Adolescent Analysis (following in Bion's footsteps). In *Technique in Child and Adolescent Analysis*. M. Gunter (Ed.). London: Karnac.

Gunter, M. (2011a). Problems of Technique in Analysis of Children and Adolescents: Transference-interpretation-play. In *Technique in Child and Adolescent Analysis*. M. Gunter (Ed.). London: Karnac.

Gunter, M. (Ed.). (2011b). *Technique in Child and Adolescent Analysis*. London: Karnac.

Rhode, M. (2011). What about the Transference? Technical Issues in the Treatment of Children Who Cannot Symbolise. In *Technique in Child and Adolescent Analysis*. M. Gunter (Ed.). London: Karnac.

Sternberg, J. (2006). Not Simply "Doing": Thoughts from the Literature on Technique. In *A Question of Technique*. M. Lanyado & A. Horne (Eds.). Oxon: Routledge.

（丁月清　译）

第 11 章
游戏的作用

▌ 通过游戏参与

在儿童精神分析工作中，不再依赖"洞察"和"直接诠释"对技术有着重要的启示。儿童心理治疗师需要转而倚重游戏，把它用作理解儿童的一种方式，同时用作一种促进"参与"的技术。相较于正式的诠释，游戏有很多的好处：从发展的角度来说，它是合拍的；它允许焦虑被置换进更安全的假想领域，也让一切变得轻快愉悦；儿童得以保有他们的个人安全感，这对于他们仍在发展且相对脆弱的自体感是至关重要的；尤为重要的是，游戏是有趣的——"有趣"这个词并不经常出现在精神分析性工作中，然而有趣和愉悦确能带来兴趣和好奇。

游戏的安全性

游戏是一个安全的中间地带，Winnicott 称之为"过渡空间"。游戏像是一个"过渡性的诠释"，它居于反思功能和自我反思功能之间。在游戏中，儿童可以探索想法和感受，而不会感到有难以承受的威胁。如同 Joyce 和 Stoker（2000）指出的那样，游戏不会威胁到儿童的内在均衡，因为它不直接谈及他们的内在体验。

游戏的掌控感

Field（1999）论述了游戏如何通过把想法和感受带出移情之外，以及给予孩子更大的掌控感，来帮助调节临床情境中的情绪热度。Sugarman（2003）表明，心理治疗师对儿童游戏的促进，能够帮助儿童更开放地看待自己和他们的世界，并更积极地在游戏中重塑它们。Freud（1920）在与他孙子的棉花卷轴游戏中注意到"掌控"这个议题的重要性，并用它来例证了"重复"背后的强迫性。在游戏中，儿童能控制他们的环境，因而他们有力量去摧毁，也可以去创造和纠正。但正如 Vygotsky（1933）所指出的那样，游戏被定义为一项没有结果的活动，这是一个悖论，而游戏的魔力恰好存在于这个悖论当中：它极其重要却又毫不重要。

游戏的整合性

游戏为心智空间提供的自由，使其本身就能促进整合。Frankel（1998）指出，在游戏中，儿童不用承受所有外在的目标和压力，这给予了他们更大程度的探索性和自发性。他在陈述"假装"实际上横跨了两种自体状态时，强调了游戏的整合特质。他把这一想法和 Bromberg（1996）关于"自体最初是由大量分离的自体组成"的想法关联了起来，后者认为只有通过整合这些不连续的体验，才能发展出一个核心的自体感。如同他表述的那样："这就是游戏，在人际关系的框架中让解离的各种状态彼此交流，不是吗？"（Frankel，1998，p.154）

█ 待在游戏中

儿童的游戏使焦虑以置换或者投射的形式被探索。心理治疗师在象征层面工作，他们的评论仅限于游戏内容，而不是直接谈论儿童的感觉。比如，评论指向的是一辆被撞的车，感觉就被限定在了与"车"有关的范围里，儿童不需要收回投射。治疗工作也只在"描述"的层面进行，目标是尽可能清楚表达或者详尽阐述某个感受（Alvarez，2007）。Frankel（1998）建议这样的干预可以被称作"标记法"或者"体育赛事报道"（sports-casting）。当然，这是一个带有诠释性的行为，但它不是一个诠释。它促进的是心智化的过程，而非洞察。

停留在游戏中是很重要的，不要急着去把游戏和孩子可能有的感受做关联。Mayes 和 Cohen（1993）建议尤其不要对 8 岁以下的孩子这样做。他们解释说，对这些孩子而言，游戏是行动中的思维，而不是被体验为对心智活动的一种反映。

待在游戏中的困难

要做到不把游戏与孩子之间做关联（分析），或者我称之为待在游戏中，是很困难的。如果儿童不能够一直思考和表达他们的感受，我们会觉得好像没有开展真正的工作。我们会再次体验到那些身上的重担：让某些部分浮出水面，并且满足我们自身对心理治疗的热诚，这些动力都会带来巨大影响。

Melanie Klein 的一个案例展现了这些体验。一个 4 岁的女孩很害怕 Klein，只有在姐姐陪同下才会进入咨询室。Klein 决定通过游戏来诠释这种巨大的压力。她写道：

在一段时间里，我开始将我的诠释应用在一个玩具娃娃身上——我向这个女孩展示，当我和玩具娃娃玩的时候，它感到害怕并且尖叫。我还告诉了她这个玩具娃娃的这些反应背后的原因。随后，我把对玩具娃娃做过的诠释，重复应用在女孩本人身上。通过这种方式，我建立起了一个整体的分析情景。

（Klein, 1932a, p.28）

我质疑她将这些诠释直接应用到女孩身上的必要性，以及她的干预是否太快了。

推动诠释的压力

Arietta Slade（1994）论述了不做诠释可能有多么困难。她指出那些展示"聪明又有效的诠释"的文章是怎么包围住了新手咨询师们，使他们不可避免地受影响。Slade还表明，即便是很有经验的咨询师也会因感到压力而做诠释。她提出咨询师可能会对仅仅游戏而感到内疚，并补充说如果有"想要魔法般地通过言语疗愈"的反移情压力，诠释将难以被放弃。

Birch（1997，p.58）呼应了这些想法，表明她持续收到家长们对于她和儿童病人"只是在玩"的抱怨。她指出：我们的文化太过于重视理性、逻辑、科学思维，这让我和其他许多儿童咨询师一样，对时间"仅仅被用于和儿童玩"隐隐地感到内疚，尽管事实是，在一个接一个的个案里，虽然那些让儿童家庭将儿童送进心理治疗室的所谓"真正的议题"几乎没有被直接解决，虽然我们显得很不专业地把工作时间用于和儿童一起在地上四肢爬行、低声咆哮或藏身桌下，但儿童们的状况在变好。

她总结道，把游戏翻译为对儿童及其家庭的理解，是对游戏的侵犯和搅扰，是一种错误。这种削足适履的做法带来的压力，"会被儿童体验为突破了规则，甚至打破了假装的魔咒，使意义被摧毁，而非被阐明"。

Joyce和Stoker（2000）呈现了一个四五岁儿童的临床材料，展示了待在象征层面上和只对游戏及其内容进行评论的困难，而非把游戏与儿童感受和成长史相关联的困难。他们强调把材料带出象征层面并带进一个更诠释性的模式，对心理治疗工作具有破坏性和损害性。

▍进入游戏

儿童心理治疗师可能会决定更进一步，真正进入游戏，而不是仅对游戏进行评论和详细描述。这是一个很少被讨论的重要技术，根据我的经验，它也没有被广泛使用。我所说的进入游戏，是指假装成孩子游戏里的一个角色那样去说话，这通常意味着要用一种有趣的语调说话。有趣的语调很重要，因为它清楚地表明这充满了游戏趣味，同时拉开了心理距离。它切实地强调了"假装"的特质，也吸引了孩子的注意力。这种做法并不一定意味着我们只能像动物或者甚至像人一样说话，事实上，我们可以化身为游戏里的任何东西或角色。

做一粒灰尘

当我在一个8岁孩子的游戏里开始像一粒灰尘一样说话时，这个"技术"就自然而然地出现了（Blake，2001）。这个男孩一直抗拒任何形式的诠释性干预。在治疗的某个阶段，他开始玩一个系在绳子末端的黏土球。他试图把球扔到窗台上，再把它拉下来，以收集窗台上的灰尘。我开始用一种很尖细的声音说话，仿若我是一粒灰尘，感受到了那个黏土球的攻击，也感受到了要被带离我的灰尘家庭的威胁。让我惊讶的是，这个男孩真的在听我的话，且很享受。他会玩得更起劲，并且问我："它现在在说什么？"

这打破了治疗僵局。我想他感觉到我现在是和他在一起的，而不是在观察他。他需要这种亲密。想象自己是一粒灰尘也让我感觉跟他更靠近了，因为我感受到了他觉得自己是多么的渺小、脆弱和微不足道。在此之前，我一直挣扎着，想要去喜欢这个男孩。从那一刻起，我失去了或者说搁置了我观察者的位置，而且我认为这对我们双方都是必要的。

"我为什么'选择'成为一粒灰尘"是个有意思的问题。为什么不是那个球呢？Frankel（1998）认为，在游戏里，我们通常承接的是儿童脆弱的和被排拒的存在状态。我并没有在意识层面思考过这个问题，因而这个自发性使那个男孩感觉到我是真的跟他在一起的，而不是一个在观察的心理治疗师。他原本觉得我跟他不一样。我很享受这份"傻里傻气"：做一粒灰尘很有趣。他应该能从中了解到，他和他的游戏是快乐的源泉，而非担忧的源泉。

当进入游戏是最能被儿童"听进去"的参与形式时，寻找进入的时机是很有用的。学龄前儿童是最欣然接受这一形式的群体。不过让我意外的是，对潜伏期儿童和小一些的青少年来说，这个技术也是被接受和享受的。即便治疗师没有明显地进入游戏，去想想这个做法也会有帮助。通过假想如果自己是那张正在被涂鸦的纸或者那支正在乱涂的笔会是怎样的状态，儿童心理治疗师可以更接近那个孩子和他/她的游戏。这项曾被Oaklander（1987）清晰表述的格式塔技术，对于诊断和治疗都是有帮助的。

Bion 和 "灰尘男孩"

从我见到这个男孩开始至今，已经过去15年了。这足以让我在时间中沉淀，去更多地深思我当时那些自发的尖细声音。当它被发出来的时候，我完全不知道我将会这么做。它来得出乎意料。我也没有有意识地思考为什么我开始谈论分离的主题。当然，我那时已经到了一种放弃的地步——这个男孩不断拒绝我说的任何话，并且转变为对我话语的藐视，几个月的工作似乎毫无进展。在这种情况下，我很容易追随Bion的建议，不要抱有去治愈甚至理解的渴望。也许我因为没有尝试去治愈或理解，没有带上治疗师的面具，反而让一些真实的我可以自发地呈现出来。当然，我是在无意识地、直觉性地工作——我对此并无觉知！但是现在去回顾和男孩在一起的那几个月，我在思忖我们无意识之间的交流是不是在跳一种"大脑边缘系统"之间的舞蹈（a limbic dance）（Schore，2019）。在那节治疗会面刚开始时，我意识到这个男孩的父母在生他之前都各自有过婚姻。他在家里是最小的孩子，他的同父异母或者同母异父的兄弟姐妹都比他年长数十岁（但是在那个有趣的声音出现时，我并没有意识到这个想法）。而且，在那个男孩把系在绳子一端的黏土球像套索一样甩来甩去时，我下意识地担忧那个球会脱离绳子，朝我飞来。所以，我现在也"事后诸葛亮"地在思量，和这个男孩数月来的"沉浸其中"（Eaton，2018）——不是积极的，而是消极的沉浸——是否使我们的关系在走向，甚至已经处于"O"的状态。Bion的"O"概念，在我的理解里，像是一个"真实交融"（authentic togetherness）的时刻。我一直把它看作一种奇妙的彼此合一（at-oneness）。我和"灰尘男孩"的经历使我重新考虑了这个概念，以及这样的"交融"并不总是意味着积极的调谐状态（the state of attunement）。

不同程度的进入

完全进入

进入孩子的游戏可以在好几个层面进行。我已经谈论过通过披上一个角色的皮肤，甚至假装成为一个物品来充分参与游戏：一种全然的进入。如果一个孩子正在切一块橡皮泥，心理治疗师可以像橡皮泥一样说："哦，不，我不想被切开，我需要保持完整的一块。"

观察式进入

仍然带着游戏性，但又更具观察性的评论会是："我想橡皮泥不喜欢被切碎，我觉得它希望自己是一整块。"

技术性进入

一个距离更远的参与位置是，虽然心理治疗师仍然待在游戏里，但是会对橡皮泥的属性做更加"技术化"的工作。这种程度的进入可能会有类似的评论："橡皮泥很有趣，不是吗？它软绵绵的，很容易被切碎，但当把它捏回去的时候，它又可以保持形状，就好像从未被切碎过。"

决定以何种程度进入游戏是一种临床判断。对于小孩子来说，心理治疗师通过在游戏中"声音扮演"来"完全进入"的方式是容易被接受的。假想与真实之间的流动边界是这个年纪的发展特征，因而这个技术可以被应用。随着孩子现实感的成熟，他们对"象征"游戏的自在度会降低，就连谈论橡皮泥可能会"如何感受"都可能太过了："橡皮泥不会去'感受'！"毫无疑问，对有强迫特质的孩子来说，橡皮泥就是橡皮泥，只能从技术上讨论它是可以被切割的。

对心理治疗师来说，重要的是时刻了解儿童对直接表达情绪的耐受能力。孩子能忍受听见橡皮泥有多恐惧吗？这种感觉的表达能够多靠近？是用第一人称、第二人称还是第三人称？或者，有些孩子只能把这些感受进一步置换为对橡皮泥属性的不带情感的讨论，只能和这种状态"游戏"。

Carl

Carl是一个15岁的男孩。他酷爱他的电脑游戏，治疗里充满了对这些游戏的描述。他因为同伴关系困难而被转介。他在学校里很退缩,午休时常常泡在图书馆里。他生活中的大部分时间都饱受身体问题的折磨,出生便罹患的一种影响心脏的综合征阻碍了他的成长。他曾多次住院,并接受过侵入性的手术。他现在仍在接受医学监测,因为青春期增加了他突发严重心脏病的可能性。

在治疗里,Carl不理会任何关于他健康的担忧。每当出现医疗的议题时,他都会说:"哦,我都让我妈妈来操心这些事儿。"Carl感兴趣的是他的电脑游戏。在一节令他兴奋的治疗会面中,他告诉我他设计了一款游戏。在这个游戏中,一切都在黑暗里:有一个人走在一条黑暗的走廊里,他必须在走廊的尽头转弯,他并不知道拐角处有什么在等着他(Carl暗示那里有人拿着一把枪,准备把他打开花)。

我给出这个片段,是为了强调与这段素材工作的不同方法。一个选择是去表达:因为他的身体状况,也许他觉得自己像这个角色(一个不知道什么将发生在自己身上的角色),而且这是多么地令人害怕。但是,我从过去将这些素材与他生活状况关联的数次尝试中,已经学习到这将无法使他参与到治疗中。因此,心理治疗师必须判断什么程度的焦虑是可以承受的。

最不具入侵性和威胁性的反应是沉默不语,带着好奇和兴趣去观察游戏的设计与他生活状况之间的关系,带着沉思的感觉去见证,并允许恐惧的存在。贴近他焦虑稍多一点的回应是平静地询问关于游戏及这个特定情节的事,询问他是如何在游戏中设计出这个场景的。这是与Carl当下所在的位置"相遇"。他会对这个技术讨论感兴趣,这个讨论也会以一种置换性的方式提出"不确定"这个议题。如果要更接近这个焦虑,我会问玩家或者他所控制的这个角色在这种情况下会有什么感受。这里有一个明显的转变——谈论感受。或者我还可以更进一步,在评论层面进入游戏,说:"我想当这个角色在转弯时,也许会对即将要发生的事情感到焦虑。"这句话既可以用一种平静的语气说,也可以用一种充满害怕和恐惧的情感语调来说,比如:"哇,他一定吓坏了。"如果这些感受太过了,可以用询问"角色可以怎么处理这种情况"来迅速缓和情绪——有没有一个策略或者操作可以让角色减少或者消除不确定性?

当然，在临床互动激烈进行的当下，你也许无法全然思考这些可能的干预措施分级列表。想说什么就说了，出发点是你的回应在情感层面上与儿童青少年的需求以及耐受力是相符的。从这个立场出发，我停留在了技术的层面，询问需要哪些计算机技术来建立这种不确定性。我感觉这是待在了 Carl 所在的位置，这是我感觉他（或者他和我）最能被贴近的和最能承受的焦虑。

为什么要进入游戏？

不同的心理治疗师可能会以不同的方式来使用"进入游戏"这一技术。一个重视成为儿童"发展性客体"的心理治疗师，可能会倾向于在游戏中促进这一点，而不是给予洞见。如果儿童正在玩一个"两辆车争夺停车位"的场景游戏，"发展性"心理治疗师可能会进入游戏，谈论一些可能的解决方案："我们怎么才能停止争吵？不如改天你先把车停在街角，第二天我去停，我们可以轮流停。"在这里，孩子被提供了一个解决方案。这是一种支持性的表述，旨在提高儿童解决冲突的能力。用精神分析的语言来说，这是一种支持和加强自我功能的尝试。

一个更偏 Klein 取向的心理咨询师则会跟焦虑待在一起，并可能会说："嗨，别挤进来，这是我的空间，这不公平！"这样就能以一种趣味性的方式来命名和面质这个焦虑。这句话不直接帮助这个孩子，它没有为他提供一个冲突管理的范式。他仍是独自一人，挣扎着在寻找解决之道。

然而，这种不那么着眼于解决问题的评论能以其他方式帮助他。它命名了对不公平的怨恨和愤怒的感受。不提供解决方案的做法是在告诉这个孩子，拥有这些感觉是被允许的。他可以去思考这些感觉，而不必急着去一头扎进解决方案里。仅仅是命名这些感受，这个孩子就能获得更多空间去找到自己处理困难的办法。

争论的两方都各有价值。给孩子留足空间去寻找自己的解决方法，去感受情绪体验，是重要的。但是如果一个儿童没有办法做到这一点，那仅仅命名情绪看起来是不够的。在这种情况下，重要的是判断儿童是否无法找到解决办法。这个孩子是否无法和困扰的感受待上足够长的时间以思考和处理它们？这需要具备在一段时间内承受烦恼所带来的痛苦的能力，也需要有后退一步去思考这些痛苦的能力。这个孩子是否能在感受到烦忧情绪强度的同时，还能开始思考他能做些什么来管理这些感觉？孩子是否能思考，他为何会有这样的感受？对一个孩子来说，这是一个艰巨的任务。然而，当我们向一个孩子做诠释，我们是在要求他去接受或者理解这个诠释。我们是不是要求得太多了？

技术上的创新来自与非常脆弱的（精神病性的、边缘性的和创伤性的）儿童和成人工作的临床工作者。对于这些工作者来说，他们会清晰意识到某些儿童没有能力去承受精神痛苦，所以技术必须调整得更温和，以适应这一现实。

进入游戏会缩短观察性距离

进入儿童的游戏使临床设置里有了更多的调谐性和互动性：它不像"诠释"那样是从一个远处的观察者那里被抛过来。用Sullivan的语言来说，心理治疗师同时成为参与者和观察者。用Winnicott的语言来说，它存在于过渡空间中，或者如果用Bion的术语来考虑的话，它可能有助于更接近"O"的状态。

Nigel

观察性距离的问题在Nigel的案例中得以突现。Nigel是个活泼聪明的孩子，他的游戏素材揭示了对分离的强烈焦虑。在治疗的早期阶段，他不允许心理治疗师讨论他的感受，甚至是他的游戏。这些讨论被体验为治疗师不再和他一起待在游戏里的证据——她离开了他去观察和思考。在他的游戏里，他会坚持让她和他一起玩，或者至少在旁边陪着他。如果她对游戏发表评论，她的语调会改变（就像我们所有人在正式表达我们的诠释性观察时会发生的那样），他就会说："别说话，玩。"不过，如果她待在游戏里，以一种"假装"的声音说话，他就能听进去。

这个案例让我想起一个患有孤独症的小女孩。她只会在我把评论蕴于那些"很久很久以前……"的童话故事中时才会听进去。如果我不这样开头，她便不会听。我想我的语调，加之这标志性的"假装"语式，使她能够倾听并产生兴趣。

诠释中包含的这种分离或距离的维度并未被给予足够的考量。特别是对儿童来说，给出诠释可能被体验为"俄狄浦斯式背叛"的一种行为。如同Britton（1998）

所指出的，诠释脱胎于观察和想法的结合（marriage），儿童可能会感觉被排除在这种"交合"（intercourse）之外。与游戏待在一起和留在游戏里，能让儿童感觉到你和他/她是在一起的。这对学龄前的儿童来说尤为重要——你仍旧和他一起站在舞台上，并没有离开去成为观众席上的一员。这也有助于帮助孩子去应对那些对感觉被评价或被批评的敏感性——这是潜伏期和青春期的一个特征。在游戏之外评论儿童内在的任何负面情绪，无论说得多么富有同情心，都会让儿童或青少年觉得这个成人心理治疗师不赞同这些情绪。即便对儿童说"你感到非常害怕"，这个说法也面临着一个风险，即它可能会被听成他/她不该感到害怕。儿童可能很难理解心理治疗师的评论是一种探索，而非谴责。我想我们见到的许多孩子都在寻找我们如何感觉他们的一些迹象。世界上所有正确的诠释，都无法抵消一张不赞同的脸，或一双不发光的眼睛。事实上，父母带着孩子去看心理治疗师，孩子会很容易产生一种羞耻感。我们把自己从孩子身边移开，给孩子一些观察性的评论，很容易被体验为一种家长式的担心、一种忧虑的来源。

Trevarthen（2001）认为，生命最初阶段汇聚成形的主要情绪状态是羞耻和自豪。如果母亲在早期互动中无法完全回应婴儿，一种与自我相关的羞耻感便会开始形成，而母亲的积极参与则会带来自豪感和喜悦感。因而，出现在心理治疗中的孩子通常会觉得他们要么是父母失望的来源，要么至少是担心和忧虑的来源。所以，不出意料地，他们会感受我们的参与，或者更确切地说，感受我们因观察带来的"断开"（disengagement）。我们的断开会突出他们难以耐受的羞耻感。我认为这些关于观察性距离的想法可以与Grossmark（2018）最近的思考相关联。他认为与病人待在一起，与他们一起待在感受之中是重要的。他关于做一个"不引发关注的"同伴（unobtrusive companion）的想法，尽管是针对成年病人的，也同样适用于儿童。

与事实游戏

治疗师要更加"好玩"而不仅仅是做诠释，这点显然并不局限于游戏中的技术应用本身。对于潜伏期的儿童来说，心理治疗师必须与经常出现的事实性信息"玩耍"。谈论自行车上的刹车和齿轮是如何工作的，其实是一个对"失控"和"需要调节"这两种感受进行游戏和探索的过程。如果我们不把这些直接关联回孩子，那真的可以吗？我相信更重要的是让孩子用他们自己的节奏去做到这一点。

同样地，与青少年"游戏"可能意味着讨论流行歌曲或电视节目的主题，或者思考最新的时尚。这会是一种探索身份认同、性和反叛等困难议题的安全方式。我认识的一位青少年心理治疗师会和一个年轻人一起，观看和讨论这个年轻人带到咨询会谈里的视频。有些人可能会抱怨这不是精神分析性的——移情和诠释在哪里？我会认为它们仍旧在那里，只是以不同的方式被使用，以促进对感受的思考与探讨，而非获得洞见。Kronengold（2016）的出版物提供了许多关于这种工作方式的极佳案例。

发展的考量

我相信，对于儿童脆弱且尚在发展的心智来说，一个关于他/她如何感受的直接言语诠释通常太过猛烈了。停留在游戏里或者进入游戏，从发展上来说，与儿童更合拍。这样的技术可能会更少给孩子威胁感，也更有可能产生治疗效果。

在儿童工作中，如果要给诠释留有一席之地的话，它必须进行修改，以将这些发展方面的视角纳入考量。一个孩童在心理层面上的发展水平不如成年人。儿童的精神结构并不是一个清晰、稳定、完成分化的本我、自我和超我系统。儿童的"结构化"（一个被 Anna Freud 学派使用的术语）还在发展中。儿童的自体感并不稳固。没有足够的自体感使其无法退一步考虑它自身的功能。儿童会因为自己做过的事情而责怪别人，而无法为他/她的行为承担全部责任。

冲突还是缺陷？

心理结构的缺失可能是环境缺陷的结果。环境缺陷使儿童的自体感无法发展（Kohut, 1971, 1977, 1978, 1984；Winnicott, 1965）。儿童没有获得机会成长——不是不愿意，而是不能——这指的就是缺陷模型。或者，这个儿童可能在实现更高水平的发展时遭遇太多冲突，因而自体感无法发展。回到停车的例子，那个孩子是不愿意还是不能找到一个解决办法呢？这个孩子是否因为自己对不公平的暴怒而心烦意乱，以至于他屏蔽了任何关于停车情景的想法？这是（心理）冲突模型。或者，他是否不能去仔细思考一个解决方案，因为他从未接触过某种展示如何思考处境的能力范式？这是缺陷模型。

Killingmo（1989）认为与缺陷引起的困难相比，冲突引起的困难在更高的层级，需要不同的响应。在冲突模型中，治疗的目的是揭示意义，暴露冲突，让孩子可以去思考。在缺陷模型中，这是不合适的，对儿童来说太超前了，他们还没有能力去处理被揭示的真相。对于有"缺损"的儿童（the deficit child）来说，治疗目标首先是帮助他/她建立一些意义。这使得Killingmo提出，诠释性干预适合冲突模型，而缺陷模型需要更多"肯定性"（affirmative）干预，即建立意义的干预。这些干预帮助儿童知道他/她有什么感觉，而不是这些感觉背后有什么或者这些感觉的成因。

Killingmo谈到一种"结构的不适配"（structural mismatch），这指的是当心理治疗师邀请病人去理解他/她的情感反应时，病人并没有能力做到。在提供诠释时，心理治疗师假定病人有动机去发现一些东西，想了解为什么一些事情正在发生，且假定病人足够聚合，能够退后一步去做这件事情。这被Alvarez称为"双轨思维"（two track thinking）（Alvarez，2010）。但有"缺损"的病人并未达到这个层级。他/她拼命地尝试让自己足够聚合，只是为了知晓他/她的感受。用Steiner（1993）的话来说，儿童需要感到被理解（understood），而不是在寻求理解（understanding）。儿童需要在情感上被了解，才能在情感上了解自己是谁。儿童经常比我们所认为的经历了更多的缺陷。我接诊的大多数儿童和青少年对于知道他们为什么会有某种行为并不感兴趣。这些儿童并不是精神病性的、自闭的、被严重剥夺的或者被创伤的儿童。他们不是严重受困扰的儿童。相反，他们呈现的是更"寻常"的问题，比如和兄弟姐妹打架或在学校不交朋友。当然，年纪越小的孩子处理情绪的能力就越弱，但对年纪大一些的儿童和青少年来说，与探索和理解情绪这一任务带来的扰动和不安共处，也是很艰难的。如同Slade（1994）所说："能够承受'感觉'和'对这种感觉的承认'是分开的两码事，是一种发展的成就。"（p.91）她还写道："根据我多年的经验，即便是年纪更大且发展更健康的儿童，有时也会觉得传统的'揭露'式的工作方式会破坏游戏。"（p.98）这与我的想法有着共鸣。像Killingmo一样，她在创造意义和揭示意义之间做了重要的区分。她强调促进意义的发现，而不是揭示意义。她认为治疗师不再是"知识的提供者或心智体验的全能译者；相反，我们是好奇的探险同行者，在如何更好地挖掘方面多了一点点的经验"（p.103）。

David

在之前出版的一本书（Blake，2001）中，我讨论了David的案例。这是一个12岁的男孩，他因为在家里有多次愤怒爆发，以及在学校表现不佳和孤僻而被转介。在和David的工作中，去观察和思考而不是诠释的需要非常明显。每当我谈论他丰富的材料时，他都不喜欢。他憎恨被打断，会让我闭嘴，或者会变得躁狂，迅速转移到另一个话题。他告诉我要"在里面思考，不要在外面思考"。这再清楚不过了。David没有足够的自体感去听到我诠释性的评论。他需要我充分地体验他。他需要感觉到他是一个人，他的材料是他的，不是我们的或我的，他才能看到其意义。

发展性技术的普及

并不仅仅是那些受到严重困扰的孩子才是脆弱的。大部分孩子都难以承受精神上的痛苦。那些为严重困扰的孩子发展的技术，需要更多地应用于更广泛的儿童之中。我们的工作需要更加温和。如果要对孩子做诠释，需要用一些"活泼嬉戏"加以调和，以减轻、软化和拉开这个诠释对孩子发展和脆弱自我的影响。这样的方式意味着儿童心理治疗师更少诠释或用不同的方式诠释，更多地游戏。儿童心理治疗师需要在游戏中更会玩耍，并在孩子发展水平适合的前提下，时不时通过游戏来"诠释"。

对这种更温和、更少面质的工作方式的支持来自儿童精神分析师Anne Hurry。她强调发展因素的重要性，认为从与严重困扰的儿童群体的工作中演化而来的技术和思考方式，应该被应用于前来治疗的一般儿童群体。她感叹儿童心理治疗师不愿意更广泛地使用这些技术，"这种有限的使用降低了所有精神分析中发展因素的重要性"（Hurry，1998，p.45）。Fonagy和Target（1997a）也从发展的视角工作，呼吁为经历过环境缺陷的儿童做技术上的修改。

修改技术

很少有文献记载了技术在这些年里有怎样的修改发展。如同 Sternberg（2005，p.34）所言："在我引用的关于技术的文献的作者里，只有一小部分是儿童心理治疗师。"我搜索过关于游戏治疗的文章，想看看其技术是否可以被应用。总的来说，我发现其技术，就我个人喜好而言，要么太直接，要么太聚焦于意识层面。我也搜索了格式塔的技术，发现 Violet Oaklander（1978）的想法和技术有助于思考以一种置换和投射的方式工作。然而，留在精神分析模型中，意味着需要接受早期无意识动机影响着行为，且这需要被纳入与儿童和青少年的工作中。

Anne Alvarez 的工作

有着 Klein 学派工作背景的 Anne Alvarez（1985，1988，1992，1996，2002，2007），持续地挑战和修正了 Klein 学派强调诠释的技术，尤其是进行移情诠释的技术。她表明随着自己越来越有经验，她做的诠释越来越少（Alvarez，2018）。她的工作大部分是针对被严重困扰的儿童，但她的很多思考和工作方式也适用于一般的儿童和青少年。

干预的层级：因果性与描述性

Alvarez（2007）在区分因果性和描述性诠释时呼吁修改技术。如果对一个孩子说："当你打那个拿走你球的男孩时，你感到很生气，因为这就像你姐姐在家里把注意力从你那里夺走时一样。"这是在邀请那个孩子去思考他为什么打另一个孩子。一个更温和、更具描述性和更与发展调谐的评论是："当那个男孩拿走你的球的时候，你感到非常生气，觉得这不公平。"

Alvarez（2007）所称的"描述性"似乎与 Killingmo（1989）所称的"肯定性"密切相关——他认为首先得把一个人聚合起来，并警告说因果性诠释可能会令人无所适从，进一步导致破碎感。Alvarez 也说过类似的话："只有当挫折没有超出可容忍和可思考的范围时，它才会促进思考；否则创伤和绝望可能会产生解离和认知障碍。"（Alvarez et al.，1999，p.184）Slade（1994）似乎也表达过相同的内容，她表示为儿童建立意义比揭示意义更重要。

评论"需要"而非"焦虑"

Alvarez（1992）提议的另一个修改是对"需要"而不是"焦虑"进行评论。这是Klein学派在技术上的一个重大且主要的转变。也许它比其他任何事情都更影响了我与儿童的交谈方式。事实上，任何焦虑都可以被翻转成一种需要：独处带来的焦虑——有人陪伴在侧的需要；悲伤带来的焦虑——感到快乐的需要；惊恐带来的焦虑——保持平静的需要；恐惧带来的焦虑——感到安全的需要。

从这个不同的视角看待焦虑，不会面质或挑战孩子的自体感。不过，与此同时，它仍旧设法解决问题，与问题共处。孩子可能会对这些令人不安的状态感到如此焦虑，以至于他/她听到的只有"孤单"这个词。这个词可能已经开始拉响警报，以至于没有其他的话能被真正听到，更不用说思考了。但是，把这个焦虑翻转一个面，聚焦于需要，孩子就不用再面对这个可怕的词语。相反，他/她听到的是"有人陪伴在侧"。这是积极的，它意味着一个人有权利获得。这是人类的需要，是我们所有人都需要的生存状态。它听起来不是病态的。对孩子说"我知道有人在那里很重要"和"我知道你担忧独自一人"是非常不同的。对于儿童和青少年来说，焦虑很容易意味着脆弱、弱点、失败感、缺乏力量，也是担忧与羞耻的来源。虽然Klein学派的观点认为，总是试着思考儿童所担忧的是什么对于与儿童一起工作是有帮助的，但我们在治疗里如何使用或者传达这些想法是至关重要的。

更多的活力

Alvarez（1992）还呼吁在与儿童的治疗中呈现更多的活力。尽管她会小心翼翼地避免入侵，她也认为有些儿童需要从他们深度退缩或抑郁的状态中被"唤回"（reclaimed）。虽然这里指的是有严重心理困扰的儿童，但这些想法也适用于接受心理治疗的许多儿童和青少年。当治疗师从观察的位置移开，更多地与孩子在一起，会产生充盈的活力，一种真实的自发性会出现在治疗师和孩子之间，此时，我们便可以看到这种"唤回"。

更多的活力通常需要幽默。Alvarez（2007）写过她对一个孩子的愤怒，那个孩子不断重复着令人厌恶的仪式。她发现自己在用一种夸张做作的方式说："哦，不，不要再这样了。"这句话打动了这个孩子。我们无法计划自发性，所以对于儿童心理治疗师来说，允许自己与孩子在一起时能做自己十分重要——去欢笑、去哭泣、去感到挫败。我并不是指要把一切都倾泻出来，失去所有的界限感，但它可以帮治疗师变得更自由，而不是总在做一个深思熟虑的观察者。

Fred Pine 的工作

另一位论述了修改技术这个议题的作者是 Fred Pine（1985）。Pine 从精神分析和发展性的视角出发，早早认可了儿童自我的脆弱性。他意识到直接诠释的影响力和潜在的破坏性。他认为，如果孩子无法坐下来反思自己的感受，并且因此感到难以承受，那么就必须改进干预。他建议诠释需要"在支持的背景下"给出，而不是站在经典的节制立场上给予。所谓支持，他指的是以一种使人能够承受的方式来构建诠释。防御机制必须被保留，这样才能保护他/她不受压倒性情绪的影响，从而使这种诠释可以真正被听到。

对于如何做到这一点，Pine 给出了四条实用的建议：

1. 停止内隐期望，即认为病人有责任对诠释做出联想式反应。来自治疗师回应里的"开放式期待"会给孩子巨大的压力，迫使他们要做出"正确"的回应。即使是一个简单的问题，比如"你认为为什么会发生那样的事？"，对一个脆弱的孩子来说，也会被体验为好像要找到正确答案的一种压力。

2. 趁"冷"（或微温）打铁。如果焦虑在此时此刻多到无法思考，则可以迟一些再讨论。这个暂时的空间可以让儿童自己去想一想。因而，治疗师可能观察到孩子正对某事感到焦虑，但并不在观察的当下就提出这些，而是在以后的时间再提及，比如说："你知道吗？我在想，当你前几周玩那个关于丢失东西的游戏时，我当时感觉你真的很担心它。"这个技术与 Klein 学派"趁热打铁"地诠释焦虑的技术形成了鲜明的对比。

3. 增加病人对诠释内容的相对活跃度。Pine 认为儿童需要对治疗过程中正在发生的事情有更多掌控感。如果心理治疗师打算讨论一些可能令人不安的事情，可以先给孩子一些预警，并鼓励他/她自行决定什么时候能讨论。比如说："我本来想谈一谈被冷落的感觉，但我知道这会让你心烦意乱；你觉得我们现在能稍微谈一谈吗？或者之后再谈？你怎么想呢？"

4. 增加治疗环境的心理抱持因素。Pine 表示，如果治疗师的态度是支持性的，甚至是使人安心的（reassuring），对潜在的威胁性议题的讨论也许可以得以展开。他强调治疗师说话的语气需要让人安心，即使话语传递的想法是关于痛苦的议题的。治疗师可能会在做诠释前说："我知道这很难去思考，但我们可以一起思考，也许这就不会那么让人不安了。"

这些改进是为了不击垮儿童和青少年与困难情绪及人际关系开展"游戏"的能力。

变得更加活跃

关于与游戏"玩耍"的另一个考虑因素是儿童心理治疗师的中立性或被动性。Barrows（2002）通过把鲨鱼玩偶游戏介绍给一个患有孤独症的小男孩并与他一起玩耍来实现"技术突破"。他觉得小男孩的攻击性冲动已经被分裂出去（split off）了，作为治疗师的他需要积极地玩起来。于是，他挑选了鲨鱼玩偶，开始顽皮地咬小男孩——恢复小男孩失去的这部分。Bache（2003）也描述了她与一个穷苦的孩子的工作，在其中她引入了"做一只乌龟会是什么样子"的想法。这是她的象征和游戏。她描述了这个小男孩如何能够运用这个象征来探索各种各样的感情。Fonagy 和 Target（1997a）也建议，有些时候治疗师可能需要引入一个象征，而不是等待一个从儿童的材料中逐渐演化出来的象征。

这些例子表明，精神分析中立性这个"遗产"，这种发源于与成人工作的态度，可能会给使用对儿童发展更为适宜的工作方式带来阻碍。Alvarez 的"唤回"，或者甚至是 Ferenczi 的"主动技术"的变化形式，都可能是有益的技术改进，可以与儿童心智中抗拒的或未发展的部分产生更多的接触。

对于心智似乎已关闭或未发展的孩子来说，一种温和和思考性的存在是不够的。这个时候，坚定且充沛的压力是必要的，这能打动一些孩子，他们看起来并不那么脆弱，但实际上是因为痛苦被封印而变得"坚强"——当儿童切断了与情感的联系，他/她的痛苦已经丢失，且没有办法找回来。Alvarez（1992）和 Tustin（1986, 1988）的工作有助于思考这个问题。他们俩都提倡采用更积极的方式。Alvarez 呼吁治疗师对这样的孩子表现出高度的关切，甚至是担忧和紧迫感。

幽默的运用

游戏里的一个重要元素是"好玩"，而"好玩"的其中一个部分是幽默。在精神分析工作中，尤其是儿童精神分析工作中，幽默几乎未被论述过。在《英国儿童心理治疗杂志》（*British Journal of Child Psychotherapy*）的过往文献里，没有一个标题包含了"幽默"二字。当一个人与儿童和青少年在一起时，这一点甚至更加明显。在日常生活中，儿童和青少年的世界和人际关系充满了幽默：听听来自任何一群孩子的笑声；听听一群青少年用幽默互相逗弄和试探；听听有多少孩子喜欢《辛普森一家》，有多少青少年喜欢《混蛋》（Jackass）和《肮脏的桑切斯》（Dirty Sanchez）的暴力幽默。

也许是因为对焦虑和防御的着重关注，抑制了儿童心理治疗师对这一领域的探索。强调调谐和相互性的婴儿研究和关系学派精神分析的影响力日益增大，Anne Alvarez 的工作和她对活力的关注的影响力也在持续扩大，这些影响可能有助于纠正这种忽视。

在他的新心理结构理论的背景下讨论幽默时，Freud 称之为"一个稀有且珍贵的礼物"（Freud，1905c，1927）。他从探索绞刑台上的幽默开始，写道"周一被带到绞刑架上的罪犯说：'嗯，这周开始得很不错。'"。他注意到幽默的解放性质，这与在游戏中获得的自由非常接近。他还认可幽默具有其他智力追求所缺乏的庄严和高尚。他把这与自恋的胜利联系了起来，因为在幽默中有一种"自我无懈可击的胜利宣言"（Freud，1927）。他说幽默不是一种顺从的状态，而是一种叛逆的状态，其中包含了一个人拒绝受苦的尊严。不过他指出，重要的是，这是在"没有逾越心理健康的界限"的情况下达成的。他总结道，"在幽默之中，的确是'超我'对被吓坏的'自我'说出了这么仁慈的安慰之词"（Freud，1927）。最后，他指出，幽默能安慰自我，保护它免于受苦，这是儿童或青少年脆弱的自我乐于接受的。

Freud 还阐明了幽默如何可以通过让人成为一个"远距的"旁观者来取代痛苦的经历。这类似于"幽默＝痛苦＋距离"的现代方程式。当 Shakespeare 引入傻瓜或小丑来传达痛苦和令人不安的信息时，这种幽默的运用也可以在其作品中瞥见。在游戏和幽默中包含的这种保持距离的内涵，在儿童工作中很重要。共享的幽默邀请儿童在观察者的立场上加入治疗师。孩子和治疗师可以着眼于一个幽默的情境，并一起参与其中。

这与诠释相反的是，在诠释中，儿童处于被观察的位置。无论这些观察是多么有帮助和共情性，它们都是站在与孩子分离的立场上被给出的。

当来访者能加入治疗师所处的观察位，这能产生一种相互性，对于治疗关系是至关重要的。在成为乐趣的来源或与治疗师一起享受乐趣的过程中，儿童不再感到自己是精神分析的兴趣和担忧的来源。相反，他能感觉到他在这段关系中的存在是值得庆祝的。

Eugene

我对幽默在临床中的使用的兴趣始于多年前，当时我正在见11岁的Eugene。当和他在一起的时候，很难不去想幽默。他的治疗小节充满了短笑话和有趣的逸事。虽然我一般都很享受幽默，但我发现他的幽默品味或风格特别有吸引力。我从移情和反移情的角度思考过这个问题，考虑过他想吸引和娱乐我的需要，但我从来没有直接诠释过。诠释在感觉上会抑制这些时刻的乐趣。我允许自己沉浸在幽默中，尽情享受，直到事后才"处理"它。

在他的治疗中，一个突出的主题是他感觉自己多么地像局外人，一个没有归属的人。有趣的是，他最喜欢的笑话是，"一个美国人、一个英国人和一只鸭子走进一家酒吧。酒保说：'这不就是个笑话吗！'"我马上就明白了这个笑话，喜欢上了其中的幽默和聪明。但直到那个治疗小节结束后，我才意识到这个笑话的重要，它蕴含了孤立和感觉到格格不入的痛苦。这种痛苦可以与我分享，但与此同时，它被疏远了，实际上，被战胜了。幽默打破治疗僵局的情况并不罕见。对于灰尘男孩和我来说，情况也确是如此。我们的相互享受对治疗性改变至关重要。

幽默的另一个特点是它能获取注意力。如果接受过精神分析性治疗的人被要求回忆他们与治疗师分享幽默的时刻，他们是很容易记起的。在精神分析过程中，这些时刻就像在没有方向的境况里发光的信号灯。

当我们谈论儿童心理治疗师玩得很开心和很享受一个治疗小节时，我们马上会想一定是哪里出了问题——这里面有来自儿童的诱惑，或者我们通过表现得"轻快"将一些反移情的议题见诸行动——我们不像"应该的"那样沉重和严肃。也许这是

Freud 思想中令人遗憾的遗产，即精神分析应该在"节制"中进行。分享真正有趣或幽默的时刻可以是一种矫正性情感体验。用有趣的声音进入游戏是一种享受乐趣的方式，同时参与到了游戏的工作里。

改变的必要性

精神分析性儿童心理治疗师现在处于一个更好的位置，可以更全面地理解治疗性改变的本质。这种理解指向一个更大的需要，即以一种有趣和安全的方式与儿童接触，而不是保持中立的精神分析立场（这有再次创伤孩子的风险）。已经有足够多已发表的研究和临床工作确认了这一点。游戏是孩子的语言，儿童治疗师需要扩大他们的词汇量。

好玩的治疗师

除了留在游戏中，并因此用孩子的语言说话，儿童治疗师还必须能够童心未泯。为了让孩子们能够在情感上成长，他们需要被乐趣、兴奋、好玩和纯粹的快乐包围（Barish，2012）。我有幸认识了 Anne Alvarez 和 Francis Tustin。这两位杰出的女性给我留下的深刻印象是她们的乐趣、活力、开放和令人兴奋的好奇心。和她们在一起会变得活跃，因为她们充满活力。我相信这种活力来自好奇带来的欢乐，而作为一名心理治疗师，这体现在一种开放的和直觉式的工作方式上。Bion 对直觉的呼吁，是用另一种方式在说治疗师的头脑必须像孩子一样充满乐趣——对自己身为一个玩伴的任何天马行空的想法保持开放。

我们对"知道"的需要阻碍了游戏

在心理治疗里，有一个强烈的需求是有人知道正在发生什么。作为临床工作者，我们倾向于崇拜不同流派的"创始人"和杰出的治疗师，怀有一个知道他们会"知道"的需要。我们甚至有"大师班"，好像任何人都能掌握这项难以置信的艰巨工作。这种需要可能经常会被受训者带入督导过程中，寻找正确的理解和诠释。在这样的状况下，很难自由地进行试验。正因为如此，我认为督导在督导中帮助被督导者"游戏"而不是"被教学"是很重要的。

要点

- 通过游戏让儿童和青少年参与，这尊重他们正在发展但仍旧脆弱的自体感。
- 游戏让人产生掌控感和控制感。
- 游戏能让儿童内在更好地整合。
- 对心理治疗师来说，保持好玩并不容易，因为它需要有勇气去真实地经历"不知道正在发生什么"。
- 进入游戏的技术没有被充分使用且被低估。
- 进入游戏可以消除观察距离，让孩子感受到真正的参与或与治疗师亲密无间（togetherness）。
- 进入游戏通过沉浸在游戏中来增强直觉，这增加了获得Bion所述的"O"状态的可能性。
- 治疗师对游戏的使用，可以在完全沉浸、一个更具观察性的位置，甚至是更基于现实的对游戏材料的讨论之间变化。哪个水平的游戏是最合适的，应该由儿童能听到什么样的内容来决定。
- 在游戏中，治疗师需要确定儿童或青少年的困难是来自缺陷还是防御，因为这将影响治疗师的反应。
- 儿童情感的脆弱性带来了技术的多种修正，其中包括：更多地描述而不是诠释；强调需求而非焦虑；时而更主动，使用幽默；有时甚至改变设置。

问题

- "游戏是儿童/青少年治疗的术语。"讨论这句话。
- 描述为什么游戏在治疗里对儿童和治疗师都很重要。
- 描述进入游戏的好处和不同层次的进入，给出你自己的临床案例。
- 讨论儿童和青少年心理治疗技术的最新变化。

推荐阅读

Frankl, J. (1998). The Play's the Thing: How the Essential Processes of Therapy Are Seen Most Clearly in Child Therapy. *Psychoanalytic Dialogues*, *8*(1), 149–182.

Joyce, A. (2011). Interpretation and Play: Some Aspects of Child Analysis. *The Psychoanalytic Study of the Child*, *65*, 152–168.

Joyce, A., & Stoker, J. (2000). Insight and the Nature of Therapeutic Action in Psychoanalysis of Four and Five-year-old Children. *International Journal of Psychoanalysis*, *81*(6), 1139–1154.

Krimendahl, C. (1998). Metaphors in Child Psychoanalysis: Not Simply a Means to an End. *Contemporary Psychoanalysis*, *34*(1), 49–66.

Kronengold, H. (2016). *Stories from Child and Adolescent Psychotherapy*. New York: Routledge.

Lenormand, M. (2019). Winnicott's Theory of Play: A Reconsideration. *International Journal of Psychoanalysis*, *99*(1), 82–102.

Marks-Tarlow, T. (2015). From Emergency to Emergence: The Deep Structure of Play in Psychotherapy. *Psychoanalytic Dialogues*, *25*(1), 108–123.

Poynton, M. (2012). We Should Be Playing Not Talking-Play, Self-agency and Moving Towards Depressive Moments. *Journal of Child Psychotherapy*, *38*(2), 185–198.

Slade, A. (1994). Making Meaning and Making Believe; Their Role in the Clinical Process. In *Children at Play: Clinical and Developmental Approaches to Meaning and Representation*. A. Slade & D. Wolf (Eds.). Oxford: Oxford University Press.

Vigna-Taglianti, M. (2014). Toy Stories. The Child Psychoanalyst at Play Between Relationship and Interpretation. *The Itallian Psychoanalytic Annual*, *8*, 155–173.

Winnicott, D. (1971). *Playing and Reality*. New York: Penguin. This a classic book in this area.

Yanof, J. (2019). The Therapeutic Action of Play: Discussion of Dr. Mirkin's Case Presentation. *The Psychoanalytic Study of the Child*, *72*, 159–167.

（袁嘉珩 译）

Child and Adolescent Psychotherapy

儿 童 青 少 年 心 理 治 疗

第 12 章
关于游戏的挑战

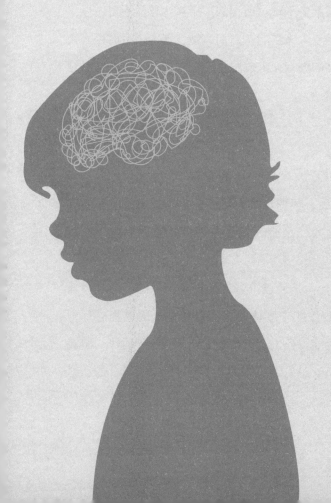

游戏在儿童和青少年工作中的重要性是毋庸置疑的。然而，无论是作为一种评估工具还是一种治疗性的努力，只有"真正的"游戏才是有帮助的。用 Winnicott 学派的话来说，"不是所有的玩都是游戏"（Lenormand，2018）。

真正有生命力的游戏

真正的游戏在情感上是鲜活的。游戏的一个关键因素是看它在情感上是否是自发的，Winnicott 也一直强调这一点。真正的游戏是一种探索发现，不知道接下来会发生什么，是流动的。正如 Winnicott 所说，只要游戏是流动的，那么你能做的最有疗效的事情就是不去干涉它（Winnicott，1971）。然而，有些孩子根本不会游戏，或者他们的游戏缺乏自发性。当自发性干涸或者被严重卡住时，这是严重精神疾病的最明显指标。

儿童治疗师需要了解不同类型的游戏，知道什么是真正的游戏，什么不是；什么时候应该任由孩子去游戏，什么时候需要去干预（所谓的）游戏。总体而言，做出这一区分并不太难。情绪活跃的游戏总是令人愉快的，它们有趣、迷人，有时令人兴奋，让人觉察不到时间飞逝。而情感干涸的游戏让人感觉很遥远，它们很无聊，经常是重复的，几分钟感觉漫长得像几个小时。

关于游戏的理论

考虑情绪功能和游戏之间的关联背后有何理论是有必要的。真正的游戏是游戏者探索和发现自己是谁的过程，这就是为什么游戏如此重要，在心理治疗中尤其如此。

真正的游戏是游戏者内心世界的外化，是通过符号的运用来实现的。游戏者找到外部世界的某个部分来代表或象征他/她的主观体验。当这种象征的过程受到干扰，符号不再具有个人意义时，游戏就会变得死气沉沉、毫无情感。这种时候，游戏不再承载内在和外在世界，或者 Winnicott（1971）所说的"我"和"非我"的交汇功能。

象征功能

Klein（1930）和 Segal（1957）探索了我们是如何开始发展符号象征能力的。Segal 发展了 Klein 的观点，将符号象征能力的发展与抑郁性焦虑联系起来。她指出，符号是代表其他事物的东西。它形成的前提是个人认识到原始客体的不在场，并允许符号代替其位置。在这一理论中，个体必须接受失去原始客体的事实，只有能够承受这种损失的痛苦（比如在抑郁位的痛苦），才预示着符号的形成。如果这种抑郁位痛苦不能被忍受，那么符号的形成就会严重受损。个体将无法容忍和允许替代性客体的存在，把存在符号与原始对象等同，而无法区分两者。Segal 称这是一个"象征性等同"（symbolic equation），而不是一个"象征符号"（symbol），并举了一个精神分裂症患者的例子——这位患者的医生问他为什么生病后停止拉小提琴，他回答说："为什么？你希望我在公共场合手淫吗？"对这个病人来说，失去阴茎太危险了，这个过程无法被面对，因此小提琴"成为"阴茎。在这位病人眼中，小提琴和阴茎是同一样东西，他不能容忍二者其实是不一样的。这突出了符号形成的一个重要特征：一个人必须有一种区分自我与客体的能力，能够承受分离，在"非我"中看到"我"，同时看到两者之间的联系。如果个体因为无法延续婴儿期的全能感而感受到巨大的精神痛苦，无法忍受这种全能感破灭带来的挫折，那么思考和心智的发展就被阻碍了（Bion，1962）。

Winnicott（1971）在讨论游戏作为一种过渡性现象时强调了这一点。游戏是一个安全的区域，可以帮助孩子们保持自我意识，同时从婴儿期的全能（"我就是世界"）过渡到对外部世界存在的承认。游戏既不在自我之内，也不在自我之外，而是介于两者之间。它存在于"我"和"非我"之间。

虽然我们认为"我"和"非我"之间的区别就像呼吸一样自然和明显，但这并不总是如此。对于婴儿来说，这种领悟开始可能是令人害怕的。承认自己是分离独立的，自己不是全世界，会引起对自身存在的原始焦虑，以及对"我需要别人才能存在"这种依赖的担忧（Bick，1968）。而游戏让孩子觉得分离是可行的，让一点点"非我"进来，因为同时孩子也可以相信那是他们自己。

"我"与"非我"之间的这种紧张关系虽然很原始，却贯穿于人的一生。如果你太注重外部世界（太多的"非我"），你很容易觉得生活对个人而言毫无意义。但如果你太注重内在世界，就无法与他人建立联系。从这个意义上说，我们都需要玩游戏来管理这种张力。游戏贯穿一生，正如在艺术、体育、科学和文化中所看到的创造力那样。在这些追求中，我们通过将自己未知的部分暴露于外界来探索自己，来发现我们是谁，这样我们就能够将自己置于未知的位置，来拥抱自发性（Lenormand，2018）。

如果这种对分离的早期焦虑过于强烈，那么"真正的游戏"的发展就会受到威胁。在发展的原始阶段，承认这种分离会让人感觉好像"我不存在了"，仿佛要被外面的世界吞噬了，会令人感觉要么"全都是我自己"，要么"全都是别人"。这种概念化符号形成的过程和给出诠释的过程很类似。如果给出一个直接的、时机不恰当的诠释，这可能威胁到过渡性进程（transitional process）。它迫使孩子过快地看到"非我"，从这个意义上说，它威胁到儿童的存在感。

在这种情况下，"真实"（real）和"假装"（pretend）的健康平衡组合会无法继续维持，我们可以在孤独症最严重的形态中看到这种状况。在孤独症中，自我的发展是极其脆弱的，分离性被大规模地否认了，没有人称代词，没有从婴儿的全能感到外在现实的过渡，也没有真正的玩耍。Klein（1930）对Dick的治疗说明了这一点，Dick是一个4岁的精神病性儿童，几乎不会玩。她在与这个男孩建立联系时经历了很多困难，因为几乎没有什么有意义的游戏，而移情的收集也同样困难。Frances Tustin（1986，1988）对孤独症儿童的研究也显示了这种无法玩耍的情况。

对这样的孩子来说，没有任何"假装"的空间，只有一个可怕的外在现实，随时会淹没他/她的世界。世界不断威胁要消灭自我，承认"非我"将是"我"的终结。Tustin认为，孤独症儿童无法象征：对他们来说，拇指不是乳头的"象征"；它不是临时的替代品，而是永久的替代物。对他们而言，拇指就是乳头，这样就没有"非我"存在了。虽然孤独症儿童在玩耍时表现出严重的障碍，但在神经症儿童中也可以看到类似但没那么严重的特征，在强迫性案例的情况中尤其如此。在临床上，精神病和强迫症之间的联系如此之强也并不奇怪。然而，与精神病性患者不同的是，尽管强迫症患者能够认识到自我与客体的区别，但他/她仍然对分离中隐含的失控感到焦虑。孩子会试图通过否认所有与之相关的感觉来控制。精神病患者容易"退缩"（retreat）到内心世界，强迫症患者容易"退缩"到外部世界。在精神病患者中，一切都是"我";在强迫症患者中,一切都是"非我"。

这种"退缩"到现实世界的过程会反映在强迫症儿童的游戏中:它是特别真实的。从这个意义上说,这是一种危险的"安全",因为它不允许与客观现实有个人情感联系(Blake,1997)。游戏中都是"非我"。从治疗师的角度来看,这就是为什么游戏如此死气沉沉,如此无聊。在这样的游戏中,符号依然被使用或显示,但它们不是拿来分享的,也不是被用来探索"非我"现实中的"我"。它们仍然是"事物"而不是符号,任何试图将它们拉回到它们所象征的原始客体关系中的尝试都会遭到强烈反抗。这类儿童的游戏不是寻求理解,而更像一面盾牌。这种游戏不寻求理解的原因是,寻求理解这种举动意味着孩子必须承认他/她依赖于另一个人:"我性"和"非我性"的关系不得不被承认。只有当孩子有坚定的"自我"意识时,这种承认才会发生。只有从这种坚定的自我意识的边界出发,孩子才能容忍任何"非我"的体验。Winnicott(1971)在讨论过渡性现象时描述了这种情况。过渡性现象不是简单地描述受到奶嘴或泰迪熊安抚背后的心理,而是展示了孩子开始接受与世界分离的一个极其重要的过程。

被占有的重要性

在临床实践中,注意到 Winnicott 谈论的过渡过程中儿童第一次对"非我"的占有时刻(possession),这是至关重要的。当看到那些不知道如何游戏的儿童时,需要考虑关于他们在婴儿期"占有他人"的议题。能够游戏的第一步是区分"非我"和"我"的感觉。在人生最早的阶段,只有感觉能够占有他人,感觉自己是木偶连线的操纵者,孩子才能感到足够安全去感受"我"和"非我"。在临床上,对于这些孩子来说,这意味着让他们感觉到他们拥有治疗,包括治疗师。"共享的经验"(shared experience)随后才会发生。在这个阶段,孩子必须感觉到这是"我的"治疗,而不是"我们的"(孩子和治疗师的)。在这种情况下,外在的或者别人给的诠释没有立足之地。治疗师必须忍受被占有,被用来玩,就像他/她不存在一样:他/她只是孩子的创造物!

正如你可以想象的那样,这对治疗师来说几乎是无法忍受的,毕竟治疗师也是一个很自然地需要确认自身存在感的人。这可能是一些治疗师不愿意真正玩,而非常热衷于给出诠释的原因之一。然而,如果治疗师理解这是一个重要的发展过渡过程,这种对存在感的威胁是可以被容忍的。在临床上,这可能意味着见证孩子的"自我",只是通过承认其感受来确认其存在,而不是在此时着急让他们去理解这些感受。这与Alvarez关于在描述性而非解释性的理解层面工作的想法很接近(Alvarez, 2007),这也与Slade允许孩子"创造"意义的想法类似(Slade, 1994)。孩子的"我性"、孩子的分离性,必须被允许。Grossmark(2018)、Symington(2007)和Tuch(2007)在与成年人工作时也强调了忍耐"见证"(witness)的重要性,并允许来访者了解他/她的"我性"。

▌具有危险性的安全游戏

如果仅仅在概念层面上讨论符号形成、死气沉沉的游戏,还有过渡现象,可能让人很难理解。这些名词只有和一个不能真正游戏的孩子在一起时才会生动起来。为了探索和举例说明这种死气沉沉、没有生机的游戏,我将介绍Sam和David这两个男孩的案例。两个男孩通过不同的方式,让我了解了什么是"具有危险性的安全(dangerous safety)游戏"(Blake, 1997),以及游戏是如何被用来隔离(isolate)他人而不是促进他人参与(engage)的。两个男孩都是我几年前见过的,如果是今天的我和他们一起工作,我采用的方式会有所不同。我将特别指出这些技术差异。

Sam

Sam是一个11岁的男孩,三年来我每周见他两次。他是由社会服务机构转介的,该机构对他的遗粪问题和对生活中的创伤缺乏反应感到担忧。这是一个极度匮乏的儿童,一出生就被遗弃,过去一直都在各类机构和寄养家庭进进出出。

我第一次见到他时,他对我房间里的玩具很兴奋,很乐意开始玩。他带着一些石块、栅栏和动物模型走到沙盘旁,试图为动物做围栏。游戏过程中,他最关心的是给每个围栏都装上屋顶。他非常小心地搭建,但屋顶总是散架。在我们第一次见面的大部分时间里,他都在试图为动物们建造一个安全的家,但徒劳无功。这一幕让我印象非常深刻，因为它如此生动地展示了他破碎的家庭，以及他对安全的渴望。确实，他的沟通能力是让我觉得他可以从治疗中受益的因素之一。

在后来的会面中，他继续与动物玩耍，他告诉我，其中一只动物被其他动物排斥，还被叫作怪胎，这个怪胎会在某个马戏团或展览上被展出。看上去并不难理解，我觉得他是在告诉我他没有归属感，觉得自己有些怪异。在移情中，我以为我代表了正在凝视着这个奇怪生物的外界。在这个阶段，我认为治疗正在进展。

当 Sam 开始特别专注于一种动物——野猪时，游戏得到了进一步的发展。它被命名为 Razorback，取自同名电影*。他说它只会杀人，威力巨大，可以一次摧毁整座房子。他花了好几个月，甚至好几年的时间来谈论这部电影，并花了大量的时间在黑板上写下片名和演职员表。他还在沙盘里重新上演了电影。当他这样做的时候，他会不断地提供背景音乐和声音效果，并偶尔说出各个角色的台词。

这些游戏显然有意义，它在告诉我 Sam 的感受。但这样的意义是如何被使用的，又是对谁而言的呢？困难的是反馈对此的理解。很多感觉只停留在游戏中，也许这样一切才是安全的。那些试图将游戏与他的个人现实联系起来，或者试图用游戏说明我和他在移情中是怎样的尝试都不断被阻滞着，游戏始终被维持在一个安全的距离。这是从以下几个方面发生的：

缺乏个人的和自发的联想

一个阻碍是孩子缺乏任何个人的和自发的联想。当我问他事情为什么会这样发生时，他会说："我不知道，电影里就是这样的。"有一次我问到野猪的背景："有人和他**住在一起吗？""没有，他一个人住。""他的家人呢？""他们被杀了。""怎么会这样的？""他杀了他们。""为什么？""他杀了所有人。"这与 Sam 本人背景的联系是显而易见的，困难的是如何处理这些材料，因为我意识到我是从他那里费力得到

---

* 中文名《猎魔》，讲述了一头凶残的野猪使澳大利亚内陆地区感到恐怖的故事。——译者注。

** 原文为 he，故此处译为"他"。——译者注。

了这些材料，材料并不是他自发给予我的。从这个意义上说，它更像是我的材料、我的游戏内容。我尝试着和他谈论移情，谈论在他的感受中我是多么不关心他，特别是在50分钟后我主动结束会面时。我还试图把野猪的"杀戮"材料与我们之间某些东西正在被"杀死"联系起来——我们之间没有感情，它们已经被"杀光"了！也就是说，我诠释的是过程而不是内容。但就像我的许多诠释一样，似乎都没有触动他。

我现在认为任何诠释都是错误的。在这个时候，诠释要么对他而言是入侵的，要不就是恼人的干扰，要不根本没有意义。对Sam来说，这游戏完全是"非我"的。他没有足够的自我意识来接受我的意见。因为要做到这一点，就意味着他必须与我建立联系。他已经被伤害了太多次，他不再允许自己这么做，甚至不知道如何做到这一点！我认为，待在游戏中，只是评论野猪的生活和感情，尊重他不把感受和自己联系起来的那种防御，这么做会更有帮助。如果能待在他在的地方，对他感兴趣的东西感到好奇，对电影和电影中的人物产生或发展好奇心，也就是说，心理治疗师能够允许自己被"占据"那就更好了！

游戏的不间断性

游戏的另一个阻碍是它们看起来永无休止。当我发表评论时，我甚至会想知道自己是否被听到了，因为每当我说话时，Sam会马上继续讲故事的下一部分。我发现，像Sam一样，我会神游在自己的世界中，通常感觉不会被打扰，还很舒服，直到内疚感打断这些体验——我应该试着回到会面中。

四分五裂和不连续的游戏

游戏如果以碎片化的形式出现，也会让人感觉很疏远。我开始意识到，尽管听野猪故事已经几个月了，但我从未真正跟上过这个故事。这是因为对话缺乏连续性。我会听到对话的某些部分，但不知道为什么，也不知道后续怎么样。Sam会把猪挪来挪去，一辆车会开到一座房子旁边，这个过程伴随着汽车的声音以及背景音乐。人物出现，Sam会用美国口音说："把鼓拿来，我们今晚要用……""我把它放在后面。""你知道他们住在哪里吗？""你越过山头，经过商店。"然后音乐就会响起，人物会移动，过了一会儿，我会听到更多对话。对我来说，这一切都不像是交流。这让我感到被排斥在外了。Sam似乎知道发生了什么，但我不得不把这些碎片拼凑在一起来猜测。我觉得这是一个投射性认同的例子：我感到流离失所，就像Sam生活中的许多变化让他感到流离失所那样。没有连续性的感觉，也没有能力给一个经验赋予个人的意义，因为一切都感觉太离散了。

基于现实的游戏

这些游戏很难被工作的另一个特点是它非常现实，我的意思是，它处在 Sam 的外部世界。他不是在谈论自己的幻想，而是在谈论一部真实的电影，正如他所说："我不知道。电影里就是这样的。"他对电影特效的兴趣进一步证明了他对外部现实的重视。谋杀、爆炸等恐怖场景会被详细描述，但不会谈到受害者或袭击者的任何感情。相反，他对现场的"真实性"感到兴奋：爆炸是如何发生的，使用了哪种炸药，需要多少炸药才能达到什么效果，等等。即使在治疗室里，Sam 的行为也显示出他需要"游离在外"：他经常透过我的窗户观察外面的活动，还会向路过的人大声打招呼。

在那个时候，我的工作方式是相当诠释性的。我会说我是如何被忽视的，我感觉不知道发生了什么，并想和他一起思考这是否向我展示了他在生活中经历各种变化时的感受。问题是，我以为我在思考他，但他一点也不想思考。他的发展不足以让他思考自己的生活，这对他而言太奢侈了。我现在认为，如果当时我保持沉默，抱持住这种被忽视的痛苦，也许会更好，这当然不是一件容易的事！也许我可以把一切留在游戏中，甚至加入他的有点强迫特质的世界，询问不同类型和不同数量的炸药的效果，我相信他会对这个感兴趣的。重要的是，这将帮助他承认他的"我性"。这将证明我可以被"占据"。或者，我可以进入到游戏之中，去成为房子，表达突然被炸成碎片的感觉。至少这会把这些情绪摆在桌面上，而不让他感到必须去面对这些情感压力。这么做是为游戏赋予意义而不是揭示意义（Slade, 1994）。

焦虑对真实游戏的干扰：不连续、不存在和无法分离

Sam 需要保持安全距离的背后是焦虑，其中包括对崩溃的原始恐惧和连贯自我意识的缺乏。这些焦虑是我们理解强迫行为或思维的核心，也是理解像 Sam 这样的潜伏期儿童开展的防御型游戏的核心。在 Sam 的例子中，我觉得这种焦虑是他强迫性地不间断游戏的原因之一。虽然他不多动，他的游戏也没有疯狂的感觉，但肯定是持续不断的和不带感情的。这样游戏感觉很舒服，不被打扰，但从来也没有放松过。在会面开始的时候，我从来不会觉得他找不到事情做。他所有的电影都有无穷无尽的续集：《猎魔 1》《猎魔 2》《猎魔 3》。描述完每部电影后，他经常会说："未完待续。"

这种连续性与Bick（1968）关于婴儿的想法类似：当婴儿感觉不到被自己的皮肤所抱持时，就需要发展第二种皮肤功能，以抵御对溢出（spilling away）或崩溃（falling apart）的原始恐惧。这样的婴儿拼命地寻找一些可以将他们自己聚合在一起的对象或活动。她谈到了一种肌肉类型的自我涵容，在这种情况下，肌肉会通过不断运动来保持婴儿的注意力，从而可以体验到人格的各个部分被结合在一起。这也反映在Sam的持续性活动中：对Sam来说，必须保持连续性，停止就意味着永远结束，停下来可能会让他意识到时间的间隔，这对他而言是具有威胁性的。对他来说，时间的间隔不是一个可以探索的空间，而是一个可怕的洞，他可能会在里面溢出或崩溃。

两个例子展现了这种焦虑。第一个例子发生在测试他制作的乐高飞机有多牢固时。他会仔细检查每块乐高的连接情况，然后把飞机扔向墙壁，这样它们的飞行就会突然停止，并摔成碎片。这种情况经常发生在他被告知咨询要结束了的时候。第二个例子是关于他对消融成一个没有形状的东西的焦虑。这在他绘制的电影标题中能体现出来：标题中的每个字母都是不成形的，仿佛不断滴落和融化着。

如果Sam允许自己感受到这些象征符号里的个人和情感意义，他不仅面临着可怕的解体感，还面临着大量的被迫害焦虑。他的电影世界和内心世界充满了恐惧。三年来他提到的电影里，没有一部不和暴力及破坏有关。除了《猎魔》，他提到的一些电影还有《猛鬼街》（Nightmare on Elm Street）、《猪猡之王》（The Killer Pig）、《豪斯医生》（House）、《短柄斧》（Hatchet）、《蚂蚁帝国》（Empire of the Ants）和《机械战警》（Robocop）。总之，暴力是至高无上的，而正义的力量一再被击败。因此，对Sam来说，分离和孤独不仅会让他直面他没有一个好的外部客体的事实，而且会让他感到完全被内心那种《猎魔》般的力量所控制。

在他的治疗接近尾声时，他给我讲了一个故事，这个故事不仅反映了暴力的主题，而且让我对他目前的遗粪问题有了一些洞见。这涉及《蚂蚁帝国》中的一个场景。我将引用这次会面的笔记：

> 他走到盒子前，把里面的汽车排成一排。他还放了两块乐高积木来充当大门，并驾驶汽车通过它们。我问他在做什么。他说他正在建造"岸上陆地"，并告诉我这是《蚂蚁帝国》里面的地名。他接着说，几年来，他们一直在这个

荒岛上倾倒放射性废物，现在他们正在把这个地方开发成一个名为"梦幻海岸"的度假胜地。他说，有些蚂蚁没有其他食物，只能吃这种放射性废物，然后变得巨大。在这之前，他在黑板上画了一只蚂蚁，下面画了一个人的身体，一摊血从肚子里流出来。他指出蚂蚁用它的钳子攻击并杀死了这个人。他继续把车开来开去，还说了些 Fred 和 Mary 的事。我当时听不懂他在说什么。然后他开始扮演这些角色，说他们的台词。在我能记起的片段中，而且只有在片段性的语言中，他会说："我不想待在这里，这是一个大骗局。"然后其中一个角色告诉另一个角色"管道没有被连接"，他挖开了地面，确实看到管道没有被连接，因此他打算离开。当我问他在说什么时，他说这对夫妇对这个地方充满怀疑，男人挖开了地面，看到有一根管道，却没有连接任何东西。我问他这是什么意思，他说这意味着他们不会有任何热水。

这些材料不仅详细描述了被遗弃的感觉，还描述了必须吃废物才能生存的绝望，以及可怕的复仇。在 Sam 的内心世界里，利用废物是生存所必需的，但他为此付出的代价是让那些强大而无法控制的破坏性力量日益增长。这进一步证明了他的偏执焦虑（paranoid anxiety）。所谓的美丽和美好（梦幻度假村）其实只是对下面的垃圾（以破裂的管道和核废料为代表）的掩饰。这就是 Sam 向外界展示的：一个善良顺从的男孩，只是碰巧会遗粪。当他谈到"大骗局"时，他提到了这一点：他觉得自己是个骗子，尽管有时他也觉得我的关心是骗人的。当我说是时候结束见面的时候，就好像我打破了管道一样。

在这种情况下，我试图以不同的诠释反馈我的想法。我现在意识到，试图"喂"他的行为本身就会受到极大的怀疑。诠释对他来说是充满威胁的，因为这是在邀请他去联结感情，感受令人不安的关系，从材料中可以看出，这些体验对他而言将是多么的暴力和可怕。从技术上讲，把情感留在游戏中会令他感觉更为积极、更少威胁。用 Killingmo 的话来说，这么做在结构层面上会更加调谐。

现在，在我写这篇笔记的 15 年后，回顾当时的情境，我也许会做一些不同的事情，因为此刻我并不确定自己提的"留在游戏中"的建议是否真的能有用。见到 Sam 的时候，我没有意识到投射性认同背后与时间相关的元素。我指的是，Sam 不断体验被拒绝的时间足足有11年，这几乎是他所有的人生了！因此，在移情和反移情的动力中，我将他诠释为"向我展示了被拒绝的感觉"（他并未回应我的评论），但没有提到他经历这种被拒绝的感受到底有多久了。我现在想知道的是，我是否必须也经历11年的拒绝才能知道它到底是什么样子，这会使我被他拒绝的痛苦程度叠加到另一个数量级。今天的我如果再和他工作，可能只会强调野猪长期经历的孤立和孤独。这会让他知道我认识到了他所经历的痛苦，虽然不像他一样亲身经历，但至少我可以看到冰山一角。我认为Grossmark（2018）关于"陪伴"（companioning）的想法可能会在这个时候帮助我。

David

像Sam一样，David的游戏也具有"危险的安全性"，同样无法被用于治疗。David是一个10岁的孩子，我每周见他五次，治疗持续了两年半。他被推荐来治疗是因为他害怕任何正方形或长方形的东西。他的母亲也担心他的个性中缺乏同情心，担心他"冷酷无情"。

David的背景和Sam的很不一样。他的母亲是黎巴嫩人，父亲是德国人，他有一个比他大三岁的姐姐。他被描述为一个快乐的婴儿，早年生活风平浪静。然而，当David 4岁时，他的父亲离开了家庭，这导致了他母亲的抑郁崩溃，最后她在医院住了五周。在此期间，David和他的姐姐被安置在临时寄养所。David 6岁时，他的母亲遇到了一个英国人，这个人后来成为孩子们的继父。在David的背景中，似乎没有像Sam那样的匮乏和分离。然而，David的游戏与Sam的非常相似：它并不缺乏象征性的内容，但就像Sam的情况一样，没有任何情感和这些象征性内容联系在一起。用"象征"这个词来形容David的游戏可能都不合适，他的游戏还没有发展到象征性等同（symbolic equation）的水平上，而只是表征性的（representational），但这种表征性也与他自己无关。在某种程度上，他认识到"非我"：他允许客体离开，也能认识到客体和自己是不同的存在，在他觉得自己能完全控制的情况下他能容忍一些分离焦虑。但他得让自己成为那个操纵木偶的人，只有在他拉动绳子的情况下客体才被允许离开。他的移情也很难被观察到，每当我捕捉到一些移情层面的关联时，它都被David

轻而易举地忽略了。

和 Sam 一样，David 的游戏从不停止，没有空隙。他总是以完全相同的方式开始每次会面：走向他的椅子，以一个角度坐着，背对着我看着窗外。他从来没有一刻不知道该做什么：没有休息时间，只有工作般的游戏（Symington，2007）。尽管一切游戏内容都显而易见，我却似乎感觉在他的游戏中迷失了。和 Sam 一样，David 也花了大量时间在电子屏幕上，只不过不是看电影，而是玩一个便携式游戏机。为了让游戏中的东西不被破坏，需要不停按键让他们移动。我们在这个活动上花了很多很多时间。游戏里总是有从移动的飞机上掉下来的人物，游戏任务是用按键移动小船，看是否能安全地接住这些人。

屏幕的角落里还有一个时钟，这样 David 就可以时刻关注时间了。这个游戏展示了要让活动"游离在外"的需求：通过待在屏幕上来让一切"置身事外"。这么看来，你也许会注意到在两个孩子的案例中，都极其强调视觉活动及其二维性，这是否使他们保持了那种"外化性"——同时使一切都变得无比扁平！

近年来，许多青少年沉迷于电脑游戏。有一款叫作《魔兽世界》（World of Warcraft）的游戏占据了青少年的世界。这个二维世界折射出他们的愿望，希望能生活在一个自己能完全掌控的世界之中。通过手指的轻弹，他们无所不能地控制了游戏中的世界。他们能轻而易举地施行暴力、复仇、爆炸，控制怪诞的人物和能施咒的角色，但他们似乎在情感上"失联"了，无法将这些情感与自身联系到一起。如果不这样做，他们的情感系统会被淹没，这对他们而言太危险了——在一个原始的、婴童般的心智水平上，体验和承认这样的情感关系会导致被太多分离的或"非我"的体验所淹没。

在 David 的例子中，他的游戏展示了他的强迫性控制，比如他不断按键来操控屏幕，不断地监控时间。他的游戏内容显示了他对自己下坠和不被抱持的焦虑。和 Sam 一样，持续不断的活动似乎让 David 感觉能把握自己。在游戏中，某次他取出部分电池并说："如果你开始取出电池，一切都会变慢，然后会完全失控。"——这反映了他对"停下来"的焦虑。

这些游戏的困难在于，没有任何内容可以被诠释给孩子。我试图将这种焦虑与移情联系起来，比如他对我休假的担忧，却得不到任何反应。他只是以同样的方式继续玩。我现在意识到，诠释没有效果是因为他确实感觉不到。他对假期感到高兴，而不是焦虑。这种保护他远离焦虑的"第二种皮肤功能"，不仅反映在他不间断的活动中，也反映在游戏本身。

David经常玩的一个游戏是快速驾驶一辆转弯的汽车，直到车要失去控制。当车即将撞毁时，司机会按下一个按钮把自己弹出。我觉得David也在不断地把自己从我身边弹走。在其他时候，他会用厚厚的橡皮泥把车完全包裹起来，然后把车开到暗礁附近，让它摔落，并告诉我车什么感觉都没有。这辆车被他称为"无敌号"。他常常说《蒙娜丽莎》（Mona Lisa）这幅画很好，因为人们无法说出这位女士的感受。他非常钦佩日本人，因为他们不表现出任何情绪。

然而，在一次事件中，David确实表现出了一些情绪。当时一只黄蜂在诊室紧闭的窗户外飞来飞去，David变得非常激动，害怕它飞进来。这是我唯一一次看到他这样。在这之后，他开始更多地玩一个游戏，在游戏中，激光突破保护力场并将宇宙炸成碎片。这样的游戏内容显示了他害怕被穿透和被消灭的巨大恐惧。他对长方形和正方形的恐惧也开始有迹可循。从游戏中可以清楚地看到，他非常害怕每个角落的尖点：因为每个角代表两样东西（两条线）结合在一起。他对此感到极度嫉妒，想要把它们分开。

Sam和David的治疗表明，他们的游戏具有象征意义，但与象征相关的情感却不存在。两人都表现出对分崩离析的极度焦虑，需要通过行动和过度强调客观现实来维系自己。两个人都拒绝了任何情绪化的东西，在咨询室中无法移情。在这种情况下，游戏不是用来交流的。这对治疗师来说是极其困难的，我们只能不断尝试，看看孩子的参与程度如何（Alvarez，2012）。

游戏背后的心智状态

Alvarez（2002）呼吁，当游戏似乎与任何个人意义脱节时，儿童治疗师应当对游戏背后的心智状态保持警惕。虽然游戏可能看起来很丰富，很有象征意义，但重要的是要理解孩子在用这些符号做什么，在孩子的心智中，这些符号是如何被对待的，孩子和这些符号之间有怎样的关系。例如，当一个小孩吮吸安抚奶嘴时，孩子的幻想层面上发生了什么？从表面上看，这似乎是一个象征性功能的例子：这代表母亲的乳房。但这个动作背后孩子的幻想是什么呢？安抚奶嘴是否完全取代了母亲，因此真实母亲的重要性被完全否定了——这也使孩子不用面对分离了？在这种情况下，安抚奶嘴就是母亲：Segal 称之为象征性等同。或者，也许安抚奶嘴是用来过渡的，因此它只是被部分地认为是母亲的象征，而另一部分则不是——是 Winnicott 所说的过渡性客体吗？——我承认她和我是分开的，但她没有真的和我分开。又或许，这个安抚奶嘴完全是象征性的，母亲的"不在场"能被孩子充分意识到。在孩子的心目中，安抚奶嘴不是妈妈，而是妈妈不在时的替代品——我显然可以和妈妈分开。

这使得对儿童游戏的解读更加棘手。咨询师如何确定游戏背后的幻想呢？孩子的象征意义处于什么水平？这个问题没有简单的答案。随着时间的推移，只有通过"体验"这些过程中的质感，才能辨别出游戏中的内在客体关系。Sam 和 David 是很好的例子，他们的游戏看起来丰富而有意义，但在幻想的层面上却是死气沉沉的。虽然两个男孩都没有明显的精神病，但他们仍然只能在"象征性等同"的层面上去玩游戏。尽管看上去他们知道客体是不同的并且能够分离，但在感觉层面上他们做不到。允许客体分离，同时承认客体的重要性并意识到自己的依赖性，这对他们而言太可怕了。这是 Sam 能应对他贫瘠环境的唯一方法；同样，这也是 David 应对突然失去母亲并被转至看护机构这个创伤的方式。

肤浅的象征

回顾以上这些想法，让我思考是否有另一个层面的象征能够描述 Sam 和 David 的游戏。游戏中的人物和动作确实代表了他们生活中的重要经历，所以它们显然是象征性的。但在咨询室的感觉告诉我，它们没有深度，它们停留在表面——就像投射在屏幕上。这只是肤浅的象征，符号被形成和承认，但是没有被其存在本身所吸收或融入，因此它们缺乏情感维度。用 Bion（1970）的话来说，来访者经历过，但没有去感受痛苦。或者引用 Meltzer（1975）的观点，来访者只是以二维的方式与这些符号相关。他们的"屏幕"是表达这种功能水平的完美媒介。

太多的治疗

这些案例提出了这样一个问题："对于有如此强烈防御的孩子，最合适的治疗频率是什么？"当我第一次见到David时，我对1周能有5次和孩子见面开展工作感到兴奋。几个月后，这种兴奋变成了一种恐惧感，会面中那种缺乏情感的感觉让我渴望咨询最好被取消。无助和绝望的感觉变得非常强烈。我觉得我现在可以真正理解那时的移情是怎么回事了。这样的经历让我怀疑，对于这样的案例，如此高强度的工作是否是最有帮助的做法。David拼命试图否认移情，而每天的会面非常严重地威胁着他的这些防御，也许这让他感觉太入侵了。

另一方面，我痛苦地意识到和Sam每周只见两次实在太少了。每次治疗后要等三四天再进行下一次，这使他很难面对分离和独自一人的感觉。事后看来，这更多是我的感受而不是他的。在意识层面上，我相信他会因为我们一周只见两次而松一口气。我们必须找到一个合适的设置，让移情变得可以忍受，这可能意味着减少见面的频率。

那些游戏有一定意义，但那些意义无法与孩子个体联系起来的现象，也提出了关于评估的重要议题。正如第5章所讨论的，评估者需要考虑的一个重要因素是，儿童是否有能力通过游戏表达自己的感受。我对这两个案例和其他案例的经验，让我现在更加怀疑，在初始评估会面中，仅评估孩子能否用清晰的游戏象征意义来进行交流，是否能够预测未来治疗的可行性。

在Sam和David的游戏中，让我难以接受的部分是他们的象征符号与创造了它们的那些情感"失联"了。正如Alvarez（2002）所指出的，重要的是不仅要评估孩子的游戏能被（心理治疗师）理解到什么程度，还要评估孩子能多大程度接受这种理解，以及从中成长到什么程度。评估后者可能需要相当长的时间，三年过去了，我还在等待Sam。对于像Sam这类情感匮乏程度严重的人来说，治疗不能操之过急，必须按照他的节奏来。这就提出了另一个问题：一个人能等多久？Freud认为分析师必须如无意识一般不具有时间性，这一观点在精神分析上很有道理，但在一个等候名单很长的繁忙的社区心理健康中心，这么做实在太奢侈了。

▍等待的痛苦

在公立系统与儿童打交道时，"等待"尤其困难。等候名单和每月的统计数据，让心理治疗师不断面临"结束旧来访，接收新来访"的巨大压力。公共资金不允许"只是待在那儿（being）"，而需要"做（doing）点什么"。但当孩子们迷失在如一潭死水的游戏中时，"不断做些什么"本来就是个问题：孩子本身已经不停地忙碌，避免有空间去体验。临床上的困难是如何与儿童建立联结，因为对他们来说，联结等同于"会导致分裂和混乱的入侵"。Bion的涵容模型在这里很有帮助（见第2章）。治疗师承受没有联结和等待的痛苦，就像母亲必须涵容婴儿的原始焦虑一样。孩子需要知道，那些在死气沉沉的游戏背后的痛苦是可以被忍受的。

有时做出诠释本身这一行为，可能就表示着难以耐受那些痛苦。一个诠释，即使是正确的，也可能是把难以控制的痛苦还给孩子的一种方式。作为"人"，每个心理治疗师时不时都会这样做。实际上，涵容并不意味着闭口不言，什么都不说，而是意味着充分体验痛苦，同时不被它压垮。如果你没有被压垮，那么你可以对它进行思考。这种"思考"可以帮助你决定是否应该反馈这种痛苦；以及如果要进行反馈的话，你要如何做才能不给孩子的心理动态平衡施加太大的压力。有时候这可能意味着什么都不说——Tuch（2007）称之为"对治疗的忍耐"——或者，这也可能意味着在游戏中谈论这些痛苦。回到第2章出现过的涵容图示，与游戏待在一起，甚至进入游戏，都是一种间接的反馈。它很容易被孩子体验为"压根不是一个反馈"，因此它的对抗性更低，更易于被面质和处理。这可以显示为：

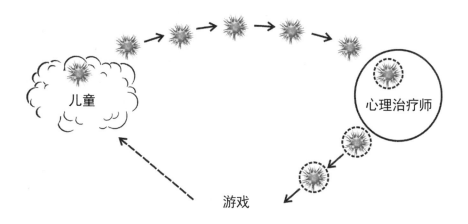

上图中，游戏处于儿童和心理治疗师中间。这种间接的"诠释"方式和Winnicott（1969）所写的内容相关，他说："请注意，我是在谈论如何做出诠释，而不是诠释本身。"虽然Winnicott所说的"做出诠释"和"诠释本身"之间的区别一直让我感到困惑，但我现在想，Winnicott是不是在强调"思考诠释"和"给予诠释，直接反馈给病人"之间的区别。

这个区别很重要。我在治疗中对诠释的使用正是如此。诠释之所以重要，是因为它们试图赋予意义，使某些事物能够被理解。但大多数时候，它们应该留在我们的脑海里。通过留在我们的脑海里，孩子本身的存在（to be）被允许。它们传达了一种思考的存在，而这个存在不会威胁到孩子娇嫩的心灵。

▍倒错

很难知道Sam和David的感情被切断是因为纯粹的防御目的——因为这些感受太痛苦而无法被承认；还是因为缺乏情感的状态持续太久，到现在已经成为一种生活方式了——没有感情就没有焦虑。如果这种焦虑感是缺失的，你会面临的不仅是毫无头绪，还会面临情感倒错（perversity）。这似乎是在"象征功能"的水平，甚至超越了象征性等同（Alvarez，2007）。在这种情况下，客体的重要性得到承认，但这种承认被用于攻击和诋毁该物体；也就是说，婴儿知道安抚奶嘴不是母亲，但处于一种为自己不再需要客体而欢欣鼓舞的精神状态。替代品不仅取代了原来的客体，它还比原客体好得多。

和Sam相比，David的情况更是如此。David的行为不仅仅是防御性的，其中还有一种对任何脆弱的倒错性的嘲弄，他沉湎在这种虚幻的防御中。在一次会面中，他塑造了一位身穿闪亮盔甲的骑士。他说盔甲如此坚固、闪亮和光滑，棒极了。他谈论这件事的方式让我觉得这不仅体现了他自己的防御，而且反映了他认为这样的防御很好，每个人都应该有盔甲。在这里，认识到盔甲对他的必要性对心理咨询师来说很重要，但同时要告诉他这不是最好的方式，有更好的保护措施，它们既能让人感觉安全，又能让人被触碰到。

还有一次，他告诉我在他很小的时候，他和家人去森林里然后迷路了。他的家人发疯般地找他。但当他终于被找到时，他却说他很好，在很高兴地吃树叶，并认为他的家人反应过度是很傻的。那一刻我没有感觉到他对迷路的焦虑。我变得非常"自我功能导向"（ego-oriented）地说："你可能认为你很好，但如果你一直吃这些叶子，你可能会死的！"在这两个例子中，我没有平静地说话，而是有力地、激动地表达了我的警觉——关于感觉一个活生生的人正在我面前死去的那种"警觉"。显然，在那个时候，我没有允许他如此发挥"我性"，而是把属于我的"非我性"强加在他身上了。在当时那种情况下，我觉得他的我性已经失控了。他不但没有对分离产生焦虑，还轻蔑地攻击他人的存在。

当面对这些剧烈的动力时，冷静的诠释是不够的。自我的这些破坏性部分只会听从强大的力量。这种力量并非意味着"冷酷无情"，展示破坏性的行为也可以被这种力量所涵容。Tustin 曾呼吁在与孤独症儿童的工作中采取更坚定的涵容，这种力量恰恰体现在其中。但这样的呼吁也同样适用于"倒错"的孩子，他们以一种相似但不那么戏剧化的方式，放弃了他们的精神存在。Tustin（1988）建议心理治疗师必须表现出强大的力量和决心，才不会"被躲开"。

Alvarez（2018）的建议是，在这种情况下，对有上瘾般的固着或有倒错性兴奋的儿童或青少年说"这对你的心灵没好处"，可能会有帮助。如果游戏成瘾般地重复，那么通过拒绝加入游戏或不允许孩子继续这样游戏来阻止它，可能是停止这种"没头脑"的唯一方法。这在临床上可能是困难的，因为许多儿童和青少年在治疗中会经历"没头脑"的停滞期，但这只是阶段性的。只有当卡住的感觉固着了非常长的时间，这种禁止才是必要的。在理想状态下，心理治疗师可以建议开展一些能带来更多自我关注的游戏。

当游戏出现更严重的倒错而停滞时，也应该实行这一"禁止"。但在这种情况下，命名倒错行为、解释其没有益处则需要通过类似下面的这种说法来进行面质：

我知道这样做会让你感到强大和兴奋，但这对你的心灵和人格没有好处，因为这种力量依赖于伤害他人。如果一直这样，这意味着你最终会非常孤独和不受欢迎。

即使在15年前，我也无法想象我会对一个儿童或青少年说这句话，但我认为，在对儿童和青少年倒错状态有了更多的认识后，我们需要这种技术上的修改。

当婴儿用吮吸拇指替代吮吸乳头的时候，他们并不会自己把手指从嘴里"拔出来"。在象征层面上，心理治疗师需要像妈妈似的替孩子实现这个过程。在临床中，这意味着，当类似于David的游戏人物存在的主要目的明显是摧毁任何心灵生活的意识时，我们要移除这些东西。用Alvarez的话来说，这也是在向孩子显示一种"强化的意识"，因此这些评论需要饱含情感地来被表达。在这种情况下，冷静的、有分寸的甚至深思熟虑的情感都不足以向来访者证明，治疗师是一个有充沛情感的人：能够充满激情而不会崩溃，并且坚强、坚定到不会让情绪状态遭到破坏。

我们需要区别正在破坏情感关系的孩子和正在拼命寻找情感关系的孩子。在前一种情况下，重要的是心理治疗师要撑住，不要让他/她自己被摧毁。在后一种情况下，为了使儿童能够找到自己，治疗师有必要允许儿童"占据"治疗师。用Winnicott的说法：心理治疗师需要允许孩子使用治疗师作为他们的客体。

▎太快的游戏

游戏中的另外一个问题是进行得太快。虽然我已经描述了Sam和David的游戏是不间断的，但它们从来没有让人感到疯狂或过度活跃。我在此处描述的游戏是不同的：它就像火力全开的射击。这最常见于非常年幼的或患有注意障碍（ADD）的儿童。这样的游戏通常会让治疗师产生一种支离破碎的感觉。一会儿这个游戏，一会儿那个游戏，咨询师很难记住孩子玩了什么，而且几乎不可能准确地在事后写出来。咨询室里通常有大量的身体移动。咨询室里发生的事可能是自发的，但充满着自发的混乱。对于小孩子来说，这可能部分因为他们还没有成熟，很难把焦虑涵容在持续的象征或故事中。对于大一点的孩子来说，可能会给人一种躁狂的感觉：一切都得不停地动，放慢速度会激起太多不安的感觉。

我发现我通常对注意障碍儿童有不同的反应或反移情反应。对一些孩子来说，这种快速的、支离破碎的游戏会让我产生一种"该死的孩子，慢下来，我快受不了了"的感觉。但是和其他"快"的孩子在一起，我发现自己更有同理心，也更容易支持他们。诸如"小可怜，你就是停不下来"之类的想法更有可能出现。我在想，那些让我产生更多负面反应的孩子，他们的注意障碍是否更多由"情感因素"引发，而我更能共情的那些孩子的注意障碍则可能更多是由"神经系统"引发的。

对一个这么"快"的孩子，我们能做什么？对于年幼的孩子，有时甚至是年龄更大一点的孩子来说，最好先等一等，看看这种行为是否会在几周或几个月后开始稳定下来或变慢。通常情况下，当孩子变得不那么焦虑，感觉更安全时，他们就会慢下来。在这段时间里，我可能会在游戏中反馈这一切感觉有多快。如果一辆汽车被快速移动或突然被扔掉，我可能会以汽车的口气说："发生了什么事？一切都是那么快，一切都在不停变化，我不知道发生了什么，我被捡起来，我又被扔掉。我感觉乱七八糟的。"有些孩子会听到。另一些孩子可能太过忙乱，以至于在狂躁状态中他们根本听不进去这些话。

如果游戏的速度没有减慢，并且游戏中或游戏外的反馈没有效果，那么就需要进行一些干预。你最终得引起孩子的注意。这可能意味着你要打断游戏，说你想停下来看看正在发生什么。你可能要按照 Fred Pine 的建议，提醒孩子你明白你马上要做些什么，虽然你意识到了他/她可能会不喜欢你这么做。我曾在与一个 5 岁孩子的工作中经历过很糟糕的情形：他一直非常快速地游戏，以至于我不得不用双手轻轻托住他的脸，让他慢下来。只有当我捧着他的脸时，我才能短暂地和他说上几句话。虽然这听起来带有一定的强制性，但我不认为，自己被丢弃在一旁是更好的状态。

当咨询师面对"危险的安全"

治疗室里的游戏可能不仅对孩子来说是看似安全实则没有生机的，对咨询师来说也是如此。当孩子舒适地投入到一些游戏活动中时，特别是当孩子和咨询师没有语言交流时，治疗师极易迷失在自己的世界之中。因为没有"分享"，也就没有"创意"——因为把这些活动转化为游戏的个人意义并没有存在空间。这样的游戏死气沉沉，虽然这让孩子很舒服，但最热情的治疗师也可能因此而无精打采。此外，潜伏期孩子们玩游戏的速度可能会非常慢，比如他们搭一架乐高飞机可能会需要 20 分钟，在这漫长的时间里，心理咨询师要保持兴趣和思考都是很困难的。

每周只见一次孩子时，咨询师保持思考的兴趣是非常困难的。一般来说，这种设置下移情不容易发生和被捕捉到。在这种情况下，治疗师在最初的几周或几个月里，会在思考游戏和移情时保持清醒，但随后会进入"危险的安全"阶段。我猜这是很常见的，至少在我的实践中就是如此。孩子和治疗师都在活动，但很少进行有治疗意义的联结。越来越多的情感似乎滑入了游戏，但脱离了关系。特别是如果孩子很少说话，移情很难被发现时，咨询师和游戏的象征意义持续待在一起是很困难的。

我发现如果我这样做，事情会更容易忍受一些：不仅思考我的感受和试着处理我的反移情，同时还要默默地"完形"（gestalt）我脑海中的游戏——成为动物、栅栏、汽车、乐高积木等等，并想着如果我是那个物体，我会有什么感觉。然而，即使有了这些技术，和这些孩子一起工作也可能会无聊到令人痛苦。所有儿童治疗师都对心智的工作感兴趣。当没有心智，或者心智被深深隐藏时，游戏就会成为"职业噩梦"。

▋ 玩不起来

一个让大多数新手儿童治疗师害怕的事，是碰到不愿或不能玩耍的孩子：他们只是坐在对面却什么也不做。这更有可能在初始会面时发生。在持续进行的心理治疗中，这样的情形一般不会突然出现，但有时候也不是没可能突然出现。

在这种"僵住"的情况下，我可能会用的策略是尝试命名我们之间的"气氛"。"只是坐在那里"，这是因为孩子感到极度焦虑，或极其愤怒，或轻蔑又无聊，或甚至唤起一种"孤身一人在家""人在心不在"的感觉吗？命名气氛是一种停留在当下的尝试。它让孩子或青少年知道，即使是这种僵局也是可以被思考的。

如果我没有收到这些评论的回应，我会让他/她为我做一些事情，比如画一幅画或用橡皮泥或乐高做一些东西，来让孩子积极参与。这些活动至少让事情有所进展。它可以打破你们之间的紧张，并可能有机会通过游戏来帮助你理解为什么孩子如此难以参与进来。如果孩子拒绝这样做，我会提供一个更具互动性的活动，我会邀请他/她玩涂鸦游戏，或者做一些需要共同努力的活动，比如一起建造东西。

如果所有的尝试都失败了，你就又只剩下"气氛"了。如果这种情况发生在治疗过程中，你可能会对其背后的原因有一些了解，然后你得判断让孩子知道这一点是否有帮助。如果你也毫无头绪，最好安静地坐着，试着融入房间里的氛围。直接对孩子谈论这些氛围和感受，对他们来说可能太过头了。但如果你对着空气说话，并不断说出你在关系中的感受，比如"好无聊、好可怕哦"或"害怕的时候感觉真糟糕"，紧张可能会被冲淡。当然，可能还会有很多长时间的沉默，因为在这样的氛围里，你也只能感受到并反馈这么多。我和几个孩子工作的经历都是这样。在过去，我觉得有必要坚持这个过程，等待并希望孩子最终会参与进来。我记得有两个孩子，这种沉默的情况持续了一年多。然而，我现在不会再和这般无法参与进咨询的情况共处这么久了。每个治疗师都必须判断什么对他们来说是极限，但如果治疗过程感觉像这样卡住了，我现在认为最好尝试另一种方式，例如，见家人，或者和父母一起见孩子，或者寻找一些更为结构性的治疗。

我最近关于"无意识对无意识"交流的思考，会让我对自己的走神更感兴趣，尤其是当孩子或青少年什么都不做的时候。为什么我在想今天晚饭吃什么，或者我必须买一些冻豌豆，或者谁将赢得足球比赛？当然在20年前，我会把这些想法当作干扰因素而不予考虑。我觉得自己只是无聊了，会试图把我的思考带回孩子身上。但现在我会把这种疯狂的想法看作我和孩子在两人创造的场域中所产生的一种交流。这些想法是我们无意识交流的冰山一角吗？我是在替孩子和我自己产生这些如"做梦"般的想法吗（Ogden，2017）？

最近的挑战——新冠病毒——远程工作

最近几年，新冠病毒的传播给儿童和青少年心理治疗师的传统工作方式带来了巨大挑战。有没有可能通过视频或电话，甚至通过邮件，进行远程治疗？当然，这比完全不工作要好，正如Sue Reid（2020）所说，50%总比什么都没有好。

早期的经验表明，在这一新框架内开展工作既有积极的一面，也有消极的一面。这让我想起了Winnicott（1965）关于一个悖论的论述，即：我们从根本上是社交孤立的，但我们也需要人类互动才能生存。与世隔绝是既宁静又恐怖的。我相信，如果一个人能够保持开放和游戏，那么治疗工作就可以实现。但在这种新环境中，创造一个"游戏空间"将是至关重要的，无论这个游戏空间是如何实现的。虽然重要的治疗设置受到挑战，但这也迫使我们思考治疗参与的基本要素是什么。什么因素有助于两个人一起玩?

在第1章中,我谈到了沉浸和直觉的重要性。我确实在想,这在音频/视频咨询中是否可达成。我在这一章中描述了Sam和David使用"屏幕"的过程,这让我怀疑在真实的"屏幕到屏幕"的设置中,体验到底能抵达怎样的深度或维度。毫无疑问,从某种意义上说,屏幕的"虚拟"现实可以让许多孩子更接近"假装游戏"。在这种过渡氛围中,可以实现更大层面上的参与自由。对大多数孩子来说,这可能就足够了。但对于更脆弱的儿童和青少年来说,他们能在Bion(1970)所描述的"O"的状态中被理解是更关键的。他们可能没有足够沉浸式、包裹式和直觉式地与他人接触的体验,他们的现实生活中没有涵容和理解他们的客体联结。对于这样的孩子,我认为"屏幕到屏幕"的体验虽然是有帮助的,但这种帮助是有限的。

要点

- 真实的、情感鲜活的游戏是自发的、流动的和直觉式的，没有记忆、欲望和理解。
- 真正的游戏是对自我的发现，尤其是对无意识自我的发现。
- 游戏象征着我们的内心世界，并让我们与外部世界的联系有了个人意义。
- 无法游戏可能意味着严重的精神疾病。
- 游戏是过渡性的，它的一个重要任务是帮助驾驭处理"他者"和"非我"的重要现实。
- 游戏一开始是有占有性的。在开始时，它必须"只有我"。
- 游戏如果脱离了它所代表的个体关系，那么在情感上它是死气沉沉的，是"危险的安全"。这样的游戏不会带来情感上的成长。
- 死气沉沉的游戏缺乏个人和自发的联想。它要么很慢，要么很快。它往往是支离破碎的，并且过分强调外部世界。
- 死气沉沉的游戏背后的焦虑可能涉及对不连续、不存在，以及分离和独立的恐惧。
- 在治疗性地参与到游戏中时，必须始终考虑游戏背后的心智状态（它所代表的客体关系）。
- 游戏有时会像成瘾般被卡住，或者被倒错地使用。有时可能需要一种更积极的、限制性的技术来解决这种僵局。

问题

- 为什么游戏对孩子的情感发展很重要？
- 描述游戏和象征之间的关系，以及这可能如何影响治疗师的互动方式。
- 死气沉沉的游戏的特点是什么？对此可以做些什么？

推荐阅读

Fleming, R. (2018). Review of Developmental Perspectives in Child Psycho-analysis and Child Psychotherapy. *Journal of Child Psychotherapy*, *44*(3), 425–429.

Hurry, A. (1998). *Psychoanalysis and Developmental Therapy*. Madison, CT: International University Press.

Music, G. (2014). Top Down and Bottom Up: Trauma, Executive Functioning, Emotional Regulation, the Brain and Child Psychotherapy. *Journal of Child Psychotherapy*, *40*, 3–19.

Pass, S. (2019). Tyler in the Labyrinth: A Young Child's Journey from Chaos to Coherence. *Psychoanalytic Dialogues*, *29*(5), 594–601.

Tustin, F. (1988). Psychotherapy with Children Who Cannot Play. *International Journal of Psychoanalysis*, *15*, 93–106.

（章扬清　译）

第 13 章
与移情及反移情共舞

除了诠释和游戏之外，儿童和青少年心理治疗的第三个主要组成部分是使用移情和反移情。无论是和儿童还是成人工作，所有的精神分析取向治疗师从培训的一开始就会学习移情的重要性。总是思考移情并对移情开展工作，这是精神分析取向治疗师区别于任何其他流派治疗师的一点。在工作中，这意味着你总是在考虑孩子对"你"有怎样的感受——你们之间发生了什么？孩子对你做出的相关行为中，有哪些正在重复他/她生活中的早期模式？关系理论、神经学研究、无意识交流和场域理论的最新发展都证实了关注心理治疗师与儿童之间的互动的重要性。

在临床情境中，这可能表现为多种形式。例如，父母告诉你，他们的女儿在吃东西这件事情上一直是"穷凶极恶"的——她难以满足且贪得无厌。开始见孩子几个星期后，你意识到要和她结束一次会面是多么困难：她想要更多的时间；她开始抱怨没有足够的玩具；她说她需要更多的乐高积木来建造一个更大的房子。或者父母可能会提到他们8岁的孩子总是嫉妒她6岁的弟弟。随着会面的进行，这个小女孩开始问治疗师在这个房间里还会见谁——"你会见其他孩子吗？你会见多少个孩子？你有自己的孩子吗？你最喜欢的颜色是什么？"这些建立联系的方式强烈表明孩子早年的关系模式或早年令人担忧的部分，这些部分现在开始在与治疗师的关系中重现。这些重复将这些担忧从过去中浮现出来，并允许它们在此时此地被了解和分析。你体验到的不仅是孩子的行为，还有孩子围绕行为产生的所有感觉和反应。

回到"穷凶极恶小吃货"的案例中，在一次会面的结尾，当她要求停留更多时间但没有得到满足时，会发生什么？她有什么反应？她是不是变得暴跳如雷？她会说："好吧，我不管，反正我本来就想走了。"她是否会通过不断赞美你来试图引诱你？她是否试图搞一些小花招，比如说你的表不准？她的反应让我们进一步了解她焦虑的本质以及她是如何处理焦虑的。

正如第2章所提到的，移情这一概念的历史和Strachey那篇关于移情在突变诠释（mutative interpretation）中所起作用的高影响力论文，使移情被置于精神分析技术的中心地位。然而这种中心地位也存在问题，尤其是在和儿童的工作中。

▌移情作为中心地位的问题

移情的中心地位，或者更具体地说，移情诠释的中心地位，可能造成的问题在于，它会让儿童心理治疗师觉得，除非他/她能理解移情并将之诠释给儿童，不然自己是失败的，或者至少工作没那么有效。其实，对儿童或青少年直接进行诠释需要非常谨慎。而在考虑是否要进行移情诠释时，可能因为其更强效，因此需要更加谨慎。

"太热了"

由于移情诠释捕捉到了此时此刻的情绪热量，孩子可能会感到无法应对。和孩子谈论那些困扰他/她的事情可能已经够烦人的了，当还要聚焦于他/她对共处一室的治疗师有什么感受时，那更是火上浇油。如此直接地与孩子交谈会让他/她毫无防御之力。如果要继续思考你所说的话，他们得挣扎着与那些冲击保持足够距离。

当小女孩要求更多的时间和玩具时，移情可以这样被提及："当我说我们必须结束时，这真的很难，因为你觉得我没有给你足够的时间。你感到不安，想要更多。我想你已经有过这些感受很多次了，尤其是在你弟弟出生以后。"

这些评论可能会使一些感受被放置在当下情境之中，但它们也会增加孩子的羞耻感或屈辱感。这样的评论让孩子直面了自己的需求或欲望，在女孩心中，或许这都是贪婪的。她一生中大部分时间都在感受这些"贪婪"的感觉（根据她父母的说法），并且一直无法管理这些感觉。你可以想象有多少次她会被告知"不要贪心"。虽然这种诠释是以共情和理解的方式被提出来的，这也同时是一个邀请，请她去思考这个诠释本身，但诠释往往并不会以这样的方式被接收。这对孩子来说是一个敏感的领域，正如Sullivan所说：这威胁到了她的人格身份。为了保持个人的完整性，孩子可能会说"不，我没有"；或者完全忽视治疗师的评论，但暗暗感觉很糟糕。

"太冷了"

移情诠释的另一个难点是，它们可能"太冷了"。孩子可能根本没有意识到他们是怎么感受心理治疗师的。所以当你评论这些感受时，孩子在意识层面上可能根本不知道你在说什么。新手治疗师可能特别容易出于"要和移情工作"的压力，把根本没有联系的游戏内容和孩子对治疗师的感觉联系起来。一个孩子可能正在攻击游戏中的某个人物，心理治疗师会说："我觉得你对那个人很生气，有时候你也会对我很生气。"因为没有发生在真正的互动中，这样的评论太"冷"了。如果这样的诠释太多，孩子会抱怨治疗师总是认为什么都与治疗师有关。孩子确实没说错。

移情对咨访双方来说都是很难看到或体验到的，对儿童来访者来说尤其如此。考虑到对大多数孩子，我们一周只见一次，读懂孩子对心理治疗师的感觉是不容易的。需要记住的是，移情的概念是从一种每周见来访者四五次甚至六次的咨询方式中演变出来的。在高频率的见面情况下，咨访之间发生的事会更容易被感知到。与孩子们的移情工作的一个困难是，他们很少谈论自己，更别说谈论他们对你的感受了。许多感受都是在游戏中呈现的。

▎作为人际体验的移情

在我谈论某个具体儿童个案时，如果有同事提问"移情是什么"时，我常常会感到尴尬，直到现在也是。我经常想："我不知道。但我是一个精神分析取向心理治疗师，我怎么能不知道呢？是我忽略了什么吗？"有时候我确实应该感到尴尬，因为我自身的议题（我用老式的方式表达什么是"反移情"）可能阻碍了我对这些问题的看法。

和其他人一样，我也有自己的盲点，但我觉得这些盲点并不总和我的个人问题有关。我发现很多情况下，当我和孩子在一起时，我对于移情一无所知。然而当孩子离开房间时，我一下子就清楚了刚才的移情是怎么样的。我一直在想为什么会这样。当然，我自身的问题会阻碍我意识到移情：我只有在感觉安全的时候才能"看见"移情，比如只有当孩子不在房间里的时候。但这也可能不完全和我有关。孩子有时会用游戏或其他的方式，在双方无意识的层面传递信息："你竟敢把我和这些扯上关系，我才不想和你扯上关系。"从人际角度（interpersonal perspective）来看，此时的心理治疗师并没有得到孩子的"许可"来解读移情。对治疗室中发生的事情进行概念化，这使一个人可以思考你作为心理治疗师的行为、孩子的行为以及你们两个人之间的互动——这就是主体间性（intersubjectivity），心理治疗师和来访者不是两个毫无关联的主体（Benjamin，2004）。

强调这种人际观点是为了清楚地说明，对于理解和开展工作至关重要的不仅是咨询"素材"本身，还有孩子是如何将"材料"呈现给治疗师的。在督导过程中这点表现得尤为突出，我的一些被督导者认为我很棒，因为我可以看到他们不能看到的联系，甚至可以看出移情是如何发生的。然而，这样的赞美可不会让我得意忘形——作为督导的我只是一个旁观者。我没有在咨询室经历所有微妙和无意识的交流，那完全不同于某种形式的智力练习。

诠释移情的时机

我们前面提到了，在频率为一周一次的儿童工作中，要觉察到移情是困难的。随之而来的一个问题是：什么时候去诠释移情？如果很难辨别移情，最好等待它"升温"，这样治疗师和孩子都更有可能在意识层面觉察到移情。当代美国精神分析师正是这样提出的（Spotnitz & Meadows，1995）：在处理边缘案例时，移情可能需要相当长的时间（长达数年）才能浮出水面。只有当患者能够感受到移情时，心理治疗师才应该开始对移情开展工作。Anna Freud 认为，Klein 和她的后继者们对移情的诠释太快、太宽泛了（Sandler et al.，1990，p.94）。

Klein 学派关于移情的观点

为什么 Klein 学派的精神分析师很快就会开始诠释移情，而其他流派的分析师则在等待？ Salomonsson（1997）在讨论 Klein 和 Anna Freud 理解移情的不同方式时提出了这个问题。对 Klein 来说，移情从一开始就存在，强大的婴儿期幻想决定了一个人如何感知世界。这些幻想在婴儿时期可能被深藏，但它们仍然在当前的关系中发挥影响。所有的行为都被视为受到这些幻想的影响。正因为如此，诠释移情的分析工作应该从治疗的一开始就进行。因此，当孩子第一次进入房间时，就需要考虑孩子当下潜在的幻想是什么，以及这些幻想如何影响着孩子的行为——平时的行为，以及与心理治疗师共处一室时的行为。

Meltzer（1967）谈到了"收集"移情的必要性。他的意思是，早期的移情诠释并不一定要得到孩子有意识的认可，而是要提醒孩子，他/她对治疗师的感情可能并不是一目了然的。这种早期的移情诠释虽然通常会被拒绝，但也被视为与儿童无意识交流的开端。根据我的经验，你越是把事物与移情联系起来，似乎就越会出现移情材料。移情似乎有它自己的生命或动力。这种Klein学派工作方式的批评者会说，这是一种洗脑，仿佛是在把那套"语言体系"植入孩子的脑袋中。

Anna Freud 关于移情的观点

Anna Freud不像Klein那样认为移情是普遍存在的。她不用婴儿期幻想这样的角度来思考问题。正如第2章所指出的，她觉得移情和孩子与父母的关系有关，而这种关系仍在形成之中。如果过去的事情此刻正在产生影响，那么就很难把那些事情转移到别的地方。她认为儿童仍在构建其内在客体或模型，因此，治疗师不仅仅是一个移情性客体，而是一个新客体 [现在称之为发展客体（Hurry，1998）]。

Salomonsson（1997）也注意到这两位女性对焦虑的不同看法，以及这是如何影响她们的工作技术的。对Klein来说，焦虑是由这些早期的幻想产生并驱动的，而对Anna Freud来说，焦虑是一种信号，它警告着"自我"：某些可怕的东西（也就是一些不可接受的冲动）即将产生威胁。Klein会尽快表述出这些幻想和围绕它们的焦虑，尤其是与治疗师有关的部分。她觉得这会减轻焦虑——通过在此时此地被面质、被命名、被思考——这让它们从婴童般的扭曲感（infantile distortions）中解脱出来。"心魔"被揭露的同时，也被削弱了。在这样做的过程中，她也觉得自己能克服任何源于负性移情的困难。孩子现在可以看到他们对治疗师的害怕是婴儿般的和极端的。由于心理治疗师帮助孩子驱除了这些"心魔"，因此孩子对治疗师的感受会变好并变得感激。

Anna Freud认为焦虑是向"自我"发出的一种信号，预示着可怕的事情即将发生。她更倾向于诠释防御，而不是被防御的冲动（可怕的事情）。因此，她更倾向于与孩子的意识保持一致。Anna Freud与自我合作，而Klein则直击本我。Anna Freud可能会说："在这里会令人害怕，你试图去想些其他事情，这样就不会怕了。"Klein更倾向于这样诠释移情："当你担心我会把你吃掉时，待在这里会令人感到很害怕。"所以Anna Freud和Klein的差异不仅是在做出移情诠释的时机上，而且在本质上也有所不同。

Klein把孩子的游戏等同于成人的自由联想，认为孩子通过游戏在"大声表达"，

因此她很快就开始向孩子做诠释，认为已经有足够的证据支持做出移情诠释。Anna
Freud不认为游戏可以等同于成人的自由联想，也不准备在证据很少的情况下，这么
早就给出移情诠释。Klein的批评者认为她对游戏的象征意义进行了过度解读，并在
诠释移情时操之过急。而Klein会质疑Anna Freud并不属于真正的精神分析流派，因
为她对眼前的素材视而不见。

在我的工作中，治疗频率大多数是一周一次的，那使我不会在早期进行诠释。
我认为通常情况下孩子还没有准备好。移情诠释也是如此。我不会早早诠释移情的另
一个原因是，我没有十足把握确认自己已经足够了解和理解这些部分，以至于能用它
们来开展工作。我不是说移情不重要，相反我仍然认为这是精神分析工作的本质。我
反对的是那些对移情过早或过于直截了当的使用。我相信，如果我们能对诠释抱着更
多"玩耍"的心态，它就会更有效。

与移情一起玩耍

诠释很容易被孩子当成是一种攻击（Walder，1937），因为它让孩子直面自己现
有的精神结构，"邀请"孩子们以不同的方式看待自己。如果一个移情诠释提及"此
时此地"正在经历的困难，它是令人倍感不安的。正因如此，心理治疗师需要仔细考
虑何时以及如何给出诠释。所幸这不是一道"给"或"不给"移情诠释的单选题，在
两者之间我们有很多中间地带。

"对移情工作"和"在移情中工作"

临床实践中最重要的区别之一是"对移情工作"（working in the transference）和
"在移情中工作"（working with the transference）的差别。理解这些区别使治疗师能
够调节移情的力道和直接性，也能使治疗师更自由地和移情展开工作。

当我说"对移情工作"时，我的意思是直接和孩子谈论他/她对你的感觉。例
如，"也许当我不记得我们上周谈了什么的时候，你感到生气和失望"。这是直接的、
明确的和显而易见的，也就是通常所说的"移情诠释"。一些临床工作者可能会补充
说明他们认为这些感觉从何而来。例如，在上面的例子中，心理治疗师可能会补充

说，"我想这就是小时候你妈妈住院时你的感受"。这种所谓的"历史基因元素"在早期的精神分析工作中很流行，但随着关系视角（relational perspective）的影响越来越大，这种联系实际过去（actual past）的情形就不那么常见了。大多数心理治疗师会认为，停留在此时此地就足够了，不用回彼时彼地。

"在移情中工作"的意思是思考移情，但不直接提及它。大多数时候这就是我的工作方式。这种方式不那么具有对抗性，但仍然认可移情所激发的强烈情感。这里有一个例子：你在一次咨询会面中迟到了五分钟，你急匆匆地赶到咨询室，并为迟到而道歉。而你12岁的来访者说这没关系，他不介意坐在等候室里，他正好能读完手头的一本漫画。而在咨询室里，男孩告诉你这一周他目睹了一场车祸，其中一辆车的司机头部受到了重创。他颇有感触地补充，这名男司机等了好久才等到救护车来救他，这实在是太可怕了。

如果是在"对移情工作"中，在男孩讲述了这个救护车的故事后，治疗师会直接和他讨论等待的恐惧。对移情的诠释大概会是这样的，"虽然你觉得等一会儿无所谓，但也许你有一些害怕"。但是，如果是"在移情中工作"，那会不太一样，意识到和思考移情本身更像一种指导，帮助你了解什么是需要被着重强调的主题。如果专注于与"等待的恐惧"有关的移情主题，你可能会说："听起来你觉得救护车来得太慢了，那个司机要等那么久真是太可怕了。"为了强调某个要点，你可能会再补充一句，"我想这是否触及了让你有强烈感受的一点，那就是人们应该帮助他人"。这样处理一边触及了与移情有关的动力，但同时这并没有触及你和孩子之间的直接关系。

特别是对于青少年来说，直接命名移情会让人感觉太"热"了。青春期是独立和自主的时期，而不是与人，尤其是治疗师，亲近的时期。诠释移情可能过于亲密和具有冲击感了。

调节移情的"热度"

还有其他的方法可以调节移情的"热度"：

1. 对着空气说话：不要和孩子眼神交流；在命名某种感受时不要带主语和对象，让这种感觉和人际关系无关，例如"等待好可怕啊"。

2. 使用"咨询"或"会面"，而不是"我"：与其说"等我让你感觉很糟糕"，你可以说"等待咨询感觉很糟糕"。这样听起来就不那么具有针对性，留出了一些安全距离。心理治疗师像对着空气说话一样，最好避免使用代词，说"你"和"我"都让人感觉太近了。

3. 把其他事情放在一起谈来冲淡移情："救护车这么慢让你担心，我也迟到了，然后你妈妈也让你在学校等着。"这里直接提到了移情，但它被夹在其他事件之间，稀释了它的影响。正如Pine（1985）认为心理治疗师应该在支持的背景下给出诠释的想法一样，这种技术提到了移情，但在移情周围提供了分散注意力的防御，这样孩子就不会不知所措。

反移情

由于分析关系被看作一种主体间的体验，反移情的概念也发生了变化：它被视为儿童放置在心理治疗师身上的感受，而不是因为治疗师与儿童相处而被激发的个人议题。Klein学派的儿童心理治疗师已经广泛研究了这些相互影响。他们一直在思考精神生活的图景。诠释带有"落定"的意味，试图帮助孩子们重新获得、容忍并最终整合他们自己分裂的方面，这样他们的内在能更完整，更充分地了解自己是谁。

根据Bion的涵容模型（Bion，1962），心理治疗师作为一个空间，被孩子租用，来涵容孩子性格中还未被涵容的方面。房客如此任性，做房东并不容易！由于儿童和青少年的心理结构是不稳定的，他们原始和强大的爆发可能随时发生，动摇着治疗师的内心。第2章中提到的Lucy就是这样的例子。

反移情的抱持与反馈

治疗师如何处理这些反移情则具有根本的重要性。如果这些是需要治疗师抱持的投射，它们应该被抱持多长时间？当对此进行反馈时，怎么做才是最好的？

何时反馈反移情

这些投射需要被心理治疗师抱持着，直到它们不再对孩子的精神稳定构成威胁。通过允许这种不安的状态存在于治疗师的内心，治疗师正在向孩子证明，这种感觉虽然令人痛苦，但却是可以被涵容的。仅此一项就能给孩子的情绪问题"松松绑"。在讨论这些令人不安的感觉时，治疗师也可以通过监测孩子的焦虑水平来衡量孩子"收回"这些投射的能力。这通常是在试错的基础上进行的：通过提及敏感话题来试探性地讨论，看看孩子能在多大程度上思考这些话题。对一些孩子来说，他们可能需要几年的时间才能忍受这种想法。

在临床中，和儿童讨论一些令他们不安的话题是一个渐进的过程。调整好步调是治疗艺术的本质。就像母亲一样，治疗师必须首先以一种体验的方式真正接受这些投射，去感受它们。然后治疗师从这些痛苦的精神状态中恢复过来，以便能够观察和思考它们。最后感觉到孩子什么时候准备好去消化和接受它们。所有的诠释都要经过这个过程。如果不是这样，诠释就有可能沦为治疗师试图为了摆脱痛苦的投射而进行的尝试，这是危险的，所有的分析治疗师都会对此感到内疚。但需要记住的是：来访者不是"温俭恭谦让"的房客，而治疗师并不总是完美的房东。

如何反馈

反馈反移情不仅仅是时机的问题。这一过程的形式是"反馈能否具有治疗作用"的基础。Alvarez（1983）通过考虑儿童投射背后的动机来解决这个问题：这是绝望的投射还是破坏性的投射？孩子是不是为了摆脱这些可怕的感觉而采取了一些原始的撤离行动？投射是否在寻求自身以外的某种可以提供理解的容器（治疗师或照料者）？或者这样的状态是为了攻击和毁坏容器吗？投射的性质将决定治疗师回应的性质。基于紧急撤离的投射需要被抱持，而绝对不是立刻被反馈。寻找容器的投射则可以以少量的和可管理的形式反馈给孩子。破坏性投射将需要在涵容中意识到其破坏性意图，以及在这种攻击中生存下来的能力。

如果心理治疗师已经充分思考了孩子的沟通模式，包括反移情，那么可以用游戏本身来进行反移情的反馈。通过这种方式，反移情的反馈可以被稀释或转移到游戏旁或游戏中，对孩子而言会更容易消化。对许多孩子来说，"带着感觉去思考"（thinking with feeling）可能是他们无法承受的，但"思考这些感觉"（thinking about feelings），尤其是在安全的游戏中，是更容易的。保持游戏中的反移情也符合Renik（1993）关于治疗师主观性不可还原（irreducibility of the therapist's subjectivity）的想法。通过在游戏中保留反移情，不直接面质孩子，我们也承认了心理治疗师对反移情的理解是一个主观视角的理解，而不是一个权威定论。

要点

- 儿童工作中的移情可能很难辨别，因为大部分移情是在游戏中表现的，而不是与治疗师直接相关的。

- 对于青少年来说，移情可能更容易看到，但有时也会"太热"——太容易让青少年不安了。

- 必须始终考虑移情的温度。如果"太冷"，儿童或青少年就不知道你在说什么，而"太热"会破坏孩子的参与。

- 移情和反移情现在是从场域的角度来被看待的，儿童和治疗师的主观性相互作用，形成了一个复杂的混合体，其中谁在影响谁是不清楚的。

- Klein 觉得移情从一开始就存在，她会很快用一种直接、深入的方式向孩子诠释移情。

- Anna Freud 并不认为所有的互动都受到移情的影响，她倾向于等待，让移情在被解释之前发展得更意识化。

- "对移情工作"（直接提及）和"在移情中工作"（间接提及）有重要的技术区别，它影响着移情诠释的时机和性质。

- 对移情的提及可以被调节或"玩概念"。这不是一个诠释或不诠释的单选题，而是可以用不同的技术来调整诠释的强度。

- 反移情现在更普遍地被视为儿童/青少年和治疗师之间场域的一部分。

问题

- 描述 Melanie Klein 和 Anna Freud 对移情本质的不同看法。评论这如何影响了她们的工作方式。

- 你如何调节移情？为什么要这么做？

- 场域理论如何影响对移情和反移情的思考？

推荐阅读

Alvarez, A. (2010). Types of Sexual Transference and Countertransference in Psychotherapeutic Work with Children and Adolescents. *Journal of Child Psychotherapy*, *36*(3), 211–244.

Brandell, J. (1992). *Countertransference in Psychotherapy with Children and Adolescents*. Northvale, NJ: Aronson.

Dowling, D. (2019). *An Independent Practitioner's Introduction to Child and Adolescent Psychotherapy*. Oxon: Routledge. See chapter 1, pp. 17–19.

Lanyado, M., & Horne, A. (1999). *The Handbook of Child and Adolescent Psychotherapy*. London: Routledge. See pp. 58–60.

Research Digest (2016). Transference and Countertransference. *Journal of Child Psychotherapy*, *42*(1), 91–97.

Rosenbluth, D. (1970). Transference in Child Psychotherapy. *Journal of Child Psychotherapy*, *2*(4), 72–87. This is a classic Kleinian paper.

Salomonsson, M. W. (1997). Transference in Child Psychoanalysis: A Comparative Reading of Anna Freud and Melanie Klein. *Scandinavian Psychoanalytic Review*, *20*(1), 1–19.

（章扬清　译）

第 14 章

治疗中的诠释、游戏、移情及反移情：Paul 的故事

我将呈现一个案例材料来说明三个治疗过程元素——诠释、游戏、移情及反移情——是如何在临床情境中被应用的。我选择Paul这个案例，原因之一是这个案例提供了丰富的临床材料，这个案例治疗过程中的每节会面都被详细地记录下来。另一个原因是，不同于其他我提到过的孩子，对Paul来说，直接的诠释没有让他有侵入感。在我对Paul三年的治疗过程中，Paul有时会表现出对治疗的阻抗，在那些时刻我会把干预保持在象征层面，对他的游戏所呈现的象征进行工作。在其他一些时候，我确实使用了诠释，特别是移情诠释，而我们双方都能面对这种方式。现在当我重新审视这三十多年前的治疗过程，当然会对当时如何采取不同的、更为有效的方式有了新看法。如果我对过去的做法没有不同的看法，自己也会感到失望的。因为保持思辨、保持对新想法的开放性，是从事心理治疗工作的基石。作为儿童心理治疗师，我们需要站在"养成中"（becoming）的立场上，这是儿童心理治疗工作的挑战，也令人兴奋。

我试图用Paul的故事来具体说明本书中一直提到的一些概念——分裂、投射、涵容、移情及反移情。这个案例的临床材料也突显了Klein所描述的不同类型的焦虑。Paul是个有趣的孩子，在治疗的开端，他使用了大量的游戏，随着他年龄的增长，他越来越多地使用语言，而且表现得越来越像一个青少年。

▌转介及背景

Paul在他十三岁的时候由他的寄养父母转介来诊所，他在这个寄养家庭里已经生活了两年，最近他的寄养父母发现Paul对他们的五岁女儿做出了一些和性有关的行为。他的行为到底涉及了什么无从得知。他的寄养父母发现他在床上，和他们的五岁女儿在一起，两人都没有穿衣服。在Paul接受治疗的过程中，他再次被发现和这个五岁女孩在床上。这导致了寄养关系的破裂。Paul被送回了"儿童之家"。在他的生活里，这种家庭边界的破裂是出现过很多次的模式。

Paul的家庭背景混乱，他的亲生父母之间的相处是失控且暴力的。这个家庭里总是会重复出现问题，包括身体和精神虐待、母亲的失职、长期的债务、物质成瘾，还有，所有孩子在很小的时候就因父母对他们疏于照顾而频繁接受儿童福利机构或寄养家庭的照料。

Paul在九个孩子中排行第八。他有三个哥哥和四个姐姐，有一个弟弟。在四个月大的时候，他因为营养不良被送进医院，接受了三周的治疗。儿童福利官员记录了Paul的母亲在Paul婴儿期妥善照料Paul的证据。在Paul两岁的时候，他的母亲陷入抑郁，他们住的地方没有做饭的设施，也没有取暖设备，他被送去了儿童福利机构，在那儿待了五个月。在他两岁十个月大时，他的弟弟出生了，他再次被送去了儿童福利机构，这次他待了三个月。三岁的时候他离开了儿童福利机构，再次和家人待在一起，直到他四岁。Paul四岁那年，他的母亲抛弃了这个家庭，他和弟弟被送进一家保育院接受长期看护。在接下来的四年里，他们一直待在保育院里，之后被送到一个儿童之家，那里接收年龄稍大的孩子。他们在那里待了两年。随后，他们被寄养，但这次寄养三个月后就失败了，因为寄养父母无法忍受两个男孩打架。之后又是一次只维持了六个月的短暂寄养。随后，Paul被单独寄养于另一个家庭，如前面所说，这次寄养维持了两年，Paul疑似性侵扰的行为使寄养中断了。在最近的两年半时间里，Paul待在儿童之家，在此期间他和他的家人没有任何联系，他偶尔会去看望同样被寄养的弟弟。

▍第一次会面

我被要求去见Paul，并不是为了提供心理治疗，而是为了评估适合Paul的最有效的治疗模式是什么以及Paul是否有心理能力通过治疗获益。基于对他背景资料的了解，我本以为我会见到一个非常愤怒或沉默不语的男孩。而事实并非如此，Paul显得焦虑，并且因为内疚和抑郁而痛苦挣扎着。他似乎渴望和人沟通，而且很有能力描述他焦虑的感受。他讲述的时候，表现出恐惧和不安，然而他有活力的声音和眼神却流露出生命力和希望。他比同龄人看起来更瘦高，移动身体时显得笨拙，表现出坦诚、热切的神情。

在我们第一次会面中，他告诉我，他认为自己来诊所是因为对寄养家庭妹妹的行为，也因为他的记忆力。他说他的记忆力不好，记不住事情。稍后，他提到他"记不住"可能是因为他不想记得。当我向他询问成长经历时，他能够回忆起他的父亲如何对他的母亲"做坏事"，他也记得他两岁在儿童福利机构时，那里有很多小婴儿。

他说他现在很喜欢小婴儿，特别喜欢抱着他们。他补充道，他记得早年那些接收他的寄养家庭。他认为他们终止寄养，是因为他在吃饭时表现粗鲁，他们不喜欢他吃饭的样子，有时他感觉太饿了。他也担忧自己说脏话的习惯。他说自己不经常说脏话，但他说的时候，会感觉停不下来。

在第一次会面中，Paul表现出他能够从临床设置中获益的能力，这对他而言显得不同寻常。令我感到非常惊喜的是，虽然他的成长经历充满混乱和创伤，但他依然能够感知并表达和他的经历有关的感受和情感。那些关于他的糟糕的记忆力、强烈的饥饿感和说脏话的部分都在表明他的失控感，就像那些小婴儿，他也需要被安全地抱持。令我感到惊奇的是，他思考过自己记忆力差的原因，并能够将记忆力差和他"不想记得痛苦的过去"联系起来。

一周后当我再次看到Paul时，他急切地走入治疗室。他发现这个房间的陈设和用于游戏的材料没有丝毫变化，这让他感到兴奋和高兴，他说道，"哦，太棒了，同样的玩具！"从未有孩子对我这样说过。他因此感到兴奋，而我却因为他的反应感到难过。对我而言这是如此的平常，"可以玩同样的玩具"于我而言是理所当然的事。虽然他的热切和兴奋令人感到乐观，但令我感到疑惑的是，在移情层面上，这也许是他在第一次会面时提到的"饥饿感"的一种表现，以及这种饥饿感是多么容易失控。

在最初几次会面不久之后，Paul因为在寄养家庭精神崩溃而被送进了一个心理评估中心。他在这个中心暂居之后，儿童福利官员依据评估结果决定把他从原本接收大龄儿童及青少年的儿童之家转到接收低龄儿童的儿童之家。这个儿童之家离我工作的诊所相当远。尽管交通不方便，我仍然决定为Paul提供一周三次的心理治疗，我相信Paul会从这样的治疗设置中获益。这个决定并非因为一周三次的心理治疗会有魔法般的效果。基于Paul充满匮乏感的成长经历，我觉得会面之间间隔七天对他而言太漫长了。如果不以如此高的频率会面，Paul很难与我融入。另外，我在这个诊所只工作三天。

我很清楚为Paul提供一周三次的心理治疗会面面临现实层面的困难。这意味着，他需要每周三次用两小时独自往返于儿童之家和诊所。这是令人存疑的，甚至是令人高度怀疑的。一个有如此混乱、匮乏的成长史的男孩是否有足够的心理能力去长期保持这样的人际联结？但是，Paul在我们最初几次会面中留给我的印象，和他使用生命中那些极其有限资源的能力，让我的信心倍增：尽管困难重重，他也许可以从这样的心理治疗中获益。

另外，儿童之家工作团队成员的支持让我越发坚定了信心。他们非常期望 Paul 获得帮助，也理解 Paul 和我的人际联结必须是有规律的，并且需要持续相当长的一段时间。他们甚至为 Paul 可能不愿意前来的那些阶段做好了准备，准备好为 Paul 提供他所需要的稳定支持。并且，我工作的诊所安排了一个社工专门和儿童之家及负责 Paul 的社工对接。围绕着"他需要一周三次的心理治疗吗？""他能从这样的心理治疗中获益吗？"以及"此次心理治疗会得到其他人的支持吗？"这三个问题，我们进行了讨论并给出了肯定的结论——至少当下是这样的。在这样的背景下，我开始了对 Paul 的心理治疗。

提供心理治疗

我们所提供的心理治疗为 Paul 提供了稳定和持久的治疗设置，他可以感受到被抱持，并从中获得成长。或者，基于 Paul 充满了被忽视、失望和不稳定的成长史，他也可能因为害怕被再次伤害而无视这样的治疗设置，或者因为他自身那些与敌意和嫉羡有关的感受而破坏治疗设置。

在早期的会面中，Paul 并没有破坏治疗设置。他兴奋而热诚地"攫取"这些会面。然而随着治疗的继续，我开始越来越强烈地感受到，我正在见证和经历 Paul 所说的他的"饥饿感"和"糟糕的用餐礼仪"。在移情中，这些会面很快成为他的"一顿顿饭"，而我则像食物一样，被迫地被"攫取"。他的"用餐礼仪"逐渐显露出来。

Paul 到达治疗室的方式恰恰显露了这一点。治疗室在一幢老房子的二楼，我在等待室和他打招呼之后，他会用正常的速度踏上前几节台阶，然而他就一步跨两三个台阶一路跑了上去。这意味着，我们从来没有一起上楼或同时进入治疗室。这是治疗中重要的一部分，因为这不仅仅呈现了 Paul 在等待上的困难，也体现了在婴童般心理水平的层面上 Paul 所面临的困难：他无法体会在婴儿的嘴巴想要急切与母亲的乳头相遇时，是可以不慌不忙且充满韵律节奏的。在很多方面，我感到建立起这种"配对"是这场治疗的核心。

我们的治疗工作围绕着这个配对的四个方面或他与他人互动的四个特征逐步发展。首先，当他接近他人时，他有怎样的感受？其次，他和另一个人待在一起时，他的感觉如何？再次，当他必须离开和他待在一起的人时，他感觉到什么？最后，他回来重新见到那个人时，他有怎样的感受？在移情中，这些问题意味着，"当他来见我的时候有怎样的感受？当他和我在一起的时候感觉如何？当他离开我时他感觉到什么？当他回来再见到我时他有怎样的感受？"为了描述我们的治疗，我刻意将治疗会面归类为这四个方面的工作。

█ 前来治疗

抑郁位的担忧

尽管Paul在最初的几周里非常热切地前来接受治疗，但几个月后，情况有所改变，因为他持续地无法准时抵达。他通常会迟到10～15分钟。虽然有一些现实原因导致他迟到，但也有其他因素牵涉其中。其中之一是Paul对自己无法控制的饥饿感感到担忧。当我们在治疗中面临第一次休假时，这点在那段时间的会面中变得显而易见起来。当我告诉他自己即将休假时，他问我是否感到累，是否得到了足够的休息。他谈到我应该如何看电视和放松，因为我的工作很有难度。然后他问我是否喜欢看名为《继续》（Carry On）的电影系列。我当时觉得他开始担心我是否会继续和他在一起，或者他对我来说是否是过重的负担，就像他感到他是父母和养父母的麻烦和负担一样。我觉得他意识到了自己冲到治疗室的冲动，以及对我的强烈需要，但这在他的体验中就像自己糟糕的餐桌礼仪似的，也许我并没有强大到可以容忍这些部分。从这个角度理解，我感到他的迟到是为了给我减轻负担，避免与他开展的50分钟治疗把我消耗殆尽。从移情的角度理解，可以进一步得出结论，我觉得当他第一次见到别人时，他担心自己对他们来说是过重的负担，会留意那些证明自己是个累赘或耗尽了周围人精力的迹象。

偏执和偏执－分裂观念

在其他一些时刻，我想他感到我冷酷且漠不关心，在某个时间点到达对他而言感觉就像是在遵守某个时间安排表。在他的大部分人生中，他都被命令遵循机构中的作息时间，身处其中并不被允许拥有个体差异。会面开始和结束的时间限制似乎是某种冷酷无情的、欠考虑的、僵化的规定，他的个人需求并没有被纳入考虑范围之内。

在一次会面中，当他开始玩铅笔盒里的一支铅笔时，这个主题被强而有力地呈现了出来。他说铅笔是一个医生，一只动物走到它面前说自己牙痛。铅笔医生说："下周再来，我会把它取出来。"这只动物哭着说它现在就想把它弄出来。医生说："下一个，下一个，下一个请进来。"下一只动物走了过来，医生说："哦，走开；去自杀吧。"医生很快把这只动物赶走之后，山羊走过来说："哦，医生，医生，我的一个角断了，请把它补好。"医生说："下周再来吧，我太忙了。"然后 Paul 把奶牛带到铅笔医生那里。奶牛说它的脚受伤了。医生让其离开，一年后再回来。奶牛想要一些药，医生给了奶牛一个瓶子。里面什么都没有，只有空气。Paul 放声大笑。

因为我如此严格地遵循与他会面的起止时间，我觉得 Paul 感到我的时间和我对他的关注就像一瓶空气一样空洞：我太忙了，以至于我无法真正地关心他。这是一种装出来的关心，就像那瓶药一样，在它的里面真的什么都没有。这时，偏执焦虑和被迫害焦虑混合在了一起。他觉得如果我真的关心他，任何时候只要他需要我，我就会在那里，而不只是这些规定了每节只有 50 分钟的"会面"。从这个角度理解，迟到是他试图由他来开启他的时刻表里的会面，由此让他感觉自己是那个掌控者，因为婴儿可能会有一种错觉，认为他自己可以全能地把乳房制造出来。有了这种幻想中的安全感，婴儿可以放松下来，体验自己的时间感并且发现自己。而 Paul 早期的匮乏经历打乱了这一基本经验。我感到铅笔医生的素材显示了在 Paul 的感受中，他的照顾者是残忍的和剥夺的，但它也展现了另一些感受，即这个照顾者不断被无止境的强烈饥饿需求骚扰和破坏；也就是说，这个乳房/母亲不仅不会给予，更不能给予，因为这么多饥饿的婴儿已经让她筋疲力尽。这是 Paul 提供的材料中不断出现的一个主题。从移情的角度理解，这意味着他担心当他遇到一个新认识的人时，他无法信任那个人或他自己。

虽然在一些时刻，Paul 在面对会面起止时间的限制时感受到残忍和冷漠，但我也发现，严格执行时间及其他治疗设置是非常重要的。在治疗取得进展后，他开始感到这种严格的设置并不那么残忍，而是一种涵容和安全的设置，他的痛苦和暴力因此得以被抱持。

他的迟到也意味着我是那个在等待的人，就如我是那个被落在一层楼梯口的人。

似乎我必须涵容这些因为等待和被落下而激起的痛苦感受。虽然这个投射认同过程显然是造成他迟到的因素之一，然而直到在后续的治疗中我才感受到这是主要因素。

与"分享"有关的困难

由于他的匮乏，Paul对于与他人分享表现得特别敏感和担忧。他在两岁时失去了母亲，当时他的弟弟出生了，他感到造成他匮乏的原因之一是周围有太多其他孩子。在移情中，我和其他人在一起的景象显然唤起了他早年的竞争感受和被拒绝及被剥夺的焦虑感。他通过迟到来避免这种情况，因为候诊室会空无一人，而我在他之前见的病人也早就离开了。

Paul似乎在一次会面中谈到了这些主题，他以一种抱怨的方式告诉我，他的那班火车延误了，因为火车不得不在火车站外等着，要等到其他所有的火车都驶离车站了才能进站。这也表明了Paul对拥有一个调节者的渴望。他明白为了维持秩序和避免冲突，等待是多么有必要。然而，他意识到自己的饥饿感是如此强烈，以至于他难以忍受等待。所有其他"火车"都可能取代他的位置。当他敏锐地察觉到治疗室里有其他病人来过的任何迹象，或者感到其他孩子玩过他的玩具材料时，这一点就很明显了。后来在治疗中，他和我谈到一首歌，《通过公爵的领地》（Pass the Duchy），这首歌提到一些必须攫取食物（否则他们就什么都没有了）的孩子们。

丧失外部支持

在治疗的前十八个月，尽管Paul有时会迟到，但他规律地出席治疗。然而，在这段时间之后，他开始错过会面，来诊所对他而言变得困难起来。这增强的阻抗似乎是由一系列不幸的外部环境因素造成的。大约在这个时候，Paul度过了一个特别长的治疗中断期，因为我和他的暑期休假时间并不重合。此外，就在这期间，负责照料他的主要工作人员离开了儿童之家，开始了另一份工作。这一丧失极其重要，因为这位工作人员不仅与Paul关系亲密，而且他还是Paul持续接受心理治疗的外部环境中的支持者，因为他总是会关心Paul是否按时抵达了诊所，在他不想来的时候鼓励他，并且是诊所和儿童之家之间的重要桥梁。更为复杂的是，几个月后，儿童之家的工作人员团队发生了彻底的变化。

这些外部环境的变化也"剥夺"了 Paul 的全面发展的机会,让他受困于他的负性移情,使他难以从中解脱;也就是说,我认为他在外部世界里失去了安全感,这让他很难感觉到能够在安全的前提下体验那些与我直接相关的"愤怒"。在这些事件发生后,我感到 Paul 的愤怒只会"拂过"我。对他而言,从来没有过足够的安全感让他在意识层面上体验那些对我的强烈情感。

对丧失外部支持的反应

Paul 外部世界中这种稳定性和连续性的丧失使他内在世界的资源面临巨大压力,那些联系紧密、相互依存的内部和外部因素受到的冲击尤其明显。正是在这段时间里,我发现自己越发能够清楚地意识到我对他的等待。他在外部世界里所经历的不确定性和涵容的缺乏都太过强烈,以至于让他难以承受。随即,他在等待中的痛苦被投射到了我的内部。我发现自己从诊所向外望向前门,等待着他在那条小径上走来。我现在开始在某种程度上体验着"等待"对 Paul 而言意味着什么:我会继续望向小径,想知道下一个走过来的人会不会是他,结果只是对每一张出现的新面孔感到失望。我开始感受到紧迫和越来越强烈的紧张感,因为没有足够的时间做治疗,因为我已经很久没有见到他了。通常,当他迟到二十分钟时,我会感到有需要匆忙进行治疗的强烈压力,因为不知道什么时候能再次见到他。我发现自己感到所有我们曾谈论过的事情都是关于那些空白、那些缺席,我不禁问自己:如果会面如此不连贯,这个治疗是否还有继续下去的意义。

这些寄居于我内部的感受反映了 Paul 在婴儿期遭受的经历,并通过投射性认同的过程,让我得以用体验的方式理解他被剥夺的痛苦和迫使他"攫取"的内部压力。

虽然 Paul 经受着痛苦,但他还是能够坚持前来接受治疗。在治疗的任何阶段,我都没有感觉到我和他之间的联结被打破了,这本身就是他的显著特征之一。尽管所有的因素都对他不利,但他挣扎着和我维持着联系。

会面

值得注意的是,Paul 能够很好地参与和使用与我的会面时间。在会面中,他很少行动化，也很少暴力地投射。我可以直接和他谈论他的感受。诠释并没有让他感到不知所措，只是偶尔我不得不待在他的游戏中。通常，当我给出一个诠释时，我感到他听进去了，思考了一下，并用具有一定修辞色彩或"诗意"的材料来回应。他的游戏内容丰富而真实。我很少感到他给的素材是无聊的，或者缺乏象征性与联想性的内容。我通常可以依据他给的素材思考，并且一次又一次地，我被这个男孩如何能够用各种材料生动地表达他的困境所打动。他的投射是为了和我沟通，而不是为了排泄或攻击。我并没有感觉到他因为任何病理性的嫉羡而缺乏涵容，他遭受着痛苦恰恰是因为他的匮乏。尽管他之前一直经历失望，但他的投射仍在寻求着涵容。

他的匮乏的意义：野蛮人的饥饿

在治疗的早期阶段，Paul通过与玩具动物的游戏象征性地表达他的匮乏，因为在他的游戏中，动物没有食物的主题很常见。在许多次会面中，他会让一群农场动物安静地进食。然后，体型更大、力量更大的动物会到达，饥肠辘辘而且强烈要求分到食物。当动物们开始争夺食物时，场景里爆发混乱。Paul此时会发出残暴的声响，非常用力地把动物敲下桌子。

这个游戏表明了动物太多以至于食物不够分配是怎样的场景，以及这如何导致了生存斗争中的暴力。此外，饥饿感的大小或强度似乎反映在对大型的、强大的生物的使用上。Paul用动物来表现这些主题，因为他所描述的冲动带有绝望的、原始的特性。这一点在一次会面中表达得更为清晰，当时他搭了一个人类小玩偶，并说这个人在一个荒岛上。他说这个男人遭遇海难，已经好几天没吃东西了。然后他看到了一间小屋，他可以看到里面有一些食物。小屋的门被锁上了。这个人开始发狂，他把自己的身体用力撞在小屋上，试图把小屋撞成碎片以取得食物。Paul接着说，这个人太饿了，以至于把自己变成了一个野蛮人。

Paul象征性地表达了他早年的匮乏经历。在婴儿的想象层面上，锁着的小屋似乎代表了他感知到的拒绝他的乳房或母亲，他只有通过这种绝望的、破坏性的进入才能获得乳汁。在移情中，我思虑着Paul是否感到每次会面的结束就像小屋被锁了一样。

这个游戏不仅以象征性的形式再现了他早年的生活场景，也代表了他当下的内在世界。他感到自己被内在绝望而暴力的力量驱使着，这些力量超出了他的控制范围，从这个意义上来说，他感觉自己被它们所占据了。他几乎不相信自己有能力以爱的方式接近他人并与他人产生联结。他的饥饿感，被洪水般的愤怒所淹没，被感知为某种暴力的、侵入性的、侵占性的贪婪，这种贪婪是如此强大和具有破坏性，以至于他的内在无法发展出一个"充满活力与爱意地与他人产生联结"的概念。

未被整合的愤怒

当 Paul 开始把刀带到治疗中时，我更直接地体验到他的愤怒力量以及它未被整合的性质。起初我考虑过禁止 Paul 把这把刀带入治疗室，但我了解 Paul，我相信他不会对我使用它。我还认为，了解他会用这把刀做什么是重要的。这是一把轻弹刀，会突然以一种吓人的方式弹出来。起初，他习惯于用自慰般的方式在刀体上不断摩挲手指。当我诠释他在感到孤单时会有转向自己的需求，以及他在这些时候会感受到对我的暴力体验之后，他突然将刀对准了他的纸板箱，以一种很暴力的形态，他开始绝望而迫切地刺破它。他不断用很大的力量刺它，好像无法让自己停下来。在这之后，他会以一定角度将刀拔出来，进一步撕破和撕碎箱子。正是这个行动的强烈程度和突发性，让我感到我正在目睹 Paul 的施虐性，它们正以毫无保留的、不加掩饰的形式彻底呈现出来。我第一次对他感到恐惧，有几秒钟我在想，如果刀指向了我，我会遭受怎样的伤害。这时，我感觉这个箱子代表着我，就像乳房、母亲和锁着的小屋一样，我被体验为一个剥夺的客体。

在治疗中，这些害怕 Paul 的感受十分罕见。通常，我认为他是一个安静、敏感，有点安抚特质的年轻人。我曾经疑惑，在我面前暴力地爆发出攻击性的男孩和我通常见到的那个人是否真的是同一个人。我确信 Paul 也曾感受到自己是分裂的、未整合的，这让他感到没有任何身份认同感。需要注意的是，Paul 刺的不是我，而是箱子。尽管他的暴力表现得十分激烈，但在某种程度上它仍以象征的形式存在。

他的性欲

这一次 Paul 对箱子的刀刺，如同荒岛上的那个男人，他冲进小屋去获取食物。但这也与 Paul 对生殖器的感觉有关。在后来的会面中，很明显地，这把刀代表了有些危险的、侵入性的阴茎，Paul 似乎觉得他的性的感觉以及他的口欲冲动都是失控而暴力的力量，这些力量将性交转变为某种意义上的强奸和内在攻击。在一次会面中，他的行为呈现了这一点，当时他把一个长螺丝钉带进了治疗室，不停地、非常用力地把它推进、推出橡皮泥。这种"旋拧"表达了他在性欲层面的暴力性，也体现了他的内在世界里无法形成"以爱的方式联结在一起的内在父母"这一概念。这也表达了他的敌意，那种感到没有被牢牢锁定或被紧紧抱持的体验。从这个角度来看，那些导致他前来接受心理治疗的与性有关的事件对他而言尤其可怕，因为他迫切想要被拥抱和拥抱别人的婴童般的需要，与他的性欲感受混淆了起来。

"需要"与"贪婪"的混淆

因为Paul感觉到自己的饥饿是如此失控和暴力，无论是在口欲层面上还是在生殖器层面上，他发现自己很难区分饥饿和贪婪。严重的匮乏使他几乎不知道什么是可以被满足的饥饿。对他来说，每一次喂食都以想要更多而告终，这感觉就像是贪婪。饥饿和贪婪之间的区别是最重要的，只有在感到母亲能够在一次喂养后生存下来并可以进行下一次喂养的情况下，婴儿才能发展出区分饥饿和贪婪的能力。

由于现实中Paul的母亲并不总是可以喂养Paul，他无法发展出这种以放松和享受的方式进食的能力。实际上，他早期因营养不良而住院的事实就是证据。他无法探索和发现使自己和母亲联动的感官层面的节奏。如果婴儿感觉到每次喂食都可能是最后一顿，那么所有食物都必须以极快的速度被吃完。相反地，当喂养是连续而可靠的，婴儿就能发展出等待以及忍耐挫败的能力，他可以体验"空洞"或缺席，而不会被它们所淹没。

缺乏连续性：坠落和掉落

Paul展现了他如何经历了这种照顾上的缺失。他的游戏很明显地展现出他如何经历这些匮乏的体验，他的生命中无数次、重复的、连续性的中断被他体验为某种空白或黑洞，他身在其中，感受不到被抱持。在他的婴儿期经历中，乳头、眼睛、声音、手臂、抱持的心灵等等突然消失了，他没有什么可以抓住的，也没有什么可以抱持他的。

他经常通过掉落东西来表达这种不被抱持的感受。在许多时候，他会把橡皮泥球扔到空中然后接住它。然而，每当我宣布自己要去休假时，他的接球能力就会下降，球会反复掉在地上。在一次会面中，当我诠释了他不被抱持的感受时，他翻了个身，从躺椅上摔了下来。在其他一些时候，钢笔和其他物品会从他的口袋里掉出来。

正如他很难区分饥饿和贪婪一样，他也很难区分握持和攫取。再一次，在失控、绝望的感受干扰下，在这种不确定性的氛围中，"握持"会被他体验为某种破坏性的攫取。因为他感到他的愤怒是非常不安全的，所以整合他的愤怒依旧是困难的；这让他很难想象坚定的而不具有破坏性的韧性到底是怎样的：那意味着抚摸但没有抓挠，握持但没有攫取。他通过告诉我"你应该如何接住板球"来表达了这些概念。"重要的是不要攫取它；你必须让手做好准备等待它进入，否则它会从你的手中掉落，并且弄伤你的手指。"在几次会面中我们都待在这个比喻之中。在这种情况下，似乎我没有必要通过直接的诠释来让我们"离开"这个游戏。他通过描述他的跑鞋进一步表明他感受到的握持中的破坏性。他说，它们身上有尖刺，尽管这让他在跑步时有了更好的抓地力，但在他抓地的同时也严重地撕裂了地面。

一个听觉联结

尽管 Paul 的生活中有很多空白，但他仍然继续寻求联结。在我们的会面中，他经常用他的收音机表达这一点。经过几个月的治疗，他开始把收音机带到会面中。这似乎象征着他在努力"收听"，或者他渴求与其他人处在一个"波长"上。在许多时候，他会坐在治疗室里，试图调整天线和刻度盘，以找到"很远"的电台。同样，这在我休假前后尤为明显。此外，音乐本身及其节奏给了 Paul 一些被抱持的感受。正如他曾经对我说的那样，"你可以随着节奏摆动"。

Paul 会用音乐的内容作为一座桥梁来向我表达他的匮乏感。他经常会告诉我一些歌曲，这些歌曲的含义显然是相关的。他提到的一些歌曲的曲名是：《我每天都需要你》(I Need You Every Day)、《我再也见不到你了》(I'll Never See You Again)、《宝贝，你不想要我吗？》(Don't You Want Me Baby?) 和《又有人倒下了》(Another One Bites The Dust)。在他选择的音乐曲目中，他似乎一直关注这些依赖、拒绝和失望的主题。我更倾向于留在游戏中，会和他讨论歌曲的主题，但不直接将这些与 Paul 的感受联系起来。我不知道我为什么在这个时候这么做。我想我感觉到我们之间关于

这些歌曲的交流是如此调谐，以至于不需要任何连接他情绪状态的桥梁。我们俩都心知肚明我们在说什么

除了音乐的内容外，Paul 在我们的会面中如何使用他的收音机是另一个重要的临床素材。有时，他伴随着收音机刺耳的鸣响进入治疗室；或者，在某次会面中的某个时刻，他会把音量调得很大。在某种意义上，他似乎试图"轰炸"治疗室或我本人。这个行为和其他素材也有关：他开玩笑地告诉我，他是学校的"放屁冠军"，因为在法语课上他放屁的声音很大，然后他的老师听到了。他说在家里放屁时，他"几秒钟内就把房间炸平了"。在某些时候，他的音乐似乎具有这种肛欲施虐的特质。

Paul 的音乐除了是一种交流和攻击的方式之外，也是一个很好的"伴侣"。他会在仿佛"活着"的收音机的陪伴下走进他的治疗，然后以同样的方式带着收音机离开。在某些时候，这感觉就像是某种"声音奶嘴"，用来填补我们每次会面之间的空白。

尽管 Paul 的音乐可能充斥着他的肛欲施虐性并变成了一种武器，但总体而言，我感到他的音乐是用来交流的。作为他度过空白期的一种安抚手段，它主要被用作临时替代品，但不是永久地替代缺失的客体。在治疗过程中，Paul 也对民用无线电产生了浓厚的兴趣。这成为他主要的外在兴趣，这再次证明了他需要以听觉的方式寻求联结。

电影

当 Paul 从音乐转而开始谈论电影时，我对他的匮乏有了更多的理解。他谈论的一部重要电影是《E.T.外星人》（ET）。值得注意的是，他在一次圣诞节假期后开始谈论这部电影。他说这是一个关于来自另一个星球的生物的故事，这只名叫 ET 的生物被遗落下来，独自一人。然后，他遇到了一个小男孩，愿意和他交朋友。他们成为如此亲近的朋友，以至于他们可以感受到彼此的感受。我感觉到这些材料展现了我的圣诞休假带给了 Paul 怎样的匮乏感。他感到不和我在一起就像是被遗弃了，并感到孤单。他完全脱离了他原有的时空，到了另一个世界里，并且渴望被一个涵容的、理解的及感受上和他调谐的客体所抱持。我们可以猜测一下，这是否是他在母亲不在场时的感受。

漫画和书籍

随着治疗的继续，Paul 的游戏形式发生了变化，但依旧具有丰富性。他现在很少玩玩具了。取而代之的是，他表现出了更多青春期的特征，更多地谈论他的音乐、电影和阅读。与音乐和电影一样，Paul 在我们的会面中运用了漫画和书籍，让我进一步深入理解他因匮乏所承受的痛苦。尽管它们可以用来把我挡在门外，但更多时候，它们就像一个"中间地带"，Paul 可以在其中探索自己的感受。他能够用那些象征来描述自己存在的状态。大多数时候，我停留在象征中，和他谈论书或漫画中的人物，但在其他一些时候，我感到 Paul 的心智状态足够稳定，我可以直接和他谈谈他的感受。在他提供的其他素材里，匮乏和被遗弃的主题也很突出。

在即将开始休假的某个周末之后，Paul 带来了一本《丁丁历险记》（*Tin Tin*）系列的书：《月球探险家》（*Explorers on the Moon*）。那是关于一枚太空火箭的故事。地球上的人们试图联系它，但没有得到回复。他们开始疑惑它在哪里，身在其中的宇航员是否还活着。我感到这些材料凸显了他的移情。它展示了 Paul 在上个周末的经历以及他对即将到来的休假的恐惧。在移情中他感到离开我就像是失去了联系——他再次寻求听觉上的联结——就像婴童态的 Paul 呼唤没有回应的母亲/我，同时他焦虑于也许我已经死了。

我对 Paul 说，我在思考这个故事，我也在思索它如何让我想起我和他之间的联系。我想这可能是在告诉我们，当他有一段时间不见我时，或者如果我离开，他可能会猜测我是否会想着他。他在我心目中还鲜活吗？我在他心目中还鲜活吗？对我来说，这是一种"直视"，一种直接的"在移情中"的诠释。

当我这么说的时候，Paul 继续告诉我，地球上的人误判了火箭的氧气供应量，因为火箭上有很多人，然后氧气很快就被用完了。他说他们可能无法返回地球。我相信，这一阐述表明了他担心自己会像一艘迷失的宇宙飞船，在休假时漂浮在太空中。此外，俄狄浦斯式焦虑再次浮现：那些氧气还不够，因为还有很多别的人。或许，当我站在此刻回头思考那次交流（此刻距离当时已经30年了），我会从场域的角度考虑他的反应。

从 Ferro（2011）思考的角度出发，我琢磨着这种"人们的误判"和"不够"是不是 Paul 发出的信息，即我直接的移情诠释对他而言太过头了——我错误计算了，而他没有足够的内在资源来接住我的诠释——他可能无法回到稳定的情绪状态，也就是故事中的回归到地球母亲身边。当然，这可能是完全错误的，但在当时如果我能考虑一下这种可能性就更好了。

这场关于"误判者"的讨论也可能表明了 Paul 的内在父母的形象。在这种情况下，他们似乎并没有被体验为残酷的剥夺者，而是被视为会误判的和不能胜任的供应者。当他告诉我这个细节时，我再次在移情中做了诠释。我说，我认为他告诉我这本书的这一部分可能也在告诉我他如何思索着我是否会在休假时忙于其他事情而无暇考虑他过得怎么样。同样，这是一个直接的移情诠释，但我当时感觉这对 Paul 来说是可以接受的。然而我现在会采取不同的做法。如果关于"误判"的素材其实是在谈论场域，那么我最好不要把它放在移情中做诠释。我本可以谈谈"当这么多人需要那些东西的时候，自己要得到足够的分量是很难的"，这会更温和，我认为也更容易被听到。

内在的调节

在他的游戏和故事中，Paul 向我传达了他匮乏的本质，因为这种匮乏并非真的和身体上缺乏安抚或照顾者的缺位有关——事实上当他一住进儿童之家，就获得了这些。Paul 缺乏的其实是与心怀爱意的父母客体建立长期亲密的关系。他痛苦地意识到，他被剥夺了与可靠的、持续陪伴的、坚实的和保护的父母联结的感受；也就是说，照顾意味着将他视为一个个体，这种将他视为一个个体的想法需要强有力的行动来体现。如果没有这一点他会感到脆弱，因为他感到自己的饥饿需要通过一些对立的、强大的力量来得以缓和。

这种"缓和"会通过他对于某些"调节者"的需要来进行表达。在讨论他的无线电收音机时，他说里面需要一个调节器，否则，所有来自电源插座的能量会摧毁一切。当他和我谈论他的自行车时，他说他正在修理它，除了齿轮外，几乎已经完成了；它需要齿轮来调节速度。在另一次会面中，他观察了治疗室里的暖气，并询问恒温器是如何工作的，以使房间不会太热或太冷。

在 Paul 与儿童之家工作人员的关系中，"拥有一个保护性的调节者"的主题表现得非常明显。如前所述，当他失去了一位关心他以及对他感兴趣的重要社工时，他在治疗中的出勤率下降了。这位重要社工成为 Paul 坚实的外部"调节器"，他帮助缓解了加在 Paul 内在资源上的压力。这名社工的离开和儿童之家工作人员的调整扰乱了 Paul 的外部支持，使 Paul 的发展更加困难。在这段时间之后，当儿童之家采取措施确保有人检查他的出勤情况时，Paul 感到如释重负并表现出感激之情。

安全的皮肤

Paul 的匮乏不仅让他感到没有一个内部调节器，而且让他缺少了可以让他感到安全的保护罩或皮肤。在 Bick 关于保护性皮肤对婴儿心理生存的重要性的论文里，提到了与此相关的内容（Bick，1968）。Paul 经常玩弄自己的皮肤。有时他会抚摸它，感觉就像是在自慰，而在其他时候，他会检查皮肤表面的粉刺、抓痕或任何其他破损的地方。他还会在一些会面开始时，测试那些包裹住被割伤的手指的创可贴是不是足够牢固，或者在寒冷的天气里，他会抱怨手套太薄以及它们多么容易被扯破。在这些时候，他经常穿有洞的衣服。

他试图通过穿好几层衣服来对抗这种情况，但这似乎永远都不够。此外，在他的汽车游戏中，围栏从来都不够坚固，无法为汽车提供保护性的边界。

这种对皮肤的兴趣和担忧与他的感受有关，即在他体内，有强大的、摧毁性的力量，没有足够的屏障抱持住这些力量。他读的书涉及房屋倒塌和漏水的故事，房屋没有为居民提供足够的保护。在他的游戏中也体现出他对皮肤或保护罩的渴求，他在刺穿橡皮泥时会把一本厚厚的书放在橡皮泥下面，这样桌子就不会被刺到。

正如 Bick（1968）所陈述的那样，缺乏保护性皮肤可能会促使第二种皮肤功能产生，其中，肌肉组织被用来提供更有力的保护。如果没有足够而合适的抱持，Paul 就一直承受着为自己提供保护的压力，因此，他的皮肤就变得很硬且体验不到感受。

做一个小混混

这个变化发生在 Paul 第一次在治疗中经历漫长的分离时期之前的一段时间，当时我要离开五周。失去我的痛苦以及在婴儿般的移情中感觉到的不被抱持的感受，这些似乎对他来说太强烈了，以至于他无法承受。他成了小混混。有一天，他穿着小混混组织的衣服，头发剪得很短，走进治疗室时宣布了这一消息。他解释说，这是一群非常强硬的男孩。在下一节的会面中，他极其清楚地表达了在接下来的休假中他会变得强硬以抵御被落下的感受，他开始用剪刀剪橡皮泥，然后把它们挤压在一起，并且说道："如果它们分开了，就会变得很硬。"

然而，这不仅仅是对那次休假的反应，它体现了一种更普遍的防御性的企图：他试图通过成为小混混将自己与所有的感受隔绝，尤其是那些与被抛弃和不受欢迎有关的感受。当他开始告诉我他一直在读 Nicky Cruz 的《奔跑吧，宝贝，快跑》（*Run Baby Run*）时，这一点体现了出来。他说这是一本自传体的书，在书中，主人公说他来自一个非常贫穷的大家庭。他说，主人公的父母忙于照顾其他孩子，当他做了他们不喜欢的事时，他们只是警告他一次，然后就会打他。他非常狂野和暴力，他的父母把他赶出了家门，他去了华盛顿。在华盛顿，他成为一个小混混帮派的首领。他们到处游走，对抗民众和警察。他们甚至与其他帮派争斗，"如果他们在自己的地盘上"。他补充道，"Nicky 不再在乎了，他没有任何感受；也许，他有一些感受，但他不知道如何使用这些感受。Nicky 憎恨他的父母，从不想靠近他们，也不想去想到他们"。在下一节会面开始时，Paul 进入治疗室，把一支铅笔按在手掌里，并说这很疼。然后他把铅笔换到另一只手里，并说这是一只铁手，没有任何感觉。随后，他自豪地展示了他的马丁靴，那是一双"小混混式"的靴子。他说，它们真的很坚硬结实，替代了他那双又薄又破的旧鞋。这显示了 Paul 为了避免休假"空白"所带来的疼痛，他内在那个脆弱而惊恐的婴儿似乎拼命地跑到了更硬的皮肤之下。

在此期间（即在我休假前的一段时间里），他对治疗表现出了更强烈的阻抗。他的游戏变得越来越重复。他的游戏不包含以往丰富的联想性素材的流动。同样在这个时期，当他躺在躺椅上时，他会安静地躺很长一段时间。这个时候我说得很少。在这一时期，诠释让人感到被侵扰。几个月后，他能够用语言表达这种阻抗，他说："思考是愚蠢的，简直无聊透顶。这没有任何好处。"在这些时候，我感觉到 Paul 的小混混的部分嘲笑和嘲弄了那个挣扎着和自己的感受待在一起的 Paul。事实上，小混混的部分甚至让他从痛苦中"堂而皇之"地逃离。尽管如此，Paul 在大多数情况下都能意识到，他为这样的逃离所付出的代价，因为这样的强硬意味着没有真正的联结和令人绝望的孤单。这总是困扰着他。

躁狂性的控制

小混混的一面并不是他试图抵御人际痛苦的唯一方式。在治疗早期，他使用了大量的躁狂性的控制。正如他在一次会面中对我说的那样，当他在坡道上开一辆车时，"只要它继续行驶就没关系，但当它减速时，它就会掉下去"。同样地，在他的故事中，无助的小人物会奇迹般地获救，成为超级英雄。有一次，他把一个（玩具）婴儿放在车里，然后司机跳了出来，让车子带着（玩具）婴儿从悬崖上掉了下去。但是，当它往下掉的时候，他说这是一个超级婴儿，他/她可以飞。在另一个故事中，士兵们被打败了，但当他们喝了一些特殊的药水后又变得超级强壮。

幽默

他还用大笑和开玩笑来逃避丧失带来的痛苦。偶尔他会谈及自己的营养不良。他会笑着开玩笑，谈论没有食物意味着什么，而且认为这是一件有趣的事。此外，他还试图对自己的暴力感受轻描淡写，带着微笑开玩笑地说自己真的很"邪恶"。直到治疗的后期，当我和他讨论他的悲伤时，他才能够说："我必须表现得滑稽可笑。"

自慰

Paul 试图应对不确定感和无助感的另一种方法是求助于自己，进行"自慰"。他对广播和漫画的使用带有自慰性质的元素。它们被用作他可以自给自足并完全控制的客体。尤其在他使用收音机时，他可以打开或关闭，把声音调大或调柔和，只需拨动调节器就可以选择他想要的电台。当他谈到拥有机器人将是多么美妙时，这种控制表现得更加明显。他说你可以给它们编程，让它们做任何你想让它们做的事。他对控制和倚赖机器人（而不是人）饶有兴趣，这在他玩计算器的过程中表露无遗。他会把计算器放在生殖器上玩。在这项带有自慰性质的活动中，他说计算器不像人类那样会出错，而且速度更快。

他转向自己或他的阴茎寻求慰藉，这给他带来了安慰，因为这让他感觉到自己真的在接触什么东西。但这也让他很担心，因为他的饥饿感和性欲混淆在了一起，而且他感觉到两者都失控了。正如他害怕自己的饥饿会失控一样，他现在害怕在自慰和生殖器接触上也会失控。这让他感到沮丧和绝望，因为他感到任何联结都会被他的

"饥饿"所破坏。他告诉我,他很担心在街上看到漂亮的女孩,因为他害怕自己会强奸她。伴随着这种焦虑的是抑郁的感受。他现在在沙发上会沉默很长一段时间。这些都让人感到沉重和悲伤。有时,这些感受非常明显,以至于他会睡着,从而他切断了与治疗的联系,同时表达了他内在没有生机的感受。

在 Paul 情绪低落的这几个月里,他偶尔会躺在躺椅上,用手做出奇怪、时动时停的动作。当我问他在做什么时,他说这是一种舞蹈,让你像机器人一样移动的舞蹈。在这个阶段,思考和感受带来的痛苦对他来说太强烈了,他感到自己唯一能用来抵御痛苦的方法就是像这个无情的机器人一样,成为一台机器而不是一个人。

这样切断自己与自己感受的连接,就像暴力的小混混或机器人一样,意味着思考和感受之间的联结必须被摧毁,因为这一联结引发了痛苦。他几乎没有思考和涵容不安情绪的体验。正如 Paul 在第一次会面中所说的,他不想记住某些事情。他觉得与其有痛苦的记忆,不如没有记忆。我的治疗目的是让他与自己的痛苦保持联结或对自己的痛苦保持兴趣,并尝试去思考、理解它;而且,给他足够的涵容的体验,让他最终相信痛苦是可以被承受的,并且最终能够得到疏解。用 Bion(1962)的话来说,我们都因受到这种痛苦的"折磨"而挣扎不已。

离开

因为 Paul 匮乏的成长经历,对他来说,每一次会面的结束都更像是最后的终止。等待的痛苦不仅包括他需要坚持到下一次会面,还包括他会担忧是否还会有另一次会面。每次会面的结束都让他感到特别痛苦。有一次,当我们讨论休假日期时,Paul 询问我是否会在某一天回来。当我说那天我不会回来时,他回答说这个地方将被"停业",但随后很快将其更正为"关闭"。当我问他这有什么区别时,他说"停业"意味着一切都被锁起来,东西被移到外面,然后被推倒,而"关闭"意味着它会再次打开。我感到他的口误表明了,对他来说他很容易把"关闭"理解为"停业"。

犯困

当 Paul 感到非常困扰时,他会变得疲惫和困倦。这种情况在接近会面结束时尤为明显，特别是当他躺在躺椅上的时候。在还剩 5 ～ 10 分钟的时候，他有时会开始打哈欠然后睡着。我不得不在会面结束时叫醒他，通常情况下，他会惊醒。我思虑着这种睡眠在多大程度上反映了他在婴幼儿阶段的经历，即他从未感觉到有一个安全的空间，在这个空间里，他可以不受干扰地睡觉，自然地醒来，能被允许去探索发现自己的节奏，而不会被别人的节奏所左右。

会面结束的痛苦

Paul 对会面结束的另一个特别反应在于他离开治疗室的速度，在我们到达门口之前，他提前很多时间就向我说再见了。在这些时候，我感到特别不舒服，因为在我没有立即回应他的告别的时候，我感到了某种剥夺在发生，我也觉得我们之间的时机是完全错位的。这感觉就像我是一个无法与婴儿在一起的母亲。事实上，在一些会面之后，我感觉很糟糕。我会看着他走出诊所，感到他是如此的孤单，而我给他的太少了。我强烈地意识到他的匮乏的深度，以及我必须努力地维持我给到他的体验，不要让这些体验被离开的痛苦所淹没。我努力地涵容着这些反移情感受，经常感到自己应该再给他几分钟时间——我不得不提醒自己，这是涵容，而不是残忍。

在最初的几个月里，从 Paul 的游戏中可以清楚地看到，会面结束是如何被他视为某种如刀刺般的疼痛的。有几次，在会面结束时，他会刺向物品或橡皮泥，然后说："可怜的东西。"这不仅表现了他被落下时的暴力，也表明了结束是如何"刺入"他的。对他而言，客体的离开不仅意味着会有个缺失的东西——有一个不在场的客体的概念——更是作为一个以这种尖锐的、刺入的方式攻击他的客体来被体验的。这就像是正在哺育的母亲变成了这个咬人的、攻击性的客体。在这种情况下，Paul 会将自己侵入性的暴力投射到导致这种体验的客体上。

抛弃和死亡

当我宣布自己要休假后，Paul 紧接着总会呈现一些以遗弃为主题的素材，表现出他对死亡的恐惧，也呈现出他深切的孤独感和失去联结的感受。当我宣布我复活节期间不在时，他开始谈论美国，以及它如何是一个比英国更大的国家。他说，它有许多州，彼此相距很远，它们通过非常长的高速公路连接在一起。当我借助这些材料谈到他的精神状态（他担心不能和我联结在一起，而是感到在假期里我离得很远）时，他随后接着说，在美国，城市之间有大片沙漠，如果他去那里，他肯定会带很多水。他补充说，有一种名为秃鹫的大鸟，当你在沙漠中奄奄一息时，它们会来啄你。之后，他看了看自己的手指，注意到手指上有一块块干掉的死皮。这强烈地提示着，他对"内在沙漠"感到恐慌，他觉得自己将在我休假期间处在这个"沙漠"里，更广泛地说，当人们离开他时，他就有这样的感受。他不得不与一种感受作斗争，即在这些分离的时间里，没有任何内部的客体可以支撑他。在他婴儿般的幻想里，这种情况下，他似乎不仅体验着乳房的枯竭，而且乳房以秃鹫般的方式攻击他。同样地，投射元素似乎也参与其中，比如那些他自己撕咬和撕裂贫瘠的乳房的幻想。

在休假前后的时间里，Paul对控制的需求增加了。在某次休假后，他带来一辆无线电控制的小汽车，用控制器开着它在治疗室里转圈。他告诉我，即使你看不到它，你也可以控制它。还有一次，当我离开后回来，他回到他的会面中，谈论他的无线电收音机，以及他如何可以随时与人交谈。

被落下时的敌意

会面结束和休假不仅触发了Paul对被遗弃的恐惧，也激起了他的敌意。会面结束往往会使他呈现更多刺戳和暴力的游戏，并且使他变得越来越"强硬"。这种对分离或另一方离开的敌意对Paul的发展是至关重要的。这让他很难感觉到自己可以以一种充满爱意的、不受伤害的方式离开对方（或治疗师），并且感到自己得到了一些好的且可持续的东西，带着这些好东西，他可以在回归关系的时候心怀感激。

回归 / 回来

因为会面结束对Paul而言感觉像是被抛弃了，他很难感觉到我在乎我们之间的联结，并且会回来。我很容易就被当成了那个残忍的铅笔医生。在整个治疗过程中，当他感到我要抛弃他时，他总是挣扎着无法确定我是否关心他、是否想帮助他。正如另一位病人曾经对我说的那样，总是有一种危险，那就是"在没有得到中失去了已经得到的"。我感觉到治疗的主要任务之一是帮助他不仅体验到关怀，而且当他不在我身边的时候，亦能够保持那些被关怀的感受。这将使他在"空白"中仍旧感受到被抱持，并使他能够以充满爱意的方式回归，这样他就可以自在地再次向我求助了。

一个持续性的内部客体

Paul 以各种方式展现了他如何在"空白"期间支撑自己并试图保持和内化良好的体验。也许最显而易见的例子是关于他收音机电池的例子。这些似乎非常清晰而具有象征性地表达了他对自己内化客体的感受。他经常在来接受治疗时表达，他担心他的电池电量不够了。它们无法保持电量。他会从口袋里拿出电池，把它们放在电暖气上，说热量会更新它们的电量。在另一次会面中，在我宣布我的暑期休假日期之后，他把两个电池叠放在一起，把电池的顶部推向他的舌头。他说这是为了看看它们是否还活着。"它们的电力会变低并逐渐消失，然后你就无法收听任何电台了。"在这个表述中，他表达了自己与我分离的感受，即当他在物理空间上没有和我在一起或者没有和一个照顾者在一起时，他觉得自己内在没有任何东西可以给他力量或能量来帮助他涵容和思考自己的担忧。他没有一个内化的充满活力与经历的客体的概念，而是有一个强烈的母亲/乳房/电池的形象——她/它变得抑郁且即将耗竭，无法保持活力，迫切需要充电。在他脑海中，他几乎不相信有这样的一个母亲，她能够和一个父亲相连，并通过这个父亲的支持而变得更有活力。

和如此抑郁的内化客体在一起，Paul 感到极度的孤单，任由自己被自己的冲动以及内心那个充满了愤怒和嘲笑的小混混所摆布。有好几次，我在同一节会面中目睹了这种抑郁，或"逐渐淡出"的过程。当时，他会精力充沛地开始进入治疗，但在短暂的时间之后就"逐渐淡出"，他的声音变得更轻，他通常会变得疲惫，发现自己越来越不能思考。在其他一些时候，他会下定决心地说，他会来参与下一次会面，并会努力让自己准时，但他总是做不到。

如果在成长中没有被坚实支撑的经历，Paul 很难内化或相信一个给予支撑的客体。然而，在他面对匮乏时，正需要这样一个客体为他守护对美好经历的记忆。这种保存或保持良好经历的能力可以帮助治疗师克服空白或缺失，这种能力对发展有其他重要的作用。

连续感

如果没有这种可持续的核心，就不可能有连续感。尽管外部客体或环境可能会发生变化，但存在的连续性是从内在的稳定感和可依赖感发展而来的，也就是说，是从一个好的内化客体发展而来。如果没有这种存在的连续性，就不可能有历史感或未来感，即对时间的感受。这些概念的发展需要人际联结作为基础，而对于Paul来说，他没有内在的联结和外在的联结去促成他的发展。不仅Paul的外在母亲缺席了，而且他的愤怒把内在母亲撕成了碎片，就像秃鹫一样，这也让他感到自己支离破碎。这一点表现在，Paul不仅很难记住东西，而且很难按正确顺序安排事物。在一次会面中，他表现出这方面的困难，他真的很难记住一周七天、一年十二个月和一年四季的正确顺序。如果没有这种连续性，Paul就无法在自己的个人历史当中感到被抱持。

当他开始谈论祖先时，他似乎正在探索这个主题。他说他不相信我们来自猴子，尽管有些人相信。然后，他以一种最令人印象深刻的方式说，他认识一个有20个祖先的男孩，这个男孩的祖父甚至在第二次世界大战之前就去世了。他说，大多数人的祖先可以追溯到很久以前，随后，他哀伤地说，他没有祖先。一段时间之后，他对诊所大楼的历史产生了兴趣。他想知道是谁建造了这座楼，它又是什么时候被建造的。之后，他对这座建筑的"风格"产生了好奇。

身份认同

这些问题的答案会带来一种身份认同感。但是，如果没有植根于个人历史的感受，那么这种身份认同的发展就会受到损害。Paul就经历着这样的情况。因为他愤怒的感受如此强烈，以至于他的愤怒无法被整合。它仍然是一种分裂的、异己的力量，Paul感到的是被它们所占据。当他和我谈论电影《预兆2》（Omen 2）时，他似乎正在与自己的愤怒作斗争。他说这是关于一个叫Damien的男孩的故事，他其实真的是一只豺狼，但看起来像人。他被送给一个刚刚失去孩子的女人。然后他说，Damien其实是魔鬼的儿子，在他1岁的时候，他杀死了他的母亲。我思虑着Paul是否犹如在他体内有一个Damien那样，经历了他无法整合的愤怒。尽管我没有对他做出这样的诠释。我意识到他所遭受的是真实的匮乏，并不是幻觉，所以如果把这个从游戏中拿出来诠释，他会感到非常痛苦。我感到在这种情况下，只能让他以自己的节奏去看见这些不同部分之间的关联。

当 Paul 谈到另一部电影《象人》（The Elephant Man）时，关于身份认同的混乱和整合层面上的困难进一步在他的谈论中呈现了出来。他说这个故事涉及一个天生畸形的男孩。男孩的母亲在怀孕四个月时被一头野象撞倒。婴儿出生时，一半是人，一半是大象。他有一个巨大的头，半张嘴，一个凹凸不平的鼻子，走起路来很滑稽。他补充说，男孩的母亲在男孩小的时候就去世了，他的父亲也离开了。同样，Paul 在身份认同上的混乱是显而易见的，这些材料表明，在 Paul 看来，这种"畸形"与性交中的暴力有关，阴茎就像一头野生的、受惊狂奔的大象，由此产生了可怕的后代。在他的内在世界，没有一对能够以爱、修复和创造性的方式联结在一起的父母的概念。正如他所说，他的父亲对他的母亲"做了坏事"。

把这样一对恩爱夫妻内化是未来所有整合的基础。因为 Paul 感觉到他的愤怒是如此强大，以至于他感到把他的愤怒与他的温柔和关爱的情感结合或整合是非常危险的。他的这些不同方面仍然没有被整合在一起，这让他没有整合感或认同感。

进步

由于治疗持续进展，治疗设置也没有被击垮，Paul 越发能够和他的愤怒、焦虑和悲伤待在一起。他感到他的敌意和绝望不再像是要压垮他的异己力量。然而，拥有这样的敌意是令人恐惧的，起初，这导致了 Paul 转向与"内在的小混混"的倒错联盟。当我们一起战胜各种危机之后，Paul 越来越意识到他的爱可能会活下来，而我也可能会活下去，并且仍然愿意见到他。这也得益于外部因素，因为负责他的社工决定为他寻找一个寄养家庭。这种日益增长的希望也伴随着抑郁，有时还有绝望，因为希望也带来可能的失望造成的痛苦，以及对未来的担忧。

现在，Paul 带来的素材更加集中在整合的困难及其可能性上。在一次会面中，他带来了两根塑料绳，一根黑色，一根白色。他说，这是一个游戏，你必须把绳子缠绕在一起，看看你能做出什么形状。在这之后，他看着自己的指甲，想着自己如何经常把自己指甲边上的皮肤刮掉，思考着它是如何长回来的，现在柔软的皮肤覆盖了坚硬的指甲的边沿。在下一次会面中，他进来，然后告诉我他（衣服）的一个拉链坏了，他想知道是否可以修理。

深思熟虑的治疗工作

在 Paul 报告的材料中，除了出现这些事物结合或整合起来的主题，也呈现出关于如何缓慢而妥当地完成事情的主题。当 Paul 坐在躺椅上开始检查他旁边的墙壁时，这一点就显现了出来。他经常碰这个墙壁，现在他注意到里面有裂口。他说装修时一定很仓促，因为他敲击墙壁时能听到"凹陷的地方"。然后，他解释了应该如何正确地修复这面墙。他说，如果你真的想去掉那些凹陷的地方，以达到它们在被击中时不会裂开的效果，那么首先你必须把相应的墙面剥下来，要剥到砖面。然后你必须小心地重新涂抹所有薄弱的地方。在这之后，你必须等到它完全干燥，然后刷上底漆，最后再刷上墙漆。这个素材非常生动地展示了 Paul 如何感到自己就像那面墙一样：他早年生活中的裂缝和空洞，以及由此激起的愤怒，感觉就像某种结构性的损伤，只有通过仔细、不急促和深入的治疗工作才能修复。他现在意识到，尽管等待很痛苦，但修复过程不应该仓促行事。我再一次让这些主题停留在隐喻中。

也是在这个时候，他告诉我他已经修好了他的自行车。他说，他已经修好了刹车，并把齿轮装上了。当他被告知有被收养的机会时，他大大地松了一口气，并且认同收养过程需要慢慢地进行。正如他所说，"这一次他们会慢慢来，认真考虑他们的决定"。

幸福的结局

Paul 的治疗在三年后结束。他成功地被寄养在一个家庭里，这个家庭有一个 26 岁的儿子。据说，Paul 和这个年轻人关系非常亲近。他们有着共同的兴趣，都喜欢修理和修复旧汽车。我最后一次听说 Paul 的情况时，他正在做一名汽车修理工学徒。

隐喻的重要性

在这个案例中，游戏的使用是至关重要的。尽管 Paul 开始治疗时已经十三岁，但他依然很容易被玩具及游戏材料所吸引。我们的交流几乎完全是通过隐喻进行的：铅笔医生、汽车、栅栏、橡皮泥、动物等等。这些都是在近乎诗意的体验中用来传达他的想法和感受的。随着年龄的增长，他的游戏仍在继续，尽管它改变了形式。现在，音乐、电影、书籍和漫画、时尚以及对历史和建筑的兴趣承载了他的叙事（Ferro，2008）。我感觉到他最大程度地利用了治疗中的会面来做梦（Ogden，2017）。

为什么治疗有帮助？

Paul 是少数几个我毫不怀疑在治疗中获益的病人之一。但这是为什么呢？我相信我和他都能面对他的愤怒。我曾多次和他讨论过他的愤怒：他对什么感到愤怒，以及这如何影响他的关系；在移情中，这又是如何影响他和我的关系的。在其他时候，我在他的游戏中谈他的愤怒、焦虑和绝望。我把这些保留在隐喻中，尽管有时这么做是没有必要的。

在治疗的早期，我发现如果我把游戏与他及他的生活联系起来，就会引出更具丰富内涵的游戏。从这个意义上说，这更像是传统的分析性治疗。但 Paul 在这方面与众不同。我已经说过，我相信大多数孩子没有能力（"自我功能"）承受直面思考令他们困扰的情绪所带来的压力，尤其当他们接受的是每周一次的治疗时。更好的办法是把它们留在游戏中，我仍然相信这是与儿童工作中需要采取的方式，所以，我在治疗中混合使用停留在隐喻中和诠释，这两种方式可能反映了 Paul 从儿童到青少年的转变。尽管如此，我认为 Paul 表现得很出色，他能够"待在"自己的痛苦里，有时还能直接地理解他的痛苦。我想每周见他三次可能对这方面起到了积极的作用。这种频率更具涵容性，因此在我们之间可以涵容更高强度的焦虑。然而，鉴于 Paul 匮乏和创伤的背景，我只能疑惑他承受情绪痛苦的能力从何而来。这是与生俱来的吗？他能从母亲提供的有限的涵容和调谐中获得很多力量吗？我不知道。

我并不相信 Paul 是因为我准确的诠释而获得了帮助。但这些诠释对我来说很重要，它们让我保持一种理解 Paul 的游戏、故事和人际联系的感觉，它们帮助我组织我的观察，帮助我不感到被压垮。但另一位治疗师，如果他/她有不同的取向，可能会给出不同类型的诠释，我认为这也会有所帮助。我现在不再过于重视洞见的治疗效果。我相信关系性的元素在起着更重要的作用。在这方面，我喜欢和钦佩 Paul 是治疗中最为重要的关系性因素。我不止一次想到这个年轻人有多么惊人的勇气。有时我认为他在情绪上比我更强大。我认为如果我有他这样的成长背景，我就不太可能来接受治疗。这太难了，也太令人沮丧了。我认为Paul在某种程度上理解我的这些想法和感受。他知道我对他感兴趣。我试图思考事件的意义，我试图理解他。我在观察、思考和交谈。我想他知道我了解了他，他也了解了我。

37年前，我结束了与Paul的治疗。他现在应该已经50岁了。我仍然在想他，想知道他过得怎么样。毫无疑问，他很特别，这比一百万次"正确"的诠释更有价值。

（胡彬　译）

第 15 章
青少年

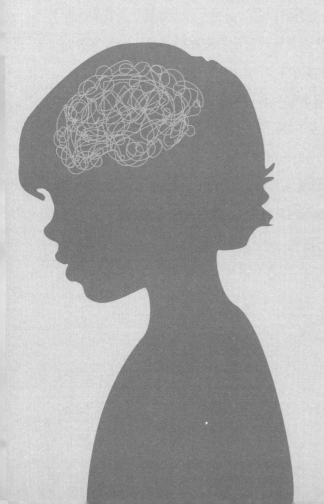

"只有最勇敢的或者是最愚蠢的治疗师，才愿意和青少年工作，因为他们是未成年人中最难工作的群体"。（Spiegel, 1989，p.130）与这个年龄段孩子工作的难点在于，这个阶段的发展特点导致了一些心理治疗技术层面上的差异。12岁左右，孩子们开始面临一些将影响他们余生的变化。正如在第6章中所述，随着自主性和认同感走向台前，对家庭认同带来的安全感开始减弱。婴儿期和儿童期的抱持和涵容逐渐减少。当失去这些外部的抱持时，生命更早期涵容的质量和本质，以及它们在多大程度上被内化和整合进了青少年的自我意识，会被暴露出来。

重要的时刻

青少年的心灵系统承受着巨大的压力，这些压力不仅来自青春期的生理变化，也来自当下社会普遍存在的社会、文化和技术变革。当他们航行在充满变化的汪洋大海，青少年需要早期的榜样作为内心的向导。如果一个孩子被称职、关心和体贴的人环绕，那么他会为这段情感剧变时期做好充分的准备。反之，过去体验过的丧失、忽视、创伤、反复无常和情感迟钝则会让这个发展阶段成为潜在的噩梦，令人痛苦的是，那些建立起安全的、深思熟虑的、整合的自我意识所需要的内在工具会遗失。

从精神分析的角度来看，青春期的困扰与生命早期缺乏涵容有关。一生气就太快被转移注意力的婴儿，或是在愤怒时特别容易被安抚的儿童，会在青春期挣扎于如何涵容和处理他们的愤怒、失败和困惑。他们的情绪系统将无法处理在青春期被唤起的惊涛骇浪。此时所需的"情绪软件"，需要从贯穿于婴儿期、学龄前和小学阶段的无数次情感交流中慢慢建立。这些情感互动让孩子们知道他们的情绪状态是否被敏锐地感知、理解和回应。如果答案经常是肯定的，孩子们就会消化这些时刻，直到这些体验变得根深蒂固，构成他们存在的地基，与他人的情感交流将会被他们体验为自然而有益的。

OTT 和青少年

当一个年轻人进入青春期时，我不知道他/她是否有足够的OTT体验——他/她曾经被观察（observed）、被思考（thought）过或进行过交谈（talked to）吗？父母是否观察到他们的孩子生气、悲伤、恐惧或嫉妒？是否思考过感觉和行为以及它们背后可能的意义？是否能在合适的时间用合适的方式和孩子谈论这个意义？我希望在治疗中，孩子能够充分感受到他们被我观察、思考和交谈的体验，然后这些体验会成为他们处理情绪困难的示范。

虽然这从理念上听起来不错，但是现实中许多青少年并不希望被观察、被思考和被交谈。思考和谈论感受对人的扰动太大了。临床中会遇到的问题是："如何在避免扰动这些痛苦的情况下继续接近它们？"关于这个问题，我认为治疗师最重要的必备品质是灵活性。

灵活性的需求

设置

什么是对青少年最好的设置并不总是清晰明了。要弄清应该给 12 ～ 14 岁的孩子提供什么样的游戏材料尤为困难。有些 12 岁的孩子乐于参与游戏，而有些几乎不碰铅笔或玩具，在整个会谈中都是口头表达。还有些孩子不愿意待在咨询室里，感觉太亲密了，一起散步可能是唯一令他们感觉愿意参与的方式。

要见哪些人呢？

灵活性的另一个重点是："要见哪些人呢？"你是单独见青少年还是连他/她的父母一起见？是一家人一起见，还是单独见父母？这些都没有标准正确步骤。在我的工作中，无论是私人执业还是在公立机构，我通常希望先和父母会谈，特别是当青少年还住在家里时。如果是父母替孩子预约，我会首先见父母。因为是父母寻求帮助，在这个阶段他们（而不是青少年）才是我的来访者。就像对待儿童的父母一样，我认为让青少年的父母在首次接触中感觉到安全和被尊重非常重要。在初始访谈时，青少年在场会让父母感到难以自由和坦诚地发表意见。

见青少年的父母时，我会采用的工作结构和见幼童父母时相同（详见第 4 章）。这让我对青少年的内在和外部世界有一些了解。我会尝试评估冲突在多大程度上是被青少年的内心所感知到的，又在多大程度是被家庭关系所感知到的。如果在与青少年咨询三小节后，我判断目前的问题明显是源于家庭内部，那么就会同时见父母和青少年，或者与整个家庭会面，而不再单独见青少年。

对于结构的需求

在和青少年单独咨询时，我们必须意识到，精神分析的模式——为青少年的动力得到发展提供"开放空间"——可能会特别有威胁性。会谈中缺乏结构会让青少年非常痛苦。这是一个有太多的不确定性的时期，有太多的可能性。只是给予共情性的点头通常不足以帮助青少年参与进来——它的开放性太大了。在咨询开始时，即便是一些普通的问题，如"你最近怎么样？"可能都不具有足够的结构性来让青少年启动。而类似于"这周你都做了些什么？"这样的问题虽然可能更封闭且指向外部世界，但对青少年来说，却是更容易回答的。这种方式让咨询进程开始启动，它是必要的破冰船，让其他材料可以紧随其后进入治疗中。

Jonah

Jonah是一个13岁的男孩，因为父母分开而非常痛苦。他想与我谈谈这个问题，但同时他"不想谈它"。而如果我问一系列常规问题，例如"学校怎么样？""足球队怎么样？""和姐妹相处得怎么样？"甚至包括"和爸爸妈妈关系怎么样？"他就可以更轻松地交谈。在这个结构里我们的工作得以开展。以前我会担心互动质量如同问卷调查一般，而现在我则会感激这种对于结构的需求。

会面频率

灵活性的另一面是"我应该多久见一次青少年？"因为自主性议题，我与青少年持续工作的频率几乎没有超过一周一次的。我也经常以"回顾总结"为基础与青少年会面，每3～6个月只见他们几次。这似乎可以被青少年接受，并为忧心忡忡的父母们提供了一份后备支持或安全网。当父母知道有你随时待命时，他们就感觉不那么孤单。

保密性

咨询师与父母有多少联系，这点也会引发与保密性相关的议题。在试图帮助青少年并关注他们独立于家庭的需求时，我们会有过于排斥父母的风险。既抱持父母的焦虑，同时又不让他们的担忧干扰到和青少年的工作，这可能需要一种微妙的平衡。如第6章所述，我从不做绝对的保密承诺。我会让青少年知道，我会偶尔和他们的父母会面，在会面中我不会透露咨询细节。然而我会告知青少年，如果他们告诉我的信息中有任何我认为有必要让父母知道的，我会告诉他们的父母，但如果我要那么做，我会让他们知道的。在和青少年的持续工作中，临床难点可以分为两类：外部世界的问题和咨询室内的困难。

外部世界的问题

外部世界的问题包括青少年的"见诸行动"以及他们的福祉与安全。在这些情况下，年轻人的情绪困难导致了危及其身体健康的行为：年轻女性患厌食症，年轻男性变得暴力并游走在犯罪的边缘。虽然这些可能涉及社会和文化因素，但非常重要的是，不能忽视青少年内心世界对这些行为的影响：他们正在努力摆脱来自家庭的情感束缚而成为他们自己。虽然整顿外部世界很重要，但如果不考虑内部因素，则可能并不足够。

外界的支持

如果没有来自外部世界中青少年照护人的支持，会很难在心理治疗模式下和青少年工作。对这些青少年进行心理治疗是为了探索和尝试理解他们的情绪与关系以及他们的内心世界，而这只有在安全和有保障的氛围中才能进行。如果来自外界的干扰太大，例如咨询师不得不检查青少年的饮食量或者他们是否上学时，那么咨询师在内心世界方面帮助青少年的作用就会严重受损。当治疗的后果变得过于真实时，治疗师就无法开展游戏了（Vygotsky, 1933）。

临床中，除非有其他人监护青少年的福祉，否则我不会开始和青少年进行个体治疗。例如，我不会见一位有厌食症的年轻女性，除非有另一位专业人员正在监管她的饮食和体重。

Sharon

Sharon，18岁，住在家里且刚开始上大学。从上大学以来，她开始减少饮食并确信自己体重超标。我同意在私人执业的设置下见她，因为当时有另一位专业人员每周检查她的体重，并且有权在她体重到达危险水平时让她住院。这让Sharon和我可以集中精力关注她的感受、她的家庭关系以及同伴关系。经过几个月的治疗，Sharon的确变得非常消瘦，濒临住院，但这是她的医生所必须做的决定。最后，住院的威胁似乎吓到了她，她的体重开始增加。虽然我担心她的身体健康，但是不必承担这一责任让我可以保持冷静，并不会有压力一定要为治愈她的进食障碍做出诠释。

咨询室内的困难

另一个非常困难的工作群体是那些在咨询中要么赤裸裸地敌对，要么无聊至极或极度防御的青少年们。有些青少年非常抗拒心理咨询或心理治疗。他们可能会因为父母或学校的要求而被迫进入咨询，但对探索自己的状态毫无兴趣。这些青少年经常会回答"我不知道"，还有"应该是我父母坐在这里而不是我，有问题的是他们"——这样的说法也很常见。

不愿参与咨询：与父母工作

如果青少年不愿意参与治疗，一般我不会强迫他们。通常我会见父母，或者同时见青少年和父母。Trevatt（2005）描述了伦敦的一项心理治疗服务，该服务面向那些不愿参与咨询的青少年的父母们，他们可以前往一家诊所，而那家诊所就是用来帮助他们思考自己的孩子的，通过这种方式间接帮助那些不愿意接受心理治疗但又深感困扰的年轻人。Trevatt的工作突出了与抗拒咨询的青少年的父母开展工作的巨大价值。这些父母经常会被青少年强烈的投射"狂轰滥炸"。如果他们能被抱持，他们就能够更好地抱持青少年。我和父母的工作频率有可能是每周、每月、每学期一次或根据需要而定。在这项工作中，我会帮助父母进行观察、思考和交谈。我想帮他们理解青少年的困难行为可能意味着什么，并与他们一起思考要如何应对。如果青少年父母来电要让儿子或女儿前来接受治疗，我会先询问这位青少年是否愿意来。如果不愿意，我会尽量灵活处理，看看还能提供什么帮助。这位青少年是否愿意作为家庭的一分子和全家一起前来，或者只是和父母一起前来咨询？如果仍然不愿意，剩下的唯一选择也许就是与父母工作了。

P女士

P女士来电，想让16岁的女儿来接受咨询。她女儿愿意来单独咨询吗？P女士说愿意。但是，随着约定时间的临近，她女儿改主意了，并且说不想参与到咨询中。鉴于这种情况，我单独见了P女士。

P女士是一位单身母亲，她对女儿的担忧包括女儿的性行为、吸毒、在派对上逗留到很晚，以及对母亲有言语及身体层面的攻击。P先生和P女士八年前分开，父亲和女儿几乎没有联系。听着母亲的讲述，很显然这个女孩因为父亲不想见她而感到既沮丧又愤怒。

青春期之前，女儿一直是非常乖巧的孩子。当我和母亲一起思考，我们认为女儿的性行为是为了接近异性，并确认自己是"被渴求的"。这种洞察并没有让滥交停止，但是当P女士理解了行为背后的痛苦时，就不再那么惊慌失措了。我们还讨论了当女儿晚归时，母亲给女儿打电话是多么重要。我们觉得这样做涉及了女孩不知道自己是否真正被喜爱的议题。女孩曾经因为接到母亲的电话而生气，但从未关机过。我们认为女孩需要自己的空间，但是在另一个层面上，重要的是让她知道母亲在想她，但并非在打扰她或者强烈要求她回家。我们用"宽松的绳子"来比喻P女士如何既与女儿保持联结，同时又不会苦于因为盯得太紧而被女儿拒绝。

聊天的重要性

虽然有些青少年对心理治疗完全抗拒，也有些并非完全如此。有些年轻人在回应有关家庭、关系或担忧的问题时惜字如金，但是他们愿意"聊"其他议题。事实上，这些年来我与青少年的工作变得越来越像聊天。我不再硬聊那些严肃的议题。这听起来可能像是我在回避这些议题。可能有时候是这样，但是现在我明白，（青少年）和我在一起时必须感到安全。正如 Harry Stack Sullivan（1954）所指出的，如果谈话让人更焦虑，那就应该远离它。这种工作方式引出了心理治疗中最重要的一个技术问题，即如何处理焦虑，而这对最难以工作的青少年群体尤为重要。在他们抗拒的背后是对情绪和关系的强烈焦虑。

在 Klein 学派的受训让我觉得处理焦虑最好的方法是给它命名，用语言表达它，让它可以被思考。从理论上讲这很合理，但实践中似乎让很多青少年更加不舒服，最终产生更多的防御和阻抗。这些经验让我开始关注 Alvarez 和 Pine 等人的理论，他们理解某些患者的脆弱，并且知道在和这些人工作时如何进行技术调整。给需求而不是焦虑命名（Alvarez），或者"支持"防御的技术（Pine），是和青少年工作时常用的技术调整（见第 11 章）。Wilson（2020）在关于青少年阻抗的讨论中强调了与青少年"相遇"的必要性。这是一个更偏向支持与关系的立场，并警告过早或过于频繁地进行诠释是危险的。

最近几年我越来越少使用诠释了，并且发现这样可以更适应和抱持那些不合作和防御的青少年。我现在会寻找"钩子"，即那些可以引起共鸣的领域或隐喻，以便在没有威胁的情况下进行交流。现在"聊天"有了不同的含义：它是青少年的游戏。在"聊天"中，我相信我们在谈论和探索非常重要的关系议题，但是这些议题安全地被隐喻所替代了。重要的是，我不再觉得必须总是要把这些议题从隐喻中提取出来，并与青少年的实际生活相联系。我对各种各样的事情进行了许多详细而生动的讨论，而对青少年混乱的世界则很少主动谈论，除非他们自己提及那些部分。

Edward

几年前，当我和 Edward 工作时，我开始使用上述这些方式。Edward 14 岁，非常难以相处。他一出生就被收养，因为在家中的暴力行为而被转介来咨询。尽管他可以表现得很有魅力，父母还是担心他在学校里被孤立。初始访谈时，我试图和他聊聊在家里和学校里的人际关系，但是毫无进展。他只会用一个字回答我，而且并非发自内心。我开始意识到，越提这些事他就会越焦躁。我说话时，他愈发坐立不安，在房间里走来走去。我意识到自己必须退后一点，不要那么有侵入性。当我这样做的时候，他开始说话了。接下来的18个月里，我听到了《星球大战》的大量细节，关于善与恶、激烈的斗争、欺骗与嫉妒、Darth Vader的人生以及他与儿子Luke Skywalker的关系。我能看出其中有些主题和他的生活有关，但他（通过说"闭嘴！"）明确告诉我，他不想听到这些事和他有什么关联。所以我只是倾听并思考着这些主题。后来，他允许我问一些和《星球大战》有关的问题，比如Luke不知道他生父是谁是什么感觉。但是我们从来没有谈过这些主题和他的关系。尽管如此，他在家里和学校里的行为都有所改善。

尊重防御

我发现即使不做诠释，青少年也能取得进步。我一直在想为什么这么做也有效果。首先，我意识到我做的诠释会很容易被体验为攻击或者暴力入侵。使用隐喻可以尊重青少年的防御结构。这些防御对于抱持青少年的整体而言是必需的，它们可以促进青少年的发展，而不是阻碍它。

不稳定的出席率

理解防御的价值涉及青少年咨询的常见问题，即不稳定的出席率。虽然这对治疗师来说可能是有破坏性的，但当青少年感觉与治疗师关系过于亲密时，减少接触可能是必要的。不稳定地出席还可以让青少年感觉他们是掌控着咨询会面的。我想这对青少年而言非常重要，因为青少年需要感觉这些会谈是"我的"，而不是"我们的"。"我们的"会威胁到自主性和认同。如Winnicott（1971）所指出的那样，从"我的"到"我们的"的转变只会发生在当占据感刚刚出现的时候。而在咨询开始时，青少年需要感觉到他/她"占据"着这些会谈。

▎对隐喻的涵容

停留在隐喻中可能是有效的，因为它是如此具有包容性。让青少年在隐喻中尽情挥洒时，你不仅是在听那些故事，也在允许投射并且涵容那些投射，而不是以干预的形式过于快速地反馈回去。这样青少年可以安全地"存在"，从这个位置去探索自己是谁。这种对涵容的理解也解释了为什么有些青少年会在似乎没太大进展时仍然继续前来咨询。治疗师可能想知道为什么他们会继续来。这也许是因为青少年和治疗师的互动变成了"游戏"。Markman（1997）认为青少年不用玩具游戏，但他们在互动中玩游戏。他认为他们在行为中思考，而这些行为是通过和治疗师的互动表达的。治疗师可能被要求抱持无聊、困惑、虚弱和愤怒的感觉。这些看上去"什么都没发生"的会谈可能是非常有效的涵容形式。现在，即便我觉得没有进展，如果青少年想来，我就不愿意停止治疗。

洞见和青少年

和青少年工作时，相比洞见，我更强调治疗关系。青少年当然有洞见，但是我认为这对治疗的变化并不重要。事实上，治疗师越是努力让青少年有洞见，就越难让他们真正参与到咨询中来。洞见是重要的，但这是对治疗师而言，而非对青少年而言。治疗师要运用自己的洞见，不是为了给出诠释，而是为了帮助自己处于一个更合适的位置，以便与青少年建立更协调、更适应的关系——这可能意味着不给诠释。从这个角度讲，洞见和治疗关系是密切相关的。

见诸行动

与青少年保持"游戏般"互动的困难之一是在他们的外部功能爆发紧急情况时，治疗师可能会承受来自青少年照料者的巨大压力，被要求直接解决这些让人不安的行为。谈论电影或电脑游戏可能是挺好的，但是如果收到父母的信息，称青少年因为暴力攻击老师而被学校开除时，治疗师该怎么办？更让人不安的是，青少年可能会出现完全出乎意料的自杀尝试，而在治疗过程中却只字未提（Briggs, 2008; Goldblatt et al., 2015a）。在这些情况下，停留在隐喻中会让人觉得是个可怕的错误；作为治疗师，你会担心长期以来你和青少年的聊天只是令人愉快却流于表面的消遣。会有这样的反应在所难免，但于事无补。

在治疗中，无人能确保青少年不会做出一些危险和有破坏性的行为。青少年特别容易冲动行事：大多数青少年活在当下。双轨思维——一边感受着"感受"，一边能思考这些"感受"（Alvarez, 2007）——可能会被性、攻击或绝望的激增所摧毁，从而导致暴力或自杀行为。这种见诸行动的倾向是和这个年龄群体进行治疗工作的困难之一。和青少年工作的治疗师必须接受这一点，否则他们很快就会在内疚、绝望和无助中耗竭。停留在隐喻时要时刻牢记这一点。认为和这些问题正面交锋，向青少年直接提及这些令人困扰的行为和感受，就能阻止见诸行动，这种想法是荒谬的，我的经验并非如此。

处理这些议题时要有灵活性。如果你和青少年都知道他/她已经企图自杀或恶意攻击他人，那么停留在隐喻中或者谈论电影当然是愚蠢的。这种行为不容忽视并且必须设法解决。但是在哪个层面解决呢？显然，必须讨论和探索青少年发生这种行为时的感受和可能引发这种行为的原因。然而，治疗师不能也不应该审问青少年。

尽管围绕着青少年可能发生了许多戏剧性的事情，但治疗师仍需为青少年能拥有安全的"游戏"空间而努力。做出有关药物治疗、住院治疗、警察干预等的决定不应是分析治疗师要承担的责任。治疗师对青少年主观体验的关注，并不能让他们有能力就这些事情提供建议。治疗师要向青少年的家人和外部权威明确表示，心理治疗是尽量帮青少年找到能够处理他们强烈情绪的方法，而青少年越能安全地探索这些情绪，他们就越不容易在绝望中爆发或者崩溃。

外部环境不能也不应该让心理治疗来保证青少年的安全。治疗本身没有那么强大有力，需要执行外部的策略来涵容和保护青少年。在这些情况下，只有理解、没有管理是不够的。

尽管治疗师不应直接参与这些外部管理，但即便是和青少年单独咨询，有时候治疗师同时见青少年和父母也是有帮助的。这时候治疗师的作用是帮助父母和青少年能思考彼此的立场。这可能会达成一些有助于涵容危险或不可接受行为的约定。不过只能偶尔为之。如果治疗师认为有必要与青少年、父母或者家庭其他成员进行更加持续的工作，那么最好由另一位治疗师来进行那些部分的工作，以保护青少年与个体治疗师的独立空间。

▌自杀

和青少年工作时，自杀风险永远无法彻底消除。这是和这个年龄段的来访者工作时特别有压力的一个原因。因为青少年倾向于活在当下，几乎无法预测青少年是否会自杀。青少年可能并没有（就算有也很少）表现出想要自杀的迹象，但是当强烈而突然的绝望袭来时还是可能会自杀。当然，如果青少年有过被帮助处理这种感觉的经验，这种情况就不太可能发生。Laufer（1995）提出，可以把自杀行为理解为一种精神病性的时刻，在这种时刻，为了摆脱精神上的痛苦，青少年除了结束自己的生命，别无他法。Goldblatt 等人（2015）认为，相比之前所知，最近的研究表明，来自同龄人的压力，特别是网络压力是造成年轻人自杀的更主要的因素。他们认为在心理治疗中探索青少年的同伴关系，尤其是涉及网络参与的关系，是非常重要的。

▎精神科的支持

和青少年工作的治疗师必须保证自己有一些来自精神科的支持。如果治疗师参与了对青少年外部世界有直接影响的外部事件，他就无法充分确保治疗中的"游戏性"。然而，什么时候寻求精神科支持可能是特别棘手的问题。决定对公开谈论自杀的青少年进行精神科评估相对容易，更困难的情况则是当你并不确定青少年是否试图自杀的时候。谨慎行事当然有可能会搞错，任何抑郁症的迹象也都可以用来要求进行精神科评估。

这样谨慎可能是要付出代价的。青少年可能会把治疗师请求精神科干预看作治疗师受到了惊吓，无法涵容他/她的悲伤或绝望。我以前见过的一个年轻人就是这样。当时我表达了对他的抑郁的关切，并且认为他应该去精神科医生那里看看是否需要更多的帮助。他勃然大怒，再也没有回来。如果当时我不这么做，可能会在很多个周末忐忑不安，不知道不去寻求精神科支持的决定是否会导致一个年轻人的自杀。这些情况并没有明确的准则，与同事或者督导讨论这样的案例可能会有所帮助，但是最终，如果你在精神分析模式下工作，就必须承受不确定性和情感痛苦，在与青少年工作时，这是特有的和普遍存在的。

要点

- 青春期始于婴幼儿期。管理青春期的情绪剧变要从学龄前和小学阶段开始就打好基础并持续下去。
- 学龄前时期已经建立了可以处理青春期情绪波动的"软件",这一"软件"包括 OTT—被观察、被思考和敏锐地交谈。
- 从技术上讲,治疗师在处理设置、会谈频率、是否以及什么时候见父母和咨询中的结构性这些议题时必须非常灵活。
- 因为受到监护,青少年不能享有完全的保密。
- 和青少年工作时常有非常强烈的移情,可能会导致治疗的突然终止。
- 因为青少年日渐独立,很难有长程咨询。
- 有外部世界的问题存在时,治疗师需要让其他人来处理这些问题。
- 青少年不愿意参与咨询时,最好和父母工作。
- 在隐喻中与青少年工作是非常重要的方式。它威胁性小,可以让青少年游戏/做梦。
- 与青少年聊他们感兴趣的事情可能是一种有益的"做梦"形式。
- 青少年更愿意听你指出他们的需求,而不是他们的焦虑。
- 青少年在刚开始的时候必须感觉到他们"掌控着"咨询。这可能表现为不稳定的出席率和准时性。
- 和青少年工作时,治疗关系远比洞见更为重要。
- 与青少年工作的治疗师必须对突然的见诸行动做好准备。
- 何时为青少年寻求精神科支持可能是一个棘手的问题。

问题

- 青春期的哪些特征让这个阶段的心理治疗变得尤为困难?
- 与儿童相比,和青少年工作有什么不同?

推荐阅读

Bailey, T. (2006). There Is No Such Thing as an Adolescent. In *A Question of Technique*. M. Lanyado & A. Horne (Eds.). London: Karnac.

Briggs, S. (2008). *Working with Adolescents and Young Adults: A Contemporary Psychodynamic Approach*. Basingstoke: Pelgrave.

Briggs, S. (2017). Practitioners' Experiences of Adolescent Suicidal Behaviour in Peer Groups. *Journal of Psychiatric and Mental Health Nursing*, *24*(5), 293–301.

Goldblatt, M., Briggs, S., & Linder, R. (2015). Destructive Groups: The Role of Projective Identification in Suicidal Groups of Young People. *British Journal of Psychotherapy*, *31*(1), 38–53.

Goldblatt, M., Briggs, S., Linder, R., Schechter, M., & Ronningstam, E. (2015a). Psychoanalytic Psychotherapy with Suicidal Adolescents. *Psychoanalytic Psychotherapy*, *29*(1), 20–37.

Grunbaum, C., & Mortensen, K. (2018). *Psychodynamic Child and Adolescent Psychotherapy*. Oxon: Karnac. See chapter 8.

King, R., & Apter, A. (2003). *Suicide in Children and Adolescents*. Cambridge: Cambridge University Press.

Waddell, M. (2005). *Understanding Your 12–14 Year-olds*. London: Jessica Kingsley (Tavistock Series).

Waddell, M. (2018). *On Adolescence: Inside Stories*. London: Routledge. See especially chapters 8 to 12.

Wilson, P. (1987). Psychoanalytic Therapy and the Young Adolescent. *Bulletin of the Anna Freud Clinic*, *10*(1), 51–79.

Wilson, P. (2001). I Don't Know. *Journal of the British Association of Psychotherapists*, *39*, 166–176.

（周洁文　译）

第16章
结束治疗

如何判断治疗是否有效以及何时该结束治疗呢?

简而言之,我们永远无法得到确切的答案。如果你非要获得对自己工作成效的绝对的确定感,那么你就将陷入对理解和治疗模式的纠结中。深度地理解另一个人是一项近乎不可能完成的艰巨任务。要完全确定这个人已经发生了改变,且确切地知道是哪些因素引发了这些改变,则是更加困难的事情。

绝大部分儿童心理治疗师一周见儿童一次,在公立机构中一般会持续一年,在私人执业的情况下则可能持续更长时间。除非心理治疗师是在特定的心理治疗机构工作,不然他/她很少有机会能和一个孩子工作超过50或60个小时。从机构运营者的角度看来这已经是很长的一段时间,但若要尝试帮助一个儿童探索真实的自我,这却依然是极其有限的一段时间。

另一个方面的问题是,无论与儿童工作多久,儿童始终处于不断发展的阶段。我们永远没法确定到底是治疗给儿童带来了改变,还是其所处发展阶段自然带来了成熟。当然,这方面也并不全是凭空想象的。我们可以期待的是,儿童治疗师比路人更有可能理解所发生的改变。但如果你在或长或短的时间里想应用这些心理治疗模式,就必须做好心理准备:有时会怀疑这些都是无用的垃圾,但又不时地保有信念,相信它是极少数真正能理解和影响儿童发展的路径之一。

尽管不可能对儿童心理治疗的有效性全然保持客观,但梳理一下相关的各种思路,还是可以总结出几点通用的指导方针,以下四个方面可以用来评估儿童是否准备好结束治疗:

- 游戏
- 移情
- 对治疗中各种扰动的反应
- 外部功能

游戏

真实游戏的证据

关于游戏的一个显著因素是"是否有鲜活的情感",我称之为"真实游戏",随着治疗的进展，我们会去留意这种状态。在具有鲜活情感的游戏中，儿童会有自发性和愉悦感，这意味着儿童正在探索内在的心理世界。正如 Winnicott 所述，治疗的目的是帮助一个人有能力"玩耍"。在临床中，它意味着儿童的游戏有了多样性。在节奏感的层面上，游戏展现出了活力但并不匆忙。在游戏不断演化时，不同空间都被填充，这些游戏通常还有一定的结构和能被跟随的故事情节，游戏中存在稳定性，儿童的焦虑感在游戏的象征意义中得以涵容和处理。

游戏的内容

游戏的内容同样需要被考量：游戏是仍然充满暴力的攻击、怪兽、可怕的悲剧、破坏和剥削的主题，还是更频繁地出现"好人"的主题或发生好事？游戏中的人物被拯救了吗？东西被修复了吗？有没有出现希望和满足的迹象？我最早期的某个儿童案例里，关于她宠物狗的故事在数月中几经转变——开始时是一只会咬人和在屋内大小便的小狗，后来逐渐有了朋友，接着则变成了一只能在规定的时间与地点大小便的小狗。在 Paul 的案例（见第 14 章）里也有越来越多正向的内容浮出水面，比如他告诉我他的自行车的齿轮被修好了，以及如何可以恰当地修复一些有缺陷的搭建工作。

无意识的证据

我很少会直接跟一名儿童讨论，他/她的感觉有没有好一些，即便这的确是研究人员用来衡量干预效果的方法之一，但得到的往往是非常意识层面的回复。尽管这无可厚非，但儿童治疗应聚焦于儿童的内在世界，专注于儿童的深层情感、态度和焦虑，这使得分析性儿童治疗师能够突破儿童意识层面的回复。深层改变的证据可以在儿童的游戏中被看到，因为真实游戏不会说谎或被歪曲，而是儿童内在世界的一个映射。游戏中出现持续正向的、非过度理想化的人物主题或互动，可以令人确信孩子已经发生了改变。近些年来，在何时与儿童和青少年结束治疗的问题上，我越来越多地相信自己的"第六感"。当然，就像任何观念和决定一样，它将受到我自己的无意识的影响，但如果你重视"无意识对无意识"的沟通的话，就必须考虑使用你自己的直觉了。

移情

衡量改变的另一个主要的分析性指标是移情的性质和质量。儿童能不能把你体验为你本来的样子，能显示出他们之前受到内在驱力推动而造成的扭曲意象是否已经发生了改变。在儿童的主观世界里，是否依然把你体验为不是全好就是全坏？是否依然对你充满警惕？儿童看起来是不是还很生气或容易被激惹？他们是否还在寻找你同时在与其他儿童工作的蛛丝马迹？他们在咨询中是否显得控制欲很强或难以满足？儿童的态度和与你连接方式的改变是最决定性的，因为它是第一手资料，以分析性的视角来看，没有比它更具说服力的证据了。

和Klein不同，我不认为让一个孩子准确说出他们的问题、获得可言语化的领悟是必须的，我更看重会谈中发生的关系层面的改变。检视治疗室里的情感发生的变化，可以作为移情发生改变的证据。和一名儿童待在一起是否变得容易了？是不是真的令人愉快？移情和反移情都要被考虑，这里指的不是某个孤立的事件，而是一种持续的连接方式。

Gary

16岁的Gary最初让人倍感焦虑，治疗中有很多令人尴尬的沉默，和他工作也令我感到有压力。他会谨慎且详尽地叙述一件事，要是我鼓励他多说一点，他就会生硬地拒绝说"我不知道"。六个月之后情况发生了变化，且不说他谈及的内容发生的改变，我和他共处一室的感觉也变得轻松了许多，他不再生硬地回应我的反馈，我们也都可以舒服而自然地沉默。

对治疗中各种扰动的反应

对中断的反应

在治疗中，儿童对中断的反应是与移情和反移情的变化相关的，最常见的中断就是假期——不管是儿童的还是治疗师的。判断儿童是否准备好结束治疗的指标之一，就是看他们如何理解和应对这种连续性关系中出现的中断。在休假的具体日期明确之后，儿童的说话方式或他们与治疗师的连接方式是否发生了改变？被剥削或抛弃的主题有没有开始浮现？你是否开始听到关于有人在沙漠里迷路或饿死的故事，或者某些物种灭绝、汽车耗尽燃油抛锚的情节？游戏的质量也可能有变化，比如是否变得更脱节或者气死沉沉、没有新意？你们之间变得更有距离感，甚至失去联结了吗？他们有没有暴躁或咄咄逼人？对于可以考虑结束治疗的儿童，面对中断，我期待看到的是一些悲伤、愤怒或焦虑的信号，而不是上述那些充斥于会谈中且持续相当长时间的反应。

休假回来之后的状态也有助于评估儿童是否可以结束治疗。儿童还能对治疗或治疗师保有好的感觉吗？中断有没有引发被抛弃或忽略的感受，令儿童重新体验到了愤怒、受伤和被拒绝？

即便重要他人不在场也能对其保有正向的情感，这是另一种对从偏执－分裂位摆荡到抑郁位的描述。在 Klein 学派的语境中，如果儿童有能力耐受抑郁性焦虑，可以忍受丧失的痛苦、直面缺失和匮乏，就证明他已经内化了一个稳定和支持性的好客体。在一段时间内若能够持续获得这样的证据，意味着这名儿童已经准备好结束治疗。

能够带着"抑郁位"（用来描述更为现实地看待世界的状态，但似乎字面意思并非如此）的眼光来看待这个世界，显示出这名儿童有能力待在矛盾的内心状态，而不至于退行到原始分裂水平的"极好与极坏"。即便有时会生一个人的气，但还是可以觉得这个人总体是好的，与此同时，这样的儿童更可以欣赏自己和他人身上好的部分，也更容易体验到感激和正向的共情。伴随着这种状态的是儿童日益增长的对自身行为负责的意识——如果做错了事，儿童有能力耐受这个结果，并不会因为内疚太过强烈而需要否认；甚至，内疚能激发补偿行为，让儿童有能力真诚地说出"对不起"，接着会想要把事情做得更好。

Deborah

Deborah 是一个喜欢画画和涂色的 8 岁孩子，在最初几个月的治疗中，这是她的主要活动。她会非常细心地画各种房子，总担心房子的左右两边不够对称，会准确地标注出每一边的高度。她会花很长时间给房子上色，小心地不涂到线条外面。然后她会剪下她画的房子并把他们粘贴到另一页上去。同样的程序也重复用在她画的树、花和太阳上。然而，在最初数月中，一旦她在剪的时候出现任何小失误，比如没有完全沿着她画的线条，她就会把它揉成一团扔进垃圾桶，然后一切从头开始。

在治疗临近结束的阶段，她明显变得更能够耐受自己的"不好"。她不再必须测量房子两边的高度，涂色的时候也更加随意轻松，就算涂到了线的外边也不会生气了，而是找橡皮擦掉。在她剪坏了的时候，她只是简单用胶带修补一下而不再丢弃它。她已经更多处在抑郁位来体验这些活动了。

对反馈和诠释的反应

儿童准备好结束治疗的另一个显著指标是他们对治疗师所做反馈的反应。当治疗师提到游戏或移情中的焦虑、愤怒或悲伤时，儿童是否会被激发起防御性的反应？还是觉得这是一个可以和治疗师一起思考的议题？处于偏执-分裂位的儿童或许会把治疗师的反馈体验成批评或羞辱，而处于抑郁位的儿童则能够看到那只是治疗师给出的某种看法。还不太会说话的儿童对治疗师的反馈或许没法直接回应，但有可能把它融入自己的游戏中，这说明他们能够去理解、消化治疗师的想法了。

Gregory

在 Gregory 的案例里，我们可以看到还不会说话的孩子是如何理解、消化治疗师的言语的。在他的治疗师离开两周后，5 岁的 Gregory 在治疗室里搭建起一些围栏并开始给小动物们分类，他的动作变快，放动物的时候显得有点粗心，所以每个围栏都有点混乱。他的治疗师模仿动物们的口吻说，"它们不知道发生了什么，也不知道该去哪个围栏"，与此同时，他在纸上用胶水画出圆圈，在胶水圈上撒上小亮片，再擦去没有亮片可黏的胶水，展现出一个小亮片构成的圆圈。在这个案例里我们可以看到，治疗师说出了失落和混乱的感受，Gregory 听到了，并在游戏中表达出了失整合的感觉（小亮片）和被涵容的需求（胶水圈），或许也是在表达，在治疗师离开的两周里，他感受到了不被涵容的感觉。

外部功能

尽管行为改变并不是分析性工作的首要关注点，但也不能忽略行为所呈现出的问题，毕竟这是使父母把孩子带来见治疗师的原因。极少数父母会为了让孩子拥有丰富且饱满的情感体验而来。父母的要求一般是不要和兄弟姐妹打架、不要在学校打架、交几个朋友、在家能自己上楼、不害怕黑屋子等。不能忽视这些行为主义的视角，即便分析性工作的目标是理解行为背后正在发生什么。因此，另一个结束儿童治疗的决定因素就是，那些显性的行为问题得到改善或彻底被解决了。

总体情感功能

除了那些行为上的改变，儿童在面对外部世界时的总体情感功能同样需要被考量。Freud 的论文《抑制、症状和焦虑》（Freud，1926）提醒治疗师们，考虑儿童个性的抑制或约束，与考虑症状和焦虑是同等重要的。儿童治疗师要考虑这孩子是怎么睡、怎么吃、怎么如厕的；还要考虑他的健康状况，与家人、老师和同伴的关系；他是否具有参与其中且玩得开心的能力也很重要，因为这些都是儿童总体情感功能的显性指标。

比起狭隘地聚焦于呈现出的问题，儿童还有更广泛的议题值得关注，但这种更普遍性的视角可能成为父母与治疗师之间张力的来源，尤其涉及该不该结束治疗的问题。看到孩子不再在学校打架惹麻烦，父母或许会感到高兴，而治疗师则可能把这种变化看成儿童情感功能受到更多抑制的结果。父母想要结束治疗，治疗师认为还应继续。这些不同的视角应该在治疗开始之初就被讨论，治疗师有责任让父母明白，治疗不仅仅是针对症状的，还应关注总体的情感功能。

行为和情感功能不一致的现象不仅是治疗师和父母之间张力的潜在源头，也是治疗师面临的一个问题。比较理想的是行为和情感功能都得到改善，很多案例的确如此，但行为的改善也有可能并未伴随着情感功能的提升，反之亦然，两种情况我的确都遇到过。

Judith

9岁的Judith有尿床和头痛的躯体症状，经过6个月的治疗后，她的父母报告说症状已完全消失。然而在治疗中，Judith在游戏时仍然十分局促，在和我的关系中依旧继续保持高度警觉。我看不到任何情感功能有所提升的迹象。

Brian

6岁的Brian因为在家爆发强烈的情绪而被转介过来，12个月的治疗后，他的父母报告说他比之前更糟糕了。然而，在和我的游戏中他却变得稳定起来，协同合作的主题取代了激烈的竞争。在治疗室里，他放松了很多，并且愿意告诉我他游戏中不同角色的感受。在移情中，他不再控制，也不再需要用出格的行为吸引周围人的注意。

我无法解释这类案例为什么会这样。在Brian的案例里，由于行为没有改善，他们开始接受家庭治疗并取得了进展。那么家庭治疗是否应该成为首选呢？我不知道！我确定感受到的是，他在与他的内在议题抗争，我也认为，正是由于个体治疗，他才更为开放并有能力从家庭治疗中获益。但在这个案例里，我确实没能理解他的家庭带来的张力，如果在最初就能把家庭系统纳入考量可能会更好。

在Judith的案例里，尽管我对她的情感状态还有很多顾虑，她的父母还是终止了治疗，他们看不到任何值得继续的理由，对取得的进展感到满意。我建议他们要留意孩子的情感功能，但是我感到他们没有听进去，我也对她今后的发展感到担忧。

这些例子凸显了与儿童和青少年工作的复杂与困难，治疗中增加了一个维度，即父母与其他家庭成员强大的现实影响力，这一点在与成人的心理治疗中通常是体验不到的。这些案例让我觉得我应该见整个家庭，和孩子的工作只是系统性工作中的一部分。但与此同时，我也意识到，如果我见的是整个家庭，我就没机会把儿童作为一个个体去了解，也不会试着去理解他/她体验这个世界的独特方式。我依然认为这是重要的，且很多时候是治疗所必需的。

如何结束

如果决定治疗要结束了，该如何操作呢？和谁说？什么时候和儿童说？怎么说？接近结束阶段的治疗会有什么不同？

和谁说

基于我尊重父母的理念，我通常会在和孩子提出之前先和父母讨论。我相信，结束治疗的决定应该是由父母和治疗师共同做出的。儿童没法做出这个决定，也不该被要求来承担这个责任。尽管处于青春期的青少年有时会用脚投票，但我仍然会坚持，决定结束治疗的权力和责任不该落到他们手中。父母需要得到支持，鼓励那些不情愿参与的青少年继续参与治疗。

什么时候说

我会在与父母的常规会面中开始讨论结束治疗。如果儿童在咨询中和生活中都进展顺利，我会建议父母开始考虑结束治疗，但先不设确定的结束日期。在这个阶段，我会提醒父母同时考量儿童内在和外在的改变，如果情况持续地改善，且正向的改变具有稳定性，那么在下一次与父母的常规会面中，我们就将设定具体的结束日期。我会请父母允许我来告知儿童这个日期，我可能会这样和儿童说："爸爸妈妈和我讨论过了，我们都觉得你很快就不需要再来见我了，我们想定在某某日期，那次之后我们就不再见面了。"我会在一节咨询的开头讲这番话，以便有足够的空间去体验他们的反应。

这个留出空间的原则同样适用于决定我们给结束阶段留多长时间。如果给儿童一个很长的准备阶段，比如6～12个月，结束带来的冲击可能因为离得太远而被淡化，而且，总想着治疗即将结束，也会对尚在进行的工作产生破坏性影响。显然，结束阶段要能充分探索和考量儿童对结束的反应和感受。我通常的做法是提前大约三个月告知，结束日期一般与学期末或者假期相一致。部分治疗师不建议在学期末的时候结束治疗，我不认同这种观点，大部分儿童会把心理治疗和学期安排联系起来，所以在同一时间结束看起来会比较自然。

在告知结束日期的时候，我一般还会给儿童一张表格，这张表格和儿童之前拿到过的、贯穿在整个治疗中的假期表格类似。我会给小于八/九岁的儿童一张画有圆圈的纸，代表我们剩下的会面次数，对大一点的儿童和青少年，我会给他们在纸上写明结束的日期和还要会面的次数。共有两份这样的表格，一份放进信封让儿童带回家，另一份可以放进儿童自己的小盒子里。这种倒数结束时间的具象化仪式，有助于帮助孩子维持好时间框架。在我告知了结束日期并给了表格之后，我并不会在每一节都向儿童强调此事，如果他们想去忽略，我就会试着去理解这意味着什么。有些儿童每做完一节就划掉一个圈圈，而有些则从不谈及这些日期。

设定好结束日期后，和儿童的工作就很难不去涉及关于结束的议题了。"无忧无欲"的状态会被拉扯到极致。我尽量在结束的那节中不表现出任何不同，试着忍住想要去总结整个治疗过程的冲动，不给他们提供某些简单易行的启示。我试着不去远离那些可能令儿童感到不安的领域。我不得不跟这样的念头斗争："时间所剩无几，现在不是让儿童痛苦的时候。"我还得跟内疚感做斗争，因为觉得自己做得还不够，即便大家都觉得治疗卓有成效。我还要忍住不去过度强调儿童积极的一面，不去试图安慰自己和儿童说，"治疗结束后一切都会好起来的"。

努力保持全然地"临在"，同时又觉知到治疗即将结束，要平衡两者是很困难的。我努力秉持的信念是，治疗进程会自然而然地允许议题浮现，我不需要刻意去寻找关于结束的主题，而只需跟随各种主题的自然浮现。具体操作起来，这并不容易。我会尽量悬置对结束的感知。从其他的结束案例中我能感受到，抛弃、愤怒、悲伤和嫉妒的主题始终会在这一阶段浮现，治疗的结束是一种丧失，这种丧失会以不同形式的焦虑反映出来：感到分崩离析；失去应对的能力；迷失方向（不整合/解体）；感到被欺骗，似乎相信一切还会延续下去（偏执）；对被抛弃的愤怒和受虐的感觉（偏执-分裂）；认为是自己的贪婪导致了治疗的结束，因而悲伤和内疚（抑郁）；觉得治疗结束是因为治疗师找到了比自己更有趣的小朋友，感到嫉妒和竞争（俄狄浦斯情结）。

Joanne

Joanne是一位我见了18个月的7岁孩子，她把我们俩的最后两次会谈安排成了茶话会，有漂亮的蛋糕、饼干、饮料和糖果，她作为女主人招待了我。当我接过假想的糖果时，我没有带着兴奋参与其中。相应地，我谈到了快乐与美好的事物有多重要，但或许这只是为了不去想悲伤的事情，比如治疗的结束。我和Joanne工作了足够长的时间，我能感觉到她可以承受谈论令人悲伤的结束。对一些更为脆弱的儿童，我可能会待在茶话会的游戏情境中，表达自己有多享受那些美味的蛋糕："蛋糕吃起来真甜，好令人满足啊，或许我该多吃一些，因为我有点担心茶话会结束后就没有别的可吃的了，我的肚子里会感觉空空的。"

Alex

Alex是一名10岁的男孩，最后一节会谈他一直坐在椅子里，看上去很悲伤。他不说话，这节的大部分时间里我也没有说话，陪他坐着。最初十分钟的沉默过后，我只说了一句话，"结束真让人难过"，就没再说过话，我觉得非要说些什么会是对他感受的不尊重。

一份重要的遗产

不存在正确的结束方式，保持分析性的态度则意味着要尝试去体验和理解儿童是在如何体验着治疗的结束。或许儿童和治疗师在最后的时刻会满含热泪，也可能，气氛会因为儿童说的一个笑话而变轻松，有的儿童会大发脾气，有的会生闷气，不管怎样反应，我希望儿童能够体验到的是，治疗师能够理解结束对他的意义。尽管最后的会谈有可能很糟糕，不管是因为沉重的悲伤、躁狂般的否认还是别的什么感觉，它都给孩子提供了一个机会，"知道"丧失和分离是怎么回事儿。儿童体验并耐受了这次丧失，这将会成为一份重要的遗产，帮助他们面对未来人生中各种更为深刻的丧失。这个信念支撑着我，在治疗中坚持了分析性的立场直到结束。

当我在最后一节表示治疗要结束了的时候，我通常会与孩子握手，并对他说"祝你未来一切都好"，这经常会让年幼的儿童非常惊讶，或者让青少年感到尴尬，因为这违背了我通常与他们互动的方式。尽管如此，我认为在这些最后的时刻保持"人"性是很重要的。当然，如果我觉得这样的方式对孩子或青少年而言太过扰动，那也许就不会坚持这么做。

过早结束

父母决定要结束

至少从治疗师的视角看来，很多儿童的案例过早地结束了。最主要的原因就是孩子并不能决定是否继续，家长决定了治疗的长度。对治疗师来说，这是个艰难的现实，他们需要持续地在永远不确定家长能支持多久的情况下进行工作。当父母过早地把儿童从治疗中带走时，尽管治疗师会很容易感到愤怒和挫败，但需要记住的是，支持儿童来接受这样的心理治疗对父母来说是一项非常了不起的任务。尽管治疗师会跟父母解释治疗的进程，对大部分父母来说，儿童的治疗仍然十分神秘。对于治疗究竟如何起作用和在治疗室里到底发生了什么，父母只有非常有限的认识，此外他们也不会被告知大概多长时间能结束。尽管如此，即便在没有好转迹象的情况下，他们还要定期地准时把孩子送来，如果是送到私人诊所，他们很可能会觉得钱打了水漂。很多治疗师和儿童的工作都不能自然而然地结束，这并不令人感到意外，原因多种多样——"没有用""孩子变糟了""我们负担不起了"或者"这对家庭其他成员干扰太大了"。

如果父母坚持治疗必须结束，帮助儿童做好结束的准备也是不容易的。有些父母希望马上结束，你可能不得不极力争取，再多做两到三次，需要向父母解释，太突然的结束会让孩子没有足够的机会去思考，也不能给未来人生中的"结束"做出一个好的示范。（如果父母坚持立即结束，我也没有机会道别，我会询问是否可以给孩子写一张道别纸条。）

当你强烈反对结束的决定但又不得不告知儿童这个决定时，会感到非常痛苦。谁应该来传达这个信息，治疗师还是父母？如果这是父母的决定，我更倾向于让他们来。帮助父母思考如何向儿童解释这个决定也是治疗师的职责之一。清楚地确认这不是儿童的错是非常重要的。

对一部分父母，尤其是对治疗不满的家长，很难指望他们在宣布结束时能对儿童的情绪状态保持足够的敏感。我曾遇到过一些儿童对我说："爸爸妈妈说见你太花钱了。"还有一些儿童直接问："为什么我不能再来了？"我一直觉得很难回答，我想告诉他们事实，但又不想暗暗地批评父母。通常我最后会说："因为妈妈和爸爸决定我们最好还是结束。"即便如此，这听起来还是像在批评父母。

儿童还会问一个更难面对的问题："你觉得我们该结束吗？"我试着诚实地回答："我不知道，但是妈妈和爸爸觉得现在最好还是结束。"在我努力直接回答这些问题的同时，我也会尝试探索这些询问背后有些什么样的幻想。儿童如何体验着这个消息？他真正焦虑的是什么？这个结束的消息会不会让儿童感觉到分崩离析（不整合），或者永远不能信任他人（偏执），或者担心是自己要的太多（抑郁），或者认为有人接替了自己的位置而感到强烈的竞争（俄狄浦斯情结）？

治疗师过早地结束

过早结束有时也会因为治疗师的某些原因而不得不发生。最为常见的是治疗师要离开一个诊所去别的地方工作，也可能是健康原因，或者怀孕等，所有这些由治疗师引起的结束都是困难的。一名治疗师不能为病人而活着，但这里牵涉一份专业的承诺，在治疗尚未走完其自然历程前就离开总会引发内疚感。除非健康原因，一名儿童治疗师有责任在一个地方至少待满两年。这是我非常个人的观点。

当治疗师过早地结束治疗而引发了内疚感时，最后的会谈中保持中立几乎是不可能的。当我离开一家诊所时，为了补偿那名儿童，我觉得我太用力了，我追踪并试图在一切素材中寻找议题，过度诠释（即使在游戏中）。另外，可能还有掩饰或弱化焦虑的倾向，而没有停留在令人痛苦的反应上。安抚冲突和/或恐惧，提出解决方案的压力会显著增加。

要告诉儿童多少

告诉孩子治疗要结束了是一件很棘手的工作。我会在当次会谈的最开始告诉孩子我无法继续工作下去了。更困难的是，决定到底要告诉儿童多少信息。应该让他/她知道你要离开的具体原因吗？如果是，需要讲到多具体？

不和儿童解释你离开的原因是不合适的。因为你曾经对这份工作做出过承诺，但是现在将要打破它，儿童有权知道原因，分析性工作的匿名性不再需要被坚持。通常应告知儿童所能理解的尽可能具体的信息，但有时这很难做出判断。如果你是去另一个机构，要不要说具体在哪里呢？或者如果他/她问了，你会直接回答吗？我父亲临终的时候，我本来正在伦敦工作，后来回到悉尼陪伴他最后的12个月。我觉得我的儿童来访者们有权得到比"我必须回到澳大利亚去"更详细的解释，最终，我说的是我不得不回到澳大利亚，因为我有一个家人病得非常严重。绝大部分的儿童都能接受这样的说法，尽管还是有一个想知道具体是谁，得了什么病。对这个孩子我没有给出具体的答案，而是回答说这是隐私。当然，我接着就得思考这个孩子如何体验我的拒绝，以及他为何想要或者需要知道更多细节。

到底和儿童说多少并不存在什么模式或诀窍，不同的儿童治疗师拥有各自不同的个人边界，有的可能比其他人更早说出"这是我的隐私"。指导性的原则是，需要给儿童提供足够的信息量，使得他们能理解所发生的事情的原因，但又不至于多到给孩子造成情绪负担，比如感到内疚、嫉妒或愤怒。和儿童说你不能再继续和他/她工作是因为你获得了一份更好的工作或者得到了升职的机会是不恰当的，因为这样可能引发嫉妒，也很容易被儿童解释为是他/她不够有意思，你才不和他/她继续工作下去。

父母和过早结束

如果我不得不过早地结束和一名儿童的工作，我会首先和父母讨论这件事。通常我会要求父母不要直接告诉孩子，并解释说由我在会谈中宣布这个消息会更好，这样我可以观察他们的反应，也有助于我理解并与他们的感受工作。

行为上的退步：退行

当做出一个结束治疗的决定时，无论是自然结束还是过早结束，儿童出现功能上的退步是很常见的。已经消失了数年的症状或某种特定行为都可能再次浮现。即将失去治疗性的支持会增加儿童的焦虑，其结果就是出现这样的行为。它还可能是一种无意识的尝试，强调自己有多么需要治疗，试图避免结束。正如任何转变一样，结束治疗会让人体验到一种混杂了释然、悲伤和焦虑的情绪。这既在预料之中，又可能让人担心这些情绪并不只跟当下有关。因为儿童治疗师并不能绝对确信结束的最佳时间，儿童的这类退行总是会令治疗师感到困扰。当旧有的症状再次出现，这些问题会萦绕在治疗师的心头："我有没有高估了孩子们的力量？"或者"这些焦虑是不是一直被压抑着，并不像我以为的那样被修通了？"

我们肯定需要提醒父母，结束有可能会伴随着之前症状的反复，提前得到提醒也能帮助他们耐受结束的焦虑。如果父母能理解正在发生的情况，有助于他们给儿童传递一种信心——未来一切都会好起来的。

和父母进一步的工作应该涉及协助父母观察孩子的情感发展。在儿童的心理治疗过程中，经历了和治疗师的工作后，父母将有更多的心理准备去理解儿童的行为和情绪状态之间的关系。对父母的工作还包括提升父母观察、思考和与儿童沟通的能力，这些能力已经有所加强，提醒父母意识到这点是很重要的，可以让他们不被"只能靠自己了"的感觉所淹没。

逐渐断绝

另一个结束治疗的方式是在过程中像给孩子断奶般逐渐断绝（Lubbe，1996）。这意味着每周减少会谈的频率，或者是逐渐从每周一次、每两周一次到每月一次地进行会谈。这样能减少结束的影响，并给儿童更多的时间调整，以适应会谈的逐步结束。我只在少数情况下这么做过，在大多数情况下，最好还是确定一个具体的日期并坚持执行。如果你认为儿童已经准备好结束了，那么你必须能感觉到他们已经准备好处理因结束而起的情绪了。

我为数不多的几次使用这种断奶式的结束步骤，是在与潜伏期晚期的儿童或者大一些的青少年的工作中。在这些案例中，一方面是到了结束的时候了，另一方面他们的生活也同时在发生很大的变化。有的是要开始读高中了，有的是要离开学校就业或者进入大学学习了。在这样的情况下，逐渐结束治疗能为他们顺利度过这些过渡阶段提供支持。

带回家一些东西

另一个特别的难点是，决定是否让儿童在结束阶段带回家一些东西，这种情形大多会出现在与低龄儿童的工作中。首先，如果儿童还在和我工作，通常是不被允许带东西回家的（即使是他们自己的作品）。这并不是一个常见的请求，但偶尔还是会发生，而且我发现，近年来我对这个请求的反应发生了变化。早期，我坚持"这个房间里的东西必须留在这个房间里"的原则，这点即使在结束期也没有任何例外。我意识到儿童会为此而难过，但这部分是分析中需要坚持的"节制"（abstinence），我所给予的是对他们对于结束有多难过的理解，当他们担忧某种关系要被撤走的时候，我理解带些东西回家是他们试图保住关系的一种方式。

我的行为也使得负向移情能够充分发展。儿童或许不仅为结束阶段忧虑，还会对我们的分离感到愤怒。我相信我们能体验、思考这些感受，并最终共同度过这个阶段是很重要的。实际上我会这样对他们说："不，你不能把它带回家，但是你可以把我们做的和说的放在心里带回家。"

尽管我仍然可以看到分析性的坚持背后的意义，但随着我越来越深入地体会和儿童的关系（不光是移情性的，还有作为真实的个体间的），我的工作方式也开始出现软化。我不会建议儿童带东西回家，但如果儿童要求，我通常会回应说，他可以从自己的作品中带一件东西回家，可以是一幅画，或者是用手工材料制作的一个建筑，等等，玩具或者娃娃仍然不被允许带走。在我心里，这意味着和我的"真实的"关系，同时也是评估负向移情的机会。尤其对于年幼的儿童，要求他们理解将"内化了的"关系带回家这种抽象的概念，实在是太难了。

某种意义上，结束的议题和其他所有在与儿童的分析性工作中浮现的议题并无二致，我都会尝试去全然地体验、涵容和理解所激起的幻想和感受。那些感受是对丧失的反应。儿童如何处理他们生命中曾经有过的丧失，将很大程度上影响这个反应。在结束阶段，儿童有了一个新的体验丧失的机会：有一个人会努力去理解丧失对他们而言意味着什么，会允许他们去体会深层的感受，并尝试用任何他们听得懂的方式（可以是诠释、游戏，甚至一个意味深长的或悲伤的沉默）帮助他们去消化这些感受。自然发生的结束是体验"可耐受的"丧失的更好的机会。过早结束对儿童耐受丧失的能力是个挑战，这种结束重复了他们早期未经处理的丧失体验，孩子也不太能够从这种压力中获得成长。

要点

- 不存在"正确的"结束治疗的方式。
- 做出结束治疗的决定应考虑的范畴包括：游戏、移情、对治疗中断的反应、外部功能。
- 关于如何结束治疗的实操问题包括讨论如下议题：向谁提出——儿童、青少年还是家长？什么时候提出结束的议题？给这个过程留多少周的时间？治疗师应该在结束阶段的会谈中有什么不同吗？
- 治疗的结束可以为儿童和青少年提供一份重要的"遗产"——他们可以体验到一次被充分思考和讨论过的丧失，这将有助于他们面对未来人生中的其他丧失。
- 过早结束在儿童青少年工作中并不少见。
- 儿童或青少年在行为和情绪功能上的退步可能会伴随着治疗的结束而再次出现。

问题

- 请描述一下，和一位儿童或青少年结束治疗需要考虑哪些因素。
- 当治疗过早结束时会存在哪些困难？如何处理？

推荐阅读

Cangelosi, D. (1997). *Saying Goodbye in Child Psychotherapy*. Northvale, NJ: Aronson.

Gaunbaum, L., & Mortensen, K. (2018). *Psychodynamic Child and Adolescent Psychotherapy*. London: Karnac. See chapter 9 on Endings.

Lanyado, M. (1999). Holding and Letting Go: Some Thoughts about the Process of Ending Therapy. *Journal of Child Psychotherapy*, *25*(3), 357–378.

Midgley, N., & Navridi, E. (2006). An Exploratory Study of Premature Termination in Child Analysis. *Journal of Infant, Child and Adolescent Psychotherapy*, 5(4), 437–458.

Ryz, P., & Wilson, J. (1999). Endings as Gain: The Capacity to End and Its Role in Creating Space for Growth. *Journal of Child Psychotherapy*, 25(3), 379–403.

Wittenberg, I. (1999). Ending Therapy. In *Journal of Child Psychotherapy*, 25(3), 339–356.

Wittenberg, I. (2013). *Experiencing Endings and Beginnings*. London: Routledge.

（陈小燕　译）

第 17 章
结语

　　儿童青少年精神分析心理治疗前途未卜。未来的二三十年，它将会如何发展很难预料。我意识到，从1971年我开始使用这种工作方式至今，无论在理论还是技术层面，都已经发生了巨大的变化，逐渐从强调洞见和诠释的重要性，到明确地转变为高度重视治疗关系的作用。更快、更技术化的世界，精神科药物的作用，日益发展的神经科学，婴儿发展领域不断涌现的研究结果，更多被意识到的存在于家庭内部的系统性力量，所有这些因素的共同影响，都在挑战着儿童精神分析心理治疗师这一角色，儿童精神分析的地位受到了严重的威胁——全世界都在呼唤着起效更快、频率更低的治疗方法。儿童治疗师必须意识到，一周会谈四到五次的工作模式正在变得越来越不现实，哪怕与儿童进行持续一定时间的、一周一次的会谈都在变得困难。精神分析儿童心理治疗前景有些令人沮丧，但与此同时也正在被许多新的工作模式所振奋着。

　　精神分析儿童心理治疗已经诞生了一百年了，悠久的历史足以令现代实践者们向过去学习、获得成长，看到什么是有效的以及为何有效。随着这个世界的变迁，儿童心理治疗的技术在持续地改变和被完善，变得越来越有用和有意义。保持对儿童内在世界的探索这一至关重要的功能是这项工作的精华所在。无论在家庭工作、父母咨询、青少年救助、母婴工作、父母教育中，还是在或长或短的心理治疗中，以识别和理解每一位儿童独特个性为目标的工作始终是努力的核心。本书旨在向读者展现在与儿童青少年的精神分析式工作中遇到的所有重要的临床议题。我意识到自己没能涵盖在这个领域所进行的研究，我本人没有详细关注这些，并且猜想很多其他同行也和我类似。幸运的是，Grunbaum和Mortensen于2018年出版的《精神动力流派儿童青少年心理治疗》（*Psychodynamic Child and Adolescent Psychotherapy*）一书中的第13章，涵盖了这一领域最新的精彩内容。同样，和许多更年长的心理治疗师们一样，我的工作中并未明显写到与性别发展有关的议题，我在本书中并没有写到这个领域的困境，Bonovitz和Harlem的新书《儿童精神分析和心理治疗的发展性视角》（*Developmental Perspectives in Child Psychoanalysis and Psychotherapy*）（2018）中的第12和13章对此有非常好的阐述。本书中未提及的另一个领域，是根植于我们所有工作中的文化影响议题，我再一次觉得自己不足以就此提出真知灼见，并向读者推荐Sheila Melzak的著作（如：Melzak & McClatchey, 2018），里面有对这些因素的深刻见解。最后，我也没有提到儿童青少年工作中遇到的伦理和法律议题，我会推荐读者阅读Bhaskarau和Seshadri的论文《儿童心理治疗中的伦理》（*Ethics in Child Psychotherapy*）（2016）。

尝试探索和理解人类的精神世界，尤其是其早期发展，其实是一种特权。分析性的探究使从业者获得更具深度和广度的理解，这样的理解是突破专业领域的框架的：一个人不可能在自身不被唤起感受的前提下探索另一个人的情感。从很多方面来看，这是一项终生事业。

令人遗憾的是，在最近的几十年里，这种工作方式，尤其重要的是这种思考方式，在儿童和青少年工作中已经越来越不流行。事实上，在世界各地的许多大学中的心理学系、精神病学系和社会工作学系，能接触到这种思考模式的机会越来越少。某些精神分析师所倡导的理智主义，或者将精神分析过程神圣化，也并没有起到积极作用（Zuman et al.，2007），反而导致了一种与现代生活日益脱节的工作方式。

我很高兴地发现情况正在发生改变。无论在和儿童还是和成人的工作中，越来越多的精神分析工作者们正在挑战传统的思考和工作方式。在本书中，我比在第一和第二版中都更支持废除对儿童做诠释这一技术，我个人花了很多年才得出了这一结论。关系学派治疗师令人兴奋的、革命性的思想，尤其是他们对主体间性的强调，Bion后来的无意识与直觉式地工作的思想，Winnicott关于游戏的思考以及近年来神经科学的研究文献，共同支撑起令我质疑这一技术的信心。我明白很多同行现在还不会跟我走上同样的道路，但我希望他们至少可以重新思考一下，少做一些诠释，多做一些游戏。

对儿童青少年精神分析式的思考方式，需要以清晰、朴素而实用的语言加以呈现，放弃行话术语，这样才可能让人充分领略到它的价值。本书为那些有志于或正在接受儿童心理治疗培训的人而写。内在心理世界既不确定又充满神秘感，对于这项极其复杂的探索实践，尽管不可能写出一本书教会你"怎么做"，但我还是努力尝试，为进入这一领域的同行提供一些结构化的东西。

我也希望我在书中所分享的，能被其他从事儿童青少年工作的专业人士所理解。我追求的目标是通过本书，在一定程度上去除萦绕在这种干预形式周围的神秘感，同时将这种有用、接地气且高度个体化的思考方式呈现给大家。

（陈小燕　译）

参考文献

Aichhorn, A. (1925). *Wayward Youth*. Vienna: Internationaler Psychoanalytiscler Verlag.

Altman, N., Briggs, R., Frankel, J., & Gensler, D. (2002). *Relational Child Psychotherapy*. New York: Other Press.

Alvarez, A. (1983). Problems in the Use of the Counter-transference: Getting It Across. *Journal of Child Psychotherapy*, *9*(1), 7–24. https://doi.org/10.1080/00754178308256773

Alvarez, A. (1985). The Problems of Neutrality: Some Reflections on the Psychoanalytic Attitude in the Treatment of Borderline and Psychotic Children. *Journal of Child Psychotherapy*, *11*, 87–104. https://doi.org/10.1080/00754178508254765

Alvarez, A. (1988). Beyond the Unpleasure Principle: Some Preconditions for Thinking through Play. *Journal of Child Psychotherapy*, *14*, 1–14. https://doi.org/10.1080/00754178808254823

Alvarez, A. (1992). *Live Company: Psychoanalytic Psychotherapy with Autistic, Borderline, Deprived and Abused Children*. London: Routledge. https://doi.org/10.4324/9780203713839

Alvarez, A. (1996). Interview with Mrs Anne Alvarez. *Child Psychoanalytic Gazette*, *8*, 5–12.

Alvarez, A. (2002). *The Role of Play, Lies, and Fantasy in Promoting Mental Health*. Unpublished paper.

Alvarez, A. (2007). *Levels of Intervention and Levels of Psychopathology: Questions of Timing and Technique*. Paper presented at the Annual Conference of the Association of Child Psychotherapists, London.

Alvarez, A. (2010). Types of Sexual Transference and Countertransference in Psychotherapeutic Work with Children and Adolescents. *Journal of Child Psychotherapy*, *36*(3), 211–244. https://doi.org/10.1080/0075417x.2010.523815

Alvarez, A. (2012). *The Thinking Heart*. East Sussex: Routledge. https://doi.org/10.4324/9780203078358

Alvarez, A. (2018). *ICAPP Alvarez Series via Zoom*. Sydney: ICAPP.

Alvarez, A., Harrison, A., & O'Shaughnessy, E. (1999). Symposium on Frustration. *Journal of Child Psychotherapy*, *25*, 167–198. https://doi.org/10.1080/00754179908260289

Ammann, R. (1999). *Healing and Transformation in Sandplay*. Chicago: Open Court.

Aron, L. (1990). One Person and Two Person Psychologies and the Method of Psychoanalysis. *Psychoanalytic Psychology*, *7*(4), 475–485. https://doi.org/10.1037/0736-9735.7.4.475

Aron, L. (2006). Analytic Impasse and the Third: Clinical Implications of Intersubjectivity Theory. *International Journal of Psychoanalysis*, *87*(2), 349–368. https://doi.org/10.1516/15el-284y-7y26-dhrk

Bache, J. (2003). Filling in the Gaps: Words and Images in Child Psychotherapy. *Child Psychoanalytic Gazette*, *14*, 39–44.

Barrows, P. (2002). Becoming Verbal: Autism, Trauma, and Playfulness. *Journal of Child Psychotherapy*, *28*(1), 53–72. https://doi.org/10.1080/00754170110114792

Bell, D. (1999). *Psychoanalysis and Culture: A Kleinian Perspective*. London: Routledge. https://doi.org/10.4324/9780429478673

Benjamin, J. (2004). Beyond Doer and Done to: An Intersubjective View of Thirdness. *Psychoanalytic Quarterly*, *73*(1), 5–46. https://doi.org/10.1002/j.2167-4086.2004.tb00151.x

Bhaskarau, S., & Seshadri, S. (2016). Ethics in Child Psychotherapy: A Practitioner's Perspective. In *Ethical Issues in Counselling and Psychotherapy Practice*. Eds. P. Bhola & A. Raguram. Singapore: Springer. https://doi.org/10.1007/978-981-10-1808-4_3

Bibring, E. (1954). Psychoanalysis and the Dynamic Psychotherapies. *Journal of the American Psychoanalytic Association*, *2*, 745–770. https://doi.org/10.1177/000306515400200412

Bick, E. (1968). The Experience of the Skin in Early Object Relations. *International Journal of Psychoanalysis*, *49*, 484–486. PMID: 5698219

Bion, W. (1957). Differentiation of the Psychotic from the Non-Psychotic Personalities. *International Journal of Psychoanalysis*, *38*, 266–275. PMID: 13438602

Bion, W. (1962). *Learning from Experience*. London: Heinemann.

Bion, W. (1965). *Transformations: Changes from Learning to Growth*. London: Tavistock.

Bion, W. (1967). Notes on Memory and Desire. *Psychoanalytic Forum*, *2*, 272–280.

Bion, W. (1970). *Attention and Interpretation*. London: Tavistock.

Bion, W. (1981). *Presentation at the Tavistock Clinic*. London.

Birch, M. (1997). In the Land of Counterpane: Travels in the Realm of Play. *Psychoanalytic Study of the Child*, *52*, 57–75. https://doi.org/10.1080/00797308.1997.11822454

Blake, P. (1974). *Parents' Expectations of a Child Guidance Clinic*. Master's Thesis. Sydney: University of NSW.

Blake, P. (1987). *The Answer Kills the Question: Working in a Psychoanalytic Framework*. Paper, 3rd Annual Conference of Australian College of Clinical Psychologists, Gold Coast, Queensland.

Blake, P. (1988). Weaning Revisited. *Australian Journal of Psychotherapy*, *7*(1/2), 97–110.

Blake, P. (1997). The Dangerous Safety of Play. *Child Psychoanalytic Gazette*, *9*, 4–18.

Blake, P. (2000). *The Emotional Experience of Starting School*. Sydney: Pamphlet of the Child Psychoanalytic Foundation.

Blake, P. (2001). Think Outside Not Inside. In *Being Alive*. Ed. J. Edwards. Hove: Brunner-Routledge. https://doi.org/10.4324/9781315783291

Bonovitz, C., & Harlem, A. (Eds.). (2018). *Developmental Perspectives in Child Psychoanalysis and Psychotherapy*. London: Routledge. See chapters 12, 13. https://doi.org/10.4324/9781351235501

Bowlby, J. (1988). *A Secure Base: Clinical Applications of Attachment Theory*. London: Universities Press.

Box, S., Copley, B., Magagna, J., & Moustaki, E. (1981). *Psychotherapy with Families: An Analytic Approach*. London: Routledge & Kegan Paul. https://doi.org/10.4324/9781315713847

Brandell, J. (1992). *Counter-Transference in Psychotherapy with Children and Adolescents*. Northvale, NJ: Aronson.

Breuer, J., & Freud, S. (1893). Studies in Hysteria. *The Standard Edition of the Complete Psychological Works of Sigmund Freud*, *2*, 1–323.

Briggs, S. (2008). *Working with Adolescents: A Contemporary Psychodynamic Approach*. Basingstoke: Palgrave Macmillan.

Briggs, S. (2017). Practitioners' Experiences of Adolescent Suicidal Behaviour in Peer Groups. *Journal of Psychiatric and Mental Health Nursing*, 24(5), 293–301. https://doi.org/10.1111/jpm.12388

Britton, R. (1998). *Belief and Imagination*. London: Routledge. https://doi.org/10.4324/9780203360811

Britton, R., & Steiner, J. (1994). Interpretation: Selected Fact or Overvalued Idea? *International Journal of Psychoanalysis*, 75, 1069–1078. PMID: 7713646

Bromberg, P. M. (1996). Standing in the Spaces: The Multiplicity of Self and the Psychoanalytic Relationship. *Contemporary Psychoanalysis*, 32, 509–535. https://doi.org/10.1080/00107530.1996.10746334

Carnochan, P. (2018). The Universe of Play: Technique in Contemporary Child Therapy. In *Developmental Perspectives in Child Psychoanalysis and Psychotherapy*. Eds. C. Bonovitz & A. Harlem. Oxon: Routledge. https://doi.org/10.4324/9781351235501-5

Carvalho, C., Goodman, G., & Rohnelt Ramires, V. (2019). Mentalization in Child Psychodynamic Psychotherapy. *British Journal of Psychotherapy*, 35(3), 468–483. https://doi.org/10.1111/bjp.12483

Charles, M., & Bellinson, J. (2019). *The Importance of Play in Early Childhood Education*. Oxon: Routledge. https://doi.org/10.4324/9781315180090

Coon, C. (2004). *Books to Grow With: A Guide to Using the Best Children's Fiction for Everyday Issues and Tough Challenges*. Portland: Lutra Press.

Cooper, S. (2018). Playing in the Darkness: Use of the Object and Use of the Self. *Journal of the American Psychoanalytic Association*, 66(4), 743–765. https://doi.org/10.1177/0003065118796497

Cox, A. (2006). *Boys of Few Words*. New York: Guilford Press.

Craparo, G., & Mucci, C. (2017). *Unrepressed Unconscious, Implicit Memory and Clinical Work*. London: Karnac. https://doi.org/10.4324/9780429484629

Daws, D. (1989). *Through the Night: Helping Parents and Sleepless Infants*. London: Free Association Books.

Daws, D. (1997). The Perils of Intimacy: Closeness and Distance in Feeding and Weaning. *Journal of Child Psychotherapy*, 23(2), 179–200. https://doi.org/10.1080/00754179708254541

Daws, D. (2007). *Comment*. Association of Child Psychotherapists Annual Conference, London.

Dowling, D. (2019). *An Independent Practitioner's Introduction to Child and Adolescent Psychotherapy*. Oxon: Routledge. https://doi.org/10.4324/9781315146812

Durban, J. (2019). "Making a Person": Clinical Considerations Regarding the Interpretation of Anxieties in the Analysis of Children on the Autisto-Psychotic Spectrum. *International Journal of Psychoanalysis*, 100(5), 921–939. https://doi.org/10.1080/00207578.2019.1636254

Eaton, J. (2018). *Personal Communication*. Anne Alvarez Series, ICAPP, Sydney.

Edgecombe, R. (2000). *Anna Freud*. London: Routledge.

Ehrenberg, D. (2010). Working at the "Intimate Edge". *Contemporary Psychoanalysis*, 46(1), 120–141. https://doi.org/10.1080/00107530.2010.10746043

Einstein, A. (2009/1931). *On Cosmic Religion with Other Opinions and Aphorisms*. New York: Mineola.

Emanuel, R. (2004). Thalamic Fear. *Journal of Child Psychotherapy*, 30(1), 71–87. https://doi.org/10.1080/0075417042000205805

Erickson, J. (2020). *Imagination in the Western Psyche: From Ancient Greece to Modern Neuroscience*. Oxon: Routledge.

Fairbairn, W. (1952). *Psychoanalytic Studies of the Personality*. London: Tavistock.

Ferenczi, S. (1933). The Passion of Adults and Their Influence on the Sexual and Character Development of Children. English translation: *International Journal of Psychoanalysis* (1949), *30*, 225–230.

Ferro, A. (1999). *The Bi-Personal Field: Experiences of Child Analysis*. London: Routledge. https://doi.org/10.4324/9780203360989

Ferro, A. (2008). The Patient as the Analyst's Best Colleague: Transformation into a Dream and Narrative Transformations. *Italian Psychoanalytic Annual*, *2*, 199–205.

Ferro, A. (2011). Clinical and Technical Problems in Child and Adolescent Analysis (following in Bion's footsteps). In *Techniques in Child and Adolescent Analysis*. Ed. M. Gunter. London: Karnac. https://doi.org/10.4324/9780429480881-3

Ferro, A. (2013). The Meaning and Use of Metaphor in Analytic Field Theory. *Psychoanalytic Inquiry*, *33*, 190–209. https://doi.org/10.1080/07351690.2013.779887

Ferro, A. (2015). A Response that Raises many Questions. *Psychoanalytic Inquiry*, *35*, 512–525. https://doi.org/10.1080/07351690.2015.1044409

Ferro, A., & Civitarese, G. (2016). Confrontation in Bionian Model of the Analytic Field. *Psychoanalytic Inquiry*, *36*(4), 307–322. https://doi.org/10.1080/07351690.2016.1158060

Ferro, A., & Foresti, G. (2013). Bion and Thinking. *Psychoanalytic Quarterly*, *82*(2), 361–391. https://doi.org/10.1002/j.2167-4086.2013.00033.x

Ferro, A., & Molinari, E. (2018) The Analyst as Dreaming Filmmaker. In *Developmental Perspectives in Child Psychoanalysis and Psychotherapy*. Eds. C. Bonovitz & A. Harlem. Oxon: Routledge. https://doi.org/10.4324/9781351235501-6

Ferro, A., & Nicoli, L. (2017). *The New Analyst's Guide to the Galaxy*. Oxon: Routledge. https://doi.org/10.4324/9780429482557

Field, J. (1999). Too Hot, Too Cold, Just Right: A Boy's Struggle to Achieve a Just Right Degree of Splitting. *Child Psychoanalytic Gazette*, *11*, 86–95.

Fonagy, P. (1991). Thinking about Thinking: Some Clinical and Theoretical Considerations in the Treatment of a Borderline Patient. *International Journal of Psychoanalysis*, *72*, 639–656. PMID: 1797718

Fonagy, P. (2001). *Attachment Theory and Psychoanalysis*. New York: Other Press. https://doi.org/10.4324/9780429472060

Fonagy, P., Allison, E., & Campbell, C. (2019). Commentary on: Trust Comes from a Sense of Feeling One's Self Understood by Another Mind: An Interview with Peter Fonagy. *Psychoanalytic Psychology*, *32*(3), 228. https://doi.org/10.1037/pap0000241

Fonagy, P., & Target, M. (1997a). A Contemporary Psychoanalytical Perspective: Psychodynamic Developmental Therapy. In *Psychosocial Treatment for Child and Adolescent Disorders*. Eds. E. Hibbs & P. Jensen. Washington, DC: American Psychological Association. https://doi.org/10.1037/10196-024

Fonagy, P., & Target, M. (1997b). Attachment and Reflective Function: Their Role in Self-Organisation. *Development and Psychopathology*, *9*, 679–700. https://doi.org/10.1017/s0954579497001399

Fox, J. (1995). *Books that Help Children*. Sydney: MBF Publications.

Fraiberg, S., Adelson, E., & Shapiro, V. (1975). Ghosts in the Nursery. *Journal of the American Academy of Child and Adolescent Psychiatry*, *14*(3), 387–421. https://doi.org/10.1016/s0002-7138(09)61442-4

Frankel, J. (1998). The Play's the Thing: How the Essential Processes of Therapy Are Seen Most Clearly in Child Therapy. *Psychoanalytic Dialogues*, *8*(1), 149–182. https://doi.org/10.1080/10481889809539237

Freud, A. (1927). The Psycho-Analytic Treatment of Children. In (1974) *The Writings of Anna Freud*, *5*. New York: International Universities Press.

Freud, A. (1958). Adolescence. In (1974) *The Writings of Anna Freud*, *5*. New York: International Universities Press.

Freud, S. (1905a). The Three Essays on the Theory of Sexuality. *The Standard Edition of the Complete Psychological Works of Sigmund Freud*, *7*, 123–246.

Freud, S. (1905b). Fragment of an Analysis of a Case of Hysteria. *The Standard Edition of the Complete Psychological Works of Sigmund Freud*, *7*, 1–127.

Freud, S. (1905c). Jokes and Their Relation to the Unconscious. *The Standard Edition of the Complete Psychological Works of Sigmund Freud*, *8*, 1–247.

Freud, S. (1909a). Letter from Sigmund to C. G. Jung, June 7, 1909. The Freud/Jung Letters: The Correspondence between Sigmund Freud and C. G. Jung, 230–232.

Freud, S. (1909b). Analysis of a Phobia in a Five-Year-Old Boy. *The Standard Edition of the Complete Psychological Works of Sigmund Freud*, *10*, 1–150.

Freud, S. (1920). Beyond the Pleasure Principle. *The Standard Edition of the Complete Psychological Works of Sigmund Freud*, *18*, 1–64.

Freud, S. (1923). The Ego and the Id. *The Standard Edition of the Complete Psychological Works of Sigmund Freud*, *19*, 1–66.

Freud, S. (1925). Negation. *The Standard Edition of the Complete Psychological Works of Sigmund Freud*, *19*, 233–240.

Freud, S. (1926). Inhibitions, Symptoms and Anxiety. *The Standard Edition of the Complete Psychological Works of Sigmund Freud*, *20*, 87–175.

Freud, S., & Breuer, J. (1895). Studies in Hysteria. *The Standard Edition of the Complete Psychological Works of Sigmund Freud*, *2*.

Frosh, S. (2002). *Key Concepts in Psychoanalysis*. New York: New York University Press.

Furman, E. (1994). Early Aspects of Mothering: What Makes It So Hard to Be There to Be Left? *Journal of Child Psychotherapy*, *20*(2), 149–164. https://doi.org/10.1080/00754179408256746

Galatzer-Levy, R. (2016). The Edge of Chaos: A Nonlinear View of Psychoanalytic Technique. *International Journal of Psychoanalysis*, *97*(2), 409–427. https://doi.org/10.1111/1745-8315.12363

Galatzer-Levy, R. (2017). *Non-Linear Psychoanalysis*. New York: Routledge. https://doi.org/10.4324/9781315266473

Geissmann, C., & Geissmann, P. (1998). *A History of Child Psychoanalysis*. New York: Routledge.

Goldblatt, M., Briggs, S., & Linder, R. (2015). Destructive Groups: The Role of Projective Identification in Suicidal Groups of Young People. *British Journal of Psychotherapy*, *31*(1), 35–53. https://doi.org/10.1111/bjp.12134

Gopnik, A. (2010). How Babies Think. *Scientific American*, *303*(1), 76–81. https://doi.org/10.1038/scientificamerician0710-76

Grosskurth, P. (1986). *Melanie Klein: Her World and Her Work*. London: Hodder & Stoughton.

Grossmark, R. (2018). *The Unobtrusive Relational Analyst*. London: Routledge. https://doi.org/10.4324/9781315708096

Grotstein, J. (1981). *Do I Dare Disturb the Universe*? Beverley Hills: Caesura Press. https://doi.org/10.4324/9780429473852

Grotstein, J. (1999). Melanie Klein and Heinz Kohut: An Odd Couple or Secretly Connected? *Progress in Self Psychology*, *15*, 123–146.

Grotstein, J. (2000). Notes on Bion's "Memory and Desire". *Journal of the American Academy of Psychoanalysis and Dynamic Psychiatry*, *28*, 687–694. https://doi.org/10.1521/jaap.1.2000.28.4.687

Grunbaum, L., & Mortensen, K. (2018). *Psychodynamic Child and Adolescent Psychotherapy*. London: Karnac.

Guntrip, H. (1971). *Psychoanalytic Theory, Therapy and the Self*. New York: Basic Books. https://doi.org/10.4324/9780429479113

Haen, C. (2020). The Roles of Metaphor and Imagination in Child Trauma Treatment. *Journal of Infant, Child, and Adolescent Psychotherapy*, *19*(1), 42–55. https://doi.ogr/10.1080/15289168.2020.1717171

Heimann, P. (1950). On Countertransference. *International Journal of Psychoanalysis*, *31*, 81–84.

Hinshelwood, R. (2018). Intuition from Beginning to End? Bion's Clinical Approaches. *British Journal of Psychotherapy*, *34*(4), 198–213. https://doi.org/10.1111/bjp.12355

Hoffman, L., Rice, T., & Prout, T. (2015). *Manual of Regulation-Focused Psychotherapy for Children (RFP-C) with Externallizing Behaviors*. New York: Routledge.

Holder, A. (2005). *Anna Freud, Melanie Klein, and the Psychoanalysis of Children and Adolescents*. London: Karnac. https://doi.org/10.4324/9780429471827

Holmes, J. (1998). The Changing Aims of Psychoanalytic Psychotherapy: An Integrative Approach. *International Journal of Psychoanalysis*, *79*, 227–240. PMID: 9651748

Hug-Hellmuth, H. (1921). On the Technique of Child Analysis. *International Journal of Psychoanalysis*, *2*, 287–305.

Hurry, A. (1998). *Psychoanalysis and Developmental Therapy*. Madison, CT: International Universities Press. https://doi.org/10.4324/9780429478680

Isaacs-Elmhirst, S. (1980). Bion and Babies. *Annuals of Psychoanalysis*, *8*, 155–167.

Jones, E. (1922). Some Problems of Adolescence. In (1948) *Papers on Psychoanalysis*. London: Maresfiels Reprints. https://doi.org/10.1111/j.2044-8295.1922.tb00075.x

JonesJoseph, E. (1985). Transference: The Total Situation. *International Journal of Psychoanalysis*, *66*, 447–454.

Joyce, A., & Stoker, J. (2000). Insight and the Nature of Therapeutic Action in the Psychoanalysis of Four and Five-Year-Old Children. *International Journal of Psychoanalysis*, *81*(6), 1139–1154.

Kennedy, H. (1979). The Role of Insight in Child Analysis: A Developmental Viewpoint. *Journal of the American Psychoanalytic Association*, *27*, 9–28.

Killingmo, B. (1989). Conflict and Deficit: Implications for Technique. *International Journal of Psychoanalysis*, *70*, 65–79. PMID: 2737831

Klein, M. (1926). The Psychological Principles of Early Analysis. In (1975) *Writings of Melanie Klein*, *1*. London: Hogarth.

Klein, M. (1930). The Importance of Symbol Formation in the Development of the Ego. In (1975). *Writings of Melanie Klein*, *1*. London: Hogarth.

Klein, M. (1932a). The Technique of Early Analysis. In (1975) *Writings of Melanie Klein*, *2*. London: Hogarth.

Klein, M. (1932b). The Technique of Analysis in Puberty. In (1975) *Writings of Melanie Klein*, *2*. London: Hogarth.

Klein, M. (1946). Notes on Some Schizoid Mechanisms. In (1975) *Writings of Melanie Klein*, *3*. London: Hogarth.

Klein, M. (1955). The Psychoanalytic Play Technique: Its History and Significance. In (1975) *Writings of Melanie Klein, 3*. London: Hogarth.

Klein, M. (1961). Narrative of a Child Analysis. In (1975) *Writings of Melanie Klein, 4*. London: Hogarth.

Kohrman, R., Fineberg, H., Gelman, R., & Weiss, S. (1991). Technique of Child Analysis: Problems of Countertransference. *International Journal of Psychoanalysis, 52*, 487–497.

Kohut, H. (1971). *The Analysis of the Self: A Systematic Approach to the Psychoanalytic Treatment of Narcissistic Personality Disorders*. New York: International Universities Press.

Kohut, H. (1977). *The Restoration of the Self*. New York: International Universities Press.

Kohut, H. (1978). *The Search for the Self*. New York: International Universities Press.

Kohut, H. (1984). *How Does Analysis Cure?* Chicago: University of Chicago Press.

Krimendahl, C. (1998). Metaphors in Child Psychoanalysis: Not Simply a Means to an End. *Contemporary Psychoanalysis, 34*(1), 49–66. https://doi.org/10.1080/00107530.1998.10746348

Kronengold, H. (2016). *Stories from Child and Adolescent Psychotherapy*. New York: Routledge. https://doi.org/10.4324/9781315691732

Lanyado, M. (2004). *The Presence of the Therapist*. Hove: Brunner-Routledge. https://doi.org/10.4324/9780203507520

Lanyado, M., & Horne, A. (2006). *A Question of Technique*. Hove: Routledge. https://doi.org/10.4324/9780203965160

Laufer, M. (1995). Understanding Suicide: Does It Have a Special Meaning in Adolescence? In *The Suicidal Adolescent*. Ed. M. Laufer. Madison: International Universities Press. https://doi.org/10.4324/9780429483370-7

Lenormand, M. (2018). Winnicott's Theory of Play: A Reconsideration. *International Journal of Psychoanalysis, 99*(1), 82–102. https://doi.org/10.1080/00207578.2017.1399068

Likierman, M. (2001). *Melanie Klein: Her Work in Context*. London: Continuum.

Liley, A. (1972). The Foetus as a Personality. *Australian and New Zealand Journal of Psychiatry, 6*(2), 99–105. https://doi.org/10.3109/00048677209159688

Lomas, P. (1990). *The Limits of Interpretations*. Northvale, NJ: Aronson.

Lombardi, R. (2018a). Infinity, The Conscious and Unconscious Mind: A Conversation between Thomas Ogden and Ricardo Lombardi. *Psychoanalytic Quarterly, 87*(4), 757–766. https://doi.org/10.1080/00332828.2018.1518090

Lombardi, R. (2018b). Entering One's Own Life as an Aim of Clinical Psychoanalysis. *Journal of the American Psychoanalytic Association, 66*(5), 883–911. https://doi.org/10.1177/0003065118809081

Lombardi, K. (2019). Whole and/or in Bits: Bohm, Matte Blanco and (Un)consciousness. *International Journal of Psychoanalysis, 100*(3), 438–446. https://doi.org/10.1080/00207578.2019.1570215

Lubbe, T. (1996). Who Lets Go First? Some Observations on the Struggle around Weaning. *Journal of Child Psychotherapy, 22*(2), 195–213. https://doi.org/10.1080/00754179608254942

Mancia, M. (2006). Implicit Memory and Early Unrepressed Unconscious: Their Role in the Therapeutic Process (How the Neurosciences Can Contribute to Psychoanalysis). *International Journal of Psychoanalysis, 87*(1), 83–103. https://doi.org/10.1516/39m7-h9ce-5lqx-yegy

Markman, H. (1997). Play in the Treatment of Adolescents. *Psychoanalytic Quarterly, 66*, 190–218. https://doi.org/10.1080/21674086.1997.11927531

Marks-Tarlow, T. (2012). *Clinical Intuition in Psychotherapy: The Neurobiology of Embodied Response*. New York: Norton.

Marks-Tarlow, T. (2014). *Awakening Clinical Intuition: An Experiential Workbook for Psychotherapists*. New York: Norton.

Marks-Tarlow, T. (2015). The Nonlinear Dynamics of Clinical Intuition. *Chaos and Complexity Letters*, *8*(2–3), 1–24.

Matte-Blanco, I. (1988). *Thinking, Feeling, and Being: Clinical Reflections on the Fundamental Antinomy of Human Beings and World*. London: Routledge.

Mawson, C. (2019). *Psychoanalysis and Anxiety: From Knowing to Being*. Oxon: Routledge.

Mayes, L., & Cohen, D. (1993). Playing and Therapeutic Action in Child Analysis. *International Journal of Psychoanalysis*, *74*, 1235–1244.

Meltzer, D. (1967). *The Psycho-analytic Process*. London: Heinemann. https://doi.org/10.1016/c2013-0-06671-6

Meltzer, D. (1975). *Explorations in Autism*. London: Karnac.

Meltzer, D. (2003). *Supervisions with Donald Meltzer*. London: Taylor and Francis.

Melzak, S., & McClatchey, J. (2018). Exploring Community, Cultural, Developmental and Trauma Rooted Barriers to Mourning after Times of Organised Violence and War. *Journal of Child Psychotherapy*, *44*(3), 396–415. https://doi.org/10.1080/0075417x.2018.1553991

Menninger, K., & Holzman, P. (1958). *Theory of Psychoanalytic Technique*. New York: Basic Books. https://doi.org/10.1037/10843-000

Miller, J. (1983). *States of Mind*. New York: Panetheon Books.

Mitchell, S. (2003). *Relationality*. New York: The Analytic Press. https://doi.org/10.4324/9781315803289

Molinari, E. (2017). *Field Theory in Child and Adolescent Psychoanalysis*. Oxon: Routledge. https://doi.org/10.4324/9781315542584

Mollon, P. (2000). *The Unconscious*. Cambridge: Icon Books.

Music, G. (2015). A Review of Manual of Regulation-Focused Psychotherapy for Children (RFP-C) with Externalising Behaviors: A Psychodynamic Approach. *Contemporary Psychoanalysis*, *52*(3), 489–495. https://doi.org/10.1080/00107530.2016.1204194

Novick, K., & Novick, J. (2005). *Working with Parents Makes Therapy Work*. New York: Aronson.

Novick, K., & Novick, J. (2013). Concurrent Work with Parents of Adolescent Patients. *The Psychoanalytic Study of the Child*, *67*, 103–136. https://doi.org/10.1080/00797308.2014.11785491

Oaklander, V. (1978). *Windows to Our Children*. Moab, UT: Real People Press.

Obegi, J., & Berant, E. (2009). *Attachment Theory and Research in Clinical Work with Adults*. New York: Guilford Press.

Ogden, T. (1979). On Projective Identification. *International Journal of Psychoanalysis*, *60*, 357–373. PMID: 533737

Ogden, T. (1994). The Concept of Interpretive Action. *The Psychoanalytic Quarterly*, *63*, 219–245. https://doi.org/10.1080/21674086.1994.11927413

Ogden, T. (2004). An Introduction to the Reading of Bion. *International Journal of Psychoanalysis*, *85*(2), 285–300. https://doi.org/10.1516/3tpr-axtl-0r8m-7eq0

Ogden, T. (2005). On Psychoanalytic Supervision. *International Journal of Psychoanalysis*. *86*(5), 1265–1280. https://doi.org/10.1516/bee8-c9e7-j7q7-24bf

Ogden, T. (2007). On Talking as Dreaming. *International Journal of Psychoanalysis*, *88*(3), 575–589. https://doi.org/10.1516/pu23-5627-04k0-7502

Ogden, T. (2009). *Rediscovering Psychoanalysis*. New York: Routledge. https://doi.org/10.4324/9781315787428

Ogden, T. (2014). Fear of Breakdown and the Unlived Life. *International Journal of Psychoanalysis*, *95*(2), 205–233. https://doi.org/10.1111/1745-8315.12148

Ogden, T. (2017). Dreaming the Analytic Session: A Clinical Essay. *Psychoanalytic Quarterly*, *86*(1), 1–20. https://doi.org/10.1002/psaq.12124

Ogden, T. (2019). Ontological Psychoanalysis or "What Do You Want to Be When You Grow Up"? *Psychoanalytic Quarterly*, *88*(4), 661–684. https://doi.org/10.1080/00332828.2019.1656928

Ogden, T. (2020). Towards a Revised Form of Analytic Thinking and Practice: The Evolution of Analytic Theory of Mind. *Psychoanalytic Quarterly*, *89*(2).

Ogden, T., & Lombardi, R. (2018). Infinity, The Conscious, and Unconscious Mind: A Conversation between Thomas Ogden and Riccardo Lombardi. *Psychoanalytic Quarterly*, *87*(4), 757–766. https://doi.org/10.1080/00332828.2018.1518090

Pally, R. (2007). The Predicting Brain: Unconscious Repetition, Conscious Reflection and Therapeutic Change. *International Journal of Psychoanalysis*, *88*(4), 861–882. https://doi.org/10.1516/b328-8p54-2870-p703

Palombo, J. (1985). Self Psychology and Countertransference in the Treatment of Children. *Child and Adolescent Social Work Journal*, *2*, 36–48. https://doi.org/10.1007/bf00757533

Paniagua, C. (2001). The Attraction of the Topographical Technique. *International Journal of Psychoanalysis*, *82*(4), 671–684. https://doi.org/10.1516/d5uu-r1aa-qjly-n9a8

Pass, S. (2019). Tyler in the Labyrinth: A Young Child's Journey from Chaos to Coherence. *Psychoanalytic Dialogues*, *29*(5), 594–601. https://doi.org/10.1080/10481885.2019.1656975

Paul, C., & Thomson-Salo, F. (1997). Infant-Led Innovations in a Mother–Baby Therapy Group. *Journal of Child Psychotherapy*, *23*(2), 219–244. https://doi.org/10.1080/00754179708254543

Perry, B., Pollard, R., Blakely, T., Baker, W., & Vigilante, D. (1995). Childhood Trauma, the Neurobiology of Adaptation and "Use Dependent" Development of the Brain: How "States" become "Traits". *Infant Mental Health Journal*, *16*(4), 271–291. https://doi.org/10.1002/1097-0355(199524)16:4%3C271::aid-imhj2280160404%3E3.0.co;2-b

Pine, F. (1985). *Developmental Theory and Clinical Process*. New Haven: Yale University Press.

Pointelli, A. (1985). *Backwards in Time. Strath Tay*. Perthshire: Clunie Press.

Reid, S. (1990). The Importance of Beauty in Psychoanalytic Experience. *Journal of Child Psychotherapy*, *16*(1), 29–52. https://doi.org/10.1080/00754179008254856

Reid, S. (1997). *Developments in Infant Observation: The Tavistock Model*. London: Routledge. See Chapter 1. https://doi.org/10.4324/9781315824666

Reid, S. (1999). Autism and Trauma: Autistic Post-Traumatic Developmental Disorder. In *Autism and Personality*. Eds. A. Alvarez & S. Reid. London: Routledge.

Reid, S. (2020). *I.C.A.P.P Lecture Series*, Sydney, Australia.

Renik, O. (1993). Analytic Interaction: Conceptualizing Technique in Light of the Analyst's Irreducible Subjectivity. *Psychoanalytic Quarterly*, *62*, 553–557. https://doi.org/10.1080/21674086.1993.11927393

Ringstrom, P. (2019). Discussion of I'mprovisation-Therapist's Subjective Experience During Improvisational Moments in the Clinical Encounter. *Psychoanalytic Dialogues*, *29*(3), 311–320. https://doi.org/10.1080/10481885.2019.1614835

Roland, A. (1983). Psychoanalysis without Interpretation: Psychoanalytic Therapy in Japan. *Contemporary Psychoanalysis*, *19*, 499–505. https://doi.org/10.1080/00107530.1983.10746622

Rose, J., & Shulman, G. (2016). *The Non-Linear Mind: Psychoanalysis of Complexity in Psychic Life*. London: Karnac. https://doi.org/10.4324/9780429482571

Rosenfeld, H. (1987). *Impasse and Interpretation*. London: Tavistock. https://doi.org/10.4324/9780203358887

Rubinstein, L. (2007). *Talking about Supervision*. London: The International Psychoanalytical Association. https://doi.org/10.4324/9780429480805

Rustin, M. E. (1982). Aspects of Assessment: Finding a Way to the Child. *Journal of Child Psychotherapy*, *8*(2), 145–150. https://doi.org/10.1080/00754178208256764

Rustin, M. E. (2000). Dialogues with Parents. In *Work with Parents*. Ed. J. Tsiantis. London: Karnac. https://doi.org/10.4324/9780429485213-1

Safran-Gerard, D. (2018). *Chaos and Control: A Psychoanalytic Perspective on Unfolding Creative Minds*. Abingdon: Routledge. https://doi.org/10.4324/9780429452895

Salomonsson, M. W. (1997). Transference in Child Analysis: A Comparative Reading of Anna Freud and Melanie Klein. *Scandinavian Psychoanalytic Review*, *20*(1), 1–19. https://doi.org/10.1080/01062301.1997.10592551

Sandler, J. (1993). Communication from Patient to Analyst: Not Everything is Projective Identification. *International Journal of Psychoanalysis*, *74*, 1097–1107. PMID: 8138356

Sandler, J., Kennedy, H., & Tyson, R. (1990). *The Technique of Child Psychoanalysis: Discussions with Anna Freud*. London: Karnac.

Schore, A. (2012). *The Science and Art of Psychotherapy*. New York: Norton.

Schore, A. (2017). Playing on the Right Side of the Brain: An Interview with Allan Schore. *American Journal of Play*, *9*, 105–142.

Schore, A. (2019). *Right Brain Psychotherapy*. New York: Norton.

Segal, H. (1957). Notes on Symbol Formation. *International Journal of Psychoanalysis*, *38*, 391–397.

Siskind, D. (1997). *Work with Parents*. Northvale, NJ: Aronson.

Slade, A. (1994). Making Meaning and Making Believe: Their Role in the Clinical Process. In *Children at Play: Clinical and Developmental Approaches to Meaning and Representation*. Eds. A. Slade & D. Wolf. Oxford: Oxford University Press.

Sommer Anderson, F. (2008). *Bodies In Treatment: The Unspoken Dimension*. New York: Taylor & Francis. https://doi.org/10.4324/9780203830543

Spiegel, L. (1951). A Review of Contributions to a Psychoanalytic Theory of Adolescence: Individual Aspects. *Psychoanalytic Study of the Child*, *6*, 375–394. https://doi.org/10.1080/00797308.1952.11822922

Spiegel, S. (1989). *An Interpersonal Approach to Child Therapy*. New York: Columbia University Press.

Spiegel, S. (2004). *Personal Communication*.

Spotnitz, H., & Meadows, P. (1995). *The Treatment of Narcissistic Neurosis*. Northvale, NJ: Aronson.

Steiner, J. (1993). *Psychic Retreats*. London: Routledge.

Stern, D. (2004). *The Present Moment in Psychotherapy and Everyday Life*. New York: W. W. Norton.

Stern, D. (2017). Unformulated Experience, Dissociation and Nachtragllickeit. *Journal of Analytic Psychology*, *62*(4), 501–525. https://doi.org/10.1111/1468-5922.12334

Stern, D., Sander, L., Nahum, J., Harrison, A., Lyons-Ruth, K., Morgan, A., Bruschweilerstern, N., & Tronick, E. (1998). Non-Interpretative Mechanisms in Psychoanalytic Therapy: The "Something More" than Interpretation. *International Journal of Psychoanalysis*, *79*, 903–921. PMID: 9871830

Sternberg, J. (2005). *Infant Observation at the Heart of Training*. London: Karnac. See Chapters 1, 5. https://doi.org/10.4324/9780429475870

Stickle, M., & Arnd-Caddigan, M. (2019). *Intuition in Psychotherapy: From Research to Practice*. New York: Routledge.

Stitzman, L. (2004). At-one-ment, Intuition and 'Suchness'. *International Journal of Psychoanalysis*, *85*(5), 1137–1155. https://doi.org/10.1516/9qph-py63-qg7m-5h90

Strachey, J. (1934). The Nature of the Therapeutic Action of Psychoanalysis. *International Journal of Psychoanalysis*, *15*, 127–159.

Sugarman, A. (2003). New Model for Conceptualising Insightfulness in the Psychoanalysis of Young Children. *Psychoanalytic Quarterly*, *72*(2), 325–355. https://doi.org/10.1002/j.2167-4086.2003.tb00133.x

Sullivan, H. S. (1954). *The Psychiatric Interview*. New York: W. W. Norton.

Symington, J., & Symington, N. (1996). *The Clinical Thinking of Wilfred Bion*. London: Routledge. https://doi.org/10.4324/9780203130148

Symington, N. (2007). A Technique for Facilitating the Creation of Mind. *International Journal of Psychoanalysis*, *88*(6), 1409–1422. https://doi.org/10.1516/bn47-2657-886v-7256

Trevarthen, C. (2001). Intrinsic Motives for Companionship in Understanding: Their Origins, Development, and Significance for Infant Mental Health. *Infant Mental Health Journal*, *22*, 95–131. https://doi.org/10.1002/1097-0355(200101/04)22:1%3C95::aid-imhj4%3E3.0.co;2-6

Tustin, F. (1981). *Autistic States in Children*. London: Routledge & Kegan Paul.

Tustin, F. (1986). *Autistic Barriers in Neurotic Patients*. London: Karnac.

Tustin, F. (1988). Psychotherapy with Children Who Cannot Play. *International Review of Psychoanalysis*, *15*, 93–106.

Vermote, R. (2019). *Reading Bion*. Oxon: Routledge. https://doi.org/10.4324/9780429491986

Von Klitzing, K. (2003). From Interactions to Mental Representations: Psychodynamic Parent-Infant Therapy in the Case of Severe Eating and Sleep Disorders. *Journal of Child Psychotherapy*, *29*(3), 317–333. https://doi.org/10.1080/00754170310001625404

Vygotsky, L. (1933). Play and Its Role in the Development of the Child. *Voprosy Psikhologii*, *6*.

Wakelyn, J. (2020). *Therapeutic Approaches with Babies and Young Children in Care*. Oxon: Routledge. https://doi.org/10.4324/9780429286278

Walder, R. (1937). The Problem of the Genesis of Psychic Conflict in Earliest Infancy. *International Journal of Psychoanalysis*, *18*, 406–473.

Weinberger, D., Elvevag, B., & Geidd, J. (2005). *The Adolescent Brain*. Washington, DC: National Campaign to Prevent Teen Pregnancy.

Williams, S. (2006). Analytic Intuition: A Meeting Place for Jung and Bion. *British Journal of Psychotherapy*, *23*(1), 83–98. https://doi.org/10.1111/j.1752-0118.2006.00010.x

Wilson, P. (1987). Psychoanalytic Therapy and the Young Adolescent. *Bulletin of the Anna Freud Clinic*, *10*, 51–81.

Wilson, P. (2020). *Me Loves Me: What Is This Thing Called Narcissism: Resistance in Adolescent Psychotherapy*. Unpublished paper.

Winnicott, D. W. (1965). *The Maturational Processes and the Facilitating Environment*. London: Hogarth.

Winnicott, D. W. (1969). The Use of the Object. *International Journal of Psychoanalysis*, *50*, 711–719.

Winnicott, D. W. (1971). *Playing and Reality*. New York: Penguin.

Winston, R., & Olivenstein, L. (2001). *Superhuman: The Awesome Power Within*. London: DK Books.

Wittenberg, I. (1982). On Assessment. *Journal of Child Psychotherapy*, *8*(2), 131–144.

Wittenberg, I. (1999b). What Is Psychoanalytic about the Tavistock Model of Studying Infants? Does It Contribute to Psychoanalytic Knowledge? *Infant Observation*, *2*(3), 4–15. https://doi.org/10.1080/13698039908405026

Young-Breuhl, E. (1988). *Anna Freud: A Biography*. New York: Norton.

Zilibowitz, M. (1992). Poo Problems. *Child Psychoanalytic Gazette*, *2*, 48–52.

Zuman, J., Cheniaux, E., & De Freitas, S. (2007). Psychoanalysis and Change: Between Curiosity and Faith. *International Journal of Psychoanalysis*, *88*(1), 113–126. https://doi.org/10.1516/fpx7-dea7-raxm-dfba

专业名词英中文对照表

abstinence	节制
acting out	见诸行动
active technique	主动技术
anonymity	匿名性
assessment	评估
attention deficit disorder (ADD)	注意障碍
autism	孤独症
body ego	身体自我
breast symbolism	象征性乳房
child restraint	儿童约束
child sexuality	儿童性欲
conflict model	心理冲突模型
containment	涵容
countertransference	反移情
defence mechanisms	防御机制
deficit model	缺陷模型
depression	抑郁
depressive position	抑郁位
deprivation	剥夺
descriptive (affirmative) intervention	描述性（确认性）干预
displacement	置换
doll's house	娃娃屋
emotionally alive	情感活现
epistemological (K)	认识论的（K）
externalisation	外化
family meetings	家庭会谈

first interview	初始访谈
free association	自由联想
funneling technique	漏斗式访谈技术
Gestalt technique	格式塔技术
identity	认同
immersion	沉浸
implicit relational knowing	内隐关系认知
individual assessment	个体评估
individuation	个体化
infant observation	婴儿观察
inner world	内在世界
insight	洞察
integration	整合
interpretation	诠释
intersubjectivity	主体间性
intuition	直觉
latency	潜伏期
limit setting	边界设置
me-ness	我性
mental pain	情绪痛苦
mentalisation	心智化
mutative interpretations	突变诠释
negative transference	负性移情
neurological research	神经学研究
neutrality	中立
non-linear psychoanalysis	非线性精神分析
nonlinear thinking	非线性思考
nonverbal communication	非言语交流
not me-ness	非我性
Oedipal anxiety	俄狄浦斯焦虑
Oedipal identification	俄狄浦斯认同
ontological	本体论的
perversity	倒错

projection	投射
projective identification	投射性认同
protective skin (imagery)	保护性皮肤（想象）
referral	转介
reflective function	反思功能
repression	压抑
review meetings	回顾会谈
seduction theory	诱惑理论
spilling	溢出
splitting	分裂
structuralisation	结构化
subjectivity	主体性
supervision	督导
symbolic equation	象征性等同
topographic theory	地形说理论
transference	移情
transference interpretations	移情诠释
trauma	创伤
wakeful dreaming	清醒梦